伝燈への回帰

大石寺教学の改革

関 慈謙 著

本門法華堂

伝燈への回帰——大石寺教学の改革——

関　慈　謙

序

大橋敏雄

宗祖日蓮聖人が建長五（一二五三）年立宗宣言され、二祖日興上人がその法門を伝えて以来、今日に至るまで七百五十余年、この間日蓮・日興伝燈の法門は一体どうなったか。残念ながら幾多の波乱の中で大きく変質してしまっているといわざるを得ない。

過去においても、宗門には混乱期がなかったわけではない。その混乱期、宗門の再生改革を唱え行った人物がいた。よく知られているのは、大石寺の第九世日有上人、並びに第二十六世日寛上人である。この両上人は大石寺が混乱疲弊していく中で、大石寺の法門を見直し確立して窮地を打開し、再建再生を成し遂げた。その功績によって、両師は中興の祖として尊称されている。しかし日寛上人以降、今日に至るまでの約三百年に亘る長期間、法門の検証研鑽は不十分であり、むしろ日寛教学を絶対視し、恰も宗祖の教えと寸分相違もなく同一であるかの如き誤解を与えてしまっている。

その結果、種々様々な弊害が生じている。日蓮正宗の現状は宗門史上最悪の状態に陥っているといってよい。周知の通り、日蓮正宗宗門と池田創価学会の泥沼権力闘争、所謂宗創戦争は、わが国の宗教界にとどまらず大きな問題である。おそらく両者間には解決の目途は見当たらない。ここに本門法華堂の出現の意義は絶大である。宗祖日蓮聖人の教えの原点に帰ることを標榜し、布教しつつ、大石寺宗門の教義の改革・変革を唱えて努力しているのは本門法華堂だけであると言ってよい。しかし、日寛教学に洗脳されている人々への説得・折伏は容易ではない。

私は、昭和二十八年、戸田城聖創価学会時代、創価学会の九州福岡県大折伏戦の布教の中で、戸田会長の命賭けの演説に感動し吸い込まれるように入信入会した。当時、創価学会会員はすべからく日蓮正宗の寺院の信徒になったものの、一方で、創価学会は宗門の教義を守ることを条件に、すでに在家教団創価学会として宗教法人の資格を取得していた。

今日から思えば、この時すでに一教二宗教団体という異様な体制だったのである。このことが後日大きな問題をもたらす元、すなわち今日の宗創戦争を筆頭にあらゆる日蓮正宗の混乱の源となった。これについては、今日の日蓮正宗を取り巻く混乱の原因を追究する上でよく知られていることである。

しかし、私は今日の日蓮正宗及び創価学会を取り巻く原因は、決してそれだけではないと考えている。他方、今日の混乱の原因を論じる上で、宗門側からは、創価学会池田大作個人に問題があるとして、創価学会を池田教であると批判している。一方、創価学会側からは、宗門の堕落の原因は法主にあるとして、前法主である阿部日顕を筆頭に邪教日顕宗の糞坊主と僧侶達をこき下ろしている。確かに両者の批判合戦には、表面上それなりの一理、言い分はあると思うが、問題の本質、その根は実に深く、決して単純なものではないと考えられるのである。

本門法華堂では、今日の混乱の原因は、決して池田大作・阿部日顕だけの問題ではないと考え、それは法門の誤り、曼荼羅本尊の捉え方の誤り等から発起されていると見極めている。すなわち法華堂では、混乱の原因は教団の法主・指導者個人の資質の問題もさることながら、より根源的に捉えて、次の点を指摘している。それは、戒壇板本尊絶対論と日蓮本仏論は、決して宗祖日蓮聖人・二祖日興上人以来の伝燈法門ではないということである。

では、いかなる法門が宗祖日蓮聖人以来の伝燈の法門なのか。それはすなわち、法華経の思想、所謂「法勝人劣」「依法不依人」の思想にもとずく曼荼羅正意と衆生即仏が伝燈法門であるということである。このような考えをもとに、終始一貫論じた書が今回出版の書である。

また、この書では、法勝人劣の思想に立脚して、今後の富士日興門流の再生に関して、いくつかの提言がなされている。それは今日の日蓮正宗教学の根本とされているものばかりであるが、特に本尊書写に関することについては、殆ど法主の独占的特権とされ、不可侵とされて来たところのもの、この不可侵の部分について触れることによって、宗内で、大いに論議が巻き起こされ、研鑽されることを促しているところに筆者の目指すものがあると思う。

さらに、この書が各所各方面で自由に論議され役立って行くならば、それは宗祖日蓮聖人・二祖日興上人の真意に叶うものと固く信ずるものでる。

末筆ながら、私の現在の偽らざる心情を申し上げたい。私は、本来宗教には無智無能に等しき者であったが、二十七歳から今日の齢八十五歳までの五十数余年、宗祖日蓮聖人の題目信仰に縁をして、種々紆余曲折はありながらも、ひたすら宗祖日蓮聖人の真実の教えを求め抜いて、最後に、文字通り宗祖日蓮聖人の教えの原点、法華経の真髄である法華思想を学び実践し「仏を捨て法を取る」信心を会得できたことは、今生における私の最高にして最大の慶事である。もし本門法華堂に遭えなかったならば、根無し草の人生で終るところであつた。過去に経験した事柄の総てが妙法の開発・円満・蘇生へと活かされていくことを想うとき、歓喜の中の歓喜、所願満足万々歳の心境を得て感謝一杯である。

平成二十二年六月十日

本門法華堂の信徒を代表して記す

目次

第一章

日蓮正宗教学の矛盾と再生

―本尊論を中心として―

宗祖日蓮御影

はじめに

今日、日蓮正宗を取り巻く状況は非常に厳しい。

平成二年の年末に始まった日蓮正宗宗門と創価学会の対立抗争は、その後更にエスカレートして、互いに憎悪や憎しみを助長するような非難中傷合戦を繰り返し、どうにも抜き差しならぬ状態にまで発展した挙句、ついには宗門による創価学会の破門という破局を迎えて今日に至っている。この宗門・創価学会は、かつて自らの不正を追求し続けた正信会を共同で破門した、きのうまでの仲間であり、更に遡っては、在家団体の当時妙信講、現在の顕正会を共同で破門した当事者であり。いわば昨日までの仲間同士が、悪口を言った言わないで喧嘩しているというのが、今の宗門と創価学会の論争の本質であるから、実に情けない話しである。

かつての正信会の破門、妙信講の破門の時を検証してみると、その時の状況が違うので、いちがいに取り扱えないが、そのどちらにも共通しているのは、内容に関係なく反対者を排除するという独善的・暴力的姿勢である。

他方、日蓮正宗と創価学会の対立抗争の間に起きた日蓮正宗・創価学会・公明党にまつわる事件やスキャンダルは、本当に多い。これでもか、これでもかと次から次に不祥事が明るみになる。いま、ここにいくつか大きなものを挙げても、創価学会・公明党がらみでいうと、竹入義勝元公明党委員長・矢野絢也元公明党委員長・大橋敏雄代議士等に対する、とても宗教団体とは思えぬ非難中傷、福島源次郎創価学会副会長造反、中西一億七千万金庫事件、国税庁査察による二十四億脱税、更には常に憲法違反の疑惑に包まれている創価学会・公明党の政教一致の実体があり、一方、日蓮正宗の側では別府寿福寺住職六億円誘拐事件、創価学会・宗門挙げて建立した正本堂の破壊などがある。もちろん、事件として表沙汰にならないものは数を知れないだろう。こういう状況のなかで、日蓮正宗・創価学会の社会的評価は、いまや最悪だろう。更に、従来から取りざたされている信仰上の問題として本尊偽造の問題もある。この問題は、いまでは宗門と創価学会の抗争の影に隠れて、あまり注目されないが、重要な問題であることには変わりはない。

このような事件・スキャンダルの連続で、いまや、日蓮正宗・創価学会は宗教としては死んだも同然である。おそらく、この先特に創価学会がかつての熱気を取り戻すことはあるまい。まして、息子の世襲ともなればなおさらである。創価学会がダメになれば、日蓮正宗は死んだも同然だ。名目的には、創価学会は日蓮正宗の一信徒団体であっても、日蓮正宗のほとんどの信徒は創価学会員だからだ。このような状況の中で、日蓮正宗の再生はありうるだろうか。私は、今のままではできないと思っている。今の日蓮正宗には、自浄の可能性は少ないように見受けられる。それは、日蓮正宗の改革を掲げる人々、とりわけ反創価学会運動を展開している側の、この問題に対する考え方が皮相的で、根本的な日蓮正宗の見直しというものがないと思われるからである。しかし、だからといって日蓮正宗再生の道がないわけではない。私は、宗祖日蓮聖人の本来の法門に帰ることができれば、それは可能であると思っている。その本来の法門とは何か。この問題を小論の主要テーマとしながら、日蓮正宗の再生について、即ち、再生できる可能性があるかどうか、そして、再生できるとすればどのようなあり方になるべきか、それらのことについて私見を述べてみたいと思う。

一、現在の日蓮正宗教学の矛盾

ところで、日蓮正宗の混迷は今に始まったことではない。この四十数年論争と対立を繰り返し続けてきた。ことの始まりは、妙信講（現在は顕正会と改称）問題からである。もちろん、それまでにも問題はあったが、今日の混乱の引き金になったのはなんといっても、妙信講破門からであろうと思う。妙信講問題とは、国立戒壇を主張する妙信講を創価学会の意を承けた宗門が破門にした事件である。このことが発端となって、その後日蓮正宗は教義問題で揺れ続けることになる。

その妙信講問題を簡単に説明すると、日蓮正宗は明治期以来、国立戒壇を宗の大目標としてきた。国立戒壇とは、日本において日蓮聖人の教えが国教となった時点で、これを広宣流布とし、その広宣流布のあかつきに国の総意として戒壇堂を建立し、これを本門戒壇として、日蓮聖人の教えはここに一応完了するというものである。創価学会も当初国立戒壇を主張していた。ところが、戒壇堂建立という目標が、正本堂の建設によって具体的になるにつれ、正本堂を何が何でも戒壇堂としたい創価学会は、この国立戒壇説が邪魔になったのである。日蓮聖人の教えを日本の国教にするということは、土台無理だからである。このため、創価学会は従来の考え方を放棄し、国立戒壇説を捨てる。これに反対したのが妙信講である。従来の考え方からすると、妙信講の主張は正当なものだったから、論争としては妙信講に有利だった。けれども、創価学会は正本堂を無理やり本門戒壇堂にするため、宗門に圧力をかけ、結局妙信講は破門になる。しかし、妙信講を破門にして問題が収まるはずもなく、これがいまだに尾をひいているのである。当時、私はまだ高校生だったが、その私の目にも国立戒壇説を捨てたことは、創価学会と宗門の教義改変と映ったし、私の師僧なども、創価学会と宗門の伝統法門否定であるとして、国立戒壇説を支持していた。

一方、私には妙信講の国立戒壇説にも素朴な疑問があった。それは、創価学会や宗門も指摘したところであって、一言でいうと、日蓮聖人の教えは日本一国にとどまるものではなく、世界宗教であるということである。日蓮正宗の教義が世界宗教としての広がりを持つためには、むしろ国立戒壇説は相応しくないと思われたのである。実際、国立戒壇説は一国主義の偏狭な考え方である。しかし、日蓮正宗では、これが根本の宗是であったから、私としては、子供ながら日蓮正宗の教義そのものに素朴な疑問が残った。ともかく、妙信講の国立戒壇説に若干の疑問を感じながらも、より私は創価学会と宗門に強い疑問を抱いた。そんなに簡単に教義の根幹部分を変えて良いものだろうかという、素朴な疑問である。[1]

妙信講を破門して、宗門は創価学会に引きずられるように、正本堂即本門戒壇堂と決定したのかというと、そうではない。当時の細井日達法主は良心の呵責からか、それだけはせず、正本堂即現時の戒壇堂という意義付けをして、正本堂問題を乗り越えようとした。この裁定は両説の折衷案といえるが、結局この裁定は国立戒壇論・正本堂戒壇論の両方の側から信頼を得ることはできず、逆に創価学会・妙信講の両者の不信を招いただけだった。

創価学会を全面的には支持しなかった細井日達法主に対して、創価学会はあからさまには宗門批判はしなかったものの、水面下で宗門に圧力を加え続けた。そういう中で、宗門内部から創価学会のありかたに対し、特に若手僧侶から批判が出始めた。これに対して、創価学会は逆に宗門支配の絶好の機会とみて、創価学会批判僧侶に対する言論弾圧の暴挙に出た。このことが、創価学会の思惑とは逆の結果となって、池田大作会長は会長職を退くこととなる。

創価学会と宗門のあつれきは、細井日達法主の遷化によって、新たな進展をみせる。後継の阿部日顕法主は、公然と創価学会支持を表明し、逆に反創価学会運動の批判を封じ込めるに至る。結局、阿部法主は創価学会批判を止めなかった正信会僧侶を破門するという暴挙に出て、強引な収拾を企てるが、これによって問題が解決するはずがない。現在もなお正信会の宗門・創価学会批判は続いている。そして、今回の宗門と創価学会の抗争劇である。

これらの紛争を通して痛感することは、日蓮正宗の独善的体質と暴力的体質である。問題の底にはいつも独善と暴力があるのである。この独善と暴力の悪は何によるのか。私は、それは宗門における法主本仏論と創価学会における池田大作本仏論であろうと確信している。本仏論という言い方がわかりにくければ、無謬論といい変えれば理解しやすくなる。もちろん、この本仏論は、法主や池田大作自身が直接唱えているのではない。いくらなんでも、そこまで露骨に言えるものではない。だが、陰に陽に、法主や池田先生には誤りがないということが宣伝され、現実的には、絶対者として君臨し、本仏と何ら変わらない状況になっている。事実上本仏と言って良いのである。

この二つの本仏論が、日蓮正宗と創価学会を独善と暴力体質に暴走させた理論上のバックボーンになっていることは間違いないと思う。したがって、この二つの本仏論を日蓮正宗から取り除くことができれば、日蓮正宗は再生することが可能であるということができる。しかし、問題はそう単純ではない。つまり、この二つの本仏論は確かに現在の日蓮正宗のガンには違いないのだが、これが根本の原因かというと、そうではないからである。即ち、この二つの本仏論もあるものから派生したものであるということなのだ。いわば、この二つの本仏論も、根本の原因ではなく、表面上の症状であるということである。では、その根本の原因とは何か。それは、現在の日蓮正宗が教義の根本としている日蓮本仏論に他ならない。この日蓮本仏論こそ現在の日蓮正宗の諸悪の根源であると、私は思っている。したがって、日蓮正宗の行政上・運営上の問題や僧侶の資質に関して、いかに批判がなされようと、この問題にメスが入らなければ、真の意味での日蓮正宗の再生はないと言って良いだろうし、逆に日蓮本仏論が本格的に見直され、日蓮正宗本来の教義が回復されれば、すべてはここから派生しているのであるから、今日の種々の問題も解決できると思う。

二、日蓮本仏論について

日蓮本仏論とは、宗祖日蓮は久遠元初の自受用身という本仏で、超越的・絶対的力を有し、この末法における一切衆生の救済主であるという教義で、現在の日蓮正宗教義の根幹をなしている。がしかし、この教義は本来の日蓮正宗の教義ではない。けれども、いつのまにかこれが日蓮正宗の根本教義になってきたのだ。ここに今日の問題の全ての根源があると思われるので、この日蓮本仏論というものについて少し考えてみたい。

日蓮正宗の信仰は、『日蓮正宗宗規』に、

「本宗の伝統は、外用は法華経予証の上行菩薩、内証は久遠元初自受用報身である日蓮大聖人が、建長五年に立宗を宣したのを起源とし、弘安二年本門戒壇の本尊を建立して宗体を確立し……」2

「本宗は、宗祖所顕の本門戒壇の大漫荼羅を帰命依止の本尊とする。」3

等とあるように、「弘安二年の戒壇本尊」と称される曼荼羅を信仰と教義の根本としている。ただし、これには一つの前提がある。それは、「内証は久遠元初自受用報身である日蓮大聖人」の言に示されるように、「日蓮」が本仏であるという前提である。したがって、曼荼羅が信仰・教義の根本といっても、「日蓮」が本仏であるということが絶対条件であり、大前提となっている。

ここから、日蓮正宗宗務院発行の『日蓮正宗要義』においては、

「宗祖大聖人こそ……久遠の本仏であると信ずるものは我が日蓮正宗のみである。」4

という奇妙な言い回しの文章となり、更に、創価学会発行の『折伏経典』に至っては、

「末法の仏は、日蓮大聖人以外には絶対に求められないのである。」5

と、これもまた奇妙な調子の文章となっている。かくて、現在の日蓮正宗教学では、表向きは曼荼羅正意であるが、実際のところは本仏日蓮が究極の本尊と言って良い。

以上が日蓮正宗・創価学会における日蓮本仏論の簡単な説明である。この日蓮本仏論は、鎌倉時代に生まれた生身の日蓮が本仏となって、全知全能の力を付与されているのであるが、ただ現実には、鎌倉時代の日蓮はすでに存在しない人物であり、ここに「今日蓮」が登場する余地があるのである。そして、『御本尊七箇之相承』の、

「代々の聖人悉く日蓮なり」６

の文を都合よく利用して、法主本仏を正統化し、これが日蓮正宗に蔓延して悪しき伝統となったのである。そして、この本仏論は創価学会においては池田大作本仏という形となり、今日に至っている。したがって、日蓮正宗の混迷に対して今日種々の批判がなされているが、この法主・池田大作両本仏論の根底にある日蓮本仏論にメスを入れ、この教義が見直されない限り、日蓮正宗の真の意味での再生は不可能であろうと思われる。

三、日蓮宗学における本尊観の混乱

では、日蓮正宗の本来の教義、とりわけ教義の根幹をなす本尊観はいかなるものなのか。このことを論ずるに当って、是非触れておかなければならないことがある。それは、この日蓮本仏論の問題は、単に日蓮正宗にとどまらず日蓮門下全体の問題でもあるということである。即ち、この問題は日蓮門下の歴史上常にたたかわされてきた問題と、何等本質的には変わらないということである。その問題とは、いわゆる

人法本尊論争である。人法本尊論争とは、本尊は究極的には「人」であるか、「法」であるかという問題である。「人」とはいわゆる「仏」のこと、「法」とは「真理」を指す。わかりやすくいうと、人法本尊問題とは、はじめに人ありきか、はじめに法ありきかの問題であり、また個人崇拝か、真理崇拝かの問題である。そして、「人」を究極的に本尊とする考え方を人本尊正意といい、「法」を究極的に本尊とする考え方を法本尊正意という。この二つの本尊論のうち、宗祖の真意がどちらにあるかというのが、人法本尊論争である。

日本には数多くの仏教宗派が存在するが、おそらく宗の命というべき本尊について、即ち自分達の宗の本尊が何かという問題で、長い間論争が繰り広げられてきたというのは他に類例を見ないであろう。しかも、その宗祖日蓮聖人は、『開目抄』の中で、

「諸宗は本尊にまどへり」7

と、当時の諸宗を本尊に迷っていると破折した。ところが、歴史は実に皮肉なもので、その日蓮系教団ほど本尊論争という外部からは考えられないような問題で揺れ続けた歴史を持つ宗派はない。宗派にとって、本尊とはもっとも重要なものであり、それが論争の対象になるということ自体極めて異常な論争もないと思うが、これが日蓮門下においては長年の問題として今も尾を引いているのである。

ところで、『ビジネスマンのための宗教がわかる本』(横山真佳著)という本がある。筆者は毎日新聞記者で、長年宗教について取材を続けた人だが、この書の中で、「日蓮の教えで一番大事なことは」と題して、次のように述べている。

「民衆の一人一人がどう救われるのかという個人救済論はかならずしも明瞭だとはいえません。多神教的な諸々の守護神の存在、法華経受持の仕方、そして『南無妙法蓮華経』という〈題目〉の主張などは一種の呪術的祈祷仏教への回帰であり、日蓮の仏教は総じて復古主義的な性格のものだったと考えてよいと思います。しかし日蓮には独特な〈国家論〉がありました。」8

この中の「個人救済論はかならずしも明瞭だとはいえません」また「多神教的な諸々の守護神の存在」「呪術的祈祷仏教への回帰」「日蓮の仏教は総じて復古主義的な性格のものだった」という記述に、私は少なからず失望を禁じ得ない。宗祖の教えが一般的には、これぐらいにしか理解されていないということは、実に残念なことである。そして、特に私が問題としたいのは「多神教」「呪術的祈祷仏教」の記述である。誤解といってしまえば、それまでだが、宗祖の教えがかくも誤解されてしまっては、どうしようもない。ところが、これが全く現在の日蓮門下の実情を把握していないわけではないところに、この問題の深刻さがある。すなわち、現在の日蓮門下、具体的には日蓮宗（身延派）の実情をみれば、このような記事も無理からぬことなのである。もちろん、身延日蓮宗に限ったことではない。そして、当事者には、これについての問題意識はない。ここに日蓮系各宗の本尊論における問題の根の深さがある。

では、宗祖の教えは横山氏が指摘したように多神教で呪術的祈祷仏教なのか。宗祖の遺文を忠実に理解する限り、違うことは明白である。しかし、横山氏の記述はまさしく現代知識人達の日蓮観だと私は思う。私がこの記述を取り上げたのは、この記述には、今の日蓮教学の抱える問題が象徴的に現れているように思えて仕方がないからである。

先の『開目抄』における「諸宗は本尊にまどへり」という宗祖の破折は、当時の仏教諸宗に対して向けられたものであるが、宗祖滅後、その破折はまさしく日蓮各宗に当てはまるようになっていったのである。そして、今日の日蓮正宗の問題も詮じ詰めればここに行きつくと言って良い。日蓮正宗・日蓮宗はじめ、日蓮各宗は大いなる反省が必要であると痛感せざるを得ない。

四、日蓮聖人の本尊観

さて、話をもとにもどして、問題を日蓮正宗の本尊観にしぼって論ずることとする。日蓮正宗の本尊観について論ずるということは、本来なら宗祖日蓮聖人の本尊観を論ずるだけで終るはずなのだが、現実にはそうはいかない。宗祖日蓮聖人滅後約七百年の歴史の中で、日蓮正宗には種々雑多なものが教義の中枢に入ってきた。そういうなかで、本尊観にも変遷が見られるからである。したがって、日蓮正宗の本尊観を論ずると一口に言っても、宗祖日蓮聖人一人だけを論じて、それで済むわけではないのである。

そこで、まず宗祖日蓮聖人の本尊観はどのようなものであったのか、そこのところを論じてみたい。

はじめに法ありきか、人ありきかは、宗祖のみならず仏教史上においても重要なテーマであるが、一般的にほとんどは、はじめに人ありきという考え方に立脚している。たとえば、念仏宗は阿弥陀仏、真言宗は大日如来、禅宗・天台宗は釈迦如来が本尊であるが、基本的に人（仏）を本尊としている点に変わりはない。これは、確かに仏は法を悟って仏となったのではあるが、しかし法は仏によってはじめて法として認識され、力を得たのであるから、仏が法より勝れているとする考え方である。これを専門的には人勝法劣という。この逆が法勝人劣である。

では、宗祖の本尊観はどうであったのか。結論から言えば、宗祖は法本尊正意である。このことを考えるにあたって次の三点から論ずることにする。その三点とは、

１、題目の意味

２、宗祖遺文中における人法勝劣の基本的考え方

３、宗祖の行儀上の事実

の三点である。以下、この順にしたがって論を進めたい。

１、題目の意味

まず最初に、題目の意味から考えてみたいと思う。題目というのは、そこに宗祖の思想の全てが集約されていると言えるものである。したがって、題目の意味を考えれば、単純素朴に考えて、そこに宗祖の思想というものが一目瞭然の形で見えるはずである。まして、宗祖の宗教は民衆仏教であるから、難解な教義を理解しなければ成仏できないというような智恵の宗教ではない。信の宗教である。信の宗教ということは、理論的には簡単明瞭でなければならない。したがって、宗祖の題目は本来だれにも簡単に意味が理解できる性質のものである。題目とは本来そういう性格のものである。

そこで、題目の意味を考えてみると、題目は南無妙法蓮華経である。これは、

南無＝帰依
妙法＝妙なる法
蓮華＝法の譬え
経　＝教え

に分析でき、南無妙法蓮華経とは、蓮華に譬えられる妙法の教えに帰依しますという意味である。一見してわかるように、南無妙法蓮華経のうち特に意味を持っているのは、南無と妙法である。つまるところ、南無妙法蓮華経は、南無と妙法につきると言えるのである。ゆえに、南無妙法蓮華経の意味を考えるとき、この題目は「法」に帰依するという意味になるのである。ということは、単純素朴に考えて、宗祖の本尊観が法本尊正意であるということになる。しかし、それでは実際の日蓮各派の教義がそうなっているかというと、そうではない。むしろ、人本尊正意になっている。というより、人本尊全盛といった観すらある。現在、日蓮教団では、日蓮宗と日蓮正宗が有力であるが、日蓮宗は釈迦本仏、日蓮正宗は日蓮本仏と、仏の名こそ相違があるものの、どちらも人本尊である。かろうじて、法本尊正意の宗風を受け継いできた日蓮正宗が、現在は、より強烈な人本尊正意になってしまっている。つまり、宗祖の意志は全日蓮教団通じて、その根本のところが全く教義に反映されていないということである。他の日蓮教団はさておき、長い間法本尊主体を宗風としてきた日蓮正宗が、他宗より強烈な人本尊に変わって、これで問題が起きないわけがないのである。

2、宗祖遺文中における人法勝劣の基本的考え方

次に、宗祖の遺文中において、宗祖が人法勝劣についてどのように述べておられたのか、そこのところを考えてみたい。この問題は、次の行儀上の問題が具体的本尊論であるのに対し、これは理論上の本尊論ということができる。この問題を論ずるに当って、過去にいろいろな論文が発表されているが、私は厳密な文献考証にのっとり遺文（御書ともいう）を中心に論を進めていきたい。

（表１）法本尊遺文年表

西暦	和暦	年齢	真蹟	真偽要検討の遺文
一二五八	正嘉二	37	一代聖教大意	
一二六〇	文応元	39		唱法華題目抄
一二六一	弘長元	40		
一二六二	弘長二	41	顕謗法抄	
一二六四	文永元	43	*依法不依人御書	題目弥陀名号勝劣事
一二六六	文永三	45		
一二七〇	文永七	49		
一二七一	文永八	50	（龍の口法難）	
一二七二	文永九	51	開目抄	祈祷抄

一二七三	文永十	52	観心本尊抄	諸法実相抄・経王殿御返事
	同			妙法曼荼羅供養事・当体義抄
一二七四	文永十一	53	上野殿御返事	聖密房御書・立正観抄
一二七五	建治元	54	兄弟抄・法蓮抄・高橋入道殿御返事	
	同		高橋殿御返事・国府尼御前御書　撰時抄	
一二七六	建治二	55	南条殿御返事・宝軽法重事	妙密上人御消息
	同		松野殿御消息	
一二七七	建治三	56	四信五品抄・乗明聖人御返事	法華初心成仏抄
	同		下山御消息	法華経二十重勝諸教義
一二七八	弘安元	57	三沢抄・上野殿御返事・同	
	同		本尊問答抄・千日尼御前御返事	
	同		九郎太郎殿御返事	
一二七九	弘安二	58	窪尼御前御返事	
一二八〇	弘安三	59	秋元御書・上野殿母尼御前御返事	
	同		諫暁八幡抄	
一二八一	弘安四	60	曽谷二郎入道殿御報	南条殿御返事
一二八二	弘安五	61		

*依法不依人御書は、系年が文永年間というだけで、不明

（表２）人本尊遺文年表

西暦	和暦	年齢	真蹟	真偽要検討の遺文
一二五八	正嘉二	37		
一二六〇	文応元	39		*唱法華題目抄（法本尊）
一二六一	弘長元	40		船守弥三郎許御書
一二六二	弘長二	41		
一二六四	文永元	43		
一二六五	文永二	44	善無畏抄	
一二七〇	文永七	49	善無畏三蔵抄	
一二七一	文永八	50	（龍の口法難）	
一二七二	文永九	51		木絵二像開眼事
一二七三	文永十	52		
一二七四	文永十一	53		
一二七五	建治元	54	*神国王御書	
一二七六	建治二	55	*報恩抄（釈迦正意ではない）	四条金吾釈迦仏供養事
一二七七	建治三	56		兵衛志女房御返事

一二七八	弘安元	57		妙法比丘尼御返事
一二七九	弘安二	58		四菩薩造立抄・日眼尼釈迦仏供養事
一二八〇	弘安三	5		
一二八一	弘安四	60		

*唱法華題目抄は法勝人劣が説かれる一方、造像も容認されている
*鎌倉・草庵の本尊のこと
*報恩抄は所謂通常の釈迦正意ではないが、人本尊論の根拠とされるので、記することにする

人本尊・造仏関連遺文 9

まず最初に、人本尊正意論について考えてみたい。そこで、人本尊遺文、厳密にいえば、人本尊論に立つ人たちの依拠とする遺文は、全部で十二ある。しかし、前出の人本尊遺文年表を見ればわかるように、この中で文献的に確実なものは、四遺文である。

（御書名）　（系年）　（時期）

【善無畏抄】文永二（一二六五）・異説あり　佐前

仏には釈迦牟尼仏を本尊と定め、法華経を信じ云云

【善無畏三蔵抄】文永七（一二七〇）同

釈尊を木畫の像に顕わして御本尊と定め云云

【神国王御書】建治元（一二七五）身延

小庵には釈尊を本尊とし．．．．仏像経巻云云

【報恩抄】建治二（一二七六）同

本門の教主釈尊を本尊とすべし。所謂宝塔の内の釈迦多宝・外の諸仏、並びに上行等の四菩薩脇士となるべし

この他には、『船守弥三郎殿許御書』『真間釈迦仏御供養逐状』『四条金吾釈迦仏供養事』『妙法比丘尼御返事』『日眼女釈迦仏供養事』『四菩薩造立抄』等があるが、これらの遺文は文献的に問題があって、真撰と断定できない、もしくは真撰と認め難く、これをもとに論を展開することはできないので、これらの遺文は考証に該当する文献からはずした。

このなかで、はっきりしていることは、宗祖には人勝法劣の思想を明言した箇所は一ヵ所もないということである。ただし、佐渡以前には、宗祖には人本尊容認の姿勢があったということも事実である。このことは、宗祖が佐渡以前においては、釈迦像を鎌倉の草庵に安置し、信仰の対象としていたことからうかがえる。この点は疑う余地のないところで、具体的には『神国王御書』によってあきらかであるが、問題は佐渡以降の具体的本尊である。

宗祖は龍口法難を境に、曼荼羅を書写されているが、その一方で釈迦像を容認していたということになると、自己矛盾が生じるのである。なぜ自己矛盾が生じるかについては後述することとして、宗祖が佐渡

以降に本尊として釈迦像を安置すべきである、あるいは安置したという事実がないこと、また一方で、宗祖が龍口法難以後、曼荼羅を認められたことなどを総合すると、佐渡以降における宗祖の本尊観は、法本尊正意であることは間違いないと思われるので、佐渡以降に人本尊正意、あるいは容認の御文がないことは当然である。また、ここで特に注目すべきは、宗祖には明確な人勝法劣の言が、ただの一回もないということである。まして、自分自身が本仏であるというような思想があろうはずがない。ともかく、このことは、法本尊遺文と比較した場合に注目に値することであり、これについては、法本尊遺文を論ずるときに再度問題としたい。

さて、ここにひとつの問題がある。即ち、『報恩抄』の問題である。それは、

「本門の教主釈尊を本尊とすべし。所謂宝塔の内の釈迦多宝・外の諸仏、並びに上行等の四菩薩脇士となるべし」

の文の意味である。極端にいえば、人本尊論の論拠はこの文だけといっても過言ではないほどで、人本尊論者にとっては最後の砦の観すらある。そこで、この文をどう解釈すべきなのかという問題が存するのである。ただし、この問題は、かなり重要な問題でもあるので、今回の論文の中ではとても論じきれるものではない。そこで、結論だけ言うならば、この文の意味は、決して通常の人本尊正意、即ち釈迦仏正意という意味での人本尊正意の遺文ではないということである。第一、通常の釈迦仏正意とするにしても、最初の「教主釈尊」と次下の「宝塔の内の釈迦」との関係がスムーズに説明できないからである。しかして、この文は古来より議論の集中するところであるが、結局通常の人本尊正意、即ち釈迦正意と解釈するにも

矛盾があるのである。この問題については、別稿にて詳しく論ずることとして、ここでは、この文が決して釈迦正意の文ではないというだけにとどめたい。

法本尊遺文

次に、宗祖の法本尊正意の遺文を列挙すると以下の通りである。前出の表に明らかなように法本尊正意を示している遺文の量は人本尊を示す遺文に比べて、その数が圧倒している。ここでも、真偽に再検討を要する遺文は除外して、真蹟が間違いないと考えられる遺文を中心に紹介する。

（御書名）　（系年）　（時期）

【一代聖教大意】正嘉二（一二五八）　佐前

法を聞き謗を生じて地獄に堕するは、恒沙の仏を供養する者に勝れたり

【顕謗法抄】弘長二（一二六二）　同

法華経を謗じて地獄に堕ちたるは、釈迦仏・阿弥陀仏等の恒河沙の仏を供養‥‥する功徳には百千萬倍すぎたり

【依法不依人御書】文永期　佐渡以前以後不明

仏は依法不依人といましめ給へども、末代の諸人は依人不依法となりぬ。仏は依了義経不依不了義経とは制し給へども、濁世の衆生は依不了義経不依了義経の者となりぬ。

【開目抄】文永九（一二七二）　佐渡

法華経ましまさずば、いかに……大聖なりとも、誰か恭敬したてまつるべき。無量の声聞は、法華経ましまさずば誰か名をもきくべき。……まして此等の人々を絵像木像にあらわして本尊と仰ぐべしや。これ偏に法華経の御力によて、一切の羅漢帰依せられさせ給なるべし。

【観心本尊抄】文永十（一二七三）同

①詮ずる所は一念三千の仏種に非ざれば、有情の成仏・木畫二像の本尊は有名無実也。

②其本尊の為体、本師の娑婆の上に宝塔空に居し、塔中の妙法蓮華経の左右に釈迦牟尼仏・多宝仏・釈尊の脇士上行等の四菩薩、文殊・弥勒等は四菩薩の眷属として末座に居し、……是の如き本尊は在世五十余年これ無し。……但八品に限る。……未だ寿量の仏ましまさず。末法に来入して始めて此仏像出現せしむべきか。

③此時地涌千界出現、本門釈尊為脇士。

【上野殿御返事】文永十一（一二七四）身延

仏を‥供養したてまつるより、末代悪世の中に……法華経の行者を供養する功徳はすぐれたり云云。

【兄弟抄】文永十二（一二七五）同

①三世の諸仏は、此経を師として正覚をなり

②この法華経は一切の諸仏の眼目、教主釈尊の本師なり

【法蓮抄】建治元年（一二七五）同

これ程に貴き教主釈尊を一時二時ならず、一日二日ならず、一劫が間、掌を合せ両眼を仏の御顔に

あて、頭をたれて他事を捨て、…ひまなく供養し奉るよりも、戯論に一言継母の継子をほむるが如く、心ざしなくとも末代の法華経の行者を讃め、供養せん功徳は、彼の三業相応の信心にて一劫が間、生身の仏を供養し奉るには、百千万億倍すぐべしと説き給いて候。これを妙楽大師は福過十号とは書かれて候なり。

【撰時抄】建治元（一二七五）同

①彼の白法隠没の次には、法華経の肝心たる南無妙法蓮華経の大白法の……広宣流布せさせ給べきなり

②大集経の白法隠没の時に次いで、法華経の大白法の日本国並びに一閻浮提に広宣流布せん云云

③後五百歳に一切の仏法の滅せん時、上行菩薩に妙法蓮華経の五字を持たしめて……良薬とせん云云

【国府尼御前御書】建治元年（一二七五）同

釈尊ほどの仏を三業相応して、一中劫が間ねんごろに供養し奉るよりも、末代悪世の世に法華経の行者を供養せん功徳はすぐれたりと説かれて候。まことしからぬ事にては候へども、仏の金言にて候へば疑うべきにあらず。

【高橋入道殿御返事】建治元（一二七五）同

末法に入りなば、……法華経は文字はありとも衆生の病の薬とはなるべからず。…其時上行菩薩出現して妙法蓮華経の五字を一閻浮提の一切衆生にさずくべし

【高橋殿御返事】建治元（一二七五）同

釈迦仏を種々に供養せる人の功徳と、末代の法華経の行者を須ゆも供養せる功徳とたくらべ候に、

其福復過彼と申して、法華経の行者を供養する功徳すぐれたり。・・・・されば仏を供養する功徳よりもすぐれて候

【南条殿御返事】建治二（一二七六）同

一人の法華経の行者を……とぶらわん人は、生身の教主釈尊を一劫が間三業相応して供養しまいらせたらんより、なお功徳すぐるべきよし、如来の金言分明也

【松野殿御消息】建治二年（一二七六）同

一劫が間、教主釈尊を供養し奉るよりも、末代の浅智なる法華経の行者の、上下万民にあだまれて餓死すべき比丘を供養せん功徳は、勝るべしとの経文なり。

【宝軽法重事】建治二（一二七六）同

①文句第十に、……法は是聖の師なり。……故に人は軽く法は重し。……記十に云く、法を以て本となす。

②仏を盡して七宝の財を……供養せんよりは、法華経を一偈、或は受持し或は護持せんはすぐれたり

③天台云く、人軽法重也。……人軽と申すは、仏を人と申す。法重と申すは、法華経なり。それ法華経已前の諸経並びに諸論は、仏の功徳をほめて候。仏のごとし。此法華経は、経の功徳をほめたり。仏の父母のごとし

【四信五品抄】建治三（一二七七）同

①専ら題目を持て余文を雑へず。尚一経の読誦だも許さず

②妙法蓮華経の五字は、経文に非ず、其義に非ず、唯一部の意ならくのみ

【乗明聖人御返事】建治三（一二七七）同

彼は仏也、此は経也。経は師也、仏は弟子也。涅槃経に云く、諸仏の師とするところは所謂法也。

【下山御消息】建治三（一二七七）同

教主釈尊より大事なる行者を、法華経の第五の巻を以て日蓮が頭を打ち、云云

【三沢抄】建治四（一二七八）同

此時には、正像の寺堂の仏像僧等の霊験は皆きえうせて、但此大法のみ一閻浮提に流布すべし

【上野殿御返事】建治四（一二七八）同

仏はいみじしといへども、法華経に対しまいらせ候へば、蛍火と日月との勝劣、天と地との高下也。

【上野殿御返事】弘安元（一二七八）同

今末法に入りぬれば、余経も法華経も詮なし。但南無妙法蓮華経なるべし。……此の南無妙法蓮華経に余事をまじえば、ゆゆしき僻事なり。

【本尊問答抄】弘安元（一二七八）同

①問て云く、末代悪世の凡夫は何物を以て本尊と定むべきや。答て云く、法華経の題目を以て本尊とすべし。……涅槃経第四如来性品に云く、……諸仏の師とする所は所謂法也。

②問て云く、……何ぞ天台宗に法華経を本尊とするや。答う、彼等は仏を本尊とするに、是は経を本尊とす。

③問う、仏と経と何れか勝れたるや。答て云く、本尊とは勝れたるを用うべし。……問て云く、然らば汝いかんぞ、釈迦を以て本尊とせずして、法華経の題目を本尊とするや。答う、……釈尊と天台とは、法華経を本尊と定め給へり。末代今の日蓮も仏と天台との如く、法華経を以て本尊とするなり。其故は法華経は、釈尊の父母、諸仏の眼目なり。釈迦・大日惣じて十方の諸仏は、法華経より出生したまへり。故に、全く能生を以て本尊とするなり。

【千日尼御前御返事】弘安元（一二七八）同

①法華経は十方三世の諸仏の御師也。……一切の諸仏、……菩薩等も、皆悉く法華経の妙の一字より出生したまへり

②仏は子也。法華経は父母也。……十方の諸仏は妙の一字より生じたまへる故也。

【九郎太郎殿御返事】弘安元（一二七八）同

①戒は持てども、浄土へまひる種とは成らず。但南無妙法蓮華経の七字のみこそ仏になる種には候へ。

②法華経は仏にまさらせ給ふ法なれば、供養せさせたまひて、云云

【窪尼御前御返事】弘安二（一二七九）同

法華経は仏にまさらせ給ふ事、星と月と、ともしびと日とのごとし。

【秋元御書】弘安三年（一二八〇）同

種・熟・脱の法門は法華経の肝心なり。三世十方の諸仏は、必ず妙法蓮華経の五字を種として仏になりたまへり。

【上野殿母尼御前御返事】弘安三（一二八〇）同
①法華経と申すは、三世十方の諸仏の父母なり、めのとなり、主にてましましけるぞ。
②諸仏の御本尊としたまふ法華経を以て云云

【諫暁八幡抄】弘安三（一二八〇）同
天竺国をば月氏国と申す。仏の出現したまふべき名也。扶桑国をば日本国と申す。あに聖人出でたまはざらむ。…月は光あきらかならず。在世は但八年なり。日は光明月に勝れり。五々百歳の長闇を照らすべき瑞相也。

【曽谷二郎入道殿御報】弘安四（一二八一）同
末代に法華を弘通せん者は、如来の使也。此人を軽賤するの輩の罪は、教主釈尊を一中劫に蔑如するに過ぎたり。

この他に、『諸法実相抄』『当体義抄』『立正観抄』など、まだ多数の遺文があるけれども、いずれも内容は別として、文献的に問題を存しているので、確実な文献とはしなかった。

これと、先の人本尊関連遺文とを比較すると、宗祖の真意が法本尊にあることはいうまでもない。そういう意味で、宗祖はその生涯を通して、理論上の本尊観は法本尊正意で一貫している。このことは、佐渡以前・佐渡期・身延期の三期すべての遺文に通じて法勝人劣の明文があることからはっきりしている。特に、『上野殿御返事』の、

「仏はいみじしといへども、法華経に対しまいらせ候へば、蛍火と日月との勝劣、天と地との高下也。」

また、『窪尼御前御返事』の、

「法華経は仏にまさらせ給ふ事、星と月と、ともしびと日とのごとし。」

などには、明確かつ非常にわかりやすい言葉で法勝人劣と示されているのである。先の人本尊関連遺文のところで、人本尊関連遺文には、明確に人勝法劣の文証がないことを指摘したこととくらべれば、宗祖の真意がどこにあるか、もはやいうまでもなかろう。

3、宗祖の行儀上の事実

a、宗祖の行儀上の具体的本尊

宗祖の理念上の本尊観が、法本尊正意であるとして、それでは、宗祖の生涯において、具体的には何を自己や門下の信仰と修行の対象とされたのか、そこのところを次に述べてみたい。宗祖の生涯のなかで、具体的本尊としてはっきりしているのは、釈迦仏と曼荼羅である。そして、この両者が矛盾するものでなければ論争など起きないのであるが、この両者は最終的には相入れないものなのである。曼荼羅は法本尊・法勝人劣を意味し、釈迦仏は人本尊・人勝法劣を意味するものであり、最終的には二者択一のものだからである。しかも、宗祖にはこのふたつとも存在する。宗祖にこのように二つの本尊が存在していることが、人法本尊問題を惹起させている原因となっている。次に、この問題を考えてみることにする。

そこで、遺文の中から宗祖の仏像造立・造仏勧奨に関する記述について、宗祖の造仏及び造仏勧奨に関する遺文は、報恩抄を含めて全部で十二ある。ただし、確実な文献としては、先に挙げた四遺文のみである。

この他には、前項同様『船守弥三郎殿許御書』『真間釈迦仏御供養逐状』『四条金吾釈迦仏供養事』『妙法比丘尼御返事』『日眼女釈迦仏供養事』『四菩薩造立抄』等の遺文があるが、前述のように、これらの遺文は確実な真撰とは言えないので除いた。

さて、この造仏関連遺文の表からは、次の二つのことが言える。

(1)は、『神国王御書』からわかることであるが、宗祖は佐渡以前の鎌倉の草庵においては、釈迦仏を具体的な本尊とされていたという事実である。

(2)は、佐渡以降、宗祖が造仏をした、あるいは造仏を勧奨された事実はないということである。ただし、これにはひとつ問題が残る。それは『報恩抄』の問題であるが、これについては前項で述べたように、ここでは省略することにする。

宗祖が佐渡以前には、釈迦仏を具体的本尊とされていたことは間違いないところであるが、一方、宗祖は佐渡以降曼荼羅を書写されている。では、宗祖の佐渡以降についての具体的本尊観はどうだったのであろうか。これについては、二つのことが考えられる。一は、曼荼羅と釈迦仏の両者ともに本尊とする。二は、曼荼羅を本尊とするの二点である。結論からいうと、曼荼羅が具体的本尊であるということである。

そこで、まず第一の曼荼羅と仏像の共存の可能性について考えてみると、その可能性はないといって良い。即ち、曼荼羅は法勝人劣をあらわし、仏像は人勝法劣を表わしているがゆえに、この両者は両立し得ないからである。ということは、必然的に第二のあり方が、宗祖の佐渡以降の具体的本尊観だったということである。これについては、先に指摘した佐渡以降造仏の事実・また造仏勧奨の確実な事実がないこと、また曼荼羅が佐渡以降に書写されたことなどと合わせて考えれば、宗祖が佐渡以降は曼荼羅を自己及び門下の信仰・修行の対象としていたことは、間違いないと思われる。

以上のことを総合すると、宗祖は行儀上の本尊については、佐渡以前と以後とに大きな変化があるといえるが、このことは、宗祖自身『三沢抄』において、

「又法門の事は、さど（佐渡）の国へながされ候し已前の法門は、ただ仏の爾前経とおぼしめせ。」10

と述べられ、宗祖が法門上のことについて重大な変化があることを示されている。そして、ここに記されているように、佐渡以前の法門は宗祖にとって、方便とまで言い切っていることに重大な意味がある。

b、曼荼羅の賛文における人法勝劣

次に、曼荼羅の意味についてもう少し検証してみたい。曼荼羅に表される宗祖の本尊は、他の仏教教団の本尊とを比較すると、特異な本尊であることは明白である。このことは、曼荼羅そのものの持つ意味と他宗派の本尊とに、決定的な相違があることを表わしてもいるといえるのである。そこで、宗祖所顕の曼荼羅について、その持つ意味を考えてみることにする。

曼荼羅には賛文と呼ばれる御文が書かれてある。これは曼荼羅の意味を知るうえで参考になるもので、

この賛文にはまた、宗祖の人法勝劣についての考えを見ることができるのである。

宗祖は龍口法難以降曼荼羅を書写し、信仰上の本尊として門下に示したが、その初見は文永八年十月九日書写で、京都立本寺に所蔵されている、通称楊子御本尊と称されている曼荼羅である。これ以降、宗祖は多数の曼荼羅を書写されたが、そこには大抵、

「仏滅後二千二百二十余年之間、一閻浮提之内、未曾有大漫荼羅也」

の賛文がある。ところが、これ以外に宗祖が人法勝劣に関する所信を明確に述べられている曼荼羅がある。その曼荼羅は三幅あり、いまそれを表示すれば、次のようになる。

本尊賛文と人法勝劣

（年時）　（西暦）　（所蔵）　（人法勝劣）

①建治二年九月（一二七六）　身延曽存　法勝人劣

【賛文】諸仏の師とする所は所謂法也。是故に如来恭敬供養す。法常なるを以ての故に諸仏も亦常なり。

②弘安元年十一月（一二七八）　光長寺　同

（涅槃経）

【賛文】若し一劫の中に於いて、常に不善の心を懐いて、色を作して仏を罵らんは、無量の重罪を獲ん。それ、この法華経を読誦し持つことあらん者に、須臾《ゆ》も悪言を加えんは、その罪また彼に過ぎん。人あって仏道を求めて、一劫の中に於いて合掌して我が前に在って、無数の偈を以て讃めん。この讃

仏によるが故に、無量の功徳を得ん。持経者を歎美せんは、その福また彼に過ぎん。（法師品）

③弘安二年七月（一二七九）　同　同

【賛文】若し一劫の中に於いて、常に不善の心を懐いて、色を作して仏を罵らんは、無量の重罪を獲ん。それ、この法華経を読誦し持つことあらん者に、須臾《ゆ》も悪言を加えんは、その罪また彼に過ぎん。人あって仏道を求めて、一劫の中に於いて合掌して我が前に在って、無数の偈を以て讃めん。この讃仏によるが故に、無量の功徳を得ん。持経者を歎美せんは、その福また彼に過ぎん。（法師品）

この賛文に明らかなように、曼荼羅における宗祖の人法勝劣論は、「諸仏の師とする所は所謂法也」に代表されるように、法勝人劣が正意であるということである。これによっても、宗祖が法本尊論であることは疑う余地がない。

〔小結〕

以上、題目の意味、遺文における人法勝劣論、宗祖の行儀上の本尊の三点から、人法勝劣を論じてみた。それらを総括すると、題目の意味における法勝人劣の意義は明白である。次に、遺文における人法勝劣論では、宗祖は一貫して法勝人劣の立場であることが明白である。また、行儀上の本尊については、宗祖はその生涯において、龍口法難以前即ち佐渡以前では、釈迦仏が草庵の本尊だったが、法難以後即ち佐渡以降は曼荼羅に変わったということである。そして、『三沢抄』で述べておられるように、宗祖の最終的な結論は曼荼羅正意であるということである。このように、これら三点のいずれも、宗祖が法勝人劣の立場であることを立証している。

さて、話を日蓮本仏論にあてると、この日蓮本仏論と宗祖自身の考えとは、あまりにもかけ離れている。宗祖の教えは法根本の教えである。ところが、今の日蓮正宗では、その宗祖日蓮が絶対的な本仏になっている。このような本仏論が宗祖の真意でないことは明白である。こうしてみて、先に挙げた『日蓮正宗要義』の、

「宗祖大聖人こそ……久遠の本仏であると信ずるものは我が日蓮正宗のみである。」4

の文がいかにこっけいな説かわかるであろう。

五、人法本尊論の特色

これまで、人法勝劣論について、宗祖がどちらの立場であるかということを考証してきたが、次に、これらの両本尊論の法門的内容についておおまかに論じてみたい。

1、人本尊論の特色

a、人本尊の性格

人本尊は、仏本尊ともいい、人勝法劣の意味である。人とは、法華経寿量品に説かれる釈迦如来のことである。この釈迦如来は、久遠の昔から仏であり、超越的で、絶対的な力を有する永遠の仏である。この釈尊は「我常在此。娑婆世界。説法教化」と説かれるように、常にこの娑婆世界に存在し、衆生を教化し続けていて、この娑婆世界にもっとも有縁の仏である。当然のことではあるが、この仏は衆生と同格ではなく、仏と衆生には、本来的に差別がある。また、一切の諸仏・諸神は、この釈迦如来の分身であり、本仏釈迦如来への帰依を前提として、それらの分身仏への信仰が成り立つ。

b、仏と衆生の関係

人勝法劣における仏と衆生の関係は、ひとことで言えば差別である。衆生は仏に対して、絶対的帰依をしなければならない。仏は法を悟った人であるがゆえに、その人格は絶対であり、衆生はその仏の規範を絶対的に守らねばならない。仏と衆生のあいだには、五十二の階位があり、衆生は一つ一つ階段を登るように、仏の修行方軌にしたがって、仏を目指していくのである。したがって、成仏には一定の規格があり、その条件を満たしたもの以外は成仏ではないということになる。

c、信仰の主体

信仰の主体は、絶対的価値を持つ仏にある。衆生に主体性は認められず、すべて仏を中心に考えるのである。もし、衆生に主体性を認めた場合には、もはや仏は仏としての権威を失ったということになり、仏と衆生の関係は破綻したことになる。したがって、この信仰のなかで、衆生の主体性を認めようとすることはタブーである。かりに、衆生の主体性確立ということが提起された時には、反対の立場に立つ考え方である。『法華経』不軽品に、不軽菩薩が衆生の成仏を訴えた際、増上慢の比丘・比丘尼・優婆塞・優婆夷が迫害を加えるが、これは、不軽菩薩が衆生の自立を訴えたのに対し、この増上慢の四衆はそれを阻止しようとしたのである。なぜ、彼等は不軽菩薩に迫害を加えたのか。その理由は、彼等が徹底した人勝法劣の信仰観に立っていたからに他ならない。

d、化他の法門

仏が衆生に一定の修行の方軌を示し、それ以外に成仏への道がないという信仰のありかたを化他の法門という。仏からみて、衆生は常に教化される対象であり、衆生の信仰の主体性は認められないから、これを化他という。衆生には主体性がなく、仏に教えられ、導かれるので衆生としては他力の信仰になる。たとえ、そこでどんなに自立や自力が叫ばれようと、詮じつめれば他力に変わりはない。その最たるものが、他力本願を説く念仏宗である。

2、法本尊の特色

a、法本尊の性格

法本尊とは、法勝人劣のことである。即ち、本尊は久遠実成の釈迦如来でなく、法華経の肝心であり、釈迦如来をして悟らしめ、仏たらしめた南無妙法蓮華経であるということである。このことは、また絵像・木像の本尊に代表される偶像崇拝を否定するものである。また、法が本尊であるということは、とりもなおさず、仏を超越的・絶対的に捉えるのではなく、衆生に即して仏はあるということ、即ち自己即仏がそのいわんとするところである。法はまた、超越的・絶対的な存在ではなく、諸法実相の妙理である。この諸法実相をよりどころとして、十界互具・一念三千の理こそ、法華経に説くところの法である。

更に、仏ではなく、法が本尊であるということは、行に重点があるのではなく、信に重点があるということである。このことは、衆生の成仏の場というものを、非日常的なところに措定するのではなく、日常性のなかに考えるのである。すなわち、世間即仏法の法門の実践である。世間に即して仏法を考えるということは、浄土というものも、外界に措定するのではなく、現実の世界のなかに浄土を顕現しようとするものである。

b、仏と衆生の関係

法勝人劣における仏と衆生の関係は、基本的に平等である。仏は確かに法を悟り、完成された人間であり崇拝されるべきではあるが、それは先達としてであり、非常に勝れた参考としてであり、絶対ではない。仏と衆生の関係については、末法という時代についても考慮しなければならないが、基本的に仏も衆生も平等であるというのが法勝人劣の考え方である。宗祖の考え方は、正法・像法時代は有仏の時代だから人勝法劣でよい。しかし、末法は無仏の時代なのだから法勝人劣の原則に立ち帰り、法をすべての中心にして信仰をすべきであるというものである。[11]

このように説く宗祖であるから、私達と宗祖との関係もおして知るべしである。もちろん、私達と宗祖とに本質上の差別などない。したがって、宗祖の教えには基本的におしつけというものがない。あればおかしい。宗祖は、末法に絶対的規範というものはなく、ただ基本理念さえ自覚していれば形式にはこだわらないという新しい仏教のあり方を説いたのである。

このような宗祖の考え方に、日蓮本仏論という新たな絶対者が君臨するような思想があろうはずがない。あれば自己矛盾である。宗祖は私達に、釈迦仏は衆生にとって、指導者であり、リーダーであり、その意味で尊敬されねばならない。しかし、絶対ではない。絶対なのは妙法だけであると教えてくれた。その宗祖が、いまや本仏にされてしまっている。現今の日蓮正宗の問題の根の深さもここにある。宗祖は私達にとって、指導者であり、リーダーに違いない。しかし、絶対的価値を有するものではない。絶対なのは妙法だけである。それが法勝人劣の考え方である。

c、信仰の主体

信仰の主体はあくまで衆生である。末法無仏なので、釈迦の規範はすでに価値を有しないが、代わりに宗祖の修行（振舞い）を手本にする。宗祖の生き方を自己の生き方の中に反映させていくということである。宗祖の生き方は、もし宗祖が超エリートで、普通の人間を超えた超能力を有しているのなら、何も尊敬する必要はない。いかなることもできて当然である。私達にとっても、到底凡夫では成し得ないことを成し遂げたという点に感嘆するとしても、私達とは別の人間であれば、基本的に私達とは無縁の人間であって、宗祖の行動は何等意味をなさない。

しかし、そんな宇宙人のような超能力者などこの世に存在しない。宗祖がごく普通の人間で、喜びも悲しみも怒りも苦しみをも備えた私達と同じ人間だからこそ、かけがえのない先達として、指導者として、またリーダーとして尊敬できるのである。妙法を追及し、徹底して自己の極限にまで挑戦したからこそ、その行動は私達にとって意味があるのであり、聞くだけの価値があるといって良い。宗祖の生き様の中から妙法の何たるかを得て、それを自分の生き方の中に反映させていく、これが法勝人劣の信仰である。

d、自行の法門

釈迦の教えはもはや去年の暦のごとく、末法においては、仏が衆生を一方的に教化するという化他の法門は通用しない。法勝人劣の信仰においては、信仰の主体を衆生に置くということから、修行というものにこれでなければならないという一定の規格を立てない。信仰・修行はマイペースで、自分にもっともふさわしいあり方があるのであって、画一的・規格的信仰というものを否定する。これを自行の法門という。この場合、他力ということを許さないので、完全な自力の法門である。

【小結】

以上、人勝法劣と法勝人劣の法門の相違を大まかに述べたが、この両論の相違を一言で言うならば、人本尊は差別・他力、法本尊は平等・自力の教えということができる。そして、宗祖の真意が法本尊であるということは、宗祖の目指した新仏教は、平等主義を標榜する宗教であるということである。今日、日蓮各教団はおしなべて人本尊に立脚しているが、これがいかに宗祖の意志を踏みにじるものであるか、大いなる反省が必要であると思う。

人本尊論の最大の欠陥は、法華経に流れる十界互具の思想が死んでしまうということである。一念三千も死語なる。先に紹介した『ビジネスマンのための宗教がわかる本』中に記された「多神教」「呪術的祈祷仏教」の日蓮観は、かつて法本尊を捨てて人本尊に転向し、十界互具・一念三千の法門が何の意味も持たなくなった日蓮宗のていたらくを見事に言い得ている。このことはまた、現在と未来の日蓮正宗への警告であると思う。

また、この二つの考え方は、本質的に両立しない考え方であり、したがって、法か人かのどちらに自己の基本的信仰姿勢を置くかということが問われている時に、どちらでもないという言い方、即ち人法体一、あるいは人法一箇というような言い方は許されない。もし、あえてこれを言う時には、問題の趣旨が良く理解されていないか、もしくは問題から逃げているかのどちらかということになる。

六、日寛教学の問題点

宗祖の教義が法勝人劣・法本尊の教えであるとして、今日の日蓮正宗の教義とのあまりに甚だしい相違は、一体どういうことだろう。まるで反対の教義となっているではないか。そこで、次に今日の日蓮本仏論の成立とその問題について、論じてみたい。

日蓮正宗の歴史を顧みて、今日の日蓮本仏論の法門的大成者は、江戸時代中期の日寛師（以後、日寛とする）である。ただし、誤解してはいけないが、日寛の日蓮本仏論と今日の日蓮本仏論とは、決して同じでない。詳しくは後述するとして、日蓮本仏論を法門的に体系付けたのが日寛であるということは衆目の一致するところである。

ところで、日蓮本仏論は日寛の大成であるとして、日寛の発明教学ではない。日寛以前にすでに日蓮本仏論があるので、日寛が日蓮本仏論の提唱者ということはない。日寛以前の日蓮本仏論については、良く言われるのは九世日有であるが、結論から言うと、日有には今日的日蓮本仏論は見られない。ただし、人本尊の思想はある。ここのところが日有が日蓮本仏論者と見られる所以であるが、日有の人本尊思想と日蓮本仏論とは全く異質なものである。今日の日蓮本仏論の礎となったのは、京都要法寺系の出身で後に日有の門に入った左京日教の教学である。これについては後述することとする。ともかく、それまで教学的に体系化されていなかったものを、日寛が体系化したということである。

具体的には、日寛は三秘中の本尊を二つに分け、一を法本尊、二を人本尊とし、法本尊を曼荼羅、人本尊を日蓮大聖人としたことである。このとき、始めて日蓮正宗の本尊義の中に、人本尊という語が入ってきたのである。しかも、法本尊と対等の形で入ってきた。日寛以前にも日蓮本仏論はあったが、それはあくまで、曼荼羅を強調するために日蓮を強調するという意味が強かった。がここにきて、宗祖日蓮が本尊として格上げされたのである。日寛の一秘・三秘観を簡単に図示すると、12

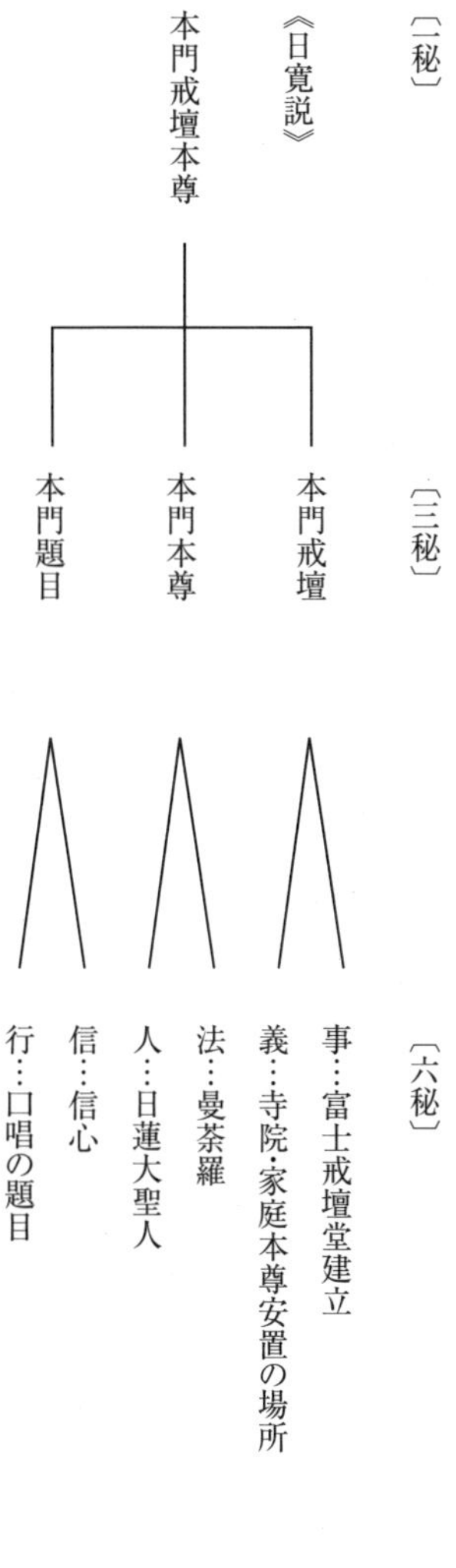

のようになる。これに対して、宗祖の三秘観を図示すると、[13]

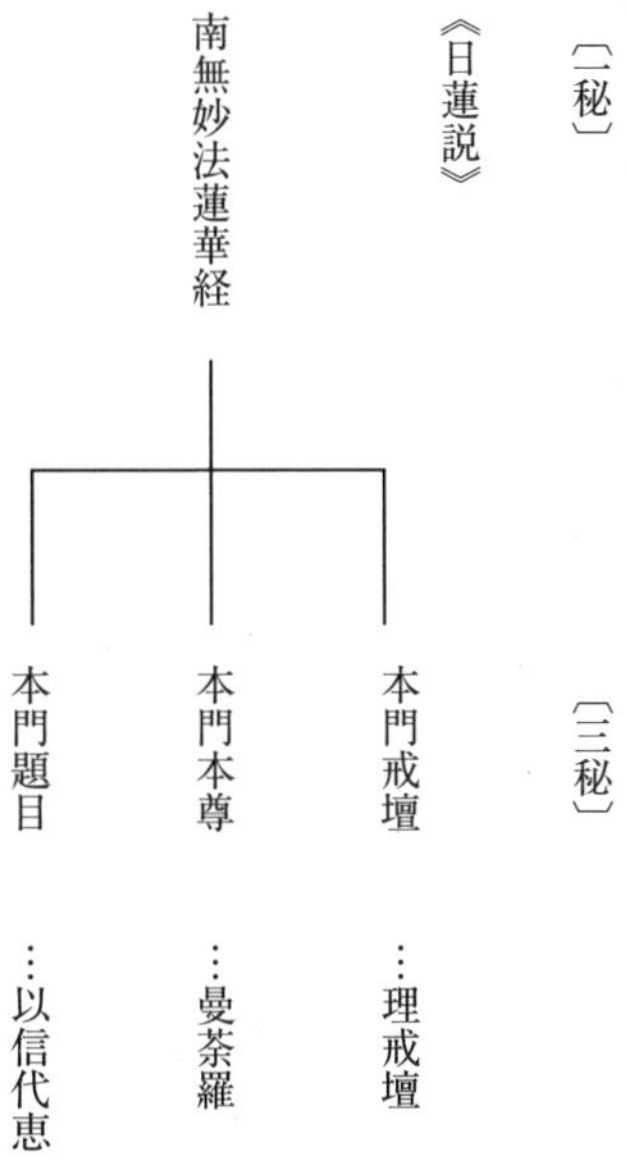

のようになる。一見してわかるように、宗祖と日寛の三秘観には歴然とした相違がある。すなわち、日寛には宗祖にないものがある。それは、六秘・六義と呼ばれるもので、これが日寛教学の特徴である。こうして、日寛は宗祖の法門を時代に適応させるため、大胆な法門の充実をはかったが、これによって、宗祖の法門は、結果的に大きく変化してしまうことになる。特に、本尊に関しては、大きな変革であるということができる。

しかし、前にも断ったが日寛の日蓮本仏論と今日の日蓮本仏論とは、意味において大きな差がある。日寛の本仏論は、法門の構造が二重になっているのに対して、今日の日蓮本仏論は単純な構造になっているということである。日寛の法門の二重構造とは、上部構造と下部構造である。これを図示すると、

上部構造＝本仏思想　↓日蓮本仏論……人勝法劣・仏前法後
下部構造＝法根本思想↓曼荼羅正意……法勝人劣・法前仏後

となる。ところが、現在の日蓮本仏論では、この日寛の二重構造が理解されずに、上部構造だけが日寛の説として理解されているのである。ここのところが、今日の日蓮正宗教学の最大の欠陥だと、私は思っている。私が今日の日蓮正宗を低俗化した日寛宗と呼ぶ所以である。日寛の本尊観を簡単に概観すると、『報恩抄文段』に、

「人法の勝劣あたかも天地のごとし。何ぞ劣れる仏をもって本尊となすべきや。もし、本因妙の教主自受

用身は人法体一にして、勝劣なし。法に即して人、人に即して法なり。」14
また、『末法相応抄』に、
「色相の仏を以て、もし法に望むるときんば、勝劣あたかも天地のごとし。……本地自行の自受用身は、ともにこれ能生にして人法体一なり。……即ちこれ末法出現の蓮祖聖人の御事なり。」15
等の文があるが、これを先の二重構造で説明すると、
上部＝本仏論…「本因妙の教主自受用身」（『報恩抄文段』）
「本地自行の自受用身は、…即ちこれ末法出現の蓮祖聖人の御事なり」（『末法相応抄』）
下部＝法思想…「人法の勝劣あたかも天地のごとし。何ぞ劣れる仏を以て本尊となすべきや」（『報恩抄文段』）
「色相の仏を以て、もし法に望むるときんば、勝劣あたかも天地のごとし」（『末法相応抄』）
ということになる。

今日、日寛の本仏論はその二重構造が理解されず、特に重要な意味を持つ下部構造が全く無視されて、完全に誤解されてしまっている。では、日寛の日蓮本仏論は、どのような意味だったのかというと、衆生本仏論の象徴としての日蓮本仏論だったのである。つまり、日寛においては、宗祖日蓮はもとより荒凡夫であり、その凡夫日蓮が本仏であるということは、とりもなおさず衆生一人一人が本仏であるということである。これは、つまるところ、法本尊の言わんとするところと同じ内容である。ところが、現在の日蓮本仏論は、もともと日蓮は久遠元初の本仏であって、最初から衆生とはかけ離れた存在でしかない。ここに両本仏論の決定的な相違がある。日寛にとって、日蓮本仏論は法本尊論を補強するための一つの理論だ

った。けれども、いまではこれだけが、日寛の本尊観として理解されてしまっているのであるが、実に残念なことである。

しかし、日寛の本仏論の真意が衆生本仏にあるとしても、その二重性は誤解を招きやすい欠点があることはいなめないところである。したがって、私はこの日寛の教学の二重性に対して、今後見直しの必要があると思っている。そして、その上部構造を今後は捨てても良いと思っている。というより、捨てた方が良い。先の三秘観についても、もはや六義は必要ないと思う。そして、宗祖本来の三秘観に立ち帰れば良いのではなかろうか。

七、日蓮本仏論のもう一つの問題

さて、日蓮本仏論の弊害として、先に法主本仏論・池田大作本仏論を挙げたが、それと併せて、もう一つ大きな弊害がある。それは板曼荼羅絶対論である。これは極端なほどに即物的本尊観ともいえるもので、日蓮本仏論から派生する問題としては、先の法主本仏論・池田大作本仏論より影響が大きいものである。それは、総本山大石寺安置の板曼荼羅が、宗祖の滅後においては絶対的権威を持つという説で、このことは、先に引用した『日蓮正宗宗規』に

「本宗は、宗祖所顕の本門戒壇の大漫荼羅を帰命依止の本尊とする。」3

と示されているとおりである。この曼荼羅への信仰が、現在の日蓮正宗のすべての根源となっており、こ

の曼荼羅抜きにしては、日蓮正宗は何も語れないといっても良いほどである。実際、現在の日蓮正宗の教学で、この板曼荼羅抜きに考えられるものは何一つない。日蓮正宗の布教理念である国立戒壇論・正本堂戒壇論・広宣流布論、すべてこの板曼荼羅絶対という思想が根本にある。今日大いなる悪弊となっている法主絶対という稚説も、この板曼荼羅の格護責任者が法主であるということが、大きな要素になっていることは間違いない。この板曼荼羅を格護しているが故に、宗祖日蓮からの法統継承者であり、曼荼羅書写の権限を有していると考えられるのである。そういう意味では、日蓮正宗は板曼荼羅宗と言っても良い。それだけの存在価値を、この板曼荼羅は持っている。もし、この板曼荼羅が何かのアクシデントによって消滅でもしようものなら、日蓮正宗はその瞬間から存在意義を失ってしまうであろう。つまり、現実面における日蓮正宗の命が、この板曼荼羅である。そして、この板曼荼羅を陰で支えているのが、日蓮本仏論なのである。そこで、この辺のところを図示すると、次のようになる。

日蓮本仏論↓板曼荼羅絶対論↓独善的正統意識↓法主本仏・池田大作本仏↓独善・暴力的体質

私は、日蓮正宗が現在の危機的状況から脱出するためには、この板曼荼羅絶対の信仰から脱皮することが不可欠だと思っている。そのためにも、この板曼荼羅絶対論を陰で支えている日蓮本仏論の是正が必要なのである。現在の日蓮正宗の信仰観は、あまりに次元が低い。上は法主から下は小僧・末端信徒に至るまで、日蓮正宗のほとんどの僧俗の意識は、日蓮大聖人は目には見えないが、永遠の命を有し、宇宙のどこかに存在している。ただし、目に見えないため、衆生の目に見える形として、板曼荼羅に魂となって存在しているのだという認識である。ここから、その板曼荼羅さえも永遠だという稚説が生まれてくる。極端な言い方をすると、今の日蓮正宗は、板曼荼羅の板そのものが本尊であり、永遠のものと本気で信じているのである。そして、異を唱えれば擯斥である。愚劣極まりないが、これが現実である。私達は、一日も早くこの即物的信仰観から脱皮すべきである。

本尊とは、即物的に捉えるものではない。曼荼羅の相貌に示された宗祖の悟りが本尊なのであって、曼荼羅そのものが本尊なのではない。つまり、曼荼羅は目にも見えず、形にも表わせない妙法を文字を以て表わしたものである。であれば、その曼荼羅によって示された妙法が本尊であるということは、子供でも理解できる。私達はいまこそ本来の本尊観に帰るべきである。

おわりに

ここまで、今日の日蓮正宗の根本教義である日蓮本仏論について、その弊害を述べ、また宗祖日蓮聖人の本尊観についても述べた。それらの考証のなかで、はっきりしたことは、日蓮本仏論は決して日蓮聖人の教えではないこと、また日蓮正宗の本来の教えでもないこと、そして、本論中にも述べたが、現在の日蓮本仏論の大成者である日寛の真意とも異なっている点である。

最後に、現在、日蓮正宗は大きな岐路に立っている。このままいけば、日蓮正宗は宗教として死んだ宗教となってしまうだろう。しかし、再生できれば、再び活きた宗教として民衆を救済することができると思う。それには、まず何が必要であろうか。私は、それは日寛教学からの脱皮であると思う。日寛教学は、日蓮正宗教学の本流として約三百年続いてきた。けれども、もうここらあたりで見直しの時期に来ていると思う。日蓮正宗教学は、江戸時代の中期に教学が体系化されて以来、教学の変革はなされなかった。そして、悪いことに、日寛の真意とは違う方に教学が理解されたことである。そうして、日寛教学は低俗化して、現日蓮正宗教学となってしまった。

私は、今後日蓮正宗が再生するためには、日寛の教学の中で、宗祖と違う部分を切離し、新しい、そして宗祖の意に叶う教学の構築が必要だと思う。宗祖は、「大悪は大善の瑞相なり」という言葉を私達に残してくれた。いま、日蓮の弟子として、私達はこの宗祖の言葉を現実のものとしなければならないと思うものである。

【註】

1 教学的には、国立戒壇説も正本堂戒壇説も誤りである。詳しくは論述できないが、日蓮の戒壇観は理戒壇が真意であり、事戒壇説は正統的日蓮の思想からはずれた後世の論である。また、事戒壇論者は、論拠として、『三大秘法抄』を挙げるが、この書は日蓮の真撰とは認めがたい書であるから、論拠とはならない。

2 『日蓮正宗宗規』二一頁

3 同

4 『日蓮正宗要義』九六頁

5『折伏経典』一〇四頁

6『日蓮正宗聖典』三七九頁

7『新定日蓮大聖人御書』八〇〇頁

8『ビジネスマンのための宗教がわかる本』横山真佳著、一二〇頁

9誤解を招くといけないので、あらかじめ断っておくが、ここで人本尊遺文と題したからといって、宗祖に人本尊正意論があるということではない。厳密には、宗祖には容認はあっても、正意はない。また、『報恩抄』をこの中に入れたのは、人本尊論者がこの『報恩抄』を論拠とするため、とりあえずここに入れたのである。

10新定一七八一頁

11『撰時抄』に、

「彼の大集経の白法隠没の時は第五の五百歳当世なる事は疑ひなし。」（新定一二三一頁）

「後五百歳に一切の仏法の滅せん時」（同、一二四三頁）

等とあるように、末法は釈迦の仏法の滅する時の意味で、いわゆる無仏の時代という意味である。

12『依義判文抄』学林版六巻抄、一二三一頁など参照

13宗祖の三秘については『報恩抄』新定一五四三頁参照。ただし、三秘の内容論議が集中するところであるが、ここに示したのは私見である。

14富士学林研究教科書巻八、五五〇頁

15学林版六巻抄、二七四・二八四頁

第二章

人法本尊問題

―人法一箇と法勝人劣―

二祖日興御影

はじめに

宗祖日蓮聖人は、『宝軽法重事』あるいはその他の御書で、「人軽法重」「法はこれ聖の師」「依法不依人」等と言われている。これは仏より法が勝れているという意味で、専門的にいえば、法勝人劣という言葉で表わされるが、一方でまた、日蓮正宗の毎日読誦する経本の観念文には、人法一箇という文もある。この人法一箇とは、日蓮正宗の信仰の根本である戒壇本尊について、法と人とが一箇して本尊になるという意味で、日蓮正宗においては誰もが知っていることばでもある。

この二つの文は、一見すると矛盾するかのようであるが、そうではない。けれども、法本尊正意という場合の法勝人劣と、戒壇本尊についての人法一箇とは、非常に混乱を招きやすい言葉でもあり、ここではその辺を整理しながら、人法本尊問題をとおして現在の日蓮正宗の教義的病巣と本来のありかたを論じてみたい。

一、宗祖の人法についての基本的考え方

始めに仏ありきか、始めに法ありきかは、仏教史上においても大変重要な問題であるが、一般的に釈尊仏教においては、始めに仏ありきを基本的な前提にする。確かに仏は法を悟って仏となったのであるけれ

ども、法は仏によって始めて法として認識され、力を得たのであるから、仏が法より勝れていると考えるのが一般的釈尊仏教の基本的考え方である。

日蓮門下においても、この問題は実に重要な問題で、日蓮門下の論争と分裂の歴史も、結局はこの人法本尊問題につきると言っても良い。近世において、日蓮宗（身延派）では、幕末に優陀那院日輝師[1]（一八〇〇～五九）が人本尊正意論を展開して、今日ではこの日輝説によって、あたかも宗祖は人本尊論者であり、釈迦如来が宗祖（一二二二～八二）の本尊観であるというのが定説になっている。そしてこのことは、現代の日本仏教界においても通説となっており、今日に至っている。

しかし、この身延派の考え方には重大な欠陥がある。確かに宗祖には『四菩薩造立抄』をはじめ、いくつかの釈尊像造立の御書と称されるものがある。けれども、それらの多くは真蹟が現存しないばかりか、真蹟と認めるには問題のある御書である。そして、ここで詳しく論及できないが、御書をみるかぎりでは、宗祖には釈尊を根本の本尊として認め、そのうえで釈尊像を造ることを勧める思想は認められないということができる。なお、この件については、前章にて詳しく論じているので、ここでは、御書にも真偽の検討を要する御書があって、この真偽問題については、日蓮正宗五九世堀日亨師編纂の『日蓮大聖人御書全集』ではほとんど検討されていないこと、更に、この『御書全集』にも入っている『四菩薩造立抄』などの造像称賛の御書は、すべて真偽に問題のある御書であって、全面的に信頼できる御書ではないということを述べるにとどめたい。[2]

また、もし宗祖の根本の本尊が釈尊であるなら、題目は南無釈迦牟尼仏とすべきで、南無妙法蓮華経と唱えることは大いなる矛盾といわねばならないということである。この点、念仏宗は本尊も阿弥陀仏、唱える言葉も南無阿弥陀仏であって、そこに矛盾がない。これが信仰の正邪はともかく、信仰の正しいあり方である。これが第二の矛盾である。

さて、宗祖の人法本尊問題を考えるにあたって、その基本的考え方を示す最も明確な文証はほかでもない、題目である。題目は南無妙法蓮華経である。この南無妙法蓮華経は、

南無＝帰依
妙法＝妙なる法
蓮華＝妙法のたとえ
経　＝教え

と分析することができる。意味は、私は蓮華に譬えられる妙なる法の教えに帰依しますということで、つまるところ「南無法」の意味であり、したがって妙法蓮華経というも、実体は「法」の一字につきるということである。法の内容については別に述べるとして、南無妙法蓮華経は、即ち法本尊を正意とする信仰であることは明白である。

次に、宗祖には、佐渡以降実際の信仰形態として釈尊信仰がないという事実、つまり本尊として釈尊を安置し、かつ信仰した事実がないということである。宗祖は佐渡以前、鎌倉の草庵で釈尊像を安置していたことは『神国王御書』にあるとおりで、このことについては疑う余地のないところである。これについて、宗祖は『三沢抄』で、

「また、法門のことは、さどの国へながされ候し已前の法門は、ただ仏の爾前の経とおぼしめせ」と言われたごとく、宗祖自身佐渡以前と以後に法門上根本的な相違があることを認めておられるので、佐渡以前に釈尊像を拝んでいたことは間違いあるまい。問題は佐渡以降である。周知のごとく、曼陀羅は佐渡以降始めて書写された。[3] なぜか。結果からいうと、それは本尊として釈尊を捨てたからということである。即ち、宗祖自身佐渡以前においては、いまだ完全には釈尊仏教からの脱皮がなし得なかったのが、龍の口法難を契機に自立したということである。そして、ここに新しい仏教のあり方が創始された。それが曼陀羅書写だったのである。しかも、それは前代未聞の仏教のあり方だった。したがって、佐渡以降宗祖には釈迦信仰はありえない。もしあるとすれば自己矛盾である。

ところで、宗祖には海中出現の一体仏の話しがある。これは『船守弥三郎許御書』に見る説で、宗祖が伊豆流罪中に当地の地頭の病気を祈祷によってなおした際、その地頭が海中より出現した釈迦一体仏を献じたというもので、宗祖はこの釈迦像を御自身の随身仏として生涯身から離さなかったという説である。この話も有名な話で、御書にはこの釈尊像について、

「木像即金色なり。金色即木像なり」

と金色の木像であることが記されているが、今日伝えられている随身仏は金銅の立像である。更に、この『船守弥三郎許御書』そのものが真偽に問題を残している御書で、また、この一体仏のことは他の御書にも見えるけれども、それらもすべて真蹟がないだけでなく、真偽問題のある御書であることから、この伝説はほとんど後世の作り話と考えられるのである。この一体仏の問題も、単にここだけの問題に止まらず、

いろいろな関連の問題を含んでいるが、いまはとりあえずこの点だけを論究しておくことにしたい。[4]いずれにしても、宗祖には佐渡以降本尊としての釈尊信仰はない。

次に、宗祖の御書の中で、人法問題がどのように判断されているかというと、その基本的考え方は、

1、法に依って人に依らず（『涅槃経』）

2、人は軽く法は重し（『法華文句』）

3、法妙なるが故に人貴し、人貴きが故に処尊し（『法華文句』）

ということにつきる。この場合の人とは、当然仏もそのなかにはいるのである。

以上、題目の意味、宗祖の行儀上の問題、御書中における宗祖の基本的考え方をみてきたわけであるが、このように見てきて言えることは、宗祖は「始めに法ありき」という考え方をされたということである。

さて、宗祖において法勝人劣という場合、具体的には、久遠実成の釈迦如来が、未だ菩薩の時代から修行し、仏になった時点で証得した法と、釈迦如来即ち人とについてである。そして、この関係はまた宗祖自身にも言えるのであって、宗祖自身と法とを比較した場合、御自身より法が重いに決まっている。説いている本人は法勝人劣を主張し、御自身については人勝法劣では矛盾も甚だしいし、そんなことはありえないことである。宗祖自身が、『西山殿御返事』に、

「日蓮はわるき者にて候へども、法華経はいかでかおろそかにおわすべき。袋は臭けれども、つつめる金はきよし。池はきたなけれども、はちす清浄なり」

と言われたように、宗祖自身についても、法と釈迦についていわれた法勝人劣は生きるのである。つまり、

法勝人劣とは、いかなる人であろうと法には劣るというのがその意味である。

そこで、釈尊仏教と宗祖の仏法の相違を図示すると、

釈尊仏教―人勝法劣（人法一箇）

人勝法劣とは、人法一箇の上で、人が表になり法が裏になること。

人が前面に出るがゆえに成仏に規格がある。

日蓮仏法―法勝人劣（人法一箇）

法勝人劣とは、人法一箇の上で、法が表になり人が裏にあること。

法が前面に出るがゆえに成仏に規格を立てない。

のようになる。即ち、釈尊仏教は人勝法劣、この場合、勿論人法一箇である。人法一箇の上で、なおかつ人を法に優先するというのが人勝法劣の意味である。

対して宗祖の方は、同じく人法一箇の上で、なおかつ法を人に優先させるというのがその考え方である。この考え方は『涅槃経』の「依法不依人（法によって人によらず）」『法華文句』の「人軽法重（人は軽く法は重し）」「法妙故人貴、人貴故処尊（法妙なるがゆえに人貴し、人貴きがゆえに処尊し）」を依拠とする。がしかし、釈尊自身や天台大師が自身の考え方の根本に法勝人劣の思想があったとしても、実際の仏教の歴史の中ではそれはあまり強調されなかった。全体としては人勝法劣であって、ただ法勝人劣の傾向もあったということである。したがって、基本的には法より人を重視して法門が建立されている。しかし、法を重視していると考えられる箇所もあって、それが今の文である。

そこで、人勝法劣と法勝人劣の考え方はどのような相違があるのかについてであるが、これについて前章にて詳説したのでここでは省略したい。

注

1江戸時代後期の日蓮宗（身延派）の宗学者。

2御書中には、釈迦造像を勧奨する御書がある。けれども、これらの御書の多くは真偽に問題を残している御書であるとすれば、これらの御書は信用するに足らない。また、これらの御書の中には身延にかつて存在していた御書、即ち身延曾存の御書もある。けれどもまた、単に身延曾存というだけでは真蹟の絶対的証明にはならない。なぜなら、身延曾存の御書の中にも多くの疑問があるからである。これについても別の機会に述べることとして、ここでは身延曾存というだけでは真蹟の証明にならないことだけを言うにしたい。なお、詳しくは小論『日蓮正宗教学の矛盾と再生』参照

3厳密には、宗祖の現存する曼荼羅の初見は、文永八年十月九日の通称「楊子御本尊」と称される本尊で、相州依智で書写されたものである

4なお、この一体仏の話は日興上人著『宗祖御遷化記録』中にも見られる。『宗祖御遷化記録』は日興上人の真蹟であるが、この一体仏の部分だけは、不自然な書き方になっている。この問題はさらに検討を要する。また堀日亨著『富士日興上人詳伝』三八四参照

二、仏教史における人法問題

ここで、仏教史の大まかな流れをとおして人法問題を考えてみたい。ここにいう仏教史とは、歴史上の釈尊によって創始され今日に至っている仏教の歴史としての仏教史ではない。『法華経』に説かれる久遠実成の説に則り、釈尊の最初の成道、即ち久遠から今日までの仏教の歴史としての仏教史である。

そこで、『法華経』に説く久遠実成に則って人法の問題を考えると、久遠（はるかな昔という意味）において釈尊が最初に悟りを開いた時、まずそこに存在したのは「法」である。そして、釈尊はこの不思議な法に妙法と名を付した。この時の釈尊を久遠実成の釈尊といい、また、この時を五百塵点劫とも言う。ここから仏教の歴史が始まる。

その後、この釈迦は教化に入る。そして、何十回・何百回あるいはそれ以上の出世と入滅を繰返し、最後の教化に入ったのが今から約三千年前のインド応誕の釈尊である。この釈尊は、私は法を悟り、法は私のもとにあるので、私は絶対である、故に私の言うごとく、するごとく修行すれば成仏できる、私以外の成仏はないと説いた。そして、衆生の成仏を見届けたが、滅後のために『法華経寿量品』において「是好良薬今留在此」と説いて、我が滅後のために法を遺すので、この法によって衆生は成仏すべしと説いた。また、『涅槃経』において「依法不依人」と説いて、滅後は法によるべきことを定められ、滅後の修行信仰のあり方を示したのであった。

釈尊入滅後、あとに遺った弟子達は釈尊の遺言のごとく法によったかというと、そうではない。釈尊が生きているのと同じように釈尊の教え、即ち戒律と修行方法を守ったのであった。この期間を正法といい、釈迦の教えがそのままの形で行われていることを意味する。この期間が千年、これを正法千年という。

次に、釈尊の滅後千年を過ぎると、その信仰修行のあり方は形骸化し、内容よりは形式や堂塔・仏像が重視され、かろうじて釈迦の教えが命脈を保つという時代に入った。これを像法という。像とは形という意味である。このとき一人の智者が出現し、ある予言を残した。即ち、天台大師の「遠霑妙道」という言葉である。これは、「遠く妙道に霑わん」と読み、末法には妙法のみが衆生済度の道であるという意味である。

そして、日本では一〇五二年が末法初年といわれている。この時代は「教のみあって行証なし」という時代で、釈尊の教えは言葉だけが残り、もはや、その教えを信じて修行し、その結果救われるというような人がだれもいない時代という意味である。更に言えば、釈尊の教えが時の流れの中で空洞化し、時代に順応しなくなった結果、もはや一人の悩める人も救い得ない状況になったということである。これをまた、特に末法無仏ともいう。つまり、簡単に言えば、末法とは無仏の時代ということである。

この時、法然は釈尊の代わりに阿弥陀仏を立てた。釈尊がダメなら阿弥陀仏でいこうというわけだが、こういう法然の安易な解決策に対して宗祖は徹底的に批判した。そのやり方が安易に過ぎたからである。客観的にみても、法然のやり方は、末法を正面に見据えて、それを乗り越えるということにはなっていない。ただ逃げているだけである。無仏の時代を乗り越えるのに、釈尊の代わりとして阿弥陀仏を立てるという方法では、真の解決策になるはずがないのである。

無仏の時代ということを現実のこととしてとらえ、その上で衆生が救われる道、即ち末法を根本的に解決する方法を宗祖は模索した。それは、一人の人間をも漏らすことなく救うことのできる方法である。それを宗祖は仏の根源に求めた。法である。仏は法を悟って仏になったのであるから、法が仏より根本であるということは間違いない。ならば、法を衆生が悟ったならばその人は仏と言って良いのではないだろうか。しかも、仏が悟りを開くまでの経緯を私達が再度歩む必要はない。すでに、仏によって法は明らかにされているのであるから、私達はその極意、即ちエキスだけを受持するだけでよい。これが宗祖の到達した結論だった。このことはまた、すでに釈尊自身末法は法に依るべしという遺戒を遺し、天台大師も末法は妙法によってのみ衆生は救われるという予言をされていたことも大きなよりどころになったであろう。

宗祖がそれまでの人勝法劣の法門から法勝人劣の法門を建立するに至って、仏教は一大転換をしたということができる。釈尊以来初めての抜本的な宗教改革だったといえるだろう。その間の龍樹菩薩・天台大師・伝教大師は人本尊から法本尊への推進者として重要な人達であり、この人達の成し得なかったことが宗祖に至って成し遂げられたということになる。その意味で、宗祖は多くの尊敬を集めるに相応しい人物である。私達は、宗祖の成し遂げたことの意味が理解できれば尊敬せずにはいられないだろう。これが真の意味での宗祖に対する報恩謝徳と言える。日蓮本仏論などというものは宗祖を悪しく敬うの典型である。宗祖には人本尊的信仰の要素など微塵もないからである。

三、一秘・三秘における宗祖と日寛教学の相違

宗祖の教えが法勝人劣の教えであるとして、今日の日蓮正宗の法門とあまりにも違いすぎるのは一体どうしたことだろう。まるで正反対の法門となってしまっている。こんなことがあって良いだろうか。いやしかし、これが現実であり、であるが故に、このように乱れきっているのである。

そこで、日蓮正宗の歴史を振り返ってみて、人本尊が法門的に体系化された時代を求めれば、それは江戸時代中期の日寛の時になると思う。いわゆる日蓮本仏論である。勿論日蓮本仏論が日寛の発明教学ということはない。日寛以前においては日有に人本尊思想があり、左京日教に本仏論があるので、日寛が本仏論の提唱者だということではない。それまで教学的に体系付けられていなかった日蓮本仏論が、日寛によって教義体系の中で確固たる位置に定着したということである。具体的に言うと、日寛は三秘中の本尊を更に二つに分け、一を法本尊、他の一を人本尊とし、法本尊は従来通り戒壇本尊、人本尊を日蓮大聖人としたが、この時始めて宗祖が人本尊として格上げされ、本尊という肩書きを持つに至ったのである。日寛の一秘・三秘観と宗祖のそれとを簡単に比較すると、

《日蓮説》

(一秘)
南無妙法蓮華経

(三秘)
本門戒壇…無戒(受持即持戒)
本門本尊…曼荼羅(人法一箇)
本門題目…以信代恵

《日寛説》

（一秘）本門戒壇本尊

（三秘）
- 本門戒壇
  - （六義）事…富士戒壇堂建立
  - 義…寺院・家庭本尊安置の場所
- 本門本尊
  - 法…曼荼羅
  - 人…日蓮大聖人
- 本門題目
  - 信…信心
  - 行…口唱の題目

のようになる。一見してわかるように、宗祖と日寛の三秘観には歴然とした相違がある。それは六秘乃至六義と呼ばれるもので、これは宗祖には見られない日寛独特の教学である。

先に、宗祖の三秘観を見てみると、その一秘・三秘は非常に明快である。まず、一秘は南無妙法蓮華経（後に戒壇本尊と言われるようになるが、名異義同）。これを戒・定・恵（三秘は一秘を具体的に修行する場合の現実的行儀、戒定恵の三学にあたる。）に開いて一に戒壇、二に本尊、三に題目となる。

この内、戒壇は受持即持戒を旨とし、戒壇堂の有無については、受持の処即戒壇の義とする戒壇説である。次に、本尊は曼陀羅。そして、題目は南無妙法蓮華経である。曼陀羅は成仏の境界を図顕したものであり、題目は曼陀羅に示された成仏の境界を期するための行為であり、戒壇はその行者の信心の中に仏国土があるという意味である。

このような宗祖の一秘並びに三秘観に対して、日寛は更にこれを六秘（六義）に分けた。まず、戒壇を事・義の二戒壇、即ち宗祖の理（無）戒壇に事（有）戒壇説を加え、戒壇建立論に道を開いた。また、本尊を人法に分け、日蓮大聖人を人本尊として、曼陀羅とともに人法本尊とされた。しかし、日寛は人法本尊に分けたとはいえ、最終的に人法体一の戒壇本尊を一秘とされたが、このことは、日寛にとっても究極的には曼陀羅が当家の根本の本尊であることを認めたものといえる。実際、現在においても日蓮正宗の根本依止の本尊は何かと言えば、百人が百人戒壇本尊と答え、日蓮大聖人とは答えないだろう。このことは、当家がたとえ六秘に人法本尊を立て、日蓮大聖人を人本尊と認めたとしても、究極的には法本尊が中心であることを如実に物語っているということができる。

結局、三秘中の本尊に関して、宗祖と日寛の教学を比較して言えることは、宗祖の場合は、曼陀羅だけが本尊義だったので人・法と本尊に二義を分ける必要などなかったものが、日寛の場合は、日蓮大聖人を本尊の一種としたために本尊に人法の両義を分けたということができる。しかし、これとて先に述べたごとく、戒壇本尊が一秘であるということは人法いずれに主体があるか明白である。

四、人法一箇（体一）と法勝人劣

さて、私達は毎日の観念文の中で、人法一箇の大本尊と観念し、私達の通念として本尊は人法一箇と思っている。であるならば、この小論中一貫して述べている法勝人劣と人法一箇とは矛盾するか、あるいは矛盾しないとすれば一体どのように説明されるのか。この問題を考えるにあたって、まず法勝人劣という場合は、前に述べたごとく、久遠実成の釈迦如来が、未だ菩薩の時代から修行し、仏になった時点で証得した法と、釈迦如来即ち人とについての勝劣の問題を論じているもので、たとえば、一秘における人法一箇の人、また三秘中の人法本尊中における人本尊と同じ次元で考えてはいけない。宗祖の一秘や三秘は全体が法本尊であり、この法本尊と、釈迦に代表される人本尊との比較を日蓮正宗では種脱相対といい、また文上・文底という。

なぜ人法本尊に差別をつけるかというと、法勝人劣の原則に照らし、その原則に則った法門の建て方をしているのが宗祖の法門だからである。けれども、この宗祖の法本尊の法門も、その内容をつぶさにみると、法だけがあるというものではなく、法は必ず人によってしか法たりえないものであるから、法として法が作用している時は必ず人によって法たりえているのである。これを人法一箇という。そういう意味で、一秘は必ず人法一箇であり、人法一箇でないものは本尊たりえない。法本尊の意味は、人法一箇の上でなおかつ法を主体にするということである。

このことは、本尊を人・法の両義に分けた日寛の法門についても言えるのであって、日寛は本尊を人・法に分けたけれども、この人本尊も厳密に言えば人即法の人本尊であり、また、法本尊も法即人の法本尊である。したがって、この場合の人本尊といい、法本尊といっても、いずれも人即法・法即人と言われるように人法一箇であって、その上でどちらを主体とするかという問題である。人本尊の場合は日蓮大聖人、法本尊の場合は曼陀羅に主体を置いたということである。そして、これは全体が法本尊であるということを忘れてはいけない。

ところで、宗祖や日寛が一秘としては南無妙法蓮華経（日寛の場合は戒壇本尊）を立てたということは、結局、法本尊の性格即ち法勝人劣の内容がそのまま生きて、人法一箇ではあっても、なおかつ法が主体であるという紛れもない顕われであろうと思うのである。もし、宗祖にしても日寛にしても人本尊正意であれば、宗祖の場合は、一秘が釈迦、三秘中の本尊も釈迦像となる。しかし、これでは本尊と題目にれっきとした相違ができ、矛盾も甚だしいことになる。また、日寛の場合、一秘は日蓮大聖人とならなければならないが、日寛の一秘はあくまで戒壇本尊である。このことが日寛の人法（法本尊の中における）についての結論であろうと思う。

こうしてみると、日寛の六秘の考え方は大きな問題を含んでいると言える。日寛がこれを宗の内外に向けて問うた時にはこの考え方が時代を救った。しかし日寛から三百年たった今、その教学は抜本的な見直しを迫られていると思う。日寛は、当時釈迦一辺倒の日蓮門下の趨勢および富士門流における釈迦像の蔓延に対して、曼陀羅正意を主張せんがため宗祖をも宣揚し、それぞれ人法本尊に配したということが考えられる。また、富士門において伝統的になっていたものの、いまだ教学的には体系化されていなかった宗祖本尊論を教学的に整備して人法本尊論を展開したということも言えるだろう。いずれにしても、日寛の当時はこの法門が時代を救ったということができるだろう。

しかし今、この法門は悪用されている。日蓮大聖人が人本尊として本尊に定着したことが、その後エスカレートし、実質的に戒壇本尊の意味さえも変えてしまうような状況になってしまった。今後、日蓮正宗が宗祖の法門に立ち帰り、正常な信仰を取り戻すには、日寛のこの六秘を全面的に見直すしかないと思う。宗祖の法門からすれば、作る必要などまったくなかった戒壇堂としての正本堂や、ありえないはずの本仏論は、この六秘を根拠にしているからである。私は、もはやこの六秘は必要ないと思うのである。宗祖の教示した三秘で十分ではないだろうか。この六秘を捨てることができれば、日蓮本仏論も捨てることができるだろうと思う。

五、当家における宗祖本仏論の成り立ち

日寛によって、人本尊として定義付けられ、本尊として定着した日蓮本仏論は、どのような経過をたどって人本尊として定義付けられるに至ったのであろう。次にこの問題を考えてみたい。

当家の教義体系において、宗祖が人本尊として定義付けられたのは日寛の時であるが、当然それには裏付けがあるのであって、日寛はそれを大成したと考えられるが、では宗祖本仏論乃至本仏論的な説は、だれによって、いつごろから唱えられ始めたのか。まず宗祖を考えてみなければならないが、いうまでもなく、宗祖に自ら本仏であるというような御文はない。あるはずがないし、現に御書のどこにもそのような箇所はない。ただし、人によっては『本因妙抄』『百六箇抄』『産湯相承』『本尊七箇相伝』などを日蓮本仏論の明証としてあげるかもしれない。がしかし、これらの御書はすべて後世の作と考えられるので、宗

祖にはただの一篇も自己本仏のごとき文などない。あるはずがないのである。法勝人劣と唱える人間が、一方で自己本仏を主張していたということになると、一体宗祖の頭はどのような構造になっていたのかと疑わざるを得ない。

次に、日興上人（一二四六～一三三三以下敬称略）をみてみると、日興にも同じく宗祖本仏という思想はない。ただし、日興の御消息の中に、

「御酒の御初穂仏にまいらせて候。」

「ほとけしやう人の御けさんに申上まいらせ候ぬ。」

「聖人御影の御宝前に申上げまいらせ候了。」

「法華聖人の御宝前に申上げまいらせ候了。」

「御状法主聖人御神殿奉備進候了。」

等あって、このなかの「仏」「ほとけしやう人」「法華聖人」の記述をもって、ただちにこれを宗祖本仏論の文証とし、また、宗祖の御影を造立したこととあわせて、すでに日興に本仏論があるとする説がある。この説は宗内の一部で主張されているもので、極端に言えば、日興がこのように記しているのだから宗祖本仏は間違いないという極論さえある。

さて、この説を検証してみたい。まず、宗祖の御影を造立したことについて考えると、これは宗祖が本仏だからということとは関係なく、宗祖の滅後御影を作ることはごく自然なことと思われるので御影の造立即宗祖本仏とは結びつかない。次に、御消息について言えば、単に御消息に「仏」「ほとけしやう人」と

あることだけで即本仏と考えてしまうのは短絡的である。もし、日興が宗祖を本仏と考えていたら御消息（手紙）だけでなく、法門書としてそういう記述がなければならないし、また、日興の遺告を記載したと伝えられる、四世日道（一二八三〜一三四二）の『三師伝・日興遺告』5の中にもその記述があるはずである。しかし、日興の本仏論を展開した法門書というものもなければ、日道の『三師伝・日興遺告』にもそういう記述はない。では、「仏」・「ほとけしやう人」という日興の宗祖に対する呼称はどう理解すべきか。この問題を考えるにあたって、まず、この呼称が果たして宗祖に対する呼称なのかどうかということを考えてみる必要がある。そこで、日興の御消息文中、「仏」「ほとけしやう人」の呼称は両方で約十箇所ほどあるが、その中に、

「ほとけの御せんれう、せち御す・すみ一太・竹すたれ一十、聖人御見さんに申上げまいらせ候。」

「聖人の御せつくのむき（あ）また、御酒一具、仏の宝前に申あけまひらせて候。」

という記述がある。初めの文は、日興が、仏に対しての御膳料を聖人にお見せしましたと述べられ、次の文は、聖人への供養を仏の宝前に供えたと述べられているわけだが、ここでいう仏が何を指し、聖人が誰を指すかをよく考えてみる必要がある。本仏論の立場からすると、仏も聖人も宗祖でなければならないが、ここでは、それは無理である。とすると、どう解釈すべきか。聖人が宗祖（御影）であることは当然として、問題は仏の解釈である。当家の通念として、仏という称号が宗祖以外に意味するものはひとつしかない。曼陀羅である。曼陀羅は人法一箇の成仏の境界を図顕したものであるから、これを仏と呼称することは別に不自然なことではなく、むしろ、曼陀羅を仏と呼称したと考えれば素直に理解できる文である。日

興には、また、

「御きやうのけさんにいれまいらせて候。」

という文もあって、ここにいう「御経」と仏とは同様の意味と考えねばならないが、御経が単純に経巻とは考えにくく、末法の法華経即ち曼陀羅と考えた場合、この文と先の「仏にまいらせ候」の文とは同じ意味となり、通常の御供養に対する返事ということができる。更に、『三師伝』には、曼陀羅正意が日興の本尊観であると規定してあり、これらのことから言えることは、日興は曼陀羅を仏あるいは御経とも呼称したということも十分ありうるということである。

この場合、「ほとけしやう人」をどう理解すべきかという疑問が提起されるかも知れない。これについては、日興には、「御経日蓮聖人」という文もある。ということは、「ほとけしやう人」も「御経日蓮聖人」も同じ意味と考えられるが、この場合、「ほとけしやう人」は仏（曼陀羅）と聖人、「御経日蓮聖人」は御経（曼陀羅）と日蓮聖人という考え方が成り立つ。このことは「法華聖人」も同様であって、即ち、法華と聖人と考えることもできる。法華が御経同様曼陀羅であることはいうまでもない。こうしてみると、「仏」乃至「仏聖人」が宗祖と速断することは多分に再検討の余地があり、したがって、必ずしも先に列挙した文が宗祖本仏の文証とはならないということが言えるのである。

しかしいま、御消息にある「仏」が仮に宗祖を指しているとしても、これをただちに現在の本仏論で言われるような、元初自受用身という意味での仏と解釈するのは早計に過ぎるのではなかろうか。六世日時作と考えられる『三師伝』には日道の記になる日興の遺告として、宗祖を上行菩薩と強調されているが、上行菩薩を末法の導師として、あたかも無仏の時代における新しい理想像的意味合いで、「仏」と呼称することはありうることだろうと思う。そういう意味で、日興が宗祖を「仏」と呼称したとしても、それは、今考えられている本仏としての「仏」とは全然意味が異なる。先達的とでもいうべき「仏」と言えると思う。

以上、日興に関して、宗祖本仏の有無を述べてきたが、結論としては、日興にも宗祖と同じく本仏論はないということである。では、一体いつごろから、だれによって本仏論が言われるようになったのか。明確に特定することは困難であるが、はっきりしていることは日有（一四〇二～八二）に宗祖本尊論があるということである。日有の『化儀抄』に、

「当宗の本尊の事、日蓮聖人に限り奉るべし。」

とあり、ここに明確な人本尊の思想を見ることができる。『三師伝』においてはここまで明確ではなかったことが、日有に至ってはっきりした形になったということができるだろう。ただし、日有の人本尊論は現今の本仏論とは異質で、現今の本仏論は、元初自受用身という本仏を想定し、この本仏と宗祖が一体であるという本仏論である。が、日有の本仏論はこのような本仏論ではなく、むしろ、余仏思想というべきもので、凡夫即仏の代表という形の本仏論である。余仏とは、釈尊とは異なる内容の仏という意味である。このような本仏論であるから、厳密には現今の本仏論と同じ次元で考えるのは問題があるけれども、宗祖を本尊として定めたという点に、明確な人本尊思想を見ることができる。

一方で、日有以前において、富士門には元初自受用身説もあった。いわゆる『本因妙抄』である。『本因

妙抄』は従来六世日時（　～一四〇六）書写と考えられていた写本が存在している。ただし、異説があり、今日ではむしろ日時書写ではないと考える方が妥当であるが、書写が誰であるにせよ、日時の前後の時代の写本と考えられるので、この写本よりさして遠くない時期に作られたものと思われるが、ここに元初自受用身思想を認めることができる。ということは、すでに日時以前もしくは富士門上代において、門流内に元初自受用身思想があったということである。ただし、日有の本仏論と『本因妙抄』の元初自受用身思想とは、そこに異質のものを感じる。先に述べたごとく、日有の本仏論は、日蓮本仏論といっても、理想的な僧宝が末法無仏の時代においては仏宝たりうるという説であって、今日でいうところの本仏とは全然異質なものである。

ところが、『本因妙抄』の元初自受用身説は、久遠実成の釈尊以前に元初の本仏を想定する説で、これは今日の日蓮本仏論と同じ内容である。日寛の本仏論は、日有の人本尊論と『本因妙抄』の元初自受用身思想の融合の上に成り立つ説であるといってよい。以上、おおまかに当家における本仏論の成りたちを述べたが、この件に関しては、更に別に詳しく論じたいと思う。

5『三師伝』は宗祖・二祖日興・三祖日目の伝を記録したもので、正式には『御伝土代』という。従来、四世日道著とされてきたが、今日の研究で日時説が有力となった。筆者も日時説を支持している。『三師伝』の中の「日興伝」の中に日興の遺告として日道記の記述があり、これをもとに従来日道説が定説だったが、総合的見地から、この日興遺告のみは日道の記述、それ以外は日時の記述と考えた方が自然である。つまり、日時が日興の伝を記述するに際して、日道が伝えた日興の遺告を日時が記載したということである。

六、現今の日蓮正宗における法門上の問題

さて、今日の日蓮正宗の状況はまさに危機的な状況である。なぜこうなったのか。宗祖の法門とは似ても似つかぬ法門をもって衆生を教化してきたからである。宗祖の法門でないものをもって、たとえどのように衆生を教化しようと、一人の衆生も救えることはないだろう。むしろ、衆生を苦しめるだけである。この日蓮正宗の危機的状況を打開する方法はひとつしかない。宗祖の法門に立ち帰ることである。宗祖の法門はもともと衆生主体の法門である。即ち、法本尊の信仰である。ところが、今の日蓮正宗の信仰は、これが顛倒し、人本尊の信仰になっている。ここにすべての原因がある。そこで、今の日蓮正宗、創価学会、日蓮宗（身延派）、正信会と宗祖の本尊観の相違を図で表すと、

	（本尊）	（名目）	（実体）
宗　祖	曼荼羅本尊	法本尊	法本尊
身延派	釈迦如来	人本尊	人本尊
宗　門	戒壇板本尊	法本尊	人本尊
創価学会	戒壇板本尊	法本尊	人本尊
正信会	日蓮大聖人	人本尊	人本尊

となる。この図に示されているように、宗祖の場合は名実ともに法本尊であるが、身延派は名実ともに人

本尊である。身延派の法門的欠陥はここにある。これに対して現在の宗門・創価学会の場合、根本の本尊は戒壇本尊を立てるので、名目上は法本尊であるが、実体は人本尊の信仰となっている。即ち、宗門・創価学会の本尊観は戒壇本尊を立てるといっても、その「板」に固執し、戒壇本尊の真義を見失っている状態といってよい。つまり、板本尊は本仏書写の本尊ということで権威があるのであって、本尊に顕わされた法門が権威を持っているわけではなく、究極的には戒壇本尊より日蓮大聖人の方が信仰の実体になっているのである。ここに今日の日蓮正宗の信仰の狂いがある。名目と実体に矛盾があるのである。これで混乱が起こらない方が不思議というほかはない。

そこで、正信会というものを考えてみると、この会より発刊された書籍に『法悦の日々』というものがある。この書には、日蓮正宗の本尊をして「日蓮大聖人」としている。日蓮正宗の本尊は長い間戒壇本尊であったし、このことは小僧からすべての信徒に至るまで知っている。ともかく、日蓮正宗の僧俗で、戒壇本尊が当家の根本の本尊であることを知らない人はいないだろう。ところが、ここに来て正信会は、この本尊を戒壇本尊から日蓮大聖人に変えてしまったのである。創価学会の誤りは、名目上は戒壇本尊を根本の本尊と立てながら、その戒壇本尊の真義を見失い、実質的には日蓮大聖人信仰になってしまっているところにあった。

しかし、正信会はその戒壇本尊の真義を明らかにするどころか、最悪の道を選択したのである。単純に法門に限っていえば、正信会は宗門・創価学会より更に悪いといわざるをえない。これでは何のための正信覚醒運動なのか、まったく無意味な運動になってしまう。断腸の思いで創価学会を離れ、正信を求めて脱会してきた人達に救いがあろうはずがない。現実的にも、正信会は、そのビジョンの無さ、また創価学会となんら変わらぬ金権体質、内部対立など、規模の相違があるだけの、創価学会と同じか、もしくは更に悪質な体質と言って良い。したがって、正信会の法華講員も最盛期の十分の一以下にまで落ち込んでいる。無理からぬことである。ビジョンもなく、体質的にも同じか更に悪いとあっては、真面目な人程救われないということになる。

正信会が戒壇本尊から日蓮大聖人に本尊を変えたのは、その戒壇板本尊が手元にないからである。ただそれだけの理由で、正信会は本尊を変えてしまったのである。まさに最悪の事態といわねばならないであろう。宗門や創価学会においては何となくぼやけていたものが、板本尊が手元にないということで信仰の実体が見事に顕われたということだろう。宗門・創価学会の信仰のあり方を正すという正信覚醒運動というものは一体何だったのだろうと思わざるを得ない。宗・創の信仰のあり方を正すということは、即ち、自らの信仰のあり方が問われているということに他ならないのである。自らの信仰のあり方が是正されて始めて、宗・創の信仰のあり方に対する批判ができるのであって、自らの信仰のあり方に対する是正もなく、宗・創に対して批判はできないのである。そうしてみると、正信会には今の日蓮正宗を改革する力は無いと言わねばならない。できるはずがない。信仰のあり方の内容が変わらないで、改革などということはナンセンスである。

『法悦の日々』を見て言えることは、日蓮正宗も日蓮宗も天台宗も真言宗も念仏宗も仏の名号こそ違いがあるものの、すべて人本尊となっているということである。これでは、宗祖の仏法と他宗派の差が本質的には無いということを宣言しているに等しい。それればかりではない。宗門・創価学会の場合は、法門的にはまだ是正の余地が残されていた。しかし、正信会においては悪しく変えられてしまい、他宗と何等変わらぬ本尊観となってしまったのである。

日蓮正宗の改革は、法本尊を宗の根本の本尊と明確にする以外にはない。けれども、それは現日蓮正宗門には無理である。また正信会にも無理だと思う。正信会にはそれを行う気も、また力も無いからである。だからといって、このままにするということではない。日蓮正宗が本来の法本尊の信仰を取り戻すまで、私達は徹底して宗門・創価学会および正信会に対し折伏を続けて行くつもりである。

あとがき

以上、六項目にわたって種々論じてきたが、言わんとすることはひとつ、法本尊の確立である。今日の混乱の根本原因が法本尊の地盤沈下であれば、これを確立する以外に日蓮正宗を救う道はないし、宗祖の仏法を再生させることはできない。そして、これが真の意味での正信覚醒運動といえるだろう。この小論においては、いまだ論じ尽くせなかった問題も多い。とりあえず、人法本尊問題について基本的な考え方を述べた。今後、残した問題や、こまかな論述について更に検討するつもりである。

（昭和六十三年十月）

第三章

日蓮教学における法について

三祖日目御影

宗祖日蓮聖人の宗教の本質が法勝人劣、すなわち法本尊の思想であることは、その題目である南無妙法蓮華経の意味、あるいは御書等を拝すれば明瞭であり、これについては、これまで種々論じたとおりである。

そこで、ここでは、日蓮教学の根本としての法の意味について、宗祖の御書を中心に考えてみたい。

一、法の意味

宗祖日蓮聖人の御書には、法は二つの意味を持って用いられている。一には、法そのものの意味というべきもの。二には、法の意義というべきものの二つである。

まず、法そのものの意味について考えてみると、これは本来の法の意味ということになる。つまり、法華経の経文に明瞭に説かれるところの法の意味である。そこで、法華経の経文に明確に説かれる法とは何か。結論からいうと、それは諸法実相・十如是である。諸法実相・十如是とは、『法華経方便品』の、

「仏の成就したまへる所は、第一希有、難解の法なり。唯、仏と仏と、すなわち、能く諸法の実相を究尽したまへり。所謂、諸法の如是相、如是性、如是体、如是力、如是作、如是因、如是縁、如是果、如是報、如是本末究竟等なり。」1

（通釈…釈迦如来が悟ったものは、第一に希有にして難解な法であり、諸法の実相である。それは、ただ仏と仏とのみが、知りたまい、極め尽くしている。その諸法の実相とは、所謂、如是相、如是性、如是体、如是力、如是作、

如是因、如是縁、如是果、如是報、如是本末究竟等の十如是である）

の文のことである。経文全体の意味を考える前に簡単に語句の説明をすると、〔如是〕とは、真実の・ありのまま、〔相〕とはすがた・形、〔性〕とは、本来の性質・変わらない性質、〔体〕とは、相と性とのよりどころとなる本質、〔力〕とは、潜在能力、〔作〕とは、表面に現れた作用・働き、〔因〕とは、物が生起し、変化する直接的原因、〔縁〕とは、原因を助ける間接的な原因、〔果〕とは、因縁によって生じた結果、〔報〕とは、その結果による報い、〔本末究竟等〕とは、すべての事物・現象は、これらの九如是の総合の上になりたつもの、という意味で、これを十如是という。

現実世界のすべての現象は、この十如によって成り立っている。裏返せば、この世の中には十如によって説明されないものは何もないということでもある。これがこの文の要旨である。このことはまた何をいわんとしているか。すなわち、この世の中は、だれかによって創造されたものでもなく、また支配されているのでもない。この十如と呼ばれるものによって動いているのだということである。

ここから、諸法実相とは、法爾自然、無作本有、ありのままの思想で、すべての現象は差別相のまま平等であるという意味となる。『諸法実相抄』に、

「さてこそ諸法と十界を挙げて、実相とは説かれて候へ。実相と云うは、妙法蓮華経の異名なり。諸法は妙法蓮華経と云う事なり。地獄は地獄のすがたを見せたるが実の相なり。餓鬼と変ぜば地獄の実のすがたには非ず。仏は仏のすがた、凡夫は凡夫のすがた、万法の当体のすがたが妙法蓮華経の当体なりと云う事を諸法実相とは申すなり。」[2]

とあり、また『白米一俵御書』（真蹟存）

「彼れの二経は……世間の法を仏法に依せてしらせて候。法華経はしからず。やがて世間の法が仏法の全体と釈せられて候。爾前の経経の心心は、心より万法を生ず。譬えば心は大地の如し、草木は万法のごとしと申す。法華経はしからず。心すなわち大地、大地則草木也。爾前の経経の心は、心の澄むは月のごとし、心の清きは花のごとし。法華経はしからず。月こそ心よ、花こそ心よと申す法門なり。」3

『減劫御書』（真蹟存）には、

「法華経の第一の巻の、「諸法実相乃至唯仏と仏と乃ち能く究尽し給う」ととかれて候はこれなり。本末究竟と申すは、本とは悪の根・善の根、末と申すは悪のをわり善の終りぞかし。善悪の根本枝葉をさとり、極めたるを仏とは申すなり。……智者とは世間の法より外に仏法を行はず。世間の法を能く能く心へて候を智者とは申すなり」4

等と諸法実相についての記述がみられる。

二、法の意義

法華経における法とは、諸法実相であるが、この諸法実相の理論から導き出される法門が十界互具・一念三千法門である。ゆえに、十界互具・一念三千は、諸法実相の理論の宗教上の現実的意義ということができる。特に、宗祖においては、諸法実相よりむしろ十界互具・一念三千の法門の方が重要視されている。

したがって、結論的には、法とは、諸法実相の哲理から導き出される十界互具・一念三千を意味するということができる。

十界とは、いうまでもないが、一応列挙すると、

①　仏界……絶対安心の境地
②　菩薩界…上求菩提下化衆生の境涯
③　縁覚界…師によらず一分の悟りを開く
④　声聞界…師によって一分の悟りを開く
⑤　天界……歓喜の境涯
⑥　人界……心が平らかな状態
⑦　修羅界…誤った考え方から来る怒りや苦の状態
⑧　畜生界…畜生と変わらぬ状態
⑨　餓鬼界…貪欲から来る飢えの苦しみ状態
⑩　地獄界…底無しの苦しみの状態

のようになる。この十界が互いに融通するか、または仏界とそれ以外の九界は隔絶していると考えるかによって全く違った法門が成り立つが、法華経の考え方は、十界は互いに融通する、つまり互具すると考えている。これを十界互具というのである。

宗祖の御書中最も重要な御書である『観心本尊抄』には、

「観心とは、我が己心を観じて十法界を見る。これを観心とはいうなり。たとえば、他人の六根を見るといえども、いまだ自面の六根を見ざれば、自具の六根を知らず。明鏡に向うの時、始めて自具の六根を見るがごとし。……法華経並びに天台大師所述の摩訶止観等の明鏡を見ざれば、自具の十界・百界千如・一念三千を知らざるなり。」[5]

また、

「十界互具之を立つるは、石中の火・木中の花信じ難けれども、縁に値うて出生すれば、之を信ず。人界所具の仏界は、水中の火・火中の水尤も甚だ信じ難し」[6]

等と、全編十界互具がその主題となっている。また、宗祖御書中における十界互具関連の遺文を挙げれば、

「今の妙法とは、此等の十界を互に具すと説く時、妙法と申す。……十界の因果は爾前の経に明す。今は十界の因果互具をおきたてる計りなり。」(『一代聖教大意』)[7]

「法華経の心は、法爾のことわりとして一切衆生に十界を具足せり。」(『小乗大乗分別抄』)[8]

等挙げられるが、ここにも妙法を明確に十界互具と示している。この十界互具を基礎として構築されたのが一念三千法門である。

一念三千法門とは、天台大師所述の『摩訶止観』第五に、

「夫れ一心に十法界を具す。一法界に又十法界を具すれば百法界なり。一界に三十種の世間を具すれば、百法界に即して三千種の世間を具す。此の三千、一念の心にあり。若し心無んば而已。介爾も心有れば即ち三千を具す。乃至、所以に称して不可思議境となす」[9]

と説かれた法門で、文の意は、私達の心には十の法界（世界）がある、それは仏界・菩薩界・縁覚界・声聞界・天界・人界・修羅界・畜生界・餓鬼界・地獄界の十である、この十の法界は互いに融通していて、一の法界に他の九の法界を具している、そして、一の法界はそれぞれ十如是を具している、更に、一法界には三種の世間をも具わっているので、都合三千の法界が私達の心にはあることになる、そしてこの三千の法界は、実は私達の心の一瞬の中に存している、というものである。これを一念三千と称するが、この一念三千は、さきの十界互具の思想を根拠に、更に十如・三世間を加えて構築された法門であり、

「一念三千は十界互具よりことはじまれり。」（『開目抄』）10

と論述されるとおりである。

また、この一念三千は、十界互具を土台にし、十如と三世間を加えて三千の世界が衆生の一瞬の心の動きの中にあることを論じたものであるが、その言わんとするところは、宗祖が、

「一念三千は九界即仏界・仏界即九界と談ず。」（『撰時抄』）11

と論述されているように、結局九界即仏界・仏界につきるのである。この一念三千をわかりやすく図示すると、次のようになる。

【一念三千のしくみ】

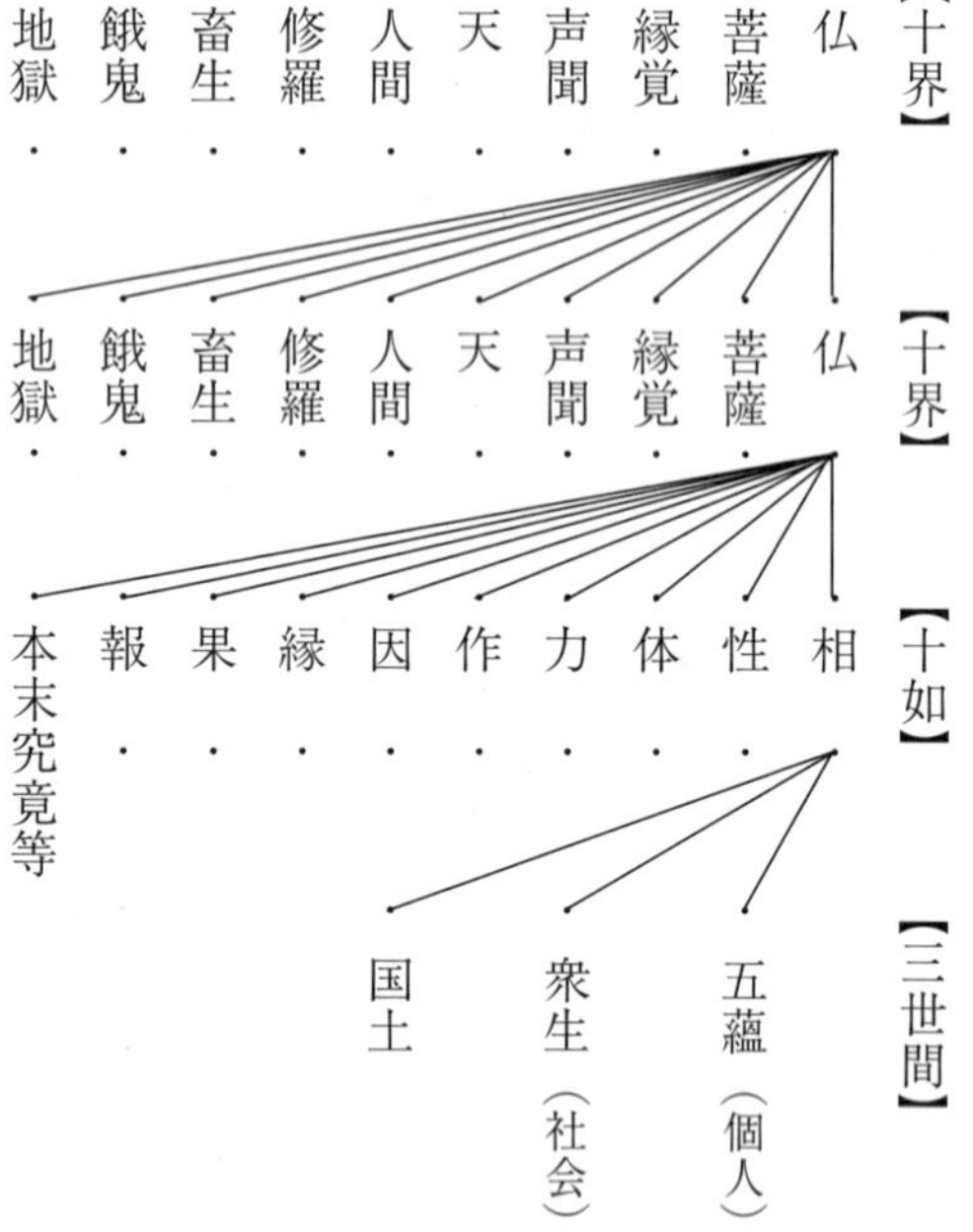

一段目の十界は、二段目の十界をそれぞれ具し、更に一界に十如、三世間を具す。これを総合すると、一界に三千の世界が備わっているとされ、これを一念三千という。

そして、御書中における一念三千関連の遺文を挙げれば、
「妙法の名字を替えて止観と号し、一念三千・一心三観を修し給いしなり。」（『当体義抄』）12
「智者大師・・妙法蓮華経の五字の蔵の中より一念三千の如意宝珠を取り出し云云」（『兄弟抄』）13
等、ここにも妙法即一念三千であることが明示されている。
ところで、宗祖は一念三千の出処に関して本迹論を展開し、

「一念三千と申す事は、迹門にすらなお許されず。……一念三千出処は略開三の十如実相なれども、義分は本門に限る」（『十章抄』）14

と、法華経本門に立脚することを明言している。

三、十界互具・一念三千法門の意義

さて、『一代聖教大意』には、法華経以外の他経の仏についての考え方について、

「法華経已前の諸経は、十界互具を明さざれば、仏に成らんと願には、必ず九界を厭ふ。九界を仏界に具せざる故也。されば、必ず悪を滅し、煩悩を断じて仏には成ると談ず。凡夫の身を仏に具すと云わざるが故に。されば、人・天・悪人の身を失いて仏に成ると申す。此をば妙楽大師は、厭離断九之仏と名く。されば、爾前の経の人々は、仏の九界の形を現ずるをば、ただ仏の不思議の神変と思い、仏の身に九界がもとよりありて現ずるとは言わず。」15

と説かれている。法華経以前の諸経は、十界互具思想を説かないので、仏になるという場合、必ず衆生の性質すなわち九界を厭い離れて仏に成ると考える。なぜなら、仏には煩悩や迷いというものは無いと考えられているからである。すなわち、九界を断じ尽くして仏に成ると説く。したがって、人は現在の自己を失ない、違う人格になって仏に成るのである。これを妙楽大師は厭離断九の仏と名づけた。そして、爾前の経においては、人々は、仏が九界の姿形を現ずることについては、仏の不思議の神変と思って、本来具

わっている衆生の性質が現じたものと考えていない。以上が文の意である。

ここから、この厭離断九の仏について、更に、

「法華経已前には、但権者の仏のみ有って、実の凡夫が仏に成りたりける事は無き也。煩悩を断じ、九界を厭て仏に成らんと願ふは、実には九界を離たる仏無き故に、往生したる実の凡夫も無し。」16

と、法華経以外の諸経に説かれる仏は、十界互具の思想に基づかない仏であって、衆生と隔絶した仏であるから、これらの仏は、実際には実の仏とは言えず、権すなわち仮りの仏であり、現実に衆生が仏になることは無い。なぜなら、煩悩を断じ尽くし、九界を厭離して仏になるということは、現実には九界を離れて仏というものが存在しない以上、成仏する衆生というものも存在しない、と論じている。その理由は、仏と衆生とは隔絶したものではなく、仏の中にも衆生の性質があり、衆生の中にも仏の性質がある。したがって、九界と仏界とを断絶して別々の違う世界とする考え方に立脚した仏というものは、すべて架空の仏と論じたのである。つまり、十界互具の思想に則った仏でなければ実仏ではないということである。そこで、法華経と他経の仏についての考え方を図示すると、

法華経	―	十界互具思想	―	実仏	―	平等観
他経	―	断九厭離思想	―	権仏	―	差別観

となる。

こうしてみて、現在の日蓮正宗の本仏観と、宗祖の仏についての見解との相違をどのように考えたら良いであろうか。あまりの相違に言葉を失ってしまうのは筆者一人ではあるまい。現在の日蓮正宗の根本教

義になっている日蓮本仏論は、宗祖の言葉を借りれば、まさに権者の仏そのものである。どうして、日蓮正宗にこのような本仏論が存在するのであろうか。宗祖の御書を心肝に染めよとは、富士門流のみならず日蓮門下共通の訓戒と思うが、まさしくあるはずがない、いやあってはならない本仏論である。

四、『観心本尊抄』と曼荼羅

『本尊抄』は、その冒頭が、

「夫れ一心に十法界を具す。一法界に又十法界を具すれば百法界なり。一界に三十種の世間を具すれば、百法界に即して三千種の世間を具す。此の三千、一念の心にあり。若し心無んば而已。介爾も心有れば即ち三千を具す。乃至、所以に称して不可思議境となす」[9]

と、天台大師智顗の『摩訶止観』第五、一念三千の文に始まり、末法における十界互具・一念三千論、さらにその本尊を論じているものである。すなわち、

「観心とは、我が己心を観じて十法界を見る。これを観心とはいうなり。たとえば、他人の六根を見るといえども、いまだ自面の六根を見ざれば、自具の六根を知らず。明鏡に向うの時、始めて自具の六根を見るがごとし。設い諸経の中に処々に六道並びに四聖を載すと雖も、法華経並びに天台大師所述の摩訶止観等の明鏡を見ざれば、自具の十界・百界千如・一念三千を知らざるなり。」[5]

また、同じく、

「十界互具之を立つるは、石中の火・木中の花信じ難けれども、縁に値うて出生すれば、之を信ず。人界所具の仏界は、水中の火・火中の水尤も甚だ信じ難し」6

と人界所具の仏界がその主要な論点であり、ここから、

「一念三千の仏種に非ずんば、有情の成仏・木画二像の本尊は有名無実なり」17

と、衆生の成仏に関係のない一念三千の法門的裏付けのない木画二像の本尊は、無意味なものと断じている。その上で、末法の本尊を論じて、

「其の本尊の為体、本師の娑婆の上に宝塔空に居し、塔中の妙法蓮華経の左右に釈迦牟尼仏・多宝仏・釈尊の脇士上行等の四菩薩、文殊・弥勒等は四菩薩の眷属として末座に居し、迹化・他方の大小の諸菩薩は萬民の大地に処して雲閣月卿を見るが如く、十方の諸仏は大地の上に処したまふ。迹仏・迹土を表する故也。是の如き本尊は在世五十余年に之無し。」18

と述べ、末法における本尊の相貌を論じている。

一方、この『本尊抄』に基づいて、宗祖は曼荼羅書写を本格的に始めるが、その曼荼羅の賛文に、

「諸仏の師とする所は所謂法也。是故に如来恭敬供養す。法常なるを以ての故に諸仏も亦常なり。」（涅槃経）　一二七六（建治二）年九月 書写　身延曽存

「若し一劫中に於いて、常に不善の心を懐いて、色を作して仏を罵らんは、無量の重罪を獲ん。それ、この法華経を読誦し持つことあらん者に、須臾も悪言を加えんは、その罪また彼に過ぎん。人あって仏道を求めて、一劫の中に於いて合掌して我が前に在って、無数の偈を以て讃めん。この讃仏によるが故

に、無量の功徳を得ん。持経者を歎美せんは、その福また彼に過ぎん。）（法師品）一二七八（弘安元）年十一月

書写光長寺・一二七九（弘安二）年七月書写　同

等とあって、この賛文に象徴されるように、曼荼羅は十界互具・一念三千の法門を顕現した本尊であるということができる。

【曼荼羅相貌図】

大持国天王　（不動明王）　大広目天王
大日天大王　提婆達多　仏滅度後二千二百
大六天魔王　阿修羅王　二十余年之間一閻
大梵天王　転輪聖王　浮提之内
南無無辺行菩薩　南無舎利弗尊者　南無天台大師　未曾有
南無上行菩薩　南無薬王菩薩　南無龍樹菩薩　大漫荼
南無多宝如来　南無文殊師利菩薩　鬼子母神　天照太神　羅也
南無妙法蓮華経　日蓮花押
南無釈迦牟尼仏　南無普賢菩薩　十羅刹女　八幡大菩薩
南無浄行菩薩　南無弥勒菩薩　南無妙楽大師
南無安立行菩薩　南無迦葉尊者　南無伝教大師
釈提桓因大王
大月天王
明星天子　阿闍世大王　大増長天王
大毘沙門天王　（愛染明王）　大龍王　弘安三年太歳庚辰三月

結

法本尊の思想とは、結論的には十界互具思想に基づく衆生即仏、乃至衆生本仏、一乗平等の教えである。ただし、ここにいうところの衆生即仏・衆生本仏の意味は、自己以外の他の仏性（仏界）を認めない、いわば自己本仏を意味するものではない。これはむしろ人本尊論の陥るところであり、差別の教えであるから、これをとるものではない。衆生本仏・衆生即仏とは、一切の衆生には仏性（仏界）があり、仏といえども衆生と本質的な差別を有しないという平等思想である。

また、宗祖所顕の曼荼羅は、法勝人劣の思想に立脚して、妙法すなわち十界互具・一念三千法門を顕現したもので、宗祖独特のものであるが、南無妙法蓮華経の信仰すなわち法本尊の本質にかんがみて最もふさわしい本尊の形態である。

注 1『妙法蓮華経並開結』一五四頁　2『昭和新定日蓮大聖人御書』九八〇頁　3『新定』一六〇二頁　4『同』一四〇一頁
5『同』九五九頁　6『同』九六一頁　7『同』二〇三頁　8『同』一〇三〇頁　9『同』九五七頁　10『同』七六一頁
11『同』一二二九頁　12『同』一〇二五頁　13『同』一一八五頁　14『同』七〇三頁　15『同』二〇六頁　16『同』二〇七頁
17『同』九六六頁　18『同』九六八頁

第四章

大石寺教学の成立過程と展開

―日寛教学からの脱皮―

中興九世日有御影

はじめに

富士の伝燈、それは宗祖日蓮聖人（一二二二〜一二八二）によって燈された法華一乗の燈明である。その燈明は、二祖日興上人（一二四六〜一三三三）が身延離山を遂行し、富士の地に大石寺を創建してより、三祖日目上人（一二六〇〜一三三三）以来今日まで絶やすことなく護り続けてきた日蓮正宗の命である。

日蓮正宗は、宗祖日蓮聖人（以下敬称略、歴代諸上人も同様）から約七百五十年の歴史がある。その七百五十年という長い歴史の中で、宗門の危機といえる時代が二回あった。

そのとき、日蓮正宗の混乱を乗り越え、宗祖から伝わる法門を再興して、日蓮聖人の教えというものはこれだと再生させた方が二人いて、これを中興という。一人は室町時代、大石寺の第九世日有（一四〇二〜一四八二）、もう一人は江戸時代の中期、第二十六世日寛（一六六五〜一七二六）である。

この二人を中興と称するからには、裏返せばその直前の時代というのは非常に日蓮正宗が混乱し、もう宗祖の教えが一体何であるのか、伝燈の法門が何であるのかわからなくなった、そういう時代であるということが前提にある。そして、その混乱を立て直し、法門をその時代にあった形で再生させた上人であるという意味で中興と称しているということでもある。

つまり、中興とは、その直前直後、特に直前の時代というものは非常に宗内が混乱したと時代ということになるのである。中興とは、そういう時代のことを指す。周知のように、日蓮正宗七百五十年の歴史は決して平坦な道程ばかりではなかった。時にいばらの道もあったのである。中興日有・日寛両師の時代は、まさにそうしたいばらの時代であった。両師はそれを見事に乗り越えたばかりか、そういう厳しい時代の乗り越え方をも後代の末弟に示してくれた。その意味で、宗門七百五十年の歴史は私たちへ貴重な教訓を提供してくれる。特に混迷の時代から正常の時代への変遷において、先師先達の足跡はそのまま今に通ずるものがあるようである。

伝燈の危機に直面して、日有・日寛両師のなされたことは共通している。ともに伝燈法門を再興されたということである。このことは伝燈の危機を救うのは法門以外にないことを示す一方で、また伝燈の危機とはつまり法門の危機であり、宗門が混乱するとき、その根本は常に法門の混乱にあるということを物語っている。

この三十数年、日蓮正宗及び創価学会は、創価学会の板曼荼羅模刻に端を発し、正信会僧侶破門、創価学会破門と未曾有の混乱状態にある。しかし、これも元をただせば明治以来の日蓮正宗宗門教学の矛盾のしからしむるところといってよい。国立戒壇、戒壇本尊の問題等、現在表面化している問題はどれ一つとっても重要なものばかりである。しかし現在の宗門教学では何一つすっきりとした答えは出そうもない。また過去における血脈の断絶、法主の造像読誦等についても現在の血脈観では到底説明できうることではない。この辺で私たちは今一度、現在の宗門教学と伝燈法門が同一轍であるかどうか確認する必要があるのではないか。もはや表面上の小細工で収拾できるとは思えない。現在の教学に対して抜本的な見直しが必要な時期に来ているのではないかと思う。それはまた日有・日寛両師が身をもって示してくれた道でもあるのだから。

私が、ここで取り上げるのは日有とその前後の時代、すなわち室町時代前・中期から寛政法難、すなわち江戸時代後期までの大石寺門流と要法寺門流を中心に、富士日興門流及びそれに関連することがらである。その中でも特に十七世日精（一六〇〇〜一六八三）と、二十六世日寛（一六六五〜一七二六）が主である。この両師は、今日の日蓮正宗において歴史を語る時に両極の評価を受けている。日寛は中興と称賛され、日精は謗法の法主と批判の対象となっている。ところが、大石寺の伽藍建立や諸堂整備などの面では、日精の業績は大石寺の歴代法主の中でも際立っていて、四十八世日量はその著『続家中抄』（一八三六年作）の中で「諸堂塔を修理造営し、絶えたるを継ぎ、廃れたるを興す勲功莫大なり。すこぶる中興の祖というべきか」とまで述べている。一方の日寛には、伽藍建立などの面では特に注目すべき業績は見当たらない。けれども歴史の評価は正反対の評価である。この評価の差はいかなる理由によるものなのか。

一方で、私は、この両師が不思議な因縁で結ばれているような気がしてならない。日寛は十九歳の時、江戸下谷常在寺において日精の法話を聴聞したことが出家得道の直接のきっかけだった。この時日精八十四歳で、この直後日精は遷化し、常在寺は後に二十四世法主となる日永（一六五〇〜一七一五）が日精の後を継ぎ、日寛はこの日永の弟子となって修業に入るのである。

日寛の業績をつぶさに検証すると、日精の残した法門上から由来する種々の混乱の収拾であるようにみえる。もちろん日寛は表面上日精を批判してはいない。批判の矢面になっているのは、要法寺中興日辰（一五〇八〜一五七六）である。しかし、日辰は百五十年も前の人物で、日寛が当面の問題として早急に解決をしなければならなかったさまざまな問題は日精によって惹起されたものである。そして、日精は出身である要法寺の中興と称される日辰の教学を大石寺門末に忠実に実践しただけのことである。そういうことを考えると、日辰批判を装って、日精の実践した日辰教学に対する批判であることは明白である。

この小論において、前半では、日有とその前後の富士及び大石寺門流の混乱、次いで大石寺門流と要法寺の関係、更に日精の大石・法詔両寺退出による大石寺法主空白、造像を主張する『随宜論』、二十二世日俊の造像撤廃、富士門流を揺るがした三鳥派問題等の問題を取り上げ、これらを通して当時の大石寺門流の状況及び法門上の問題点を中心に、記することにする。次いで、後半においては、日寛の大石寺法門の再興と確立、更に日寛教学の要法寺門流への逆流と、要法寺寛政法難の悲劇とに関して、主に論を進めながら、今日の日蓮正宗の抱える根本的問題をも考えてみたい。

私は宗門史上における日精の事蹟について、決して悪意をもっているわけではない。むしろそれも時代の背景、大石寺の当時の状況等を鑑みれば致仕方のないことと思っている。それは日精以後の歴代に露骨な批判がないことからも察せられる。しかし、富士の伝燈に危機があったことは事実である。今私達が考えねばならないことは、この時代を他山の石とするのではなく、貴重な教訓としなければならないということである。

一、富士大石寺日興の伝燈法門

そもそも、富士日興門流の伝燈法門とは何か。それは、いうまでもなく、宗祖日蓮が生涯を懸けて訴え、末法の一切衆生に残したものである。では、その教えとは何か。一言をもって言うならば、自立・自力の教えということになる。そして、この自立・自力の教えの根底にあるものは、私たち衆生の成仏の追及という一点である。宗祖日蓮には、『立正安国論』『観心本尊抄』『開目抄』をはじめとする多くの遺文が残っている。そして、本門の本尊・本門の戒壇・本門の題目に代表される様々な法門がある。けれども、それらすべての法門の原点は、つまるところ衆生の成仏の追及から始まるものである。

それでは、その衆生の成仏とは何か。それは衆生を主体とする法門と置き換えてもよい。つまり、仏を主体とする仏教ではなく、衆生が中心であり、衆生にとって実際に成仏が可能な法門ということになる。宗祖日蓮のすべての教えはここから始まると思うのである。このことは、裏返せば、日蓮以前の仏教は、仏が中心であり、仏が主体であり、仏に救済される仏教だったということになる。日蓮の目指したものは、ちょうどこれと反対ということになる。日蓮の三十七歳の時の遺文である『一代聖教大意』には、法華経と諸経の本質的な法門の違いについて、中国天台宗の妙楽大師の説として、

「法華経以前の諸経は、衆生が仏になろうとするとき、必ず悪を滅し、煩悩を断じ切って、仏になると説く。仏に煩悩があってはならないからである。したがって、衆生が仏になる場合、自らの悪の性質を、完全に断じ切ってしか仏になることはない。

しかし、これでは本当の意味で衆生が仏になることはないのである。なぜかならば、現実の世界では、煩悩を完全に断じ切るということなど不可能だからである。したがって、諸経では実際に衆生が仏になったということは説かないし、実際そういう人はいないと説く。つまり、仏の世界と私たち衆生の世界とが隔絶しているのである。

ということは裏返せば、諸経で説かれる仏というものも、実は現実離れした架空の仏ということになる。法華経は、現実に即した仏を説く。つまり、法華経に説く仏は、煩悩を断じ切った人間ではないということである。煩悩を持ちながらも、煩悩に流されることなく、煩悩をコントロールした存在と考えている。このような仏ならば、衆生も仏になることができる。法華経に説くところの仏とは、衆生の手の届くところに存在する仏である」

と説明している。また、五十二歳の時の『諸法実相抄』には、

「しかれば、釈迦仏は、私たち衆生のためには、主・師・親の三徳を備えたまう絶対的な存在として考えられている。けれども、それは実は反対で、私たち凡夫が釈迦仏に三徳を冠しているのである」

と、一般に私たちが考えている仏というのは、実は私達衆生が仏というものはこうであって欲しいという願いから、現実にはありえない完全無欠の仏という存在を生み出していると説いている。

当時一般に考えられていた仏の捉えかたを日蓮はこのように評している。そして、このような考えを基に、真の意味での衆生の成仏を追求する宗祖日蓮の法門は始まるのである。宗祖日蓮以前、すでに法然が浄土宗、親鸞が浄土真宗、道元が曹洞宗、栄西が臨済宗を開いていた。しかし日蓮からみると、これらの

宗は真の意味の衆生の成仏を説いていない。仏と衆生が隔絶した世界に存在しているからである。特に法然に始まる浄土宗は他力本願を旨とし、日蓮からみて、決して相容れない考えである。

日蓮が法華経をもって、私たち衆生を成仏へ導く経典としたわけはここに由来する。そして、ここから私たち衆生が成仏を目指す時、三の修行の要諦があるとして、三大秘法すなわち本門の本尊・本門の戒壇・本門の題目と名づけた法門が説かれるのである。

結論からいうと、本門の本尊とは、釈迦如来に代表される仏像ではなく、法華経の根本理念を文字によって現した曼荼羅本尊である。本門の戒壇とは、従来の唐招提寺・東大寺・比叡山延暦寺の戒壇と異なり、曼荼羅本尊を安置し題目を唱える場所、たとえそこがどこであろうと、目を見張るような大伽藍であるとか、そうではないとかにかかわらず、そこは本門の戒壇なのである。そして、私たちを成仏に導く法華経の題目である南無妙法蓮華経、これが本門の題目である。この三つが私達の信仰修行にとってもっとも大切なものであるというのが、宗祖日蓮以来の伝燈の法門である。

このような法門は、どのような考えから生まれるのか、その根拠はというと、法勝人劣の考えによる。これは、日蓮の遺文のありとあらゆる所に説かれるところで、それらの中の二三のみを紹介すると、『本尊問答抄』に、

「問い。末代悪世の凡夫はなにものをもって本尊と定めるべきか。答え。法華経の題目をもって本尊とすべし。……問い。どうして釈迦を以て本尊とせずして、法華経の題目を本尊とするや。答え。法華経は釈尊の父母、諸仏の眼目である。釈迦・大日総じて、十方の諸仏は、法華経より出生したまえり。

釈尊の最後の御遺言にいわく、法によって人に依らざれ等云云。法華最第一と申すは、法によるなり。」

とあり、また、『上野殿御返事』には、

「仏はとても大切な存在であるが、法華経に対して比較したとき、螢火と日月との勝劣、天と地との高下がある。仏を供養してこのような功徳がある。いわんや法華経をや。」

と説いている。ここに明らかなように日蓮は、法と仏とを比較したとき、確かに仏はすばらしい存在ではあるけれども、それでも法に比べたら劣るものであると説いている。つまり、仏は確かに私たちからみて、尊い存在ではあるけれども、その仏も最初から仏であるわけではなく、法を修行して仏になったのであるから、法が仏の生みの親であることは間違いないのである。であるならば、私たちもその法を自ら悟れば仏である。これが日蓮の法門の原点であり、すべての法門の源がここにあるといえる。ここから、この法を本尊とした、中央に南無妙法蓮華経を書し、周囲に仏菩薩及び諸衆などを配した曼荼羅が生まれるのである。

大石寺を開山した日興は、日蓮滅後身延山を継いでいたが、他の日蓮の直弟子たちとの路線や意見の相違から身延を離山し、富士に大石寺を創建する。その意図は、偏に宗祖日蓮の法勝人劣の考えに基づく、曼荼羅本尊正意・釈迦如来の仏像を本尊としては用いないという法門を守るためであった。ここから、富士日興門流の不造像義が始まるのである。これが大石寺の伝燈法門である。なお参考のために、宗祖日蓮の本尊論及び人法本尊問題については前述『日蓮正宗教学の矛盾と再生』及び『人法本尊問題』において詳説したとおりである。

【宗祖日蓮及び日興大石寺開創までの年表】

承久四（一二二二）年二月十六日	日蓮安房東条郡小湊に誕生、幼名善日麿
嘉禎三（一二三七）年（十六歳）	道善房を師として得度、その後各地遊学
寛元四（一二四六）年三月八日	日興、甲州鰍沢にて誕生
建長四（一二五二）年（三十一歳）	比叡山を下り、郷里の清澄寺に帰る
建長五（一二五三）年四月（三十二歳）	清澄寺にて立宗宣言
建長六（一二五四）年（三十三歳）	宗祖清澄寺を退出
正嘉元（一二五七）年八月（三十六歳）	鎌倉に未曾有の大地震（八月一・二十三日、十一月八日）
正嘉二（一二五八）年	全国の田園、大風大雨洪水により甚大な被害、日興弟子となる
正元元（一二五九）年（三十八歳）	大飢饉、大疫病
文応元（一二六〇）年七月（三十九歳）	立正安国論を幕府に提出、念仏者草庵を襲撃（松葉ヶ谷法難）
弘長元（一二六一）年五月（四十歳）	伊豆流罪
弘長三（一二六三）年二月（四十二歳）	赦免、鎌倉にて布教再開
文永元（一二六四）年十一月（四十三歳）	母の病気見舞いのため帰郷、東条景信襲撃小松原法難
文永三（一二六六）年一月（四十五歳）	法華経題目抄
文永八（一二七一）年九月（五十歳）	龍の口法難、佐渡流罪、日興佐渡随身
文永九（一二七二）年二月（五十一歳）	開目抄

文永十（一二七三）年四月（五十二歳）　観心本尊抄
文永十一（一二七四）年二月（五十三歳）　赦免、同四月・三回目の国家諫暁、同五月・身延入山
同十月・蒙古襲来、同十一月・万年救護本尊書写
弘安元（一二七八）九月（五十七歳）　本尊問答抄
弘安二（一二七九）年十月（五十八歳）　熱原法難、戒壇本尊
弘安四（一二八一）年五月（六十歳）　蒙古襲来
弘安五（一二八二）年十月（六十一歳）　池上宗仲邸にて入滅
弘安七（一二八四）年　宗祖三回忌、日興身延山を継承、甲州・駿河・佐渡布教
正応元（一二八八）年　宗祖七回忌、地頭波木井実長の謗法により不和
正応二（一二八九）年　日興身延離山、富士上野に移る
正応三（一二九〇）年　日興大石寺創建

一覧

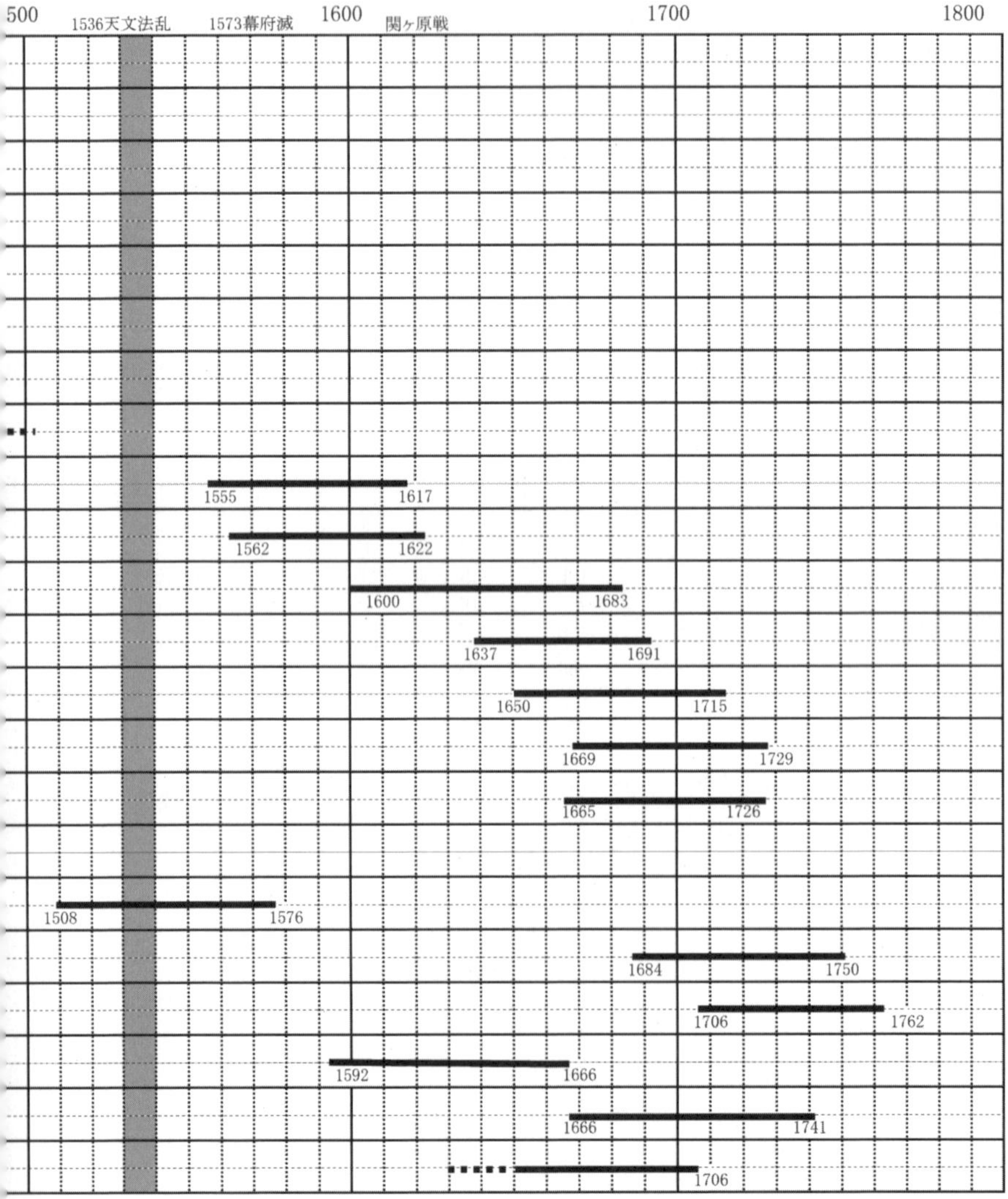
500
1536天文法乱
1573幕府滅
1600
関ヶ原戦
1700
1800
1555
1617
1562
1622
1600
1683
1637
1691
1650
1715
1669
1729
1665
1726
1508
1576
1684
1750
1706
1762
1592
1666
1666
1741
1706

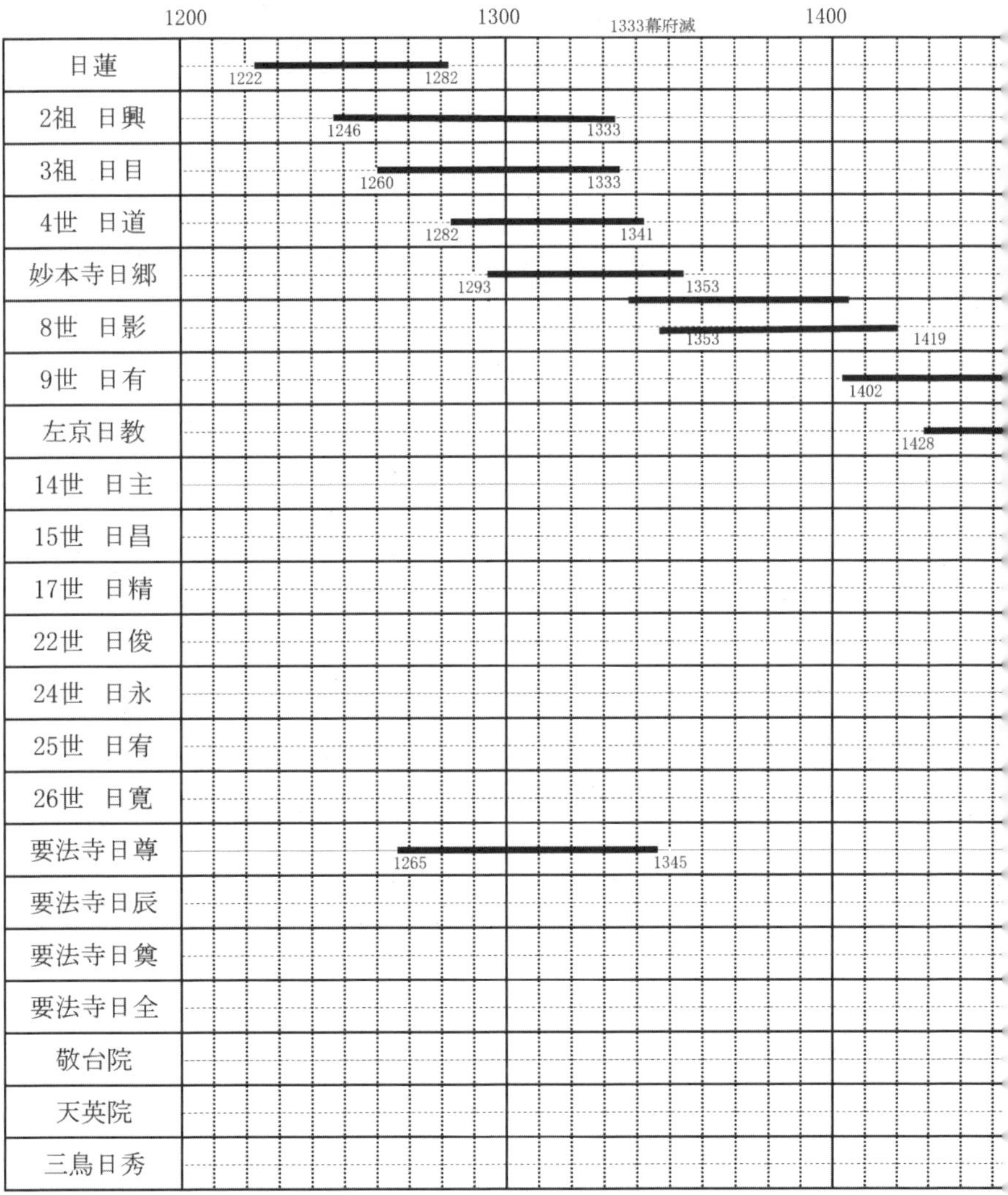
1200
1300
1333幕府滅
1400
日蓮
1222
1282
2祖　日興
1246
1333
3祖　日目
1260
1333
4世　日道
1282
1341
妙本寺日郷
1293
1353
8世　日影
1353
1419
9世　日有
1402
左京日教
1428
14世　日主
15世　日昌
17世　日精
22世　日俊
24世　日永
25世　日宥
26世　日寛
要法寺日尊
1265
1345
要法寺日辰
要法寺日奠
要法寺日全
敬台院
天英院
三島日秀

日蓮法系図

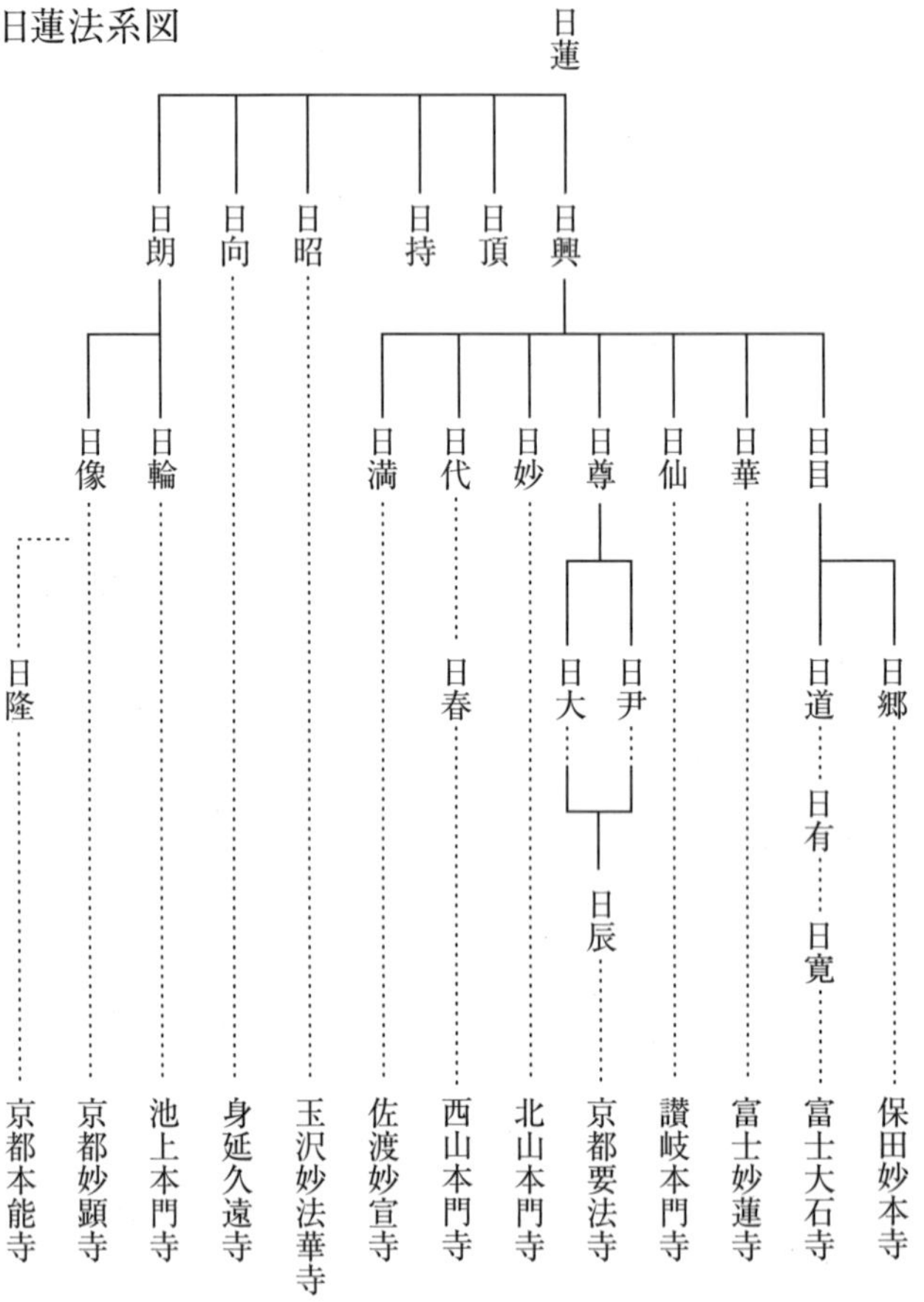

日蓮
日朗
日向
日昭
日持
日頂
日興
日像
日輪
日満
日代
日妙
日尊
日仙
日華
日目
日隆
日春
日大
日尹
日道
日郷
日有
日辰
日寛
京都本能寺
京都妙顕寺
池上本門寺
身延久遠寺
玉沢妙法華寺
佐渡妙宣寺
西山本門寺
北山本門寺
京都要法寺
讃岐本門寺
富士妙蓮寺
富士大石寺
保田妙本寺

二、中興日有とそれ以前の大石寺

さて、大石寺の中興の一人である第九世日有の時代を通して、二祖日興を派祖とする日興門流の室町時代の状況と法門について考えてみたいと思う。

今日、伝えられている日有の教えは数多くあるけれども、実は日有が直筆で書いたものというものが今日残っていない。残っているのは全て聞書である。日有がこう説いていたということを弟子が聞いて、後世に伝えたものばかりが残っている。したがって全て聞書であり、そこには弟子が、私はこう聞いたということが記されているということになる。

そういう意味では、日有と弟子の合作ということになるが、今日から見てもすばらしい教えがたくさんあり、もちろん、今日においては時代的に、どうかなと考えられるものもないわけではない。がしかし、その中に込められている精神は、今日からは思いもよらないような素晴らしいものがたくさんある。

日有は、宗祖日蓮が亡くなられて、大体百五十年から二百年ぐらいの大石寺の法主である。亡くなったのが西暦でいうと一四八二年、また宗祖日蓮が亡くなったのが西暦で一二八二年、ちょうど宗祖が亡くなって二百年後に日有も遷化している。日有は、宗祖が亡くなって百三十八年後、十八歳の時に第九世の法主に登座、それから遷化するまでの約六十年、日蓮正宗大石寺の再興、宗祖日蓮の法門再興に力を注ぎ、八十一歳で遷化する。

この間第十世日乗・第十一世日底の両法主が存するものの、日有より早く遷化、第十二世日鎮には、日有が法を授けたと伝えられている。日有は、生涯を大石寺と宗祖の法門の再興に尽力し、再生し、それによって今日中興として非常に多くの尊敬を集めているかに見える。しかし、私が思うには、その尊敬は表面上にしか見えないのである。尊敬を集めているのは、日有の教えの中身ではなくて化儀作法だけである。もっとも、現在の宗門人には日有の教えの中身は理解不能なのかもしれないが。

それはさておき、日有は中興として非常に尊敬を集めてはいるが、その尊敬は化儀作法のみで、そのわりに日有がその化儀作法に込めた法門の内容はこうだということは今日あまり叫ばれていない。日有の教えというものを、化儀作法だけではなく、法門として触れている人も少ない。私が日有が正当に評価されていないと感じる所以である。

そういう中で、近年『富士門流の信仰と化儀―日有聞書を拝して』（興風談所池田令道著）と題して、日有の教えを法門として広く宗内外に問うたのは喜ぶべきことであるが、もっと多くの人に日有を注目してほしいと、私は願うのである。

これから日有とその教えについて述べるが、前述のごとく、日有には自身で書かれたものは存在せず、聞書のみが存すると述べた。それらの聞書の中から、私がもっとも好きと言ってはなんだが、共感を覚えるものの中から代表的なものを取り上げて紹介したい。

そして、日有の教えがどうようなものであるかということを通して、宗祖日蓮が亡くなられて百五十年から二百年頃の大石寺門流の教えとはどうであったかということを述べてみたいと思う。そして更にそこから、今日の日蓮正宗の教えとどれぐらいの相違があるかということを考えていただきたいと思うのである。

【日有関連年表】

弘安五（一二八二）年　宗祖日蓮入滅（一二二二〜）
正慶元（一三三二）年　南条時光入寂
同　二（一三三三）年　二祖日興遷化（一二四六〜）　同年　三祖日目遷化（一二六〇〜）
建武元（一三三四）年　日仙・日代の方便品読不読論争
同　五（一三三八）年　大石寺、東坊（日郷派）と西坊（日道派）に分裂
暦応四（一三四一）年　四世日道遷化（一二八二〜）
文和二（一三五三）年　妙本寺開祖日郷遷化（一二九三〜）
応永九（一四〇二）年　日有生まれる
同十二（一四〇五）年　大石寺東坊西坊統一（第六世日時の代）
同十三（一四〇六）年　六世日時遷化
同二十六（一四一九）年　八世日影遷化（一三五三〜）　日有、十八歳で法主を継ぐ
永享四（一四三二）年　日有、京都に上り天奏
康正二（一四五六）年　連陽坊、日有の聞書を作成
（時期不明）　大石寺留守居三人、大石寺を売却、六年謗法無住の状態で一山疲弊

六年後　日有、地頭より大石寺を買い戻す
寛正六（一四六五）年　日有、諸堂伽藍を整備建立
応仁元（一四六七）年　応仁の乱　全国を二分して戦乱が十一年続く
文明四（一四七二）年　十一世日底遷化。十世日乗遷化
同十四（一四八二）年　北山本門寺・小泉久遠寺・保田妙本寺衆徒、大石寺に押しかけ諍論す
同年　九世日有遷化、　同年　十二世日鎮、十四歳で法主となる
同十五（一四八三）年　南條日住、幼き法主のために日有の聞書『化儀抄』を記す

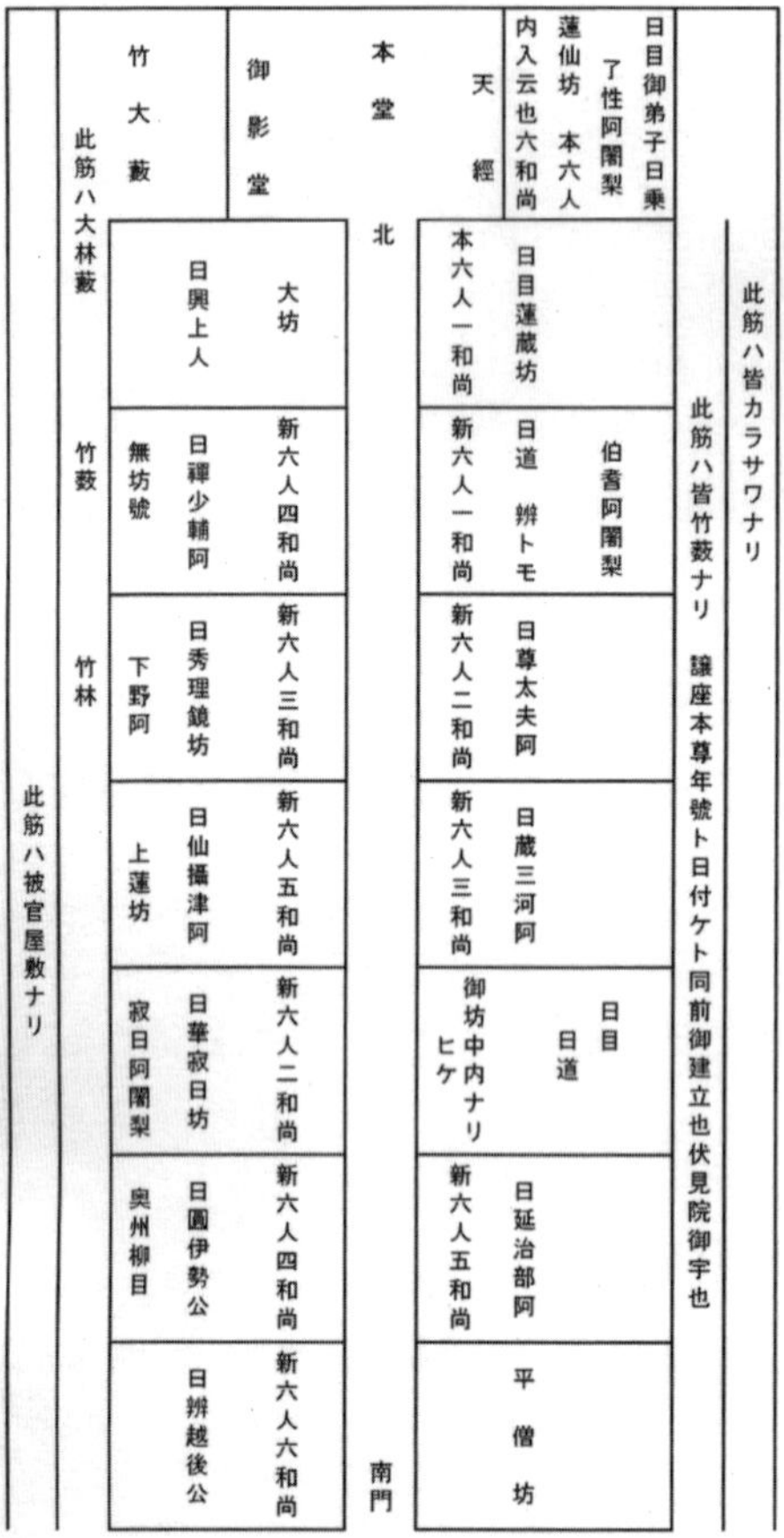

上代大石寺諸堂の配置

日有以前の大石寺の混乱

日有が大石寺門流を再建する直前及び当時の状況は、大石寺の七百五十年の歴史の中で、一大暗黒の時代と言っていい。この時期、大石寺は大きな問題を三点抱えていたことが伝えられている。まず第一点が、大石寺の東西分裂と、方便品読不読の問題に端を発した北山本門寺内の分裂による日代の西山本門寺別立。第二点が八世日影の血脈相承に関する不可解な事柄。第三点が、大石寺の売却と買い戻しの事件である。

大石寺の東西分裂と方便品読不読論争

宗祖日蓮滅後、身延を離山した二祖日興は、正応三（一二九〇）年富士に大石寺を創建する。その八年後日興は、北山に重須談所を作ってそこに隠居し、若い僧達の教化育成に力を注ぐ。一方大石寺は第三世として日目が受け継ぐ。三祖日目は、鎌倉幕府が滅亡する一三三三年、天奏のため京都へ向かうが、その上洛途中入寂する。このとき日目には弟子日郷と日尊が従っていたが、日尊は日目の志を継いで京都において布教、日郷は上洛後日目の遺骨とともに大石寺に帰ってくる。

日目の上洛に伴って大石寺は第四世として日道が継ぐが、日郷が大石寺にもどったことで、事態が変わってくる。これに領主である南条家の相続の問題が関係して、大石寺が東西に分かれることになるのである。大石寺の境内の内、蓮蔵坊を主とする東側を日郷、大坊を主とする西側を日道が受け継ぐこととなるのである。このあと、日郷は千葉の保田に妙本寺を創建して本拠とするが、大石寺自体は東側を妙本寺派が領有して、ここに大石寺の大坊（西側）と蓮蔵坊（東側）とに分裂することになる。

その原因は、大石寺の開基檀那である南条時光による所領の分割相続による。時光は、富士上野の所領を始め、伊豆・相模・安房・丹波・鎌倉等の所領を子供達に分割譲渡しているが、このうち大石寺の坊地について、西側一帯を三男の三郎左衛門、東側一帯を四男の四郎左衛門尉時綱に分割譲渡した。父南条時光としては、兄弟力をあわせて大石寺を外護してほしいと思ってしたことかもしれないが、結果的には、これが裏目に出て、東西分裂の原因となる。南条時光は正慶元（一三三二）年、日興・日目に先立って死寂、翌正慶二年二月、日興遷化、次いで十一月日目が天奏途上で遷化。大檀那南条時光・二祖日興・三祖日目をほぼ同時に失って、富士日興門流は求心力を失くしてしまうのである。

日目に随行して天奏に赴いた日郷が、大石寺に帰寺した直後の建武元（一三三四）年正月、大石寺上蓮坊において、日仙（一二六二〜一三五七）と日代（一二九七〜一三九四）が、方便品を読誦すべきかそうでないか、またその理由は何かについての論争が起こる。

この論争の過程で、日代は方便品は法華経の迹門、即ちいまだ方便の域にある教えではあるが、この迹門の修行においても成仏するという迹門得道説を論じて、方便品は読むべきであるという方便品読誦論を展開。一方、日仙は方便品はいまだ方便の域にある迹門であるから、迹門においては得道することはできず、したがって読誦すべきではないという方便品不読論を展開。

これによって、迹門得道論を展開した日代は、日興門流の義ではないと批判され、北山本門寺より退出する。一方、日仙も宗祖以来の方便品読誦に背くとして、批判されることになる。結局、日代は西山に本門寺を創建、日仙は讃岐に下って讃岐本門寺を創建することになる。

これらの論争を通して、富士門流は日興・日目の遷化後一年を経ずして、内部分裂が起こり、北山本門寺から西山本門寺が別立、大石寺から保田妙本寺及び同系の富士における拠点として小泉久遠寺が別立、これに後に下條妙蓮寺が加わって、富士一山から富士五山に分裂するのである。

これらの論争・分裂の中で、当時富士門流の中で最も指導的立場にあるべき日道に対して、その指導力が疑問視されるに至ったか、南条家内部においても、日道支持の三男・三郎左衛門、日郷支持の四男であり、南条家の総領となった四郎左衛門尉時綱とに分かれることになり、問題が発生する。日道は建武二年八月二十八日『諫暁八幡抄』に裏書をするが、そこに「離俗遁世の思いあり」の一文がある。この一文、この間の日道の心情を物語っているようである。

四郎時綱の支持を得た日郷は、東側の蓮蔵坊を本拠として、独自の活動を始める。方便品読不読論争の翌建武二年秋、日郷は大石寺を去って、安房保田に妙本寺を創建することになるが、大石寺東側坊地は、日郷の後を継いだ時綱の子息妙本寺二代日伝に受継がれ、長い東西分裂の暗黒時代に入るのである。

この東西分裂は、大石寺第六世日時が遷化する前年の応永十二（一四〇五）年、ついに東の蓮蔵坊他東側が西側の大坊に吸収統一されて、この係争が収束するに至って終了する。がこの間、約七十年の長きにわたって分裂が続いたのである。結果、大石寺門流は疲弊することになる。このとき日有三歳である。大石寺東西分裂、方便品読不読の問題についての詳細は、別にこれを論じたい。

【語句説明】

〔富士五山〕日興は身延離山の後、富士に大石寺を開創する。その後、大石寺を日目に譲り、自身は重須に移る。これが後の北山本門寺である。日興の弟子、日代は北山を出て、西山に西山本門寺を開創する。また、日目の弟子日郷は安房保田に妙本寺を開創、その門弟が富士に開いたのが小泉久遠寺である。日興の弟子、日華は富士上野下条に妙蓮寺を開く。この五ヶ寺を富士五山という。

元来、北山本門寺と西山本門寺は、西山本門寺祖日代が北山を退出して以来仲が悪く、大石寺と小泉久遠寺も、大石寺の東西分裂の結果、日郷門徒の富士地方の拠点として建立されたのが小泉久遠寺であるというういきさつから、仲が悪い。

歴史的に、大石寺・妙蓮寺・西山本門寺の三ヶ寺がまとまり、北山本門寺・小泉久遠寺の二ヶ寺がまとまるということが多かった。現在、大石寺・妙蓮寺は日蓮正宗、北山本門寺・小泉久遠寺は日蓮宗、西山本門寺は日蓮正宗から離脱して単立寺院である。なお、保田妙本寺は日蓮正宗に合流するが、現在は離脱して単立寺院である。

〔日興〕宗祖日蓮の本弟子六人の一人。白蓮阿闍梨と称す。一二四六～一三三三年。甲州鰍沢の生まれ。父は遠江・大井橘六、母は富士河合の娘・妙福、近隣の天台宗四十九院において修学。その後、日蓮の弟子となる。日蓮佐渡流罪の際は、佐渡にて常随給仕、その間佐渡にて布教、佐渡における法華宗の基盤を作る。また日蓮の身延入山も日興の力によるところが大きい。

宗祖日蓮入滅後、身延を継ぐが、他の五人と幕府の弾圧に対する対応の違いから、身延を離山、富士に大石寺を創建、その後大石寺を日目に譲り、重須に談所を開く。他の五人との路線の相違は、日興が幕府に対して強硬、他の五人は融和的対応だった。

具体的には、日興は幕府への奏上に「日蓮の弟子日興」と名乗り、他の五人は「天台沙門」と名乗った。日興が幕府の弾圧に対して、一歩も引かなかったのは、弘安二年の熱原法難において幕府の弾圧に屈することなく、乗り切った経験が大きい。熱原法難は後述する。対して、他の五人には日興における熱原法難に匹敵する法難を経験していないことが、幕府への融和的対応になったと思われる。弟子に数多くの俊英を輩出する。

〔日目〕日興の本弟子六人の中の一人。蓮蔵坊・新田卿阿闍梨と称す。一二六〇～一三三三年。伊豆仁田郡の生まれ、父は新田重綱、母は南条時光の姉・蓮阿尼。文永十一（一二七四）年、十五歳の時、日興の弟子となる。建治二（一二七六）年十一月、身延山に登り、宗祖に拝謁して卿公の名を賜り、以後常随給仕す。弘安五年夏、伊勢法印と法論して破折。更に十宗房と法論して破折。日興が大石寺を創建し、その後重須に隠居するにあたって、日興より大石寺を譲られ、大石寺三祖となる。生涯四十二回の奏上を挙行すと伝えられている。正慶二（一三三三）年、弟子日尊・日郷を伴い天奏に赴き、途中美濃垂井にて遷化。なお、遷化の地については異説もある。

〔日道〕日興の弟子。弁阿闍梨・伯耆阿闍梨と称す。一二八三～一三四一年。日道は宗祖入滅の翌年の生まれ、父は新田頼綱、日目の甥に当たる。祖母は蓮阿尼。日目を師として出家、その後日興にも仕える。新田家の所領がある奥州にて布教、関東においても布教・修学す。日興が遷化し、日目が天奏に赴くにあたって、留守を任され、大石寺四世となる。日目遷化後、日郷と東坊地の係争問題が発生すると伝えられているが、両者に直接的な対立を証明するものはない。著書として宗祖日蓮・二祖日興・三祖日目の伝記である『御伝土代』（三師伝）が日道の著と伝えられていたが、今日では六世日時著が有力である。

〔日尊〕京都要法寺開山、太夫阿闍梨と称す。一二六五～一三四五年。陸前玉野の生まれ、初め天台宗に学び、弘安六年日目に会って改宗、翌七年身延山に登って日興に師事する。その後、日興に従って大石寺・重須に移り、重須において日興の講義を聴く中で、枯葉の落ちるのに見とれて、日興の講義を聞き逃し、これを咎められて、日興より破門される。これに発奮した日尊は東西に奔走して、三十六箇寺を建立したと伝えられている。これによって破門を解かれ、再度日興の弟子となる。日目の天奏に従って、京都に向かう途上日目が遷化すると、その意思を継いでそのまま京都に上り、天奏を挙行。その後出雲・播磨を布教。更に京都に帰り、この地に上行院を創建、後の要法寺である。

〔日郷〕保田妙本寺開山。日目の弟子。宰相阿闍梨と称す。一二九三～一三五三年。越後蒲原郡大田氏の出身。初め天台宗出羽立石寺にて学び、伊賀公日世の門に入り、その後日目の弟子となる。房総及び佐渡にて布教、後日目の信頼厚く、蓮蔵坊にて随順、日目天奏に際して随行す。日目が垂井にて遷化すると、日尊とともに天奏を挙行。その後富士へ戻る。南条時光の四男時綱の支持により、大石寺東側の蓮蔵坊を本拠として活動するが、後安房保田に妙本寺を創建。日郷門徒の祖となる。

〔日代〕西山本門寺開山。日興の弟子。伊予公・蔵人阿闍梨と称す。一二九七〜一三九四年。富士河合の由井家の生まれ、日興とは外戚の甥に当たる。日興に従って年少より出家。重須談所にて修学、日興の信頼を得、重須大坊の後継者として指名されるが、日興遷化一年後の建武元年正月、大石寺上蓮坊において、日仙（一二六二〜一三五七）と方便品の読不読についての論争が起こる。

この論争の過程で、日代は方便品は方便の域にある教えではあるものの、修行するにおいては成仏するという迹門得道説を論じ、方便品読誦論を展開する。一方、日仙は方便品迹門無得道説を論じて不読誦論を展開。

これによって日代は、日興門流の義ではないと批判され、北山本門寺より退出をせまられ退出する。一時大石寺に身を寄せるが、後西山に本門寺を創建。

〔日仙〕讃岐本門寺開山、大石寺百貫坊開基。日興本弟子六人の一人。百貫房・上蓮阿闍梨と称す。一二六二〜一三五七年。甲斐・小笠原氏の出身。初め日華に師事、後日興さらに宗祖に師事する。百貫房の名は宗祖の命名である。弘安五年の宗祖葬儀に参列、日興の代理として、上奏したことも記されている。建武元年、日代と方便品読不読の論争を起こすが、日興・日目の諸弟子の中この時点で、宗祖に直接接し、教えを受けていたのは、この日仙一人である。論争の後、讃岐に下り本門寺の開山となる。

〔日時〕大石寺第六世。南条阿闍梨・宮内卿阿闍梨と称す。生年不詳、一四〇六年遷化。南条家の出身。大石寺第五世日行の弟子。日興・日目遷化後の日道・日郷両門による約七十年の東西分裂は日時の尽力により、終結。その翌年遷化。『本因妙抄』『三大秘法抄』など多くの写本が日時の写として伝わっているが、文献的に要検討ともされている。応永年間、大石寺及び富士門流に関わる事柄を記載している『大石記』における物語りの主は、日時と考えられている。更に今日の研究によって、従来四世日道著と考えられていた、宗祖日蓮・二祖日興・三祖日目の伝記である『御伝土代』（三師伝）は日時の著と考えられるようになった。

〔南条時光〕大行・南条七郎次郎時光・上野殿とも称す。一二五九～一三三二年。姓は平氏、北条氏の同族で、伊豆南条を本拠とした。父は、南条兵衛七郎入道行増、母は宗祖遺文中、上野殿後家尼御前と称されている。父南条兵衛七郎は鎌倉勤務中、日蓮に帰依、その後文永二（一二六五）年死去する。時光は父死去の後、南条家の家督を継ぐ。この時七歳である。父の信仰を受継ぎ、法華経と日蓮・日興に深く帰依、弘安二（一二七九）年の熱原法難に際しては、全面的に支援、法難の被害者を背後で支え、宗祖より上野賢人殿の称を賜る。この時、時光二十一歳であった。

宗祖入滅後、日興と他の五人との路線の違いから日興が身延を離山するにあたって富士に招請、大石寺の創建に尽力する。また南条家の自邸が後に下条妙蓮寺となる。日興・日目に先んじて入寂。

八世日影、血脈相承の不可解

大石寺が統一された翌応永十三（一四〇六）年、第六世日時は遷化。日時寂後、暫定の法主として日阿が第七世を継ぎ、一年後の日阿遷化後、第八世として日影が大石寺を継ぐ。この日影、自らの後継として、在俗の油野浄蓮に相承したと伝えられているのである。

これを伝えているのは、第十七世日精著『家中抄』の日影伝で、

「影公大衆に語っていわく、血脈を伝うべき機なき、これ我が悲嘆なり。終に応永二十六年己亥、病気の時、油野浄蓮に血脈を授けていわく、下山三位阿闍梨日順は血脈を大妙に伝う。その例なきにあらず。」と伝えている。ここで、日精は、日影が血脈を授けるべき器の僧侶が大石寺内部にいないので、在俗の油野浄蓮に授けたと記しているのである。そして、『同』日有伝にはこの油野浄蓮から日有に相承があったとは伝えていない。

この『家中抄』は寛文二（一六六二）年の著作で、日有の当時からすると、約二百五十年後の記述であることから、今ひとつ信用性に欠けるところがあるが、一方で、日有は、この応永二十六（一四一九）年当時十八歳で、この翌年の応永二十七年には、福島県妙法寺の宗祖板本尊に加筆している事実があることから、この時点ですでに法主であったと考えられる。そうすると、先の日影が油野浄蓮に相承したという

記述は何を意味するのか。考えられるのは、日有がいまだ十八歳の若年であったということかもしれない。ともあれ、実に不可解な記述である。

他方、文明十四（一四八二）年九月二十九日、日有は遷化するが、その直前の同月二日と七日の二回にわたって、大石寺衆徒と北山・小泉・保田の衆徒との間で諍論が起こる。この諍論についての詳細は後述するとして、この諍論を伝える妙本寺蔵『大石寺久遠寺問答』に、

「湯野の行蓮入道、大石寺日有より印加を蒙り、仏法評定の政所に定まり畢んぬ。」

「法の奉行という湯野の行蓮」

の記述があって、日有がいまだ十四歳の若き法主日鎮の後見役として、湯野の行蓮入道を仏法評定の政所・法の奉行として定めたという記録が見える。日精の『家中抄』の油野浄蓮は、この湯野の行蓮と混同されて記されているのではないかとも考えられるが、これについては、なお検討の余地がある。

日有の略歴と大石寺再興

日有は、誕生が応永九（一四〇二）年、南条家に生まれ、幼少のときに日影を師として出家。日影の後を受けて第九世の法主となる。以後入寂する文明十四（一四八二）年、八十一歳の生涯を終えるまでの六十余年、途中日乗・日底両師が法主職を勤めるが、日底遷化後は再度復帰し、第十二世日鎮に相承するまで、法主として長年の東西分裂によって疲弊した大石寺の再興に尽力する。

大石寺は、第三世日目が新田家を父方、南条家を母方とし、第四世日道は父方が新田家、日目の甥にあ

たり、祖母は南条家。第五世日行は母方が南条家。日時は南条家。第八世日影も南条家であり、代々大石寺法主職は領主南条家及び新田家と関わりの深い人物が継いでいる。第七世日阿が暫定の法主であるということも、師が南条家及び新田家の出身でなかったということかもしれない。

日有は第八世日影の後を継いで、応永二十六（一四一九）年、十八歳で法主になる。当時の大石寺は長年の東西分裂の影響で、門流として疲弊し、これを立て直すことが急務だったので、日有は諸国を行脚し、布教と法門の再興に努め、ここに至ってようやく大石寺は往時の勢いをとりもどすまでに至る。

その後も京都天奏を始め、大石寺の諸堂の伽藍を整備し、諸国の布教に努めるが、その間またまた重大事が起こる。いわゆる大石寺売却事件である。この事件は、日有が諸国布教の旅に出ている間に起きた、長い大石寺の歴史の中で、最もスキャンダラスな一大不祥事といっていい。

事件のあらましは、次のようなことである。日有が諸国布教で大石寺を留守にしている間のことである。日有は自身が留守の間、法務を任すべく三人の留守居を置いた。ところが、どのような経緯があったのか不明だが、あろうことかこの三人の留守居が大石寺を売却して、寺から出奔してしまったのである。ことの子細を知って、日有は大石寺に帰るが、時すでに遅く、これより以後大石寺は法主が無住となり、六年後ようやく買い戻したと伝えられている。

これを伝えているのは、『日有御物語聴聞抄』（第三十一世日因写）で、そこには、

「この大石が原と申すは、上代地頭奥津方より永代にわたり、十八貫に買得にて候ところを、公事までかけられて候こと、末代大切なる子細にて候間、この沙汰を成ぜんがために、三人の留守居を定めて候

えば、如何様の思案候ひけるや、留守居この寺を捨て除き候間、六年まで謗法のところになり候間、老僧立ち帰り、高祖聖人の御命を継ぎ奉り候。さ候あいだ一度謗法のところとなり申し候間、また奥津方より二十貫に、この大石を買得申し、高祖聖人の御命を継ぎ奉り候」

と伝えている。これと類似したできごとを、保田妙本寺十一代日要（一四三六〜一五一四）も伝えていて、その著『当体義抄聞書』において、

「大石の日有上人、柏原の慶順法印に相い給わんがために、極月二十一日に寺出たまえり。勤行の代は尾張阿へ仰せ付け、さて、寺の成敗は少輔・信濃・土佐・作渡阿四人なり。この人をば無智とて、奥の宮内阿日掟を召して、しばらくの住持と定めて、美濃へ参られける。…

しかるに彼の四人の方は日有死去と号し大石を乗っ取る。このとき、日有下向ありて、彼の末弟を折檻す。」

と伝えている。おそらくこれは同じことを記していると思われ、柏原の慶順とは、近江柏原の成菩提院、第二代慶舜のことと思われる。柏原成菩提院は、海道三談林の一つで、俗に寺談義所と称される天台学の学問所である。応永年間、比叡山西塔の貞舜が衰微していたこの寺を談義所として再興、天台学の復興に勤めた寺院で、慶舜は第二代に当たる。日有は若きころ諸国を遊学、法華経・天台学・日蓮教学等を修学しているが、おそらくこの談義所において、法華経・天台学を修学したのであろうことは十分考えられる。

その縁で、慶舜を尋ね天台学を更に極めるために談義所に赴いたのであろう。その留守の間、留守居四人が日有死去と嘘の情報を流して、大石寺を乗っ取り、処分してしまったということであろうか。日有は、

これを聞いて帰寺し、関わったもの達を処罰したという内容である。

おそらくこの話しと、先の『日有御物語聴聞抄』の話しは同一のものと考えられ、このときの日有の心労いかばかりかと、想像するほかない。このような一大不祥事があるにもかかわらず、日有は再度大石寺の再建に尽力し、諸堂伽藍を整備し、法門の再興を果たすのである。

晩年、京都住本寺系の本是院日叶が日有の学徳を慕い、帰依。名を左京日教と改め、当時京都日尊門流において不造像義の衰微するを批判して、不造像義を展開する。そして、この左京日教によって、京都日尊門流における不造像義が大石寺に流入することになる。その不造像義とは、従来の大石寺流の不造像義とは異なり、『本因妙抄』『百六箇抄』『産湯相承事』『一期弘法抄』などの、日尊門流で重要視されてきた相伝書に立脚する不造像義である。この左京日教については、その教学と影響など後述することにする。

日有の教え

日有は今日日蓮本仏論の推進者として見なされている。確かに日有には人本尊思想はある。しかし、それは今日の日蓮正宗における日蓮本仏論とは全く異質なものである。そこで、日有の教えとして、ここで二つの文証を紹介しながら、日有教学の本質を考えてみたい。

その一は『連陽房雑々聞書』の中から「末世の法華とは、能持の人なり」の文、もう一つは『化儀抄』の中から「諸仏の師とするところはいわゆる法なり」の文である。

『連陽房雑々聞書』

仰せにいわく、この経の験《しる》しによって、後生《ごしょう》成仏なりということ、意得《こころえ》ず。たとえ世間通法《つうほう》の言葉なれば、この経を受持申してより信心無二なれば、即ち妙法連華経なり。即身成仏とは、ここもとを申すなり。三界第一の釈迦も、すでに妙法蓮華経を得給いてこそ、仏とは成り、三世諸仏もしかなり。底下薄地《ていげはくじ》の凡夫なりとも、この経を受持し妙法連華経と唱え奏れば、無作本覚の仏なり。…高祖いわく、「能持《のうじ》の人の他に所持《しょじ》の法をおかず」といえり。末世の法華経とは、能持の人なり。

日有の教学として、最初に紹介したのは、『連陽房雑々聞書』と言われる聞書である。これは連陽房という土佐国吉奈の僧が、日有から教わったことを箇条書きで書き残したもので、最初は「仰せにいわく」から始まる。仰せというのは日有の仰せということである。

この経のしるしによって、後生成仏なりということ意得《こころえ》ず。

日有にはたくさんのすばらしい教えがあるが、その中で私がもっとも共鳴しているものの中の一つが、この一文である。これは法華経の信仰とは、あの世、あるいは来世成仏を求めて信仰するのではないということで、平たく言えば、私達は死んだ後に成仏するのではないという意味である。

あの世に行って成仏することを求めるのでもなく、また来世の成仏を期するのでもないということは、どういうことか。現世の成仏を目指すということである。私が法華経の教えでもっともすばらしいと思うのはこの考え方である。信仰をして、あの世で救われることを目指すより、現世において、何かを得ることの方がはるかによいと思うのは当然のことである。

普通仏教というと、一般的には死んでから仏になると考える。これは世間に通用している一般的な考え方なので、世間通法といい、確かに、世間一般では仏教というのは、死んだ後に仏になることを目指すものと受け止められていて、亡くなった人を仏さんともいう場合もある位である。

浄土宗系の念仏信仰における極楽往生の考え方が、広く一般化したからと思うが、日本において、仏教は葬式仏教と言われるほど、葬式と仏教は切っても切れないほど深いつながりがあると思われている。しかし、この日本においてさえ、葬式をしない宗派が存在するのだが、これを知っている人は少なかろうと思う。それはさておき、世間一般的には、人は死んだ後に仏になると考えられている。

しかし、法華経の教えは、人は死んだ後仏になるとは考えず、生きているときの成仏を目指す。というより、この南無妙法蓮華経の教えを受持して、信心に二つが無い。つまり、あっちを信心し、こっちも信心するというような信仰ではなく、南無妙法蓮華経の信仰を受持し、純粋に信心した人は、即座に、そのまま成仏であると考えるのである。

即座にということは、私達は長い間の信仰を通して、修行によって、仏になるのではないということである。法華経の教えを心を一つにして純心に信仰をする、その瞬間、現在のまま即座に仏なのであって、現世の成仏である。そして、これを即身成仏という。

三界とは、三つの世界ということで、一は欲界。欲が充満している世界のことを欲界といい、つまり私達が住んでいる娑婆世界である。欲によって成り立っている世界ということで、一切の衆生が欲をいい意味でも悪い意味でも発揮している、欲によって世界が動いている。これを欲界という。これが第一の世界である。

第二の世界が色界。欲の無い世界、つまり全く欲が無い世界。ということは心が無いということで、心が無いということは、ただ物質だけの世界のことをいう。私達が住んでいるこの星は地球というけれども、この地球には欲が充満している。何故かというと人間が住んでいるからで、ところが、例えば月には生物が無いから、そこには欲というものはない。そこは物質だけの世界ということになるのである。

そしてもう一つ精神だけの世界。私達の住んでいる世界の精神だけを特別に取り出して、精神界という世界をつくる。欲の世界と、物質の世界と、精神の世界という三つを三界といい、つまるところ、この世の全てという意味である。

この三界の中で最も尊い人である釈迦如来も、実は法を悟って仏になった。釈迦如来といえども、最初から仏ではない。そしてこのことは釈迦如来に限らず、全ての仏がそうであって、どんな仏も法を悟って仏になった。そして、底下・薄地の凡夫である私たちもそうである。

底下というのは、程度が低いということ。薄地というのは知恵にも才覚にも、そうたいして恵まれないということ。すなわち私たち凡夫のことである。私たちは、毎日毎日いろいろなことに悩み、泣いたり笑ったり怒ったり悔しんだり、喜怒哀楽をくり返している。いわば、修行が足りない凡夫である。

けれども、どんな人もこの法華経の教えを信じ、南無妙法蓮華経と唱えれば、無作本覚の仏である。無作というのはありのまま、繕わないということ、本覚というのは本来とか元来とかいう意味で、私達は生まれながらにして仏の資質があるという意味である。つまり、私たち凡人は、毎日毎日迷いの中で、苦しんだり、喜んだりしているけれども、元々生まれながらに仏の性質というものを具えていて、その仏の性質が、この妙法を信じることによって現れてくる。

また、私たちが法華経という場合、通常釈迦如来の説法を記した経典としての法華経を指すと考える。これが間違いというわけではないけれども、それだけではない。経典に書かれた文字としての法華経は、確かに法華経ではあるけれども、それはあくまで文字であり、単に過去の教えであって、そのままでは意味をなさないものである。文字としての法華経よりもっと大事なもの、それが活きた法華経である。

活きた法華経とは、法華経の教えが単に過去の仏の教えとして、また文字として終わるのではなく、私たちの精神の奥に入り込んで、私たちの行動に法華経の精神が反映されるということで、これが真実の法華経であり、活きた法華経にすることができたとき、それが法華経の精神を受持したと言えるのである。

その法華経の精神、言わんとするところは何か。つまりところ仏とは私達以外には無い。仏というのはどこかにあって我々を救うのではない。また、あの世にあって私たちを救うのではない。私達そのものが実には、本来仏の資質を持っているということで、この精神が自己の生き方に反映されたとき、そのとき私たちは法華経を受持したと言えるのである。

宗祖日蓮の説く「能持の人のほかに所持の法をおかず」も、そのような意味である。能持の人というのは、法華経を持っている人、法華経の信仰者、法華経の行者ということ。所持の法とは、持つべき法ということで、「能持の人のほかに所持の法をおかず」とは、法華経の行者の振る舞いのほかに、妙法というものはなく、現在の法華経の行者がすなわち妙法なのであるという意味である。

このようなことから、末世の法華経とは、今現に法華経を行じている人、言い換えれば、私たちの生き方、振る舞い、言動こそが法華経なのだということである。これが日有の結論である。

以上が、『連陽房雑々聞書』に説くところの日有の教えである。その言わんとするところは、法華経は文字として単にあるだけでは、意味がなく、活きた法華経であってこそ意味がある。すなわち、現在の法華経の行者によって、行じられてこそ意味があるのであって、過去の仏がいかにすばらしい業績を残していたとしても、現在の法華経の行者に信仰修行の主体があるということである。そして、仏というものは私達以外にはなく、法華経を信ずる人が全て仏なのであって、そう信ずることが法華経と宗祖日蓮の教えであると説いているのである。

〈日蓮の呼称〉今日では宗祖日蓮聖人のことを、一般的に日蓮大聖人という。これは、大聖人様でも大聖人でもあるいは聖人でも、あるいは蓮祖、高祖でも、そんなに大きな意味の差があるのではない。大を付けようが付けまいが、日蓮という人物そのものには変わりはない。日有はここでは日蓮大聖人という言い方はしていない。今日では日蓮大聖人という言い方が一般的であるが、室町時代においては日蓮聖人が一般的だった。

『化儀抄《けぎしょう》』

日有の教えとして、次に紹介するのは、日有の聞書として、もっとも有名な『化儀抄』の一文である。

この『化儀抄』は一四八三年、日有が遷化した翌年にあたるが、第十二世を継いだ日鎮が未だ十五歳の幼い法主であったことから、長年日有の下で教えを受けていた南条日住が、この若き法主のために書き置いた日有の教えである。南条日住は、最後に、

「この上意の趣を守り、行住坐臥に拝見あるべく候。朝夕、日有と対談と信力候ば、冥慮しかるべく候」

と述べ、この『化儀抄』を拝することは、日有と対談していることと同じことであり、常にこの教えを支えとしなさいと結んでいる。

『化儀抄』

法華宗は、能所ともに一文不通《いちもんふつう》の愚人の上に建立あるがゆえに、地蔵・観音・弥陀・薬師等の諸仏菩薩を各の拝するときは、信があまたになりて、法華経の信が取られざる故に、諸仏菩薩を信ずることを堅くいましめて、妙法蓮華経の一法を即身成仏の法ぞと信を一定に取らせらるるなり。

信を一法に取り定むる時は、諸仏の師とするところは、いわゆる法なりと釈して、妙法蓮華経は諸仏如来の師匠なる故に、受持の人は、自ら諸仏如来の内証に相い叶うなり。

今日、大石寺門流の宗派名は日蓮正宗というが、この日蓮正宗の宗名は昔から称していたわけではなく、明治四十五年に始まる。それ以前は日蓮宗富士派（明治三十三年）といい、更にそれ以前は日蓮宗興門派（明治九年）と称していた。江戸時代においても日蓮宗大石寺派と称されていて、いずれも宗名としては日蓮宗の名が付いている。

一方、日有は法華宗の宗名を使用している。一般的に日蓮系各教団は、鎌倉・室町両時代は法華宗、江

戸時代以降日蓮宗の宗名を使用するのであるが、これには歴史的に国家権力の弾圧などのわけがあって、一概に言えないところもあるが、私は日有の使用している法華宗の宗名が、自然で本来のあり方ではなかろうかと考える。

能所とは、能化と所化ということで、能化とは教える人、所化とは逆に教えを受ける人の意である。一文不通とは、文字を理解できない人の意。法華経は、一文不通の愚人の上に宗を建立するといって、法華経を信じ修行する人々の中に、たとえ字をまったく読めず、経典の意味が理解できない人がいたとしても、そういう教義が理解できるとかできないとかにかかわりなく、どんな人であっても救済するというところから出発するのである。いわば、もっとも底辺の人が救われることを出発点としているということである。もっとも底辺の人が救われるということは、畢竟すべての人が救われるということになる。

そういう愚人の上に宗を建立する法華経の信仰でもっとも大切なことは、八方美人的な信仰をしない、信を一つにするということである。私たちは自分自身を振り返ってみて、自分自身の知恵や才覚の足りなさに痛感されられることだらけである。そういう私たちが、あるときは地蔵菩薩、あるときは観音菩薩、あるときは阿弥陀如来、またあるときは薬師如来など、そのつど信仰する対象が変わるということは、信が多方面にわたって集中ができず、成就できることもできなくなる。したがって、信を一つにすることが大切だということである。

南無妙法蓮華経は、妙法蓮華経に帰依しますという意味であるが、その一方で、観音菩薩や地蔵菩薩、阿弥陀如来などの信仰もするということは、まったく意味のないことであり、唱えている言葉の通り、妙法蓮華経に帰依する、これが大切なのであるということである。

信を一つの信仰に定める理由について、八方美人的な信仰をしないで、一つの信仰に集中するためと説明しているが、更に踏み込んでより根源的な説明もしている。すなわち仏の根源とは何かということである。仏が仏たりうる根源がわかれば、私たちもその仏の根源を得ることによって、仏になることができる。その仏の根源とは何か。日有は法が根源であると説いている。諸仏の師は法であると明確に示している。そして、私たちがその法に帰依することは、諸仏も元々法というものを悟って仏になったのであるから、諸仏の意に叶う。ここに説かれる日有の考えは明確である。法華経及び日蓮の教えは、仏の根源である妙法を私たちが信仰することが成仏への道であるということである。

以上、『連陽房雑々聞書』、『化儀抄』の文を通して、日有の教えの一端を紹介した。宗祖日蓮が亡くなって百五十年から二百年頃の教えを代表する日有の教えをまとめると次のようになろうかと思う。

まず、第一に、法華経の信仰は後生成仏ではなく、現世成仏であり、仏というものはどこか遠くにあるのではない。私達が妙法蓮華経の教えを心から信じ、本当の意味で法華経の趣旨を体現した時、そのときを仏というのである。この仏こそ私たちが目指すべき真の仏と言えるのである。

この場合、煩悩を消し去らなければ仏でないとかはもはや関係ない。そういう意味で、過去の仏がいかに煩悩を消し去り、一切の苦から解放された存在であるとしても、私達が目指さなければならない仏というわけではない。信仰修行の主役は、私たちなのだから、過去の仏の成仏のありようにこだわる必要はない。私たちが、法華経の趣旨を理解し、実践することの方がはるかに意味があるというものである。つまり、過去の仏より、現在の法華経の行者により意義があるのである。

第二に、実は仏教の教祖である釈迦如来も、過去現在未来のすべての仏も、つまるところ妙法を悟って仏になったのであり、あるいはなるのであるから、仏の根源は法である。私たちが南無妙法蓮華経と信じることは、その仏の根源である法に直結することであって、これが末法における成仏の道であるというものである。

この二点に立脚して、日有は、

「当宗には、断惑証理の在世正宗の機に対するところの、釈尊をば本尊には安置せざるなり。……釈迦の因行を本尊とするなり。その故は我等が高祖日蓮聖人にておわすなり。……滅後末法の今は、釈迦の因行を本尊とすべきなり。」

と結論するのである。この文は一見、日蓮本仏のように見えるが、そうではない。釈迦の修行時代である、いまだ菩薩としての釈迦に重点を置いた考えということである。仏となった釈迦は、すべての惑を断じた存在で、諸経の仏とは異なって凡夫の性質を本来的に具していると言っても、現実には衆生の手に届かない仏であることは変わらない。

衆生が手に届く仏を求めた宗祖日蓮の意を考えれば、いまだ完全無欠の仏ではないにしても、釈迦の修行時代の姿には、末法の私達衆生の手に届く凡夫成仏の見本がある。その修行時代の姿を今に求めれば、手本は身近な私達の宗祖である日蓮にある。この一文は、そういう意味、即ち末法における凡夫成仏の見本としての本尊即日蓮の意味である。

これが、宗祖日蓮が亡くなられて、百五十年から二百年頃の日蓮正宗の教えである。五十年以上も大石寺の法主として、消えかけた日蓮正宗の教えを再興し、また後世に伝えようとした第九世日有の教えである。ところが、今日の日蓮正宗の教えというのは、日蓮聖人が久遠元初自受用報身としてご本仏になっている。一方で日有の時代、宗祖日蓮が亡くなって百五十年から二百年頃までは私達以外に仏というものは存在しないと説いているのである。

そうすると、現在の教えとは水と油ほどの差がある。仏様というのはあの世にあるものではないし、またどこかにあるものでもない。私達そのものがこの南無妙法蓮華経の教えを信じて、心が一つになり、妙法に南無することができた時が仏の境界である。そして、私達はあの世にいって仏になるのではない。この現世において、今の体のまま、また心のままにおいて、私達が仏になるのである。この日有の教えが今日の日蓮正宗に息づいていると言えるであろうか。

ところが、日有の先の文、また、

「当宗の本尊の事、日蓮聖人に限りたてまつるべし。……滅後の宗旨なる故に、未断惑の導師を本尊とするなり。」

の文を以って、だから、日蓮大聖人は本仏であると今日の日蓮正宗では、あたかも日有が日蓮本仏論者であるかのように説いている。

私はそうは思わない。日有が言わんとする日蓮聖人が本尊であるという意味は、私達全て、現在の法華経の行者全てが仏たりうる。その上で日蓮聖人は私達の鏡である。目標である。そういう意味で、日蓮聖人が私達の本尊であると説いたのである。したがって、日有は日蓮を本尊とするという一方で、「法華宗は…ただ十界所図の日蓮聖人の遊ばされたる所の本尊を用うべきなり。これすなわち法華経なり。」と、当然曼荼羅が本尊であると説いているし、また日蓮本仏論の特徴である久遠元初自受用身という考え方がないというところからも、そのことは言える。日有がいわんとしているのは、法が本尊であり、その法を悟り、身に行じた日蓮こそ今日的に私達の成仏の見本であるという意味である。

その考え方が「三界第一の釈迦も、すでに妙法蓮華経を得たまいてこそ、仏とは成り、三世諸仏もしかなり」の文、また「諸仏の師とするところはいわゆる法なり」の文によく現れている。ここで日有は、釈迦如来始めすべての仏も最初から仏ではないと指摘している。そうすると、私たち凡夫だって法を得ることができれば仏になることができる、その先駆けが日蓮聖人であるというのが、日有の考えと思う。すべての仏が法より生ずるということは、釈迦如来はもちろん、当然宗祖日蓮もそこに含まれる。

ところが、日有の言わんとする本意が分からなくて、言葉の表面だけに捉われて理解しようとするものだから、日蓮大聖人様が御本仏だとなる。そうではない。日有の言いたいことは法華経の行者以外に仏というものはいないということなのである。

今日、日蓮本仏論というものが日蓮正宗に充満し、日蓮大聖人様は御本仏で、その大聖人様に私たちは救ってもらうんだ、そうみな信じている。しかし、日有の本当の教え、宗祖が亡くなられて百五十年から二百年頃に説かれていたのは、今述べたごとく、法華経の信仰者以外に仏というものはない。法華経を信ずる人が仏そのものである。これが、大石寺伝燈法門の基本的な考え方である。

私が日有の教えから『連陽房雑々聞書』と『化儀抄』とを撰んで紹介したのは、ここに不造像義の根本理念が説かれているからである。『連陽房雑々聞書』の**「末世の法華経とは、能持の人なり」**の文は、法華経は行ずる人がいて始めて活きるものであり、そこから過去の仏にこだわらず、現在の法華経の行者に意味があるという趣旨である。また、『化儀抄』の**「諸仏の師とするところは、いわゆる法なり」**の文の趣旨は、仏より法が根本であるというものである。

大石寺門流は、宗祖以来曼荼羅本尊を正意とし、その後次第に日蓮御影、続いて日興御影を安置してきた。それは日有から始まったというものではない。時代とともにそうなっていったのであるが、変わらないのは釈迦如来を本尊として本堂の中心に安置しないということである。その精神には、過去の仏より、現在の法華経の行者を重要視する理念が込められている。

言い方を換えれば、私たち現在に生きる人間を模範とするという理念と、すべての仏は法より生じたものであるという理念が込められている。そして、現在の法華経の行者として、もっとも優れた模範が宗祖日蓮であり、二祖日興であるというところから、両尊の御影を曼荼羅の両脇に安置する場合もあったり、宗祖の御影のみの場合もある。もちろん、この二尊は、必ず安置されなければならないというものではない。あくまで中心は曼荼羅本尊である。

大石寺の中興日有の法門を詮じつめると、仏の根本は法であるがゆえに、曼荼羅を本尊とし、私たちが模範とする法華経の行者が宗祖日蓮であり、二祖日興であるということになると思う。そういう意味で、これまで述べてきた日有の教えというのは、宗祖の衆生の成仏を追及するという教えを見事に捉え、この時代の言葉として示しているということができる。

日有は今日誤解されているような日蓮本仏論の推進者でない。日有が日蓮を本尊とすると言った真意が消されて、今日いわれる日蓮本仏論の有力な論者のように見なされているというのが、今日の日蓮正宗の状態である。

そうしてみると、今日常識であると思っている日蓮本仏論と日有の考えとは天地ほどの差があるということになる。今日の日蓮正宗というものが七百五十年の間に相当ずれてきておりはしないか。宗祖滅後二百年頃の日有の教えというものを考えたとき、今日の日蓮正宗のあり方、今日の信仰との相違、そしてその上で、私達の信仰のあり方というものを、もう一度よく考えていかなければならないと思うのである。

三、日有後と元初自受用身思想の流入

十二世日鎮

大石寺は九世日有によって、長い間の東西分裂によって衰えていた教勢が一時的に盛り返したようにみえた。しかし、日有の後を受けた十世日乗・十一世日底両師が、ともに日有より先に遷化する不幸に見舞われ、日有は再度法主に就任することとなる。文明十四（一四八二）年九月二十九日、日有は遷化し、日鎮（一四六九〜一五二七年）が十二世を継ぐ。日鎮は文明元年、下野国の生まれ、俗姓は不明であるが、日有遷化にともなって法主になるが、この時いまだ十四歳の幼き法主であった。

十七世日精の『家中抄』では、日鎮の相承・登座を十六歳としているが、何を根拠にしているか、明確でない。一方、『富士年表』では、日有の遷化年時から、これも根拠があるとは思えないが、血脈相承の不断ということから十四歳相承としている。日鎮は日有遷化以前に法主に登座したと思われるが、その日有遷化の直前の九月初旬、大石寺と北山本門寺・小泉久遠寺・保田妙本寺衆徒との諍論が二回に亘って起こる。これを記しているのは、保田妙本寺所蔵の日会著『大石寺久遠寺問答事』である。この諍論に日鎮は直接関与していない。十四歳という年齢を考えれば、当然である。したがって、この一件を日鎮に関連して紹介するのもどうかとは思うが、一応日鎮代の一件であるので、ここで紹介することにする。

この諍論について、妙本寺側に資料が残っているのに対して、大石寺側の資料というものは存在していない。したがって、保田妙本寺側から見た諍論ということになるので、公平性は今一つだが、当時の大石寺の状況が知れて、貴重な資料ということができる。

この諍論の当事者は、大石寺側は大石寺仏法評定の政所・湯野行蓮入道、住職代理の年行事、そして日尊門流から大石寺に来ていた三位阿闍梨である。一方、北山・保田・小泉側の当事者は、北山が六代日浄、小泉が当住日院及び衆徒登林坊、保田が妙本寺九代日安の意を受けた本乗寺日会・信乗坊日遵等である。

ことの起こりは、彼の書によれば、以下の通りである。すなわち、大石寺は日有の代より、日郷門徒との長年の係争の原因が、大石寺東坊地の相続の問題であるにもかかわらず、これを日目からの血脈の有無にすり替え、日郷には日目からの血脈がなくて、東坊地は大石寺に帰し、そのため日郷門徒は血脈不伝であり、大石寺に復帰しなければ、成仏不可能であると主張している。これに対して、日郷門徒として、ことの正邪をはっきりさせるために大石寺を糾問したというのであるが、東坊地の係争における妙本寺側の大石寺に対する積年の不信・不満が爆発したのは間違いない。一方、北山においても、大石寺六世日時の聞書と思われる『大石記』の、

「かくの如き体にて、重須は血脈相承の段、これなきなり。御坊の付弟すら、かくの如く脱するなり。」

の記事などに見られるように、大石寺に対する不信・不満があったと思われる。この不信・不満もまた、蓄積されたもので、この不信・不満が妙本寺の不信・不満と相まって爆発したものと思われる。

『大石記』の中の「かくの如き体にて、重須は血脈相承の段、これなきなり」は、日代の方便品読不読論争における迹門得道説による北山退出のことを指している。「御坊の付弟すら、かくの如く乱脱するなり。」は、日代が日興より北山の跡継ぎとして定められていたにもかかわらず、日蓮・日興の義から逸脱するようなことを主張したことを指している。

諍論の経緯は次のようなものである。かねて、不信を募らせていた妙本寺門徒は、大石寺に対する彼らのいうところの正義の鉄槌を下すべく期していたところに、日有の代になって、大石寺が妙本寺との係争の内容を相続問題から血脈の有無にすり替えて、主張していることを知る。

ちょうどその頃、大石寺では、日有が八十歳を越え日鎮に法を付属、日鎮が未だ十四歳という年齢であったため、日鎮の後見として、日有は湯野の行蓮入道・堂平の四郎兵衛を大石寺仏法評定の責任者、住職代理を年行事（実名不詳）に定めていた。老齢の日有及び若年の日鎮に託されて、大石寺の重要事項を掌ることになった湯野の行蓮入道は、長年の大石寺と妙本寺の係争による義絶状態を改善したいと常々考え

ていて、小泉久遠寺に対して、

「小泉久遠寺と大石寺と不和しかるべからず。哀れ、御和談あるべく候はば、随分奏者を申すべしとて走り回る」

と小泉・大石寺の両者が話し合うことを提案し、その仲介のため走り回ったと記されている。この提案を受けて、小泉久遠寺当住日院は本山である妙本寺日安に相談、積年の鬱憤をはらす絶好の機会と捉え、この際大石寺を完膚なきまでに破折することを期し、同じように大石寺に対して不信感を募らせている北山の日浄にも内談、両者協力する約束をかわす。文明十二年九月二日、小泉衆徒・登林坊と、妙本寺衆徒・信乗坊日遵の二名が使者として、湯野行蓮のもとへ赴き、次のように述べる。

「中古より当代に至りて、日興門徒同士が同心なきことは、口惜しきことである。末弟として互いに疑義を持つことは、先聖に対して恐れ多いことである。かつまた末流同士がそれぞれの感情に任せて互いを談ずることも先哲に対して恐れ多いことである。

しかし、大石寺の法理の奉行である貴殿は、常々門流不和は本意ではない旨を申されていること、大変尊ぶべきことであり、よってこの度、正義不正義を談じたく存ずるものである。大石寺では、東坊・蓮蔵坊・日目上人の御法水確かに日道が伝授したと、常々主張している。偏執我慢の矛先を捨て、正脈を求めることは仏法の道理であり、故に速やかに日目から日道への相承書・付属状等を拝見させていただき、我が門流の信仰の定めと致したい。この旨を御師範に取次ぎいただいて、必ず御返事をいただきたい。」

これに対して、湯野行蓮は両使僧に、

「承る段、まず以って殊勝。さりながら、無我の信心を以って、先ずは大石寺門流へ御復帰あるべし」

と答えるのであるが、両使者は、

「今の言葉が返答か」

と問い直し、続けて、

「仏法の正邪、宗旨門家の法水・血脈について、正義を究明するために来たのであって、それを差し置き、まず以って無我にして大石寺に復帰すべしが返答とは、宗旨門家の瑕瑾ではないか。古今超越・前代未聞である。こちらには日目から日郷への相続状・地頭興津方の書札・南条時綱の寄進状など証明するものがあるので、大石寺側も衆檀協議の上、必ず返事をいただきたい。」

と述べて、この日はひとまず引き上げる。

大石寺からの返答がこないことから、五日後の九月七日午の刻、小泉日院・日会・日遵他小泉衆徒檀那は、大石寺で決着をつけるため、大石寺本尊堂に着座。少し遅れて北山日浄が衆徒及び檀家を引き連れ到着、併せて三十名が押しかけるのである。当日は日興の命日に当たるので、大石寺では法主の出仕のもと法要が執行されるのを見越しての行動である。

ところが、法主は出仕せず、代理の年行事が出仕して法要を執行しようとしたとき、日遵が小泉衆徒を代表して、年行事に、

「しばらく、尋ね申すべき子細あり。」

と、法要の開始をさえぎり、法論を仕掛ける。その質問は三点である。

①、日道が日目から相承を受けたという明証を拝見したい。

②、大石寺と保田・小泉日郷門徒の不和は、東坊地の相続に関する係争で、血脈の伝・不伝の問題ではない。しかるに、日有の代より保田・小泉の日郷門徒には血脈がないので、成仏しないと吹聴している。日道が日目から正式に相承を受けたという明証があり、不和のもとが東坊地の相続の問題ではないと納得すれば、我々は日郷門徒を止め、日道門徒として信心を定めたい。

③、西坊地は、日代が日興より相続したもので、日代が富士門流の義に違背して、大石寺西坊地より退出して、無住になった際、日道がよこしまに住したものである。

これに対して、年行事は、

「左様の甚深の法理の沙汰は、旅人遠国の者としては、一向に存ぜす。」

というものだった。そこで、今度は日会が、

「仏法の正邪、智不智は、近国・遠国、久住・旅人にはよるべからず」

と年行事に、なおも問い糾すところに、出雲国日尊門流三位阿闍梨が衆僧十四・五人を引連れ、法要が始まる。法要が終わるや、年行事は即座にその場を去り、よって三位阿闍梨に同様の質問をぶつける。すると三位阿闍梨は、

「愚僧は元来大石寺の僧ではないので、当寺の仏法存知の方へ御尋ねいただきたい」

と返答するのである。全く埒のあかない状況に、日会が、

「大石寺の仏法存知の人は誰ぞや。法理の奉行・湯野行蓮か、さては住持か、住持の代理・年行事か、衆徒学侶の代表である貴殿か、この他に仏法存知の人は誰がいるのか、誰と話したらよいのか。」

と問い糾すと、三位阿闍梨は、

「それはその方の奏者が事前にしておくべきことである。」

として、まったく請合おうとしない。日会は、

「斯様の返答しかできないのは、大石寺に仏法が断絶しているゆえである。」

と述べ、その後も大石寺の批判を延々と続ける。これに対して大石寺側の反応は、

「重々多く尋ね責めるといえども、舌頭を動かさず閉口す。」

というもので、そうこうしている内に、時刻も申の刻となり、この上五年待ち六年待っても、大石寺から誠意ある返答は望むべくもないとして、その座から退出したというものである。以上が、この諍論の顛末である。

この諍論、妙本寺側からの一方的な記録なので、実際の程は確認のしようがないが、ある程度真実を述べていると思われる。この諍論の約三週間後の九月二十九日、日有が遷化するが、この諍論の最中、日有は病で臥せっていたものと思われる。

この諍論における大石寺の対応は、知らぬ存ぜぬの一点張りで、唯一の対応は、湯野行蓮の「無我の信心をもって、大石寺に復帰すべし」というものである。それにしても、保田・小泉・北山のやり方は、あまり感心したものではない。積年の鬱憤を晴らしたかったのであろうが、大人気ないやり方である。日有

が高齢かつ病で、まともな対応ができないことは、知っていたであろうし、日有より相承を受けた日鎮がいまだ十四歳の若年であることも知っていたはずである。そういう状況の中で起きたこの諍論は、日会が記しているように「大石寺衆徒閉口」といっても、果たして大石寺を破折したことになったのか、疑問の残るところである。

一方、この記録から、当寺の大石寺の状況が読み取れる。まず第一が、かかる三山の押しかけ法論に正面から返答ができる人材がいなかったということである。日有より大石寺仏法々理の奉行に指名された湯野行蓮入道にしても、入道であれば、限界があるのは当然である。また日鎮が十四歳ということで、年行事が法主代理だったようであるが、この年行事は全く逃げ腰である。年行事とは、一年間の期限付きで寺務を取り扱う役で、どうやら文中からすると、山内ではなく、遠国からきていたようであり、一年間無事に役目を果たして、自坊に帰ることしか考えていなかったのでないかとも思われるほど、まともな対応をしていない。

第二に、衆徒学侶の代表的立場に、日尊門流の三位阿闍梨がいることである。日有の最晩年、おそらくこの年の前年か前々年、先に少し触れた左京日教が、日尊門流から日有を慕い大石寺に帰伏しているが、この時一緒に帰伏した人物であろうか。とすれば他にもいたのか、いずれにしても、大石寺と日尊門流とは交流があったようである。

さて、この諍論について最後になるが、日目から日道に対する相承について、一点だけ触れておきたい。日目が日興から授与された本尊が、保田妙本寺に所蔵されている。元亨四（一三二四）年十二月二十九日

の本尊で、脇書に、

「最前上奏の仁、卿阿闍梨日目（にこれを授与す）」

とある。この本尊は、日目が天奏の後、その功に対して日興より授与されたものと考えられているが、この本尊には、更に日道の記載があり、そこには次のように記されている。

「日道これを相伝す。日郷宰相阿闍梨にこれを授与す」

とある。この記載によれば、この日興の本尊は天奏の功によって日目に授与され、それを日道が相伝し、そして更に日道が日郷に授与したものということである。この脇書の意味するところを考えれば、結論は述べるまでもない。日道が、勝手に日目授与の日興本尊を日郷に授与できることではなく、日郷も日道が日目から相伝したものであることを理解していたことは間違いないと言えるだろう。

さて、日鎮は十四歳で法主に登座したということから、日有から直接法門を教授されたわけではないであろう。日鎮に法門を教授したのは日有の薫陶を受けた弟子達であると思われる。『化儀抄』の作者である南条日住は当然教授したであろう。また、遠い所では、四国土佐・幡多庄・吉奈の法華堂（大乗坊）の三位阿闍梨日芸に、日鎮は直接、

「早々富山へ参り候いて、愚僧の助縁にも立ち候はんこと、大慶たるべく候。心事対面を期し候いて、多年の本懐申し述べるべく候。」

と、大石寺への登山と助力を促している。この時、日鎮二十二歳である。ここに登場する三位阿闍梨日芸と、先に小泉・北山・保田との諍論において登場した出雲日尊門流三位阿闍梨とについては、同人説・異

人説の両説がある。また、土佐国幡多庄・吉奈については、讃岐高瀬の本門寺の関連と思われるが、日有の『連陽房雑々聞書』の作者である連陽房は、この吉奈法華堂の僧である。日鎮が日有の弟子達に法門を学んだことは言うまでもないが、それ以上に日鎮に影響を与えたのは、日有の晩年大石寺に帰入した左京日教であると思う。左京日教の著『六人立義破立抄私記』には、その序文に、

「時に延徳元（一四八九）年己酉十一月四日午の時、貴命により恐々翰林を贄す。左京阿闍梨日教耳順余」

とあって、『六人立義破立抄私記』は、貴命によって書かれたものであることがわかる。この貴命が誰の貴命なのかについて、堀日亨は日鎮と推測し、

「鎮師未だ若年なるを以って、先師有尊の万治を受けたる老成の左京阿に、この執筆を懇望せられしものならんと考ふるが妥当なるべきか。」

と述べている。この貴命の主が日鎮であるとすると、日鎮二十一歳、十分考えられることである。この貴命の主が日鎮であるという確実な根拠はないが、日鎮の代に左京日教の教学が大石寺門流内に、深く浸透していったのは間違いない。日鎮は、日有より相承を受けてから三十五年の長きに亘って法主職を務め、この間、大石寺諸堂の造営に努めるが、大永七（一五二七）年、五十九歳で遷化するとともに、日院が十三世を継ぐことになる。

〔讃岐本門寺〕高瀬大坊・法華寺とも称す。建武元（一三三四）年正月、大石寺上蓮坊において、日仙（一二六二〜一三五七）と日代が、方便品を読誦すべきかそうでないかについての論争が起こる。この論争の過

程で、日代は迹門得道説を論じて、方便品読誦論を展開。一方日仙は、迹門無得道説を論じて、方便品不読論を展開。これによって、日代は日興門流の義ではないと批判され、北山本門寺より退出。一方、日仙も宗祖以来の方便品読誦に背くとして批判される。結局、日代は西山に本門寺を創建、日仙は讃岐に下り讃岐本門寺の開山となるが、それ以前、開基檀那である秋山泰忠が甲州秋山から讃岐に移住、高瀬に寺院を建立したことに始まる。一時、北山本門寺末となるが、現在は日蓮正宗。

十三世日院

十三世日院（一五一八〜一五八九年）が日鎮から法主職を継いだ時、日院はいまだ十歳であった。日院には、日鎮からの『付弟状』が二通伝えられている。一通は永正十七（一五二〇）年七月二十九日の『与大衆状』、日院三歳の砌。二通目が日鎮遷化の前年である大永六（一五二六）年九月五日の『付弟状』である。この時日院はいまだ九歳のまさに幼年である。一通目の『与大衆状』の内容は、

「四国土佐、幡多庄・吉奈の図書助高国の子息、出家なされ候。彼の方を愚僧の付弟に申し候。この段、僧俗ともに御意得候いて、しかるべきように真俗御指南たのみ奉り候。意得のため一筆件のごとし。」

と、四国土佐国幡多庄・吉奈の図書助高国の子息が出家することになっている。ついては日鎮の弟子とするので、仏法・世間ともに指南をお願いするというものである。

二通目の日院が日鎮より相承を受ける前年の『付弟状』には、

「わざと一筆留め申し候。なお良王殿のこと、幼少の御方に御座候。しかりといえども、信心の御志候

いて、成人いたされ候はば、当寺の世間仏法とも御渡し、本末の僧俗共仰ぎ申さるべく候。よって後日の為、件のごとし。」

と、良王殿は幼少であるけれども、信心の志があるので、成人になったときには、大石寺の経営の面においても、また教義の面においても、すべての権限を渡し、日院を中心に盛り立てていくようにと遺誡している。この二通の付弟状の内、二通目は正本が大石寺にあるので、文献的に問題がないが、一通目の『与大衆状』は正本がなく、文献的に確実なものであるか検討の余地がある。ここでは、一応二通ともに日院への付弟状として扱うことにする。

この二通の付弟状から、日院は幼名良王、土佐国幡多庄・吉奈の図書助高国の子息である。幡多庄・吉奈には、讃岐高瀬の本門寺の関連と思われる吉奈法華堂（大乗坊）があったことは、前述の通りである。日院は、この吉奈法華堂の有力檀那に関連する人物の子息ということになる。

この頃の法主就任の年齢は、日有十八歳、日鎮十四歳、日院十歳、十四世日主二十歳と軒並みみな若い。これらのことからわかることは、先の保田・小泉・北山との諍論に見られたごとく、大石寺門末が深刻な法主の人材難に陥っているということである。日鎮の在職四十数年、日院の在職四十数年、これに比べて、二十四世日永在職十八年、二十五世日宥同九年、二十六世日寛同五年である。両者を比較すると一目瞭然である。日院の事蹟として有名なのは、日辰からの両寺通用の申し入れに対する拒否の一件がある。永禄元（一五五八）年十一月、要法寺日辰は、富士諸山と通用をはかり、北山本門寺に逗留して、

「つらつら尊師の内証を推するに、造仏読誦は、かつは経釈書判の亀鏡に依憑し、かつは衆生済度の善

巧を施設するか。願わくば、憐愍を垂れ、通用の一札を賜わば、本末の芳契慈尊の暁に及ばんものなり。」と、日尊門流の造像読誦は、経典・解説書に照らしても、その教えに則るものであり、衆生済度の面からも適した方法であるので、是非とも通用の一札を願いたいと、日院に通用を申し込む。これに対して、日院は、

「三聖の法魂を移し、尊流の辰公鳳闕に奏聞を発さんと欲す。これ則ち、賢聖の再来この時にあるか。しかりといえども、迷妄救助、善巧方便のため造仏読誦の執情不審なり。…しかれば下種の導師と脱仏と並び立て、要の修行・広の読誦は時機迷惑か。経釈の明鏡、大聖の金言・貴公知命の英才を以って発明の他無きか。所詮三聖の御内証違背なきように善巧方便あらんものか。…たとい、かくの如く山林に斗藪し、万人に対せずとも、義理に違背これなくんば、折伏の題目となり、普く諸人に対する談義なれども、広の修行は摂受の行相となるべきか。」

と、日辰師が宗祖・日興・日目の意思を継いで、朝廷・幕府への奏上を行なっていることは、賢聖の再来かとの思いもある。けれども、いくら衆生済度の方便とはいえ、造像読誦に執着していることには、不審をぬぐえない。…

また、末法下種成仏の導師である日蓮と、熟脱成仏の釈迦仏と並び立て、要の修行と広の修行と混同して説いているのは、時と機に関して間違いがある。宗祖及び日興の教えには到底あり得ないものであって、貴公の発明に他ならないのではないか。例え、衆生済度の善巧方便とはいえ、宗祖・日興の教えに違背するようなことがないよう願いたい。…

たとえ山林に交わって多くの人々を教化できなくとも、義理において宗祖や開山日興に違背することがなければ、それは折伏行となり、逆に万人に接し多くの人々に法を説くといえども、宗祖・開山に違背したのでは、折伏にならないと、日辰の法門及び布教のあり方について辛辣に批判、通用の申し込みを拒否する。

ただ、この日院の日辰に対する返状には注目すべき点がある。それは、そうたいして長いわけではないこの『返状』において、

「高祖云わく、唯大綱を存する時、余の網目を殊とせず、彼は網目の教相の主、これは大綱首題の主・恐らくは日蓮の行儀に天台・伝教も及ばず。しかりといえども、仏は熟脱の主・某は下種の法主なり。彼の一品二半は舎利弗等がためには観心となり、我等凡夫のためには教相となる。理即但妄の凡夫のための観心は余行に渡らざる妙法蓮華経これなり。」

「また云わく、迹門妙法蓮華経の題号は本門に似たりといえども、義理を隔ること天地にして、成仏もまた水火の不同なり。久遠名字の妙法蓮華経の朽木書の故を顕さんがために一と釈するなり。末学疑網を残すことなかれ。某会上多宝塔中においてまのあたり釈尊より直授し奉る秘法なり。甚深々々。」

と『本因妙抄』を二回も引用して自説を述べ、更に、宗祖日蓮と釈迦如来を比較して、日蓮を「本因妙日蓮大聖人を久遠元初の自受用身と取り定め申すべきなり。」と述べていることである。この『返状』に、左京日教によってもたらされた久遠元初自受用身即日蓮大聖人説が、ごく自然に富士門流の伝燈法門であるかのように述べられていることは、大いに注目に値する。このことは、日有以後、大石寺門流を始め富士

門流に左京日教の教学が深く浸透していたことを示している。この傾向は、日院の後を継いだ十四世日主も同じである。

日主は二十歳の時、左京日教著『穆作抄』を写しているが、その奥書に、

「右この書は、久成坊日悦の所において、卿公これを読む。後見の人々、久遠の題目一返の回向必ず必ず仰ぐ所に候の条、元亀四年癸酉二月十五日、これを写す。」

とあり、同じく『四信五品抄見聞』写本奥書には、

「これは顕応坊自筆、理境坊日典より日主へ相伝つかまつるものなり」

とある。更に『類聚翰集私』の写本奥書には、

「理境坊日典より相伝、日主判」

とあって、いかに当時大石寺門流において、左京日教の影響が濃厚であったかがわかる。

この時代、即ち日鎮・日院・日主の三代の特徴は、左京日教の教学が、富士門流に完全に定着した時代であるということができる。そういう意味で、この三師の法門上の師は、表面上は日有のように見えて、実際には左京日教の与えた影響の方が大きいように見える。なぜ、そういうことになったのか。理由は簡単、この三師はともに若年の法主だからである。通常、法主は修行及び教学が成って、法主に登座するものだが、先にも述べたごとく、この三師はともに若年で法主になっている。極端な言い方をすれば、法主になってから修学が始まるようなものである。したがって、この三師の時代は、法主が門流内に法門的影響を与えたというより、その逆の法主が影響を受けた時代ということができるのである。

【語句説明】

〔要法寺〕二祖日興の弟子である日尊（一二六五〜一三四五）は、三祖日目の京都天奏に同行する。その途上、日目が病のため遷化すると、その志を継いで京都や各地で布教し、上行院を創建。その後、住本寺も創建されて門流は栄えるが、天文五（一五三六）年天文法乱（比叡山延暦寺僧徒と法華宗徒との戦い）の後、両寺合併して要法寺となり、日辰が初代に就任する。

元々住本寺系と上行院系とは、同じ日尊門流といっても、競合して拡大してきた関係で、お互い張り合うことが多く、勤行作法などでもわざわざ違いを明らかにするほどであった。こういうことから要法寺として、両系を統一したといっても、真の意味で合流するに至るには時間がかかり、日辰も苦労するのである。本論末尾参考資料要法寺歴代表参照

〔日辰〕日尊門下中興の祖と称される。京都の法華宗寺院は天文法乱で京都から追放され、十数年後に復帰する。復帰にあたって、日尊門流は話しあいの上、合流することを決め、上行院系と住本寺系に分かれていた門流を合流して要法寺を創建。初代住職となるが、要法寺の歴代としては第十九代。日辰は、初め富士日興門流の伝統である曼荼羅本尊を正意としていたが、天文法乱を契機に釈迦仏中心の本尊義を提唱し、教義を根底から変更した。日辰が最も批判したのが、左京日教である。

〔種塾脱の三益〕仏の化導を種まきにたとえて、衆生が仏に教えを聴聞し、発心した時が下種、その後長い

修行の期間を調熟、最後成仏の境地に達した時を得脱という。ここから日興門流では、釈迦如来の仏教を長い修行とその後の得脱に重点があるとして、熟脱の仏教とし、これに対して日蓮の仏法においては、信の一字を重要視して下種即成仏を説く、ここから下種仏法という。

左京日教

日有以後、日鎮・日院・日主の三代に亘って大きな影響を与えた左京日教は、京都日尊門流の出身である。顕応坊・本是院日叶・左京日教の名がある。正長元（一四二八）年、出雲に生まれる。弁阿闍梨日耀の弟子となり、後馬木大坊（安養寺）十五代となる。この頃は本是院日叶と名乗る。文明元（一四六九）年頃、本寺である京都住本寺日広の代官として、師日耀とともに幕府に諫状を進上。この功によって、師日耀より、『本因妙抄』『百六箇抄』『産湯相承』等の秘伝書の相伝を受ける。

文明四（一四七三）年の日有聞書である『下野阿闍梨聞書』には、日教の見解が入っていることから、この頃すでに日有の会下にあったとも推測されている。文明十二（一四八〇）年、本是院日叶の名で、『百五十箇条』を著す。文明十三年、やはり日叶の名で、京都鳥辺山に宗祖日蓮碑を建立、文明十四年に日有が遷化しているので、文明十三年前後に日有に帰依したものと考えられている。帰伏に関して『類聚翰集私』に、

「近来当寺へ参り、信の道を聴聞して信心に身の毛立ちて、さては以前の修行は、ただ仏法の仇敵なりけるにこそあれ、法華宗にはあらず。」

と帰伏以前を述懐している。

文明十五年、堺調御寺において、やはり日叶の名で日乗に『本因妙抄』『百六箇抄』『産湯相承』等を相伝。文明十六年、日向において『穆作抄』を著す。この時から左京日教の名に変わる。長享元（一四八七）年『四信五品抄見聞』、翌年正月『五段荒増』、同六月上州上法寺にて『類聚翰集私』を著す。更に延徳元（一四八九）年、貴命によって『六人立義破立抄私記』を著す。この貴命の主が日鎮ではないかと考えられている。左京日教の没年は不明である。

左京日教の教学の最大の特徴は、従来日尊門流内で秘伝書とされてきた『本因妙抄』『百六箇抄』『産湯相承』等を駆使して法門を立てていることである。よって、その教学的特徴を列記すると、次のようになる。

①、『本因妙抄』『百六箇抄』『産湯相承』等の相伝書を教学の根本に据える。
②、本仏久遠元初自受用身即日蓮大聖人である。
③、釈迦如来の因行である本因妙の修行においては、上行菩薩が師、釈迦如来は弟子。久遠実成においては、釈迦が師、上行菩薩が弟子で、時機によって互いに師弟が入れ替わる互為主伴の論を立てる。
④、二箇相承が宗祖の真撰として、教義の根幹になっている。
⑤、『一期弘法抄』『三大秘法抄』等によって、富士に本門戒壇堂を建立する富士戒壇論。
⑥、「代々の上人は日蓮聖人の如き御本尊なり。…当寺の聖人は日蓮聖人なり」に代表される代々法主即日蓮と解釈されうる法主本仏的論が散見される。

以上が左京日教の教学的特徴である。これを見ると、左京日教の教学と日有の教学とはかなりの違いがある。第一が『本因妙抄』『百六箇抄』『産湯相承』等の相伝書を教学の根本に据えた点である。第二が、本仏久遠元初自受用身即日蓮大聖人思想である。同じく不造像義であり、日蓮を末法の導師とする日蓮重視の要素があるといっても、その考えは相当開きがある。日有には、『本因妙抄』『百六箇抄』『産湯相承』等の相伝書が教学の根本になっているということが見られない。また、当然本仏久遠元初自受用身即日蓮大聖人の思想もない。またこの頃すでに富士門内に流布していたと考えられる『一期弘法抄』『三大秘法抄』等を根拠とした富士戒壇論を強調しているわけでもない。更には、二箇相承書を根幹にもしていない。勿論法主本仏論的考えもない。

左京日教の教学は、どちらかと言えば、より今日的である。今日そのほとんどは、日蓮正宗の基本的法門となっていると言える。そういう意味からして、この左京日教の教学の与えた影響は、日有より大きいと言えると同時に、今日の日蓮正宗教学の基礎はここにあると言っても過言ではない。左京日教が日有の最晩年大石寺に帰入して以後約百年、日鎮・日院・日主の三代の間に、その教学は大石寺門流に深く定着した。三師が若年法主であったことが、こういう結果を生み出したということができる。若年法主の代償は大きかったのである。

『本因妙抄』『百六箇抄』『産湯相承』及び二箇相承書についての文献的考証は、後述することにしたい。

【左京日教関連年表】

正長元（一四二八）年　出雲に生まれる。

その後　弁阿闍梨日耀の弟子となり、のち馬木大坊（安養寺）十五代となる。この頃、本是院日叶と名乗る。

文明元（一四六九）年頃　本寺である京都住本寺日広の代官として、師日耀とともに幕府に諫状を進上。この功によって、師日耀より、『本因妙抄』『百六箇抄』『産湯相承』等の秘伝書の相伝を受ける。

文明四（一四七三）年頃　この頃日有の会下にあったとも推測されている。

文明十二（一四八〇）年　本是院日叶の名で、『百五十箇条』を著す。

文明十三（一四八一）年　日叶名で、京都鳥辺山に宗祖碑を建立。この前後に日有に帰依。

文明十四（一四八二）年　日有遷化。

文明十五（一四八三）年　堺調御寺日乗に、日叶名で『本因妙抄』『百六箇抄』『産湯相承』等を相伝。

文明十六（一四八四）年　日向において『穆作抄』を著す。この時から左京日教の名に変わる。

長享元（一四八七）年　『四信五品抄見聞』を著す。

長享二（一四八八）年　正月『五段荒増』、同六月上州上法寺にて『類聚翰集私』を著す。

延徳元（一四八九）年　日鎮の懇請により『六人立義破立抄私記』を著す。

四、大石寺・要法寺両山一寺の盟約

日主と大石寺・要法寺両山一寺の盟約

十四世日主は、俗姓下野国の一色氏、弘治元（一五五五）年の生まれ、父河内守は上杉家の代々の家臣で、上野国館林城主になっている。十三歳のとき出家、二十歳で日院より付属を受け、第十四世法主となる。在職十五年目の三十三歳の時、大石寺・要法寺両山一寺の盟約により退座し、下野蓮行寺に隠居。元和三（一六一七）年、六十三歳で遷化する。

日主で注目されるのは、「大聖より本門戒壇御本尊、興師より正応の御本尊、法体付属」（『日興跡条々事示書』）と、日蓮正宗が宗祖日蓮の本懐中の本懐とし、一閻浮提総与の本尊とし、大石寺に格護される本門戒壇の板曼荼羅、すなわち戒壇本尊の名称が、師によって始めて歴史に登場するということである。

大石寺の伝燈法門は、日有以後流入してきた京都日尊門流出身の左京日教によって、劇的な変化を遂げた。それでも、十四世日主までは、法主そのものは大石寺門流出身者であったから、大石寺の伝燈は表面上かろうじて護られていたということができる。しかし、寺の経営がよほど逼迫したのであろう。日主は在職十五年目の天正十五（一五八七）年五月八日、要法寺祖日尊の命日を選んで、要法寺二十代日賙に対して通用を申し出、三祖日目上人の本尊を贈与する。翌年、これに対して、日賙から二祖日興上人の本尊が贈与され、ここに両山一寺の盟約が成るのである。当寺、要法寺は京都にあって、豊臣家との深いつながりもあり、教団は非常に繁栄していた。

この盟約には、先述したように、この盟約の二十九年前、日賙の先代であり要法寺の中興日辰から富士の各本山に対して通用を申し入れたことが伏線になっている。このとき、大石寺の当主であった日院は、寺風の違いからか、これを拒否したことは先に述べた通りである。それから二十九年後、大石寺と要法寺は合流することになる。今回の合流に当たっては、富士五山の一つである西山本門寺の檀徒であり、徳川家康の被官として富士地方の有力者であった清彦三郎の仲介によるところが大きかったようである。合流するといっても、寺格的には大石寺の方が歴史的に本家であり、由緒があっても、実質は大石寺が要法寺から法主を受け入れるということであり、事実上大石寺が要法寺の傘下に入ることを意味する。

盟約成立に当たって、日主は下野金井（栃木県小金井）の蓮行寺に隠居し、後任は要法寺から迎えることになる。当初、大石寺側から、後に日賙の後を継いで要法寺第二十一代となる円智日性を法主として迎え入れたいと要望するが、日賙から断られる。その後も、大石寺・要法寺双方で交渉が続けられ、そのときの様子を日賙は、仲介に入った清彦三郎に、次のようにその書簡の中で述べている。

「大石寺の儀について、先年より別して申すとおりに候。しかりといえども、その地相応の人これ無きゆえに延引す。本意に背くに候」

大石寺の後任については、先年より申し上げているとおり、大石寺の住職に相応しい人物をと考えています。しかし、大石寺の寺格に見合い、門流の宗風にも合い、法主として相応しい人物をと思っているのですが、なかなか相応しい人物が見当たらなくて、不本意ながら後任を出せない状態ですというのである。

結局、盟約成立から七年後の文禄三（一五九四）年、日昌（一五六二〜一六二二）が大石寺に入山し、第十五世として就任することとなる。その後、十六世日就、十七世日精、十八世日盈、十九世日舜、二十世日典、二十一世日忍、二十二世日俊、二十三世日啓まで、九代約百年にわたって要法寺から法主を迎えることとなる。

日主退出と日昌登座

日昌は山城国小栗栖（京都伏見）の出身、字を二位という。永禄五（一五六二）年の生まれで日主より七歳年下である。七歳の時、要法寺円教院の弟子となり出家、当住日辰より教訓を受ける。文禄三（一五九四）年八月、三十三歳の時大石寺法主となるが、二年後の文禄五（一五九六）年八月末、日主の隠居先である下野金井の蓮行寺に出向き、相承を受けている。元和八（一六二二）年、六十一歳で遷化する。日昌在職中、元和三年（一六一七）年四月、後に要法寺第二十四代となる日陽が大石寺を訪れる。日昌と日陽はかつての同学で、日陽はこの時、大石寺の重宝類とともに「日本第一の板本尊」を拝覧したという記録が残っている。

さて、大石寺・要法寺両山一寺の盟約によって、日主は大石寺法主職を退座し下野蓮行寺に隠居することになる。この時、日主まだ三十三歳の若さであった。盟約成立から実際に日昌が大石寺に入山するまで七年の経過があるので、日主が盟約成立から即座に大石寺を退出したとは考えにくいが、そう遠くない時期に大石寺を退出したと考えられる。

この法主交代は、日主にとって本意であるはずがない。三十三歳にして法主職を退座することになるとは、思いもしなかったに違いない。この盟約を仕切ったのは、西山本門寺の檀徒で、富士地方の有力者であった清彦三郎である。清彦三郎からすると、由緒ある大石寺の教勢不振を救わんとしたのだろうが、日主とその周辺の富士の伝燈を大切に思う人々にとっては、成功して繁栄しているとはいえ、富士の伝燈を重んじているとは到底言えない京都要法寺から法主を迎えなければならないということは、無念の思いが強かったと思う。この話が持ち上がったとき、当初から順調にことが運んだとは思えない。内部的にかなりの抵抗があったはずである。しかし、それでもなおかつ抗し難いほど大石寺は疲弊していたということだろう。まさに断腸の思いで、この盟約を受け入れたということである。

盟約成立から七年後の文禄三（一五九四）年八月、日昌は大石寺に入山する。このとき、すでに日主は大石寺を退出し、下野国金井蓮行寺に隠居している。日主がいつ大石寺を退出したか定かでないので、はっきりしたことはわからないが、日主が大石寺を退出してから、日昌が後任として入山するまで、どれくらいの期間であったかわからないが、その間は法主の空白期である。大石寺入山二年後の文禄五（一五九六）年八月、日昌は蓮行寺に出向き、血脈相承の証文を取り交わしている。通常、新法主は相承の後、法主に就任するものだが、この事実からしても、この交代が普通の相承でなかったことを意味している。

一方、日昌の側からすると、大石寺に晋山したものの、大石寺の衆中や檀家から歓迎されなかった。したがって、日昌としては、自分が日主から正統に相承を受けた後継者であることを大石寺の内外に示す必要があった。こういう事情から、日昌は下野蓮行寺まで出向いて、日主より相承の証文を取り交わすのである。いや、取り交わさなければならなかったというべきだろう。

日主の証文は次のとおりである。
「この度、直受師弟の契約あるについて、日興・日目・日道嫡々付法遺跡のこと、日院より金口相承一字も残さず付属しつかまつり候。残すにおいては、釈迦・多宝代々の御罰を蒙るものなり。よって件のごとし。

八月三十日　　　宮内卿阿闍梨　日主　花押

伯耆阿闍梨　日昌上人」

この日主の証文の文意は、この度の血脈相承の儀について、日院からの授かったすべての相承を一字も残さず付属します。残すにおいては、釈迦・多宝代々の御罰をこうむるものですという文面であるが、実に異様な文面である。

これに対する日昌の証文は次のとおりである。
「金井蓮行寺の仏前において、嫡々の御相承日主上人より請け取り申すところ、実に正しく明白なり。後日の証状のため、件のごとし。

文禄第五丙申天九月朔日　　大石寺　日昌　花押」

この証文の甲斐もなく、相変わらず日昌は大石寺衆檀に受け入れられなかった。業を煮やした日昌は、五年後の慶長六（一六〇一）年、ついに大石寺衆檀に対して、「愚僧当山の堪忍なり難き候条々事」と題して、警告状を発している。その内容は、以下のようなものである。

一、三ヶ年以前より、大石寺衆中の悪意悪口ははなはだ許し難い。ゆえに大石寺を退出する覚悟である。

右の件について、詳しく述べれば、大石寺の悪僧等ややもすれば野心を構え、他の僧侶や檀家に法主の悪口を触れ回り、我等を排斥し、先代の復帰を画策しようとしていることが明らかである。その他何事を申し付けても、一回二回では言うことを聞かない。けれども、このような内輪のことを公表し大げさにするということは、大石寺にとって不名誉なことであり、かつ法主が退出して法主が空白になるということは、外聞的にもいかがなものかと思うので、今までは我慢してきたが、あまりに事が重なるので、もはや我慢の限界である。

一、しかるべき御代官（代行）、御仲居（寺務の実務責任者）がいなくては、寺院の運営面においても仏法上の教義面においても、支障をきたしてしまう。

大石寺衆中の悪口は過ぎ、一方で私の意とするところは全く理解しない。悪口とは全てに関して、何か不都合があれば全ての責任を法主の所為にするということである。また、何かに付け、不都合や不祥事が起こった時、助け合ったり、補い合ったりして、事を順調にしようと心がける人が、一人もいない。

以上がその大意であるが、これはあくまで日昌の側からの非難である。この警告状にあるように、日昌登座後もその要法寺流に反発する人たちが、日主の復帰を望んでいたことがわかる。

元和三（一六一七）年八月、日主は隠居地である下野蓮行寺で遷化する。都合三十年の隠居生活ではある。がしかし、師には最後まで心強い支持者がいたことは想像にかたくない。ときに六十三歳であった。

日精の『家中抄』日主伝には、

「骨を当山に納む。そのときの弔い以後、闘諍おこる。」と伝えている。その日主遷化から五年後の元和八（一六二二）年四月、要法寺から晋山した最初の法主である日昌も六十一歳で遷化する。

日昌の後を引き継いだのは、要法寺二十代日賙の弟子日就である。日就は字を大二といい、永禄十一（一五六八）年の生まれである。父の長谷川五郎左衛門は浄土宗の入道であったが、母が法華宗であったために、母の意向にしたがって要法寺に出家し、日賙の弟子となる。慶長十（一六〇五）年、江戸上野に常在院（現常在寺）を創建。元和八（一六二二）年四月、日昌遷化にともない日就が十六世となる。このとき日就五十五歳である。

【関連年表】

永禄元（一五五八）年	要法寺日辰、日院に通用を申し入れる。日院拒否
天正元（一五七三）年	日主、日院の後を受けて、第十四世となる
天正十五（一五八七）年	大石寺・要法寺両山一寺の盟約成る
文禄三（一五九四）年	日昌が要法寺より大石寺に入山、第十五世となる
文禄五（一五九六）年	日昌、下野蓮行寺に往き、日主より相承を受ける
慶長六（一六〇一）年	日昌、大石寺衆中に誓告状を発す
元和三（一六一七）年	日主、下野蓮行寺にて遷化。六十三歳
元和八（一六二二）年	日昌遷化、六十一歳。日就十六世となる

五、日精の大石・法詔両寺退出と日舜入院

十七世日精

日精は字を了玄といい、生国姓氏ははっきりしないが、慶長五（一六〇〇）年の生まれである。始め京都要法寺二十六代日瑤の弟子となり、のち学を志して関東沼田檀林・宮谷檀林で修学。その後阿波国主蜂須賀至鎮公夫人、敬台院の帰依を受け、寛永八（一六三一）年頃には江戸法詔寺の住職となっていた。翌九年十一月、三十三歳にして、大石寺本門戒壇本堂（現大石寺御影堂）建立にともない十六世日就より法詔寺において付属を受け、十七世となる。翌十年、大石寺法主を法兄の日盈に譲り、法詔寺にもどるが、日盈の病気による退院によって、再び両寺住職となる。寛永十五年頃、養母敬台院の意に背いたため両寺退出し、江戸下谷常在寺に移る。正保二（一六四五）年十月、法を日舜に付す。天和三（一六八三）年夏、常在寺を日永（後の二十四世）に付し、同年十一月五日、八十四歳で遷化。著書に『随宜論』一巻、『家中抄』三巻、『大聖人年譜』一巻等がある。

要法寺三十一代日舒（一六四六〜一七一二）は、その著『当今現証録』の中で、

「大石寺日精は、当寺日瑤師の弟子なりしが、学を志し関東に下る。資縁不如意にして、紙子（紙で作った衣服）にて一夜の寒をしのぐ程の貧僧なり。常に紙子を着す。よって、沼田・宮谷（檀林）の所化、紙子の了玄と呼ぶ。……この年阿州太守の母儀敬台院の資助あって、相応過分の所化となりぬ。医師・

小姓・侍まで勤檀の節、召しつかうたり。」

と記し、関東沼田・宮谷両檀林にて修学していた頃、あまりの貧しさで布の衣服を身に着けることができず、紙で作った衣服を身につけていたことから、「紙子の了玄」と呼ばれていたが、のち敬台院の帰依をうけるようになった以降、今度は医師・小姓・侍まで引き連れての檀林での修学であったと伝えている。

以上が簡単な日精の略歴である。実は、昭和四十三年、それまで十八世だった日精は十七世、十七世だった日盈が十八世にと歴代変更が行なわれて、日精は十七世になったいきさつがある。歴史を検証して、日精が十七世であることは間違いない。私が問題と考えるのはいつ十七世になったかということである。日蓮正宗が公式に認めているのは、十七世を継いだのは寛永九（一六三二）年一月になっている。しかし、私は同年十一月と考えている。なぜかというと、本人の著書にそう記載されているからである。『家中抄』日就伝に、

「寛永九年十一月、江戸法詔寺に下向して、直受相承をもって予に授け、同十年二月二十一日没したもう」

とあって、寛永九年十一月に江戸法詔寺に日就が出向いて、日精に相承し、翌年二月に日就は遷化したと明記されている。

このような記述があるにもかかわらず、なぜ日蓮正宗では日精の法主就任を寛永九年一月としているのかというと、日就の遷化の年月に他の資料と相違があるのである。日就の遷化についての資料は、大石寺十二角堂安置の位牌、同過去帳、墓碑すべて寛永九年二月二十一日寂なのである。これらのことから日蓮正宗では、日就の遷化年代を寛永九年としている。そうなると、また問題が生じるのである。相承の時期

がおかしくなるからである。日精の記述では、相承の時期は寛永九年十一月となっているのだが、この時点ではすでに日就は遷化してしまっていることになる。つまり、日精が相承を受けたと書いた時期には、日精に相承をすべき日就が遷化していて存在しないということになるからである。

この矛盾を解決するため、日蓮正宗では日就から日精への相承は寛永九年一月としている。その根拠は何もない。ただ、『家中抄』の記述は誤写であるとして、十一月とあるのは一月の誤りとしている。『家中抄』は全三巻であるが、正本は散逸して現存せず、数本の写本が現存している。草稿と称されるものが一部現存しているが、この部分は現存しておらず、今日では正確なところは確認のしようがないが、たとえ写本であっても、写した人が一に十を足して十一とすることがありえようかと考えるのである。なぜ日蓮正宗がそこまでして、日就の遷化年月日にこだわるかというと、血脈相承には空白が絶対にあってはならないという無意味な固定観念からである。

さらに重要なことは、この寛永九年という年の日精にとっての意味である。この寛永九年という年は十一月十五日に、現在の御影堂の落慶法要があった年で、このとき日精はこの堂の発願主として、また法主として導師をしている。日就はこの法要に間に合わせるために、わざわざ江戸まで出向き、日精に相承したと考えられるのである。そして、現在こそ御影堂と称して、宗祖日蓮の御影を安置する堂としての意味しか持っていないこの堂は、建立当時の名称は「本門戒壇本堂」であり、宗祖日蓮の三大秘法の一つである本門戒檀の意味を持って建立されたのである。したがって、この堂には宗祖の御影のみならず、戒壇板曼荼羅も安置されていたとも考えられるのである。こういうことであるから、日精にとって、この堂建立の年は格別の意味を持つ年であり、それを日精が間違って記すなどということは、ありえないと考えるのである。

確かに日精自筆本は残っていないにしても、『家中抄』を写した人物が一にわざわざ十を足すなどということは、どうにも考えにくい。すると、またここに新たな問題が生じるのである。日就の寂年代を寛永九年二月と記した、位牌・過去帳・墓碑の存在である。なぜこれらの位牌・過去帳・墓碑に寛永九年と記されているのか、実に不可解なことである。

〔紙子〕紙で作った衣服。上質の厚くすいた和紙に柿渋をぬり、何度も日に乾かし、夜露にさらしてもみやわらげ、衣服に仕立てたもの。もと律宗の僧が用いたという。安価であるところから、貧乏人が愛用した。「紙子姿」「紙子浪人」の言葉に代表されるように、貧乏人の着る物として、あわれな姿、かわいそうな姿の意味を込めて使われる。

〔本門戒壇〕宗祖日蓮が説いた三大秘法の一つ。富士門流では古来、富士に戒壇堂を建立するという説がある。これは日蓮から日興への付属状である『一期弘法抄』に説かれるもので、国主がこの法に帰依した暁には、富士に本門戒壇を建立せよという宗祖日蓮の遺命が記されている。これと『三大秘法抄』・伝日興撰『富士一跡門徒存知事』の富士戒壇説とを組み合わせて、古来より富士門流では、富士戒壇建立説が有力だった。日精もこの説を踏襲している。更に大石寺では、この富士戒壇に、弘安二年十月十二日の本門

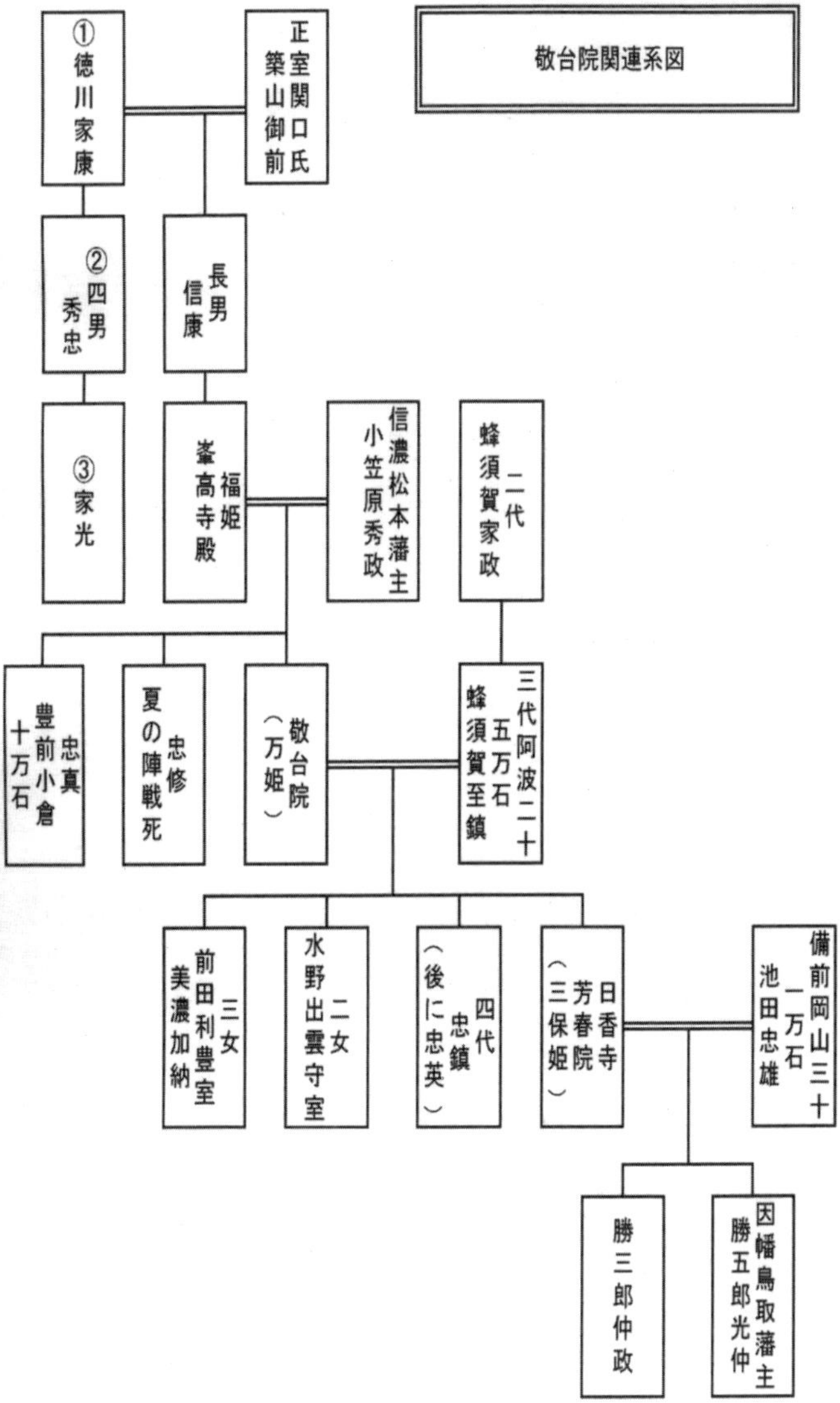
敬台院関連系図
①徳川家康
正室関口氏
築山御前
②四男
秀忠
長男
信康
③家光
福姫
峯高寺殿
信濃松本藩主
小笠原秀政
二代
蜂須賀家政
忠真
豊前小倉
十万石
忠修
夏の陣戦死
敬台院
（万姫）
三代阿波二十五万石
蜂須賀至鎮
三女
前田利豊室
美濃加納
二女
水野出雲守室
四代
忠鎮
（後に忠英）
日香寺
芳春院
（三保姫）
備前岡山三十一万石
池田忠雄
勝三郎仲政
因幡鳥取藩主
勝五郎光仲

戒壇板本尊を安置するということを日蓮の遺命としている。ただし、『一期弘法抄』は偽撰。『三大秘法抄』も古来より真偽問題が盛んであり、伝日興撰『富士一跡門徒存知事』も伝日興撰とする位で、真偽が争われている書ばかりがその根拠になっている。日蓮正宗では今日も真撰説を崩していない。

敬台院

敬台院は文禄元（一五九二）年の生まれで、日精よりは八歳年長である。父小笠原秀政、母峯高寺殿（福姫）の長女として、下総国古河に生まれ、幼名を万姫（あるいは虎姫）という。父秀政の小笠原家は代々信濃守の家柄であったが、敬台院誕生当時は下総国古河三万石の城主であった。母峯高寺殿は徳川家康の長男信康の娘で、したがって敬台院は家康の曽孫ということになる。峯高寺とは豊前小倉の福姫の菩提寺である。兄弟姉妹に小倉十五万石藩主小笠原忠真、熊本藩主細川忠利室等がいる。

敬台院が歴史的に有名になるのはその結婚である。敬台院は、慶長五（一六〇〇）年正月、徳川家康の養女として蜂須賀家三代至鎮と結婚する。この結婚が徳川家康と石田光成との権力闘争に拍車をかけることとなり、遂にはその後の天下分け目の関ヶ原の戦いの一因になる。

同十二（一六〇七）年長女三保姫を出産、その後一男一女をもうけている。三保姫は長じて備前岡山藩主池田忠雄と結婚、鳥取日香寺は長男である伯耆国鳥取藩主池田光仲が母のために建立した菩提寺である。長男忠鎮は後の阿波守忠英である。また二女、三女ともに大名の室となっている。元和六年夫至鎮が寂し、江戸に住む。

この頃日精に帰依し、元和九年（あるいは寛永年間）、徳島藩邸内に豪華絢爛の大寺院を建立、名を敬台山法詔寺とし、更に同九年十一月大石寺に本門戒壇本堂（現御影堂）を建立、この本門戒壇本堂は法詔寺の一部だったといわれている。日精はその棟札に、

「本門戒壇本堂　願主　日精在判　大施主　松平阿波守忠鎮公之御母儀　敬台院日詔信女　敬白　日精養母なり」

記し、本門戒壇本堂（御影堂）建立にあたって、敬台院の功績の大きさがわかるというものである。また、同十九年学優日感を助けて細草談林を創設、更にまた同十八年の朱印免許も敬台院に負うところが大きい。法詔寺は現在の徳島敬台寺である。寛文六（一六六六）年阿波徳島にて寂、七十五歳であった。

日精が敬台院の帰依を受けるに至った時期及び経緯ははっきりしないが、元和九（一六二三）年十月の敬台院の母である峯高寺殿の十七回忌の法事に、日舜が日精に頼まれ、ともに法事を勤めているところをみると、それ以前の帰依ということになる。元和九年といえば、日精は二十四歳、日舜十四歳、敬台院三十二歳である。

敬台院が日精に帰依したのは、当然亡き夫の菩提を弔うためであろうことが関係していると推測されるので、元和六年以降の帰依ということになる。すると、日精は二十歳前後の時点で、敬台院の帰依を受けたということになる。かつて、「紙子の了玄」と呼ばれていた日精が、のち敬台院の資縁をうけるようになって以降、今度は医師・小姓・侍まで引き連れて沼田檀林で修学するという、修学の様子に劇的な変化があったという伝は、そこのところを伝えているということになる。

一説によれば、日精は蜂須賀家有縁の人といわれ、また『敬台寺旧明細誌』によると、能筆として名の高かった日精に敬台院が白衣に法華経一部を書写させ、この間法門を聴聞しているうちに敬台院が深く感銘を受け帰依したと伝えている。

日精は若い頃の修学時代、かなり苦学したようであるが、その書は能筆で、どこで誰から教授されたか不明だが、当時中国・明から伝わった最新の書風だったようである。敬台院が亡き夫至鎮公の菩提を弔うために、誰かに法華経の書写を依頼する際、日精が選ばれたのであろうか。とすると、敬台院は日精の当時最新の書風に感銘を受けたと考えられる。そして、話しを聞くうちに、その弁舌のさわやかさ、法門に関する知識の豊富さに、傾倒していったのではなかろうかと推察する。

また蜂須賀家二代家政が要法寺二十二代日恩に帰依していたことも関係があるかもしれない。いずれにしても「日精養母」とあるくらいだからかなりの肝入りであったことは間違いない。

〔学優日感〕俗姓・生年・生国不詳。始め学優と称し、後年顕寿院と号す。要法寺門流の出身で、会津実成寺第十三代である。敬台院の帰依を受けるきっかけは不明だが、日精が大石寺・法詔寺を退出した後を受けて、法詔寺住職となる。法詔寺住職時代に、日精退出後無住の状態が続いていた大石寺の後住に日舜を推薦、日舜が大石寺第十九世となる。当時、富士門流の僧が修学していた沼田檀林で、富士門流の僧と他門の僧とで、あつれきが生じ、富士門流の僧は退林することになる。これを憂えた日感が、敬台院の力を借りて開設したのが細草檀林である。法詔寺が徳島に移転し敬台寺となるにしたがって、徳島に移るが、敬台院との間に意見の相違を生じ、退出する。承応二（一六五三）年入寂。

〔細草壇林〕敬台院と学優日感によって創立された富士門流と八品派との合同僧侶学問所。富士門流には、専用の学問所がなかったため、従来沼田・宮谷檀林で学ぶしかなかった。しかし、他門の檀林で学んでいるということから、他門と富士門流との折り合いが悪くなることがあり、学優日感が敬台院に資金面を依頼して、上総国細草村に八品派と協力して寺院（遠霑寺）を創設、境内に合同学問所を造る。これが細草壇林である。最初の能化は八品派の日達が勤めた。当初大石寺出身の能化は少なく、大石寺出身として最初の能化は日俊である。のち九十七代の能化の内、四十一人が大石寺出身者である。最盛期には、七百名ほどの僧がここで学んだ。

法詔寺

法詔寺建立の時期は、はっきりしないが、夫至鎮公の菩提を弔うことが主たる目的であろうから敬台院江戸出府後のことであろう。第十九世日舜の『書付』（写本）に、

「京都要法寺にて出家し、江戸上行寺へ出入りす。上総沼田談林にて勤学、その節、了玄〔十八代精師事〕に頼まれ、敬台院様母儀法誉和鶴禅定尼〔小笠原秀政殿室峯高寺殿〕十七年忌万事肝入り、その上法詔寺の御建立、御法事毎度御用相勤む」

とある。敬台院の母君の十七回忌とは元和九（一六二三）年のことである。これによると、この法事に際

して、了玄（日精）に頼まれてともに執行し、更に法詔寺建立以後の法事には毎回御用を勤めたとあって、この記述から推測すると、元和九年以降の建立であることは間違いない。また日精写『辰春問答』の奥書に、

「維時寛永八年辛未霜月二十三日、武州江戸法詔寺、了玄」

とあり、寛永八（一六三一）年にはすでに日精が住職として住していたようなので、これ以前の建立である。昭和五十六年刊行の日蓮正宗富士年表では、法詔寺の建立年月日を不確定としながらも、元和九年の頃としているが、これは先の十七回忌の法事の記述をもとにしている。法詔寺の初代住職は日精ということなので、この元和九年に法詔寺が建立されたのなら、日精二十四歳の時である。

ところで、法詔寺は寛永十一年までは神田明神前（一説には下谷）にあったようで、十一年に浅草鳥越に移転している。鳥越の法詔寺は徳島藩邸の中ということなので、神田明神前にあるときも藩邸の中にあったのであろうか。ともかく日精が『辰春問答』を書写したころの法詔寺は神田明神前の法詔寺ということになる。なお寛永二（一六二五）年八月、敬台院の住居徳島藩中屋敷は延焼している。あるいは法詔寺はその再建に際して建立されたのかもしれない。法詔寺はその規模もかなりのものだったようで『続家中抄』には、大石寺の御影堂はもと法詔寺の本堂だったと伝えている。

正保二（一六四五）年八月、法詔寺は解体され徳島へ移動し、その名も敬台寺と改めている。これは江戸矢の蔵（現在の浜町山吹井戸付近）の埋め立て工事にともなう土御用のために鳥越付近の土を充てたことによるようだ。

日精の両寺退出と日舜の大石寺晋山

『日舜書付』に、

「その上法詔寺の御建立、御法事毎度御用相勤む。しかるところ、日精本寺大石寺再興ありて、日精両寺住持たり」

とあるように、日精は寛永九年、大石寺本門戒壇本堂（御影堂）建立と同時に晋山し、両寺兼務となった。翌年法兄の日盈に大石寺を譲り、自身は江戸において法詔寺の住職に専念する。日精の後を継いだ十八世日盈は病によって静養のため会津実成寺に下向し、寛永十五（一六三八）年三月、四十五歳にして、かの地で遷化する。これによって日精は再び両寺兼務となる。この間、敬台院の推挙によって、僧侶としては異例の江戸城登城の際、下乗まで乗輿の免許も受け、また寛永十一年頃には法詔寺において造仏千部供養を執行するなど、まさに絶頂期といってよい。

この日精と敬台院の関係も、その後関係が悪化したようで『同書付』には、

「その後、敬台院様の御意に背かれ、両寺これ退出す」

と伝えている。更に『同書付』には、

「その後、法詔寺には日感住持し、大石寺無住にて一両年も相い過ぎ候由、御朱印改め有り。無住の寺へ御朱印下されまじき由に付き、大石寺衆檀敬台院様へ相い願い、日舜を指図によって日感肝入りにて、当山へ入院し、江戸へ下り日精に面謁し、その後御朱印頂戴す」

とあり、日精が両寺退出したあと、法詔寺へは学優日感が後住として入院したが、大石寺は無住のままと

なっていた。しかし寛永十八（一六四一）年六月の御朱印改めの時、無住では下付されないため、大石寺衆檀中から敬台院へ後住のことを相談し、日感の推薦で日舜が後住と決まり、無事御朱印の下付があったようである。以上が日精の両寺退出と日舜晋山のいきさつの概略である。

この一件に関して日精自身の記録はないが、一方の当事者である敬台院には、その辺の事情により詳しい書状が現存しているので、内容を現代語訳して大意を紹介する。

a　六月十二日の『敬台院書状』

①　日精を隠居させたことについて、大石寺衆檀中が当方の処置に理解を示してくれたことに満足しています。後住については、大石寺の上人は法詔寺より、永代派遣するということで衆檀中も了承され、その旨の一札を落着き次第、僧一名、檀那二、三名で持参するということですが大変満足です。またそれまでの暫定処置として、今回持参の書状をその替わりと考えて下さいとのことですが承知致しました。いつでも結構ですからその書状を持参して下さい。

②　今回返納致しました御本尊は日精筆の御本尊です。前回のとき納所慈雲房に返納するつもりでいましたが、衆檀中の意向も聞かず当方より一方的に返納すれば不都合も生じるかと思い、前回は延期したものです。しかし衆檀中の気持ちが当方と同じということがわかり、また今後の信行増進のためと思って、当方の持仏堂には御開山様の御本尊を安置致しました。日精筆の御本尊は拝見する度に悪心も増すので、今回返納致します。どのように思われようとあなた方次第です。そうお心得下さい。

③　使僧（かくげん）にも申しましたが、法詔寺の什物金品の目録をあなた方が江戸へ来られる際、日

精より受け取って持参して下さい。本来ならば、寺の住職の任免に関して檀那は介入すべきではありませんが、法詔寺は特別ですので普通の寺院のようなわけにはまいりません。そういうことですので、法詔寺の引き継ぎに当たって日精作成の目録を新住職へ渡すわけにはまいりません。私が日精に差し上げた目録そのままの内容の目録を受け取って持参して下さい。

④ともあれ一端法詔寺後住が決ってからには、日精がこの寺に来られることは絶対に拒否します。私達の生涯はもとより、私達の死後においても、一門の者が存する間は日精にこの寺に来ていただくことは、たとえば私達一族が御公儀より御手打になろうとも拒否する覚悟です。五月二日に物に狂い退出され、これが今生の暇乞いと思っておりますので、今後この件についての御意見は無用です。

⑤大石寺の寺格につきましては、願いの通り成就致し喜んでおります。

以上がａ六月十二日の『敬台院書状』の大意である。

続いて、ｂ　寛永十五年六月二十四日の『敬台院書状』

惣名代として善立坊、与五右衛門（狩宿井出）・一郎右衛門の三名が、大石寺の後住のことは、永代法詔寺より派遣することを約束する旨の書付を持参致し、確かに受け取りました。それについて当方から、七百四十一両を差し上げる旨の書付を差し上げましたので披見し、檀那中へも披露して下さい。その内、五百両は現在貸し付けており、来年三月元金利息ともに寺家檀那中へお渡し致します。今後この五百両は衆檀が責任を以って貸し付けを行ない、利息を庫裡の賄の方へ当てて下さい。詳しいことは三名に聞いて下さい。

以上二通簡略に紹介したが、このうちａの書状には年代がない。この系年について、大石寺近代において、学匠として名高い五十九世堀日亨は寛永十七年と推定されている。堀日亨はａの書状とｂの書状との関係を指摘されていないが、この二通の書状は読んでわかるように一連のものと考えられる。つまりｂの寛永十五年六月二十四日の『書状』の冒頭の、

「惣名代として善立坊、与五右衛門（狩宿井出）・一郎右衛門の三名が、大石寺の後住のことは、永代法詔寺より派遣することを約束する旨の書付を持参致し、確かに受け取りました」

とあるは、ａの六月十二日の『書状』の、

「大石寺の上人は法詔寺より、永代派遣するということで衆檀中も了承され、その旨の一札を落着き次第、僧一名、檀那二、三名で持参するということですが大変満足です」

を受けてのことと考えられるが、そうだとすれば、寛永十五年ということになる。またこの『書状』には、「五月二日に物に狂い退出され、これが今生の暇乞いと思っております」とあることから、日精の法詔寺退出は五月二日と思われるが、これは先の『舜師書付』にみえる「大石寺無住にて一両年も相過ぎ候由云云」の記述、また文政九（一八二六）年九月、寺社奉行所へ提出の『常在寺書上帳』には、

「本山十八世日精…自ら本山を退院し当寺に閑居す。偏にこの師、徳によって絶えたるを興し、廃れたるを補う。しかして後、寛永十五戊寅年、再度堂閣を建立し云々」

とあって、日精の常在寺再建入寺が寛永十五年であるという記録、更には五十二代日霑の幕府へ提出した文書（安政二年六月二十日）に、

「大石寺十八代日精は、寛永十五年寅年下谷町常在寺へ隠居仕り云云」

とあること等総合して、寛永十五年の五月二日と考えて良いのではないか。これらのことから、ａの六月十二日の『書状』は寛永十七年というより、同十五年のものと考えた方が妥当のように思われる。日精三十九歳、敬台院四十七歳の時である

こうしてみると、堀日亨はｂの寛永十五年六月二十四日の『書状』について、

「法詔寺より精師を晋山せしめ、永代総本山の後見せんとの意にて、大石寺衆檀より後住は法詔寺より迎えるの請書を出さしめ、其の返礼にて七百余両を提供して総本山方丈の推持を謀られし文書なり」

と解説されているが、事実はまるで逆なのではないだろうか。この二通の書状から窺えることは、寛永十五年五月二日、敬台院との関係の悪化によって、日精は法詔寺より退出、と同時に大石寺住職の職も辞し、当寺下谷にあった常在寺に自ら移ったのである。これに激怒した敬台院は、法詔寺を学優日感に継がせ、更に大石寺後住は敬台院に一任させる請書を大石寺の衆檀中に提出させた。そしてその返礼が七百四十余両であったということのようである。沼田檀林で修学していた若い頃の「紙子の了玄」から、僧侶として乗輿にて江戸城登城を許される地位にまで上り詰め、絶頂を極めた日精の地位も、敬台院の権勢の前には風の前のちりに等しかったにすぎない。まさしく敬台院の権勢のすさまじさを如実に示した書状ということができるようである。

敬台院が日精を退出させた原因については、六月十二日の『書状』に「五月二日物に狂い退出」とあるのと『舜師書付』に「その後敬台院様の御意に背かれ、両寺これを退出す」とあるのみで、これだけから

は何とも判断の仕様がないが、蜂須賀家臣斎藤忠右衛門・武知又左衛門の両名より大石寺衆檀中への八月二日の『書状』には、

「寺に備わる什物については、先の当主がなされたようにはしないでください。什物は寺院に備えているもので、住職の個人的所有物ではありません。住職は次々に替っていくものです。先代の当主のように什物を個人的に所有したり、処分したりするような人物も出てくると思われるので、必ず代々の当主の自由にさせるということはしないでくださいと、強く敬台院が仰せになっておられますので、そのように心得てください。」

という記述がある。これについて堀日亨は、

「その文の底には暗に精師の住職としての物質的扱いぶりの不満が洩らされてるやうで、能所の性格の相違や周囲の人々の感情も加はっているものと見える」

と解説されているが、これも一つの原因かも知れない。また『同書状』には、

「法詔寺の檀那衆の名を書付として提出してくださいと慈雲房に報告を促していますが、十人ほどしかいないということで、いまだに書付が提出されていません。檀那はたとえ何人たりとも法詔寺の檀那です。その他信心の檀那百人はいるはずですが、この旨を日精へ伝えて書付を取って慈雲房に持参していただくようにと仰せられております」

とあって、この文面だけで即座に断定はできないけれども、法詔寺の寺院としてのあり方、布教のあり方、また信徒の教化上の意見の相違があったのかも知れない。

この一件から、百年以上も後の大石寺第三十五世日穏（一七一六〜一七七四）は、三鳥派祖日秀にからめて、

「この外に三鳥宗門というのがある。この宗門は、公式には認められていない秘密の宗門で、邪法である。……祖である日秀は、沼田談林にて能化を勤め、三朝院という。かくて、談林の能化を勤めた後、改宗して大石寺に帰入する。兼ねてよりの日精との約束であった。日精が大石寺当住の折、三朝院を歴代として推薦したけれども、日盈は了承せず、また大石寺の重役や檀家などの代表の了承も得られず、結局三朝院日秀の大石寺法主就任は叶わなかった。

これによって、日秀は拠り所を失い、能化浪人となって、住居にも難儀することになり、江戸に出て、借宅して、己情の邪義を弘通して、大石寺の一大事の金口は日精より我相伝せりと吹聴し、妄語を構えて日蓮の名を汚したのである。」

と記述している。この記述によると、日精が大石寺当住中、三鳥日秀を大石寺歴代に推挙したものの、日盈や周囲の承認を得られなかったということであるが、これは年代的に無理があるようである。三鳥日秀は、生年は不明なものの没年は日精遷化（八十四歳）より二十三年後である。日穏の記述では、日秀は沼田談林の能化を勤めたとあるので、日精とほぼ同年代と考えられるが、そうだとすると、日秀の寂年齢は百七歳前後ということになるので、これは常識的に無理があると思うのである。しかし、この記述はあることを示唆していると私は思う。

ここで日穏は、日精が三鳥日秀を大石寺法主に推挙したと記している点である。当時の状況を検証する

と、寛永九（一六三二）年日精は大石寺・法詔寺両寺の住職を兼務することになるが、翌年日盈に大石寺を譲り、自身は法詔寺の住職に専念する。しかし、日盈は大石寺法主になったものの、病により会津実成寺に下向、寛永十五（一六三八）年三月、彼の地にて遷化する。これによって、大石寺が無住になるため、日精は再び両寺兼務することになる。そして、同年五月二日法詔寺より退出するのであるが、この間二ヶ月、そこに大石寺法主職をめぐる人事の問題が存在したのかも知れない。

後年、伊藤市之進（後の日寛）は日精の最後の法話を聴聞して出家を決意するが、日精には、その知識の豊富さと、かもし出す雰囲気から来る法話の魅力と、なおかつ能書であることなどが相俟って、人を引きつける独特の魅力があったと考えられる。敬台院もその能書や知識に魅了されたのだと思う。

また『続家中抄』日精伝には、「本庄牛島常泉寺日優、しばしば法義を論じ、遂に屈服して当門に帰す」とあって、常泉寺の大石寺門流への改宗も日精の学徳及び布教の力によるところが大きいと伝えている。このようなことから、日精やその周辺には多くの人々が集ったと考えられるが、その中には敬台院の意にそぐわない人もいたであろう。

敬台院にとって、ご自身が「格別の寺であって、普通の寺ではない」と述べているように、法詔寺はその建立の目的からして、夫至鎮公の菩提のためであり、また自分より先に亡くなった娘芳春院の菩提も弔うための寺院、いわば私的な寺院の性格が濃厚な寺院である。しかし、日精にとっては、そのこともさることながら、やはり布教の拠点という意識が強かったと考えられる。したがって、いろんな階層の多くの人々が集うことの方が日精にとっては重要なことだったと考えられる。

後に、それらの中から禁制宗教として幕府から禁じられる三鳥派の祖日秀をも輩出することになっていくのだが、この時点では、日精にとって、江戸における大石寺門流の拠点である法詔寺にできるだけいろいろな階層の、多くの人々が集うことこそが重要なことであった。おそらく最初の間は、その違いもさほど気にならない程度だったと思うが、次第に考え方の違いが鮮明になるにつれ、如何ともし難い溝になっていったのだと思う。

結果、日精は法詔寺を退出し、常在寺へ入ったのだと思う。一方的に敬台院から排斥されたというより、どちらかというと日精の方が敬台院の意に合わないのであれば、退出も止むなしということで、退出したと考えるほうが当たっているように思う。したがって、敬台院からすると、日精の行動は理解不能に映ったのだと思う。ここから「物に狂い退出」という表現になったのだと思う。

ただ敬台院の日精に対する怒りは大変なもので、先の六月十二日の『書状』に、

「今後の信行増進のためと思って、当方の持仏堂には御開山日興上人様の御本尊を安置致しました。日精筆の御本尊は拝見する度に悪心も増すので、この度返納致します。どのように思われようとあなた方次第です。そうお心得下さい。」

「日精がこの寺に来られることは絶対に拒否します。私達の生涯はもとより、私達の死後においても、一門の者が存する間は日精にこの寺に来ていただくことは、たとえば私達一族が御公儀より御手打になろうとも拒否する覚悟です」

等と書いているところをみると、端なる感情的なすれ違いというには少々度が過ぎているようにも思われ

る。いずれにしても両者の間には深刻な意見の対立があったことはまちがいない。それにしても敬台院の日精批判は尋常ではない。敬台院にとって大石寺の住職など「住持は替りもの」位の意識でしかなかったようである。

いつの世も権力者の大檀那というのはこうなのかも知れない。日精の歴世はつい最近まで十八世として誤伝されて来た。昭和四十五年に至って歴世変更が行なわれ、十七世となるが、なぜ日精と日盈の歴世が逆に伝えられて来たのか、単なる誤伝ではあるまい。日精の天和二年二月二十三日の本尊には三十一世日因がわざわざ十八代と加筆している。日因の加筆は何を意味するのか、そこに歴史の秘密を見る思いがする。

日精の大石・法詔両寺退出後、法詔寺はすぐに後住が決ったようで、先の八月二日の蜂須賀家臣斎藤忠右衛門の『書状』に、

「学優日感様が法詔寺の後住として晋山されたことについて、御祝のために衆檀中より御使僧を遣わされたことについて、日詔様から御礼として手作りの茶を遣わされ、御満足のようでございます。法詔寺は後住も就任して、参詣する人々も多く寺中にぎわっておりますので、衆檀中には安心してくださるようにと仰せられております」

とあって、この八月二日以前にすでに学優日感が晋山していたようである。その後日感と敬台院は一両年を経て、大石寺の後住として日舜を晋山させ、同十九（一六四二）年には本願主、本施主として細草檀林を創設している。

こうして日感への敬台院の帰依も厚く、法詔寺は安定するかのように見えたが、同二十一（正保元）年には再び無住となっている。この年の正月、敬台院の長女芳春院の十三回忌法要に際して法詔寺が無住であったため、常泉寺日優が代行している。これは日感が細草檀林に派遣されたためのようであるが、正保二（一六四五）年八月、法詔寺が徳島に移転し敬台寺と寺号改称してまもなく、日感が性格傲慢のため追放されたということが『敬台寺旧明細誌』に記載されている。日感の擯出が性格傲慢のためというのは、そのまま鵜呑みにはできにくいが、いずれにしても日感もまた日精同様の憂き目にあったようである。

一方、日精の隠居によって、大石寺は無住となった。後住については、敬台院に一任したもののすぐには決まらず、一両年を経て日感の推薦によって日舜と決まったようである。日感は、日舜の晋山にあたって、大石寺衆檀中へ書状を送り、その中で、

「日舜はいまだ御若年あるので、寺内の僧侶や檀家はきっと軽々しく接しはしないかと気を揉んでいます。……別して大石寺は金口相承と申して、この相承を受けた人は学不学によらず、生身の釈迦・日蓮と信ずる信の一途を以って、末代の衆生に仏種を植えしむることと大切にしています。…御相承を受けて、貫主として決まった以上は、一山の僧俗皆貫主のいいつけに随い、決して貫主の座上を踏むようなことがないよう、信の一字の修行を行なってください」

と述べている。それにしても敬台院に日舜を推薦し、事実上大石寺の法主を決めた日感でさえも、これより数年後には追放されてしまうのだが、このとき誰が数年後のことを予測しえたであろうか。

さて、大石寺の後住として日舜が晋山するに至った直接のきっかけは、本山に住職が不在という不自然

さもさることながら『舜師書付』にあるように、御朱印免許に際して無住の寺には御朱印が下付されないということが大きかったのである。御朱印免許の運動は、既に寛永十四（一六三七）年十二月九日の伊丹播磨守康勝への『敬台院書状』と、それに対する伊丹播磨守からの『返書』に依頼の件がみえるが、これが功を奏したのか翌十五年六月頃には免許が内定していたようで、先の六月十二目の『敬台院書状』には、

「また大石寺の寺格等についていては、願いの通り成就し喜んでおります」

とある。ところが当の大石寺そのものが日精退出の騒動の真最中であり、その後も敬台院へは後住のことは一任していたものの、一両年も無住のままであった。そこで無住のままでは御朱印の免許がないことを憂えた衆檀中が「敬台院様へ相願い、日舜を指図に依って日感肝入りにて当山へ入院」させたということではなかっただろうか。もちろん、そこに日精の意志が反映されようはずもない。

同十八（一六四二）年六月頃、日舜は江戸へ下り日精に面謁し、その後同月二十八日無事御朱印を頂戴している。したがって日舜晋山の時期は、御朱印免許下付の際の状況を考慮すれば、御朱印下付の六月からそう遠くない時期と考えて良いだろう。なお『舜師書付』には「日舜在寺出入十箇年なり」とある。十九世日舜から二十世日典への相承は、承応元（一六五二）年ということになっており、逆算すれば寛永十九年となる。一年のずれはあるけれども、この辺は多少幅を持たせて考えても良いと思われるので、日舜の晋山は同十八年の、六月以前と考えて差しつかえないのではないかと思う。早くても前年位ではないだろうか。ちなみに堀日亨は寛永十八年と推定されている。

こういう状況だから、日舜晋山に当たっては日精からの指名も無ければ相承もなかった。日精から日舜

への相承は日舜自身が、
「一、精師乙酉十月二十六日登山、同じく二十七日の暁、御相承並びに什物御引き渡しこれあり」
といわれているように、正保二（一六四五）年十月である。日舜晋山を仮に寛永十八（一六四一）年とした場合、この間四ケ年の空白がある。しかもこの間、日舜は本尊書写をされていたようであり、『諸記録』には正保二年正月八日及び同年二月二十八日書写の本尊を記録している。これが事実であるとすれば、一体どういうふうに理解すれば良いのだろうか。

今日の日蓮正宗が声高に主張する完全無謬の血脈観からすれば、本山が二、三年も無住ということや、前法主の意志とは全く無関係に、指名も無いまま大檀那が任命するということ、更に相承は晋山後四年を経たのちであるということなどありえないことである。その上相承以前に書写の本尊があるということになっては、どういうことになるのだろうか。しかもこれらはすべて日舜自身の筆によるものである。

現日蓮正宗の宗門などは、前法主から相承無しに新法主が晋山されることはないとヒステリックなまでに強調している。正信会僧侶擯斥の最大の理由もこれであるが、この説がいかに稚説で虚偽であるか、歴史は私達に真実を語りかけてくれるようである。

日舜の大石寺晋山、本尊書写に関しては、日精と敬台院との隙、また入院に際しての種々のいきさつを考慮すれば致仕方のないことである。また相承以前に本尊書与があるとしても、そこに血脈が流れていないということにはなりはしない。血脈の真意義は本来内証相承であるから、形式としての相承にとらわれず、日舜の信の一字の中に、すでに宗開両祖よりの血脈が流れることによって金口嫡々の血脈は断絶することはないのである。はからずも、日舜の事績は中興日有の『化儀抄』の精神を身をもって示してくれた見本ということができるのではなかろうか。

【関連年表】

慶長五（一六〇〇）年　日精生まれる
寛永八（一六三一）年頃　日精、江戸法詔寺住職となる
寛永九（一六三二）年十一月　日就より相承を受ける。大石寺本門戒壇本堂落成
寛永十（一六三三）年　日盈に相承す
寛永十五（一六三八）三月　日盈遷化、日精再び大石寺法主となる
同年　五月　日精大石寺・法詔寺退出し常在寺に移る
同年　学優日感、法詔寺の後任となる
この頃　大石寺無住
寛永十八（一六四一）年　日舜大石寺の十九世となる
同年　幕府より御朱印を頂戴
寛永十九（一六四二）年　学優日感、敬台院の資を受け、細草檀林創設
正保二（一六四五）年　日精、日舜に相承
正保二（一六四五）年八月　法詔寺は解体され徳島へ移動、敬台寺と改称

日精両寺退出と日舜晋山についての総括

日精の大石・法詔両寺退出及び日舜の大石寺晋山の経緯はこれまで述べたごとくであるが、こういう状況ははっきり言って異常である。そしてこの異常事態の中心人物は敬台院に他ならない。この巨大な権力を持った大檀那は自らの意に叶う法主を次々に大石寺住職とした。そして逆に意に背くものは物でも交換するごとく首のすげかえを断行した。日精と敬台院、日感と敬台院との間に何があったか知るよしもないが、敬台院が日精書写の本尊に関して、

「この日精筆の曼荼羅は見る度に悪心が増して来るので、大石寺衆中に帰します。何と考えられようとも、あなた方次第です。そう心得てください」

と、異常なまでの嫌悪を懐いていたことなど、何ともやるせない思いがする。敬台院の権勢を後ろ楯に得意の絶頂を極めた日精・日感ではあったが、考えてみると日精・日感・敬台院ともに権力という魔物の犠牲者かも知れない。

敬台院の後ろ楯のもと、日精の法主在職前後は御影堂をはじめ、垂迹堂、二天門の建立など、寺観が一新して表面的には極めて発展した時代であった。特に寛永九年十一月に建立された御影堂は、棟札に「本門戒壇本堂」とあることや、中に戒壇本尊が安置されたと考えられることなどから、当時はただ単に御影堂というだけの意味ではなく、垂迹堂の建立と合わせて三堂一時の建立、つまり広宣流布の暁に建立される本門寺戒壇堂の意味があったようである。更にまた細草檀林の開創もなされ、独自の僧侶育成機関の設立で、次代を担う僧侶育成の面でも、大いに前進した時代だったということができる。

しかし表面上の華やかさとは逆に、その裏で何とも悲しい葛藤があったことも事実である。そしてそういう矛盾の中では『日感書状』にみられるように、どうやら法主絶対が叫ばれるらしい。

私は、何も日蓮正宗史のあら探しをするつもりはない。長い宗門史の中には、内証血脈を忘れた表面的な外相一辺倒の血脈観ではどうにも説明のつかないことがあるということを証明しているに過ぎない。表面だけにとらわれた金口嫡々の相承など、すでに先師自らが否定されているように、とうの昔にない。またそれが血脈の真意義でもない。

日蓮正宗史の中の私達が触れたくないような暗いできごとは、いくら蓋をしてもいつかは誰かによって白日のもとにさらけだされるものである。私達はこの際虚心坦懐になってもう一度日蓮正宗伝燈の内証血脈というものを見直すべきではないかと思うのである。幸い中興日有、日寛両師の著述や、前後の先師の著述の中には内証血脈がいかなるものかを考える上で資となる指南が数多くみられる。中興日有は、その著『化儀抄』の中で、

「信といい、血脈といい、法水ということは同じことなり。信が不動ならば、その筋目違うことがない。筋目が違わなければ、血脈法水も違うことがない。……高祖以来の信心を違えざる時は、我等が色心、妙法蓮華経の色心なり。」

と、宗祖日蓮の信と私たちの信とが同じことが血脈であると説いている。また同じく中興日寛の弟子の一人である三十世日忠の『観心本尊抄講聞』には、師である日寛の教えを受けて、

「日蓮一期の弘法白蓮阿闍梨日興にこれを付属すというは、即身成仏には過ぎず。その金口相承も五大

部・三大秘法・御本尊の極意には過ぎず。」

と、血脈を説明している。ここで日忠は、宗祖日蓮から日興・日目への付属というも即身成仏のことであり、また金口相承ということも本尊の極意のところであり、私達が信の一字によって身に当てて証得するとき、これを血脈というと説明している。要するに相承といい、血脈といい、また成仏・本尊・信心というも全くこれ根本は一であって、これを理解するために種々の角度から説明すれば、血脈や成仏や本尊になるということである。全く日有の『化儀抄』に説くところと同一轍である。一とはすなわち信の一字である。

歴史の表面上の血脈に断絶があったにしても、それによって宗祖の仏法が断絶するわけではない。宗祖の慈悲は、自覚するしないにかかわらずいつでも私達一切衆生に流れている。私達が信の一字をもってそれを覚知するとき、そこに血脈は流れるのである。

日蓮正宗の先師に自ら表面上の血脈否定の言辞があるのは、血脈の真意義がいかなるものかよく理解されていたからである。そしてこのことは、歴史的表面上だけにとらわれ、断絶しているところをつなぐために汲々とすることが、いかに愚かなことであるかを私達に示している。

六、日精の造像読誦と教学

仏教における造像の歴史

仏教における仏像造立は、今日では当然のように考えられているが、仏教の当初は教祖である釈迦如来の遺言と、仏教の教えそのものから行なわれていなかった。

「**仏陀崇拝**　人格としての仏陀を崇拝すること。真理としての法の信仰に対する。ゴータマ・ブッダは法信仰をたてまえとし、法を悟って仏となったのであり、それゆえに、自己なきあとは法および律を師とし、よりどころとするよう遺言した。

　しかし、信徒たちは釈尊という人格を通して、法を受けとめていたので、法は単なる理法ではなく、人格の息ぶきのかかった〈仏法〉であった。その結果、釈尊が亡くなると、釈尊の遺品・遺骨・遺跡を通して釈尊を追慕するにいたり、さらにゴータマ・ブッダに代わる仏を模索したり、ブッダの不滅な本身を思考するようになり、仏陀崇拝が展開していく。……

仏像　紀元前のインドでは、釈迦（仏陀）を具体的な人間の姿ではあらわさず、菩提樹・法輪・仏足石・仏塔など釈迦に関係の深い形象で代用した。したがって、この間はいわば〈無仏像〉の時代である。仏像の成立は紀元一世紀の末、現パキスタン領のガンダーラ地方で、主にヘレニズムとイラン文化の影響のもとに、最初は仏伝図中の一登場人物として釈迦像があらわされたことに始まり、やがて礼拝の対象にふさわしい正面向きで立像、あるいは坐像形式独立像に発展したと考えられている。

　また、これに続いてインドのジャムナー河畔のマトゥーラでも仏像がつくられた。当初、仏陀の像といえば仏教の創始者である釈迦の像にかぎられたが、間もなく過去仏や千仏の思想が発生し、さらに大乗仏教の発達につれて阿弥陀・阿閦《あしゅく》・薬師・毘盧舎那仏（密教では大日如来）などの諸仏が生みだされた。」

と『岩波仏教辞典』に記されるとおりである。

法華経には、このような仏教本来の思想が色濃く説かれ、法師品の、

「薬王、在々所々に、もしは説き、もしは読み、もしは誦し、もしは書き、もしは経巻所住の処には、皆まさに七宝の塔をたてて、極めて高広厳飾ならしむべし。また舎利を安んずることをもちいず。ゆえんは如何、この中には、すでに如来の全身ましますす。」

の文、また分別功徳品の、

「この善男子、善女人は、我がために塔を起て、および僧房を作り、四事を以って衆僧を供養することをもちいず。ゆえんは如何。この善男子、善女人の、この経典を受持し、読誦せん者は、これすでに塔を起て、僧坊を造立し、衆僧を供養するなり。」

の文に代表されるように、仏陀より法華経（経巻）を重要視する傾向が強い。宗祖日蓮の曼荼羅本尊書写は、こうした法華経の、仏そのものよりも経巻を重視する思想のもとに生まれたということができる。

造像論と読誦論

さて、日尊門流の造像読誦を論ずるにあたって、そもそも日蓮教学における造像読誦の問題とは何かについて、簡略に説明しておきたい。造像読誦問題は、造像問題と読誦問題の二つを一緒にして造像読誦という。このうち、造像とは信仰の対象としての根本の本尊として何を拝するかという問題で、この場合の像に、釈迦一体仏、一尊四士、二尊四士があり、釈迦一体仏とは釈迦如来一仏のみの像をいい、一尊四士

とは釈迦如来及び釈迦如来の脇士としての上行菩薩等の四菩薩像等を指し、二尊四士とは両尊四士ともいい、釈迦如来に更に多宝如来を加え、そして脇士としての四菩薩を指していう。二尊四士の場合、釈迦と多宝如来との間に更に題目塔を建てるので、一塔両尊四士という場合もある。

ただし、造像論の場合、造像を本尊とはしながらも、決して曼荼羅本尊を否定するわけではなく、曼荼羅本尊以外にも釈迦像があっても良いというものである。造像には、これら三種類の造像義があるのだが、いずれも像を建立して本尊とすることに変わりはなく、これを造像論という。

これに対して、日蓮書写の曼荼羅だけしか本尊として認めない本尊義を不造像論という。通常、一般的に宗教において、信仰の対象としての本尊に関して異論が存在するというようなことはない。浄土系の諸宗において本尊に異論があるとか、真言系諸宗において本尊に異論があって問題となるということはないのだが、日蓮門下においては、宗教の根本的教義であるところの本尊に関して問題が現に存在するのである。どうしてこのような問題が存するのかというと、宗祖日蓮自身に二種の本尊が確認されるからである。

宗祖日蓮は、文永八（一二七一）年九月、五十歳のとき、鎌倉・龍口の法難以後佐渡に流罪になるが、その流罪以前に鎌倉の草庵に安置されていたのは釈迦如来像である。一方、佐渡に流罪になって以降、日蓮は『観心本尊抄』を著して、本尊を曼荼羅にすることを宣言し、自ら曼荼羅を書写し、自らも信仰の対象とした。ここに日蓮自身に二種の本尊が生じることとなる。しかし、日蓮自身は『三沢抄』に、

「法門のことは、佐渡の国へ流され候いし已前の法門は、ただ仏の爾前の経とおぼしめせ」

と記して、佐渡以前の自分の法門は、仏の説法に譬えると、あたかも方便の説であり、佐渡以降の法門が

本意であると門下に示した。これによって、本尊も当然曼荼羅本尊が日蓮の本意であるということなのだが、日蓮滅後、これがなし崩し的に不明瞭になり、造像問題が惹起することになる。

日蓮滅後、いつの頃からかははっきりしないが、大石寺六世日時（　～一四〇六）の『御伝土代・日興伝』に、四世日道（一二八二～一三四二）の記になる「日興遺告」として、

「脇士なき一体仏を本尊と崇むるは謗法のこと」

と、日興が一体仏の造像を厳しく誡めたとあり、最初は釈迦一体仏から造像は始まったようである。その後造像推進派は、釈迦一体仏に脇士がないという点に批判がなされるのを受けて、一尊四士あるいは二尊四士を造像の一般的形態として、造像を推進していく。

日蓮滅後、門下に造像問題が起こったのにはわけがある。日蓮滅後、鎌倉幕府は日蓮教団に対して、熾烈な弾圧を繰り返した。その幕府の激しい弾圧の中で、門下は幕府に対していかに対応するかで、路線に相違が生じるのである。日蓮は入滅直前、六人の直弟子を定め、すべての僧侶や信徒は、必ずその六人の直弟子の弟子か信徒になって六人の直弟子を支え、教団を維持し、布教に励むことを遺誡するが、この六人の高弟の間で、幕府との対応に意見の相違が決定的になる。

六人の高弟とは、日昭・日朗・日興・日向・日頂・日持の六人である。この六人の中で、日興を除いて、他の五人は幕府との融和路線を主張し、日興はあくまで妥協しないことを主張する。この見解の相違が決定的になって、日興は日蓮の後を継いで身延山を拠点としていたが、この身延山を出て富士に拠点を移す。これが日興の身延離山といわれ、大石寺の始まりである。

そして、これが日蓮門下最初の分裂である。この分裂の結果、幕府との融和推進派は、幕府に対して『申状』を提出し、そこに「天台沙門」と自らを称して、日蓮の弟子であることを書かなかった。一方日興も『申状』を提出し、そこには天台沙門ではなく、はっきり「日蓮聖人の弟子」と書き、日蓮の教えは天台宗とは異なり、新しい仏教であると明言したのである。

ここにおいて、両者はすべての面において、教義的にも相違するところがはっきりするようになる。後に、先に幕府に対して融和的対応側に組した日頂は富士に合流して日興の元に参じ、池上本門寺の祖となる日朗も晩年日興の元を訪れ、和解したと伝えているものの、両者の考え方の相違はもはや埋まることはなかった。

造像と不造像とには、一目瞭然にして明確な相違がある。それは、造像論が曼荼羅本尊を否定するものではないとしながらも、仏本尊も正意であり、根底には釈迦如来への信仰観に立脚するものという観が強いものであるのに対し、不造像論は、法本尊正意に立脚し、法華経（妙法）と日蓮への信仰観に立脚する傾向が強いという本尊観・信仰観の相違が如実に現れているということである。

造像は、この幕府に対する融和的対応派の中から自然発生的に生まれてきたものと考えられる。釈迦像はもともと、日蓮自身が佐渡に流罪になる五十歳まで、鎌倉の草庵で安置されていたものであって、この本尊の形態は天台沙門と名乗っていることとも矛盾しないばかりでなく、宗祖である日蓮の色合いを薄めるのに都合もよい、かつ日蓮の教えからも完全に逸脱することもない。『三沢抄』に見られる日蓮晩年の考えさえ無視すればと、おそらく造像論者はそう考えたのである。幕府の厳しい弾圧の追求の矛先をかわすには、ちょうど良い本尊だったということである。

読誦問題とは、造像問題に付属する問題である。修行において、法華経一部二十八品すべて読誦すべきか、あるいは一部読誦しないで、要品のみを読誦することでよいかという問題である。具体的には、ここでは一部読誦推進派を読誦論、二品読誦推進派を不読誦論という。二品読誦とは、如来寿量品と方便品の二品である。この読誦問題は、造像論は読誦論、不造像は不読誦論を主張するというように造像問題と完全につながっている。これを図示すると、

釈迦造像……一部読誦……仏本尊正意・指向……釈迦仏を中心とする信仰

釈迦不造像……二品読誦……法本尊正意……法華経・日蓮を中心とする信仰

日興門流においては、先の日道の『御伝土代・日興遺告』に見られるように、大石寺を筆頭に不造像が伝統として支配的だった。この日興門流における不造像の流れを大きく変えたのが、要法寺中興日辰である。

〔四菩薩〕法華経に登場する釈迦如来滅後における仏法後継者の菩薩。上行菩薩・浄行菩薩・無辺行菩薩・安立行菩薩の四人。釈迦如来は、滅後において仏法を継ぎ、広めていくべき後継者として、弥勒菩薩が名乗りを挙げたにもかかわらず指名しなかった。変わりに上行菩薩を筆頭に四人の菩薩を指名する。彼らは登場するとき、大地から涌き出るように登場したので、地涌の菩薩とも、本化の菩薩とも称される。

日尊門流における造像

日尊門流は派祖日尊の後、上行院を日尹（要法寺としては五代）が継ぐ。その一方で日大（要法寺六代）も別に上行院を創建し、後にこちらは住本寺と改称し、両寺が拮抗する形で、教団としては拡大していく。この日尊門流における造像は、日尹作と伝えられる『日代上人ニ遺ス状』及び日大作と伝えられる『日尊実録』に、日尊門流における造像の記述が存するので、真偽の程は別にしてもかなり古くから行なわれていたようである。要法寺三十一代日舒の『百六箇対見記』に、

「今方丈の両尊…（中略）…四菩薩これか。日饒代に衣替したまえり、住本寺の四菩薩両尊は今本住院跡円詮坊にあり、裏書爾なり、但し東山殿の造立か。その後か。」

とあって、東山殿とは室町幕府八代将軍足利義政のことなので、住本寺十代日広（〜一四八七）の代前後には、すでに住本寺では二尊四士を安置していたようである。ちなみに住本寺は十代日広のとき二条堀川に移転し上行院から住本寺と寺号改称しているが、これはそれに関連して造られた仏像であろうか。また、会津実成寺の両尊が天授三（一三七七）年に造立されたこともあって、いずれにしても日尊門流では、早くから造像が行なわれていたようである。

反面、日尊門流には門流の秘伝書として『本因妙抄』『百六箇抄』『産湯相承』『本尊七箇相承』等が伝えられており、これらの相伝書は造像読誦義とは本質的に相いれない性質のものと思われるので、造像・不造像の両義が並行して存した状態が両寺合併まで続いていたのではないかと思われる。

このような状態を一新し、造像読誦義を日尊門流の立義として確立したのが、要法寺中興開山広蔵日辰

である。日辰は若い頃、富士五山の一つ、西山本門寺十一代日心に私淑し、その不造像不読誦義に傾倒して、造像読誦を堕地獄の法門として固く信じていたが、天文法乱（一五三六年）を契機に造像読誦義に転向する。その後、上行院・住本寺を合併し、要法寺として日尊門流の教勢を立て直し、教学的には『造仏論議』『読誦論議』『観心本尊抄見聞』等を著して、門流における造仏読誦義を確立した。その意味で、日辰は日蓮宗身延派において、同派の教学を一新することに成功した一如日重に比されている。

〈天文法乱〉天文法華の乱ともいい、天文五（一五三六）年七月二十二日から二十七日までの間、天台宗比叡山延暦寺の僧徒が中心となって、京都の日蓮法華宗徒を襲撃した戦乱。これによって洛中の日蓮法華宗の本山二十一ヶ寺はすべて炎上焼失、日蓮法華宗徒は洛外追放となり、洛中での布教が禁じられた。また、この乱によって、下京全域、上京の三分の一が焼失した。比叡山は京都における日蓮法華宗の隆盛に危機感を懐き、比叡山及び園城寺の全軍、これに六角義賢・近江衆の軍も合流、合せて総勢六万の軍勢で、京都日蓮法華宗二万の軍（双方の軍勢には異説がある）を撃破、日蓮法華宗徒を京都から一掃した。日蓮法華宗が京都布教を許されるのは、天文十一（一五四二）年である。

要法寺日辰

日辰は字を右京、広蔵院と称し、京都の出身で姓は田村氏、永正五（一五〇八）年の生まれである。七歳の時、住本寺日法に随って出家、後住本寺日在を師とする。他方、本隆寺日真に天台学を学び、その後富士西山本門寺日心に心酔し、不造像不読誦義に立脚するが、天文法乱を機に立場を変更し、造像読誦の強烈な推進者になる。

天文法乱（一五三六年）の敗北によって、京都の法華宗諸寺は京都から追放され、堺に拠点を移すことになる。約十年後、京都復帰が叶って法華宗諸寺は京都に復帰する。これにあたって日辰は、それまで分流していた上行院と住本寺を合流して日尊門流を統一、天文十九（一五五〇）年要法寺を建立する。要法寺としては初代、日尊門流として第十九代を継ぐ。日辰は教義面においても従来の要法寺教学を一新して、京都において盛んに布教し、門流繁栄の基礎を築き、日尊門流中興と称され、その門から多くの俊才を輩出している。

また、日興門流においても、同時代の保田妙本寺の学僧、日我（一五〇八〜一五八六）と並び称され、西辰東我として有名である。天正四（一五七六）年、六十九歳で入寂。著書は等身大に及ぶほど多数ありとされ、代表的なものとして、『造像論議』『読誦論議』『二論議得意抄』『観心本尊抄見聞』『負薪記』『祖師伝』などがある。

日辰は、同時代日尊門流の多くの僧侶が教学の研鑽をないがしろにし、布教活動や新寺建立にばかり目を向け、眼前の名誉や名利の追求ばかり奔走していることを嘆いて、『負薪記』に、

「今、開山日尊已来の仏法を習い失って、法を他門に求めるという嘆かわしい時節である。もし僧侶が自門の教学の研鑽を怠り、ただ人目につくだけの新寺建立だけを好んで、教学の研鑽をおろそかにしたならば、たとえ末の世に千の伽藍を建立したとしても、規模の大きな本能寺のような大きな教団に飲み

込まれて、末寺になってしまうだろう。」と憂えている。

さて、日辰は自らが不造像論から造像論者に転向したいきさつについて、西山本門寺日春との問答において、

「私（日辰）は、かつて享禄三（一五三〇）年八月二十二日、富士西山本門寺に初めて参詣し、明年四月二十日まで逗留し、その間西山本門寺十一代日心に富士日興門流の法門を聞いて心酔した。その後西山本門寺を出て、五月八日に京都に帰り、天文六（一五三七）年八月まで、西山本門寺の不造像不読誦の法門を声高に唱えて、京都・堺にて法門を弘めていた。しかし、この法門を論議すれば、ことごとく日辰の負けになってしまい、そこで私（日辰）が思ったのは、この法門は日朗門流等の他門流との問答の時は一言も言うべきではないという結論だった。そして、西山日心上人から教授された造仏読誦堕獄の法門を停止し、罪障深重なりと思って、仏前に深く反省した」

と記述している。

日辰の造像読誦論は、広略要の三種本尊論である。これは日辰の『二論議得意抄』に説かれるもので、日辰は本尊には三種類があるとしている。宗祖日蓮の『唱法華題目抄』による考え方で、同抄には本尊について、次のように宗祖日蓮が定めている。

「本尊は法華経八巻・一巻・一品、あるいは題目を書きて本尊と定むべし。…また堪えたらん人は、釈迦如来・多宝如来を書きても造りても、法華経の左右にこれを立て奉るべし。また堪えたらん人は、十

方の諸仏・普賢菩薩等をも造り書き奉るべし。」

この文のうち、「法華経八巻・一巻・一品、あるいは題目」は曼荼羅のことで要の本尊、「釈迦如来・多宝如来を書きても造りても、法華経の左右にこれを立て奉るべし」は一尊四士あるいは二尊四士のことで略の本尊、「十方の諸仏・普賢菩薩等をも造り書き奉るべし」を広の本尊として、一応要の本尊である曼荼羅が主ではあるけれども、どれも宗祖日蓮の意に叶うものであるというものである

これを図示すると、つぎのようになる。

題目を中心とした曼荼羅……要の本尊
釈迦如来・多宝如来及び四菩薩造立……略の本尊
十方の諸仏・普賢菩薩等の造立……広本尊

ということで、造像論の根拠とした。

日辰のこの広略要三種の本尊観は、日蓮の『唱法華題目抄』を根拠としているのだが、この『唱法華題目抄』は日蓮初期の著述で、日蓮が後年事実上訂正したものということを忘れてはならない。更に、日辰は総体・別体本尊論ということでも、本尊の種類を説明している。この総体・別体本尊論は『観心本尊抄見聞』に説かれるもので、

「本尊においては、総体・別体の不同がある。総体の本尊とは、一紙に書写された曼荼羅の相貌図である。次に、別体の本尊とは、これについては人の本尊と法の本尊の二つがある。これを別体の人法本尊という。別体の人の本尊とは、報恩抄に説かれる本門の教主釈尊である。法の本尊とは、妙法蓮華経の

五字である。…蓮祖が人法の本尊を判ずる中で、妙法を以って本尊とするというのは、本尊問答抄の意である。また、久遠の釈迦を本尊とするという場合は報恩抄の意である。」

と述べ、これを整理すると、

総体の本尊……曼荼羅本尊
別体の本尊……人の本尊……釈迦如来
　同　　……法の本尊……妙法五字

となる。そして、以下のように結んでいる。

「末弟の管見をもって、一方を取って、もう一方を捨てるべきではない。この故に本尊に人法の両義がある。」

これが日辰の総体・別体本尊論である。

日辰は、日蓮には本尊を考える上で仏を本尊とする場合と法を本尊とする場合との二種類の本尊観があるとし、それぞれ具体的に御書名を挙げて、仏を本尊とする場合を人本尊、法を本尊とする場合を法本尊と名づけて、この二つは矛盾しないものであるとした。なぜかならば、人法は一体だからであるとしている。これが日辰独特の人法本尊一体論である。本尊に人法の二種があって、この人法が一体であるという人法一体論というのは、すでに妙満寺派開祖日什（一三一四～一三九二年）の嘉慶二（一三八八）年の『風誦文』に、

「この大曼荼羅は、依正不二、人法一体、生仏一如、十界互具の大曼荼羅なり」

とあって曼荼羅を人法一体とし、また身延第十一代行学院日朝（一四二二～一五〇〇年）の『撰時抄私見聞第一』にも、

「ある御義にいわく、人法一体の義を顕したまうなるべし。よって、釈迦を唱えるが妙法を唱えるにて、これあるべきなり。私にいわく、貴く覚えたり。」

とあって、日辰以前にもすでに存在していたようであるが、これを根本教義にして、造像論を展開した日辰は、造像論にはずみつけたということができる。

日辰のこの考え方は当時日蓮門下の造像推進派にとって、画期的な考え方であった。それまでの造像推進派の考えは、宗祖日蓮に造像の事実があるし、信徒にも造像を勧奨している事実もあるので、造像を行なっても良いというくらいの程度で、理論的に整備されていたわけではなかった。これに理論的根拠を与えたのが、日辰のこの人法一体論であった。実際これ以降、造像論が隆盛になるのである。本来不造像である伝燈を持ってきたはずの日興門流の日辰から、この人法一体論が出て、日蓮門下全体に造像論が勢いを得たのは、実に歴史の面白いところである。

この人法本尊一体論と先の広略要本尊とを対照すると、

題目を中心とした曼荼羅　……要の本尊……法本尊
釈迦・多宝及び四菩薩造立……略の本尊……人本尊
十方諸仏・諸菩薩の造立　……広の本尊……人本尊

となる。

日辰はまた、この人法本尊一体論をもって宗祖日蓮の三大秘法も解釈し、本門の本尊は『報恩抄』に説かれる本門の教主釈尊であるとして、釈迦如来がそれにあたる。本門の戒壇は、釈迦如来の像を建立してその周りに四菩薩を建立すれば、そこは清浄なる戒壇であるとして、四菩薩造立そのものが必然的に戒壇建立そのものになるとする。本門の題目は、曼荼羅にはその中央に題目が大書されており、この題目をもって本門の題目としている。これを整理すると、

本門の本尊……釈迦如来……人本尊
本門の戒壇……四菩薩造立
本門の題目……曼荼羅……法本尊

のようになるが、この結果、日辰は「三大秘法は二大秘法なり。人法一体の故である。」と、宗祖日蓮の説いた三大秘法も、人法は一体であるゆえに、煎じ詰めると二大秘法になると言っているのである。

以上が、日辰の本尊観と造像論の概略である。この中で最も注目されるのは、何といってもその人法一体論である。この一体論は、日蓮門下全体においてさえ、それまで漠然としていた本尊について、明確に人法の二種類があり、なおかつこの人法本尊は一体であると定義したところに、重要性があるのである。そして、この日辰の人法本尊一体論は、要法寺門流の主流となり、根付くのである。

大石寺に要法寺から派遣されてくる法主は、この日辰の人法本尊一体論を学び、体に染み込ませて大石寺に入山した。これらの法主の中に、私がこの論文で取り上げる日精がいる。そして、日精はこの日辰の人法本尊一体論を根拠に大石寺門流内において、堂々と造像を繰り返し、大石寺門流を要法寺日辰化しよ

うとしたのである。

この日精の造像は、日精の遷化直後、二十二世日俊によって排除され、教義的にも二十六世日寛によって徹底的に批判され、造像は今日大石寺門流では影も形もない。しかし、日辰によって編み出された人法一体論は、日寛は批判していない。批判するばかりか、日寛の教学に取り入れられているのである。日寛の人法本尊体一論である。こうして、日辰によって生まれた人法本尊一体論は、日精によって大石寺に持ち込まれ、日寛も排除することなく、逆に取り入れて日蓮正宗の根幹の法門として深く根付くのである。日精の造像と教学については後述する。

〔三大秘法〕宗祖日蓮の『報恩抄』他に説かれる日蓮の根本教義である。本門の本尊、本門の戒壇、本門の題目の三つを指す。本門の本尊とは曼荼羅をいうのであるが、古来異論があって、造像論者は釈迦如来も本門の本尊であると主張する。本門の戒壇とは、日蓮に詳細な説明がないことから、古来異論があって、戒壇堂を建立する事戒壇説、行者修行の場がそのまま戒壇であるという理戒壇説がある。日蓮の真意は行者修行の場がそのまま戒壇であるという理戒壇にある。事戒壇論者は日蓮著『三大秘法抄』を根拠に事戒壇が日蓮の真意であると主張するが、この書は古来真偽が争われ、他の日蓮の著述などからして、偽撰が濃厚であるから、根拠にはならない。本門の題目とは、南無妙法蓮華経である。

〔西山本門寺〕富士五山の一つ、富士芝川町にある。日興の弟子、日代を開山とする。日代は、日興より重須大坊（北山本門寺の前身）の後継を受けていたが、日興の弟子で当時日興門流の長老であった日仙との間に論争になり、結果重須大坊を退出することとなったと伝えられている。その後、西山の地に移って法華堂を建立、西山本門寺の起源である。

西山第十一代が日心である。日心は、若き日辰に富士の伝燈である不造像不読誦論を教授、日辰は後に造像読誦論に転向するまで師と仰いだ。日心の弟子に、後に日辰と論争をする十三代日春がいる。十八代日順は京・大阪に布教、第一〇八代後水尾天皇の息女、常子内親王の帰依を受け、その息女天英院熙子も当初西山本門寺に帰依する。二十代日円は水戸光圀の子息で、水戸徳川家の外護もあり、江戸期の西山本門寺は富士門流内において、有力寺院であった。

〔北山本門寺〕富士五山の一つ、富士宮市北山にある。日興は身延離山の後、富士上野に大石寺を開創するが、これを日目に譲り、自身は重須（北山）に移る。これが後の重須大坊即ち北山本門寺である。更に日興はここに談所を造り、弟子の育成にあたる。晩年の日興がここに住したことで、北山には古来重宝が多数あった。

特に、日蓮から日興への付属状である『身延相承書』『池上相承書（一期弘法抄）』（両書あわせて『二箇相承』ともいう）の日蓮の真筆正本と伝えられているものが有名であるが、天正九（一五八一）年三月、西山日春の依頼を受けた武田勝頼の軍により、強奪される。この時の当住であった北山十代日殿は責任を感じ、抗議のハンストを行い、これによって死去する。西山に強奪された北山本門寺の重宝は、武田勝頼滅亡後北山に返却されるが、その中に『二箇相承』はなかった。結局、これ以降『二箇相承』の所在は不明である。北山本門寺所蔵の真筆正本と称されるものは、今日所在が不明なので正本を見て判断できないが、内容からして北山本門寺門流内部で後代に書されたものではないかと推察する。

日辰・日春の論争

日辰が京都において、上行院と住本寺を統合して要法寺を創設し、富士日興門流の伝燈である不造像不読誦を捨て、造像読誦論を展開して、教団を隆盛に導いていたとき、日尊門流内部において、この統合に納得せず、日辰の造像読誦論に反対した僧俗がいた。彼らは、今回の統合は住本寺系による上行院系の吸収と考えたのであろうか。統合によって消滅したかつての上行院を復活。日辰の師である西山本門寺日心の弟子日春を富士から京都に招聘し、日辰に対抗して富士門流本来の伝燈法門である不造像不読誦論を掲げて、京都に教線を張った。

日春は生年が不明、法善坊・妙円坊と称し、西山本門寺十一代日心の弟子。西山本門寺祖日代は、日興より重須大坊（北山本門寺）の後継に指名されていたが、日仙との論争の結果重須を退出、その後西山に法華堂を開創、本門寺の礎になったという歴史から、西山と北山とは長年絶縁状態だった。要法寺日辰はこの両山の和解通用を図って両寺に働きかけるが、努力の甲斐も無く結局成功しなかった。

この日辰による北山・西山和解構想の失敗を知るや、当時京都上行院で日辰に対抗していた日春は、西山出身の自分なら和解を成功に導けるのではないかと考え、両寺の仲介に乗り出す。日春は西山に譲歩させた形で両寺の和解に成功。永禄五（一五六二）年、両寺は二百二十八年ぶりに和解する。これに反発した日辰は、日春の和解工作には不純なものがあるとして、日春の不造像不読誦論とあわせて、日春に質問状を出す。これが辰春問答と呼ばれる論争に発展する。この辰春論争については、後で紹介することにする。

論争の後、日春は西山本門寺の第十三代を継承する。先に日春の仲介で和解したはずの北山と西山であったが、二百年以上にも亘って絶縁状態が続いていた両寺の関係がそう簡単に好転するはずもなく、次第にもとの状態にもどっていった。もともと西山が譲歩した形での和解であったから、日春としてもいざ西山の当主になってみると、北山の対応に不信が募り、結局和解以前の絶縁状態になる。

こうして、両寺は再び不和となり、ここにおいて、日春は北山の正統な後継者は西山本門寺の祖である日代であるとして、北山にある日蓮から日興への付属状である『二箇相承』、日蓮及び日興書写本尊等を含む重宝を本来西山のものであるとして、武田勝頼に訴える。武田勝頼はその訴えを正統なものであると認め、北山の重宝類を押収してしまう。後に、武田勝頼が滅び、徳川家康が駿河の国を領するに至って、重宝類は北山に返却されることになるが、これによって、両寺の関係は以前よりさらに悪化することになる。日春の入寂は慶長十一（一六〇六）年である。

日辰と日春の論争は『辰春問答』として、往復の書簡が残っている。ことの始まりは、上行院と住本寺が合流して、要法寺ができたとき、上行院の一部が反発して合流せず、別個に上行院を興したことである。これを憂慮して合流の仲介をしようとした人々がいたのは当然のことである。永禄四（一五六一）年五月、

日辰と日春は対面する。日辰は日春にどうすれば合流に同意しますかと尋ねている。そのときの日春の返事は、

「要法寺堂内の御仏を除かるるにおいては、同心せしむべし。」

というものであった。これに対して、日辰は一年九ヶ月後の永禄六（一五六三）年二月、先年日春によって一見成功したかに見えた北山・西山両寺の和解に不純な点があることも含めて質問状を出す。これが辰春問答の始まりである。この論争は、

永禄六年二月八日　日辰より日春への質問状、不造像を批判
同二月十二日　日春より日辰への返状、造像を批判
同二月二十三日　日辰より日春への再質問状、不造像を批判
同二月〜三月頃　日春より日辰への返状、造像を批判
六月　日辰より日春への返状、不造像を批判

以上五通が、今日伝わっている。日辰の日春批判について、ここでは造像に絞って、要点を紹介する。

日辰…造像は地獄に堕する法門か。
日春…造像そのものは、地獄に堕する法門ではない。ただ仏像を造立して本尊として安置することは、日本一国に法華経が流布して、一色になったとき、いわゆる広宣流布のときに造立するものであって、今日においては未だその時ではなく、したがって仏像を安置せず、曼荼羅を本尊として安置するのである。

日辰…かつて、私（日辰）が西山本門寺で貴公の師である日心から教授されたことは、造像そのものが地獄に堕する法門であって、時節を論じたものではなかった。貴公は、造像そのものは地獄に堕する法門ではなく、ただ時節がその時ではないと言っているが、それは日心から聞いた法門でもなく、また富士日興門流諸山で聞いた伝燈の法門でもない。貴公の説は、西山本門寺の説とも異なり、富士諸山の説とも違う。

日春…在家（信徒）においては造像したとしても、それはあくまで私的なものである。また、広宣流布の時もいつそうなるかわからないのであるから、それまで待てない人にとって造像はいつになってもできない。そこで、広宣流布を待つ間の仮の造像ということで許されるが、出家（僧侶）が造像するということは、教団として正式に公認するのであるから、それはできないのである。

日辰…宗祖日蓮には自ら造像の事実があり、信徒にも勧奨している。また、入滅に際して、宗祖が生前常に所持していた随身仏としての釈迦如来像を自らの墓前に安置するよう遺言して入滅された事実がある。二祖である日興も造像を認めているので、造像を非難する方がおかしい。

私（日辰）は、かつて享禄三（一五三〇）年八月二十二日、富士西山本門寺に初めて参詣し、明年四月二十日まで逗留し、その間西山本門寺十一代日心に富士日興門流の法門を聞いて心酔した。その後西山本門寺を出て、五月八日に京都に帰り、天文六（一五三七）年八月まで、西山本門寺の不造像不読誦の法門を声高に唱えて、京都・堺にて法門を弘めていた。しかし、この法門を論議すれば、ことごとく日辰の負けになってしまい、そこで私（日辰）が思ったのは、この法門は日朗門流等の他門流との問答の時は一言も言うべきではないという結論だった。そして、西山日心上人から教授された造仏読誦堕獄の法門を停止し、罪障深重なりと思って、仏前に深く反省した。

以上が、日辰と日春の論争の概略である。この論争で、日春は造像に関して、造像そのものが誤りであるとはせず、時節が到来してはじめて行なうものであるという論理であるのに対して、日辰は宗祖の造像安置の事実や、信徒に対する造像の勧奨の具体例、また二祖日興の造像についても論じて、正面から日春を批判したのである。この論争は、どちらかというと、日辰に分があるようである。それは、日春が造像そのものを否定せず、時節の問題にしたことである。日春としては造像そのものの是非について、論ずべきだったと思う。

〔二箇相承〕日蓮から日興への付属状である『身延相承書（一期弘法抄）』『池上相承書』の二書を併せて二箇相承という。この内、『身延相承書』は別名『一期弘法抄』ともいい、弘安五（一二八二）九月の書。『池上相承書』は日蓮入滅の当日である弘安五年十月十三日の書である。

『身延相承書』

日蓮一期の弘法、白蓮阿闍梨日興にこれを付属す。本門弘通の大導師たるべきなり。国主この法を立てらるれば、富士山に本門寺の戒壇を建立せらるべきなり。時を待つべきのみ。事の戒法というはこれなり。就中我が門弟等この状を守るべきなり。

弘安五年壬午九月　日　　　　　　　　　　日蓮　花押　血脈の次第　日蓮日興

『池上相承書』

釈尊一代五十年の説法、白蓮阿闍梨日興に相承す。身延山久遠寺の別当たるべきなり。背く在家出家共の輩は非法の衆たるべきなり。

弘安五年壬午十月十三日　　　　　武州池上　日蓮　花押

これが二箇相承の全文である。この二箇相承は、日蓮から日興への付属状であり、日興を日蓮の後継として定めた相承書として、古来富士門流では最重要な書として大切にされてきた。この二箇相承は日興が宗祖日蓮から相承されたものであることから、日興が遷化した北山本門寺に日蓮の真筆が所蔵されていたと伝えられてきた。実際そのことが原因で、北山本門寺は西山日春の依頼を受けた武田軍の襲来を受ける。その後、武田家滅亡後も、この二箇相承は北山に戻ることはなく、これ以降真筆の所在は不明のままであり、現在あるのは写本のみである。これが二箇相承紛失の事情であるが、結論から言って、この二箇相承を宗祖日蓮のものと認めることはできない。これと同じように、日蓮から六老の一人である日朗への相承というものもあるが、これも日蓮のものと考えることはできない。

二箇相承については、戒壇建立の問題などもあり、論ずべき点が多々あるが、ここでは日蓮のものでないということだけを記して、この問題の詳細は別に譲りたい。

日精の造像読誦及び教学

大石寺・要法寺両山一寺の盟約が成り、文禄三（一五九四）年、要法寺から初めての法主日昌が大石寺第十五世として入山しても、日昌は門流内において造像をすることはなかった。また、日昌の後を継いだ十六世日就も造像を推進しなかった。大石寺門流内で造像が始まるのは、十七世日精に至ってである。日精の造像読誦は、自身の『随宜論』及び要法寺三十一代日舒の『百六箇対見記』によれば、浅草法詔寺、小梅常泉寺、下谷常在寺、鎌倉鏡台寺、久米原妙本寺、会津実成寺等の諸寺において行なわれていたことが確認されている。この他にも日精の私権の及ぶ寺院には積極的に造像を推進されたようであるが、不幸中の幸いというべきか、大石寺には造像をされなかった。ただし、法詔寺においては、

「寛永年中江戸法詔寺の造仏千部あり。時の大石の住持は日盈上人、のち会津実成寺に移りて遷化す。法詔寺の住持は日精上人云云」

と『百六箇対見記』は伝えているので、かなり大がかりな造仏供養を奉修したようである。「時の大石の住持は日盈上人」とあるので寛永十年以降ということになるが、日精は同十一年十一月に『随宜論』を著しており、その奥書には、

「この一巻は、私（日精）が法詔寺建立の翌年に仏像を造立したが、そのとき門徒の僧俗が疑い難じたため、その迷妄を晴らすためと自分の備えのため筆を取ったものである。」

とあって、法詔寺建立の翌年造仏をしたところ宗内に批判の声が上がったため、その批判に対しての反論とされている。

この年法詔寺は神田明神前から浅草鳥越に移転しているので、その際造仏千部の供養を挙行したのであろう。そのとき再び批判が起こったか、あるいは起こるのを想定してか、いずれにしても、それらの批判

に対して造仏読誦が謗法でないことを門流に示す必要があったのではないだろうか。登座以前の造仏ならともかく、少なくとも前大石寺法主が造仏読誦ということになれば、富士の伝燈を根底から揺るがす一大事である。金口嫡々の御相承も無意味なものとなりかねない。いまだ伝燈の立義を遵守している僧俗から見れば、日精の行動は到底看過できうることではなかったに違いない。それらの人々に対する日精の弁駁が『随宜論』と考えて良い。したがって寛永年間の「造仏」の記述は『随宜論』著作とほとんど同時期と考えて良い。

日精の造仏の裏付けとなったのはやはり日辰の教学である。実際『随宜論』にみられる造仏読誦義も粗日辰と同じと言うことができる。もっとも要法寺出身の日精であれば、当然のことと言えなくもない。

日精の本尊・三秘についての見解は、総体・別体本尊論である。日辰が『観心本尊抄見聞』で説いたところと同じで、総体の本尊とは大曼荼羅、別体の本尊に人・法本尊があって、法本尊は南無妙法蓮華経、人本尊は久成の釈尊というものである。また、三秘についても、

本門の本尊は久遠の釈迦如来
本門の戒壇は四菩薩造立
本門の題目は妙法蓮華経

としている。そして、造仏は三秘の本門の本尊造立の意味で行なっている。したがって造仏は謗法ではない、現に宗祖も『四菩薩造立抄』等において、造仏を称歎されているではないかというのが、日精の所論である。

勘違いされやすいのは、造仏論といえば即曼荼羅否定と取られがちなことである。その意味からすると、日辰も日精も決して曼荼羅本尊を否定するものでない。そうではなくて、一尊（両尊）四士も本尊の一種であるというのが造仏論である。また読誦について言えば、『四信五品抄』の「不許一経読誦」は逆縁・正行に約す文であって、順縁・助行に約すれば一経読誦も可なりというのがその所説である。

この教学のもと日精は積極的に造仏読誦を行なった。長い間、日蓮正宗は、日精の造仏や『随宜論』の著述は登座以前のことで、登座以後は一点の曇りもないなどと強弁してきたが、事実は日蓮正宗の主張とは程遠いようである。むしろ隠居後を含めて、日精に不造不読を主張した形跡を認めることの方が難しい。

また日精は寛永九年十一月に建立された御影堂に戒壇の本尊を安置されたとも考えられ、更に垂迹堂を建立されたりしているが、これも『随宜論』に、

「本堂には曼荼羅のような配置に仏像を安置するべきである。祖師堂には日蓮聖人の御影、垂迹堂には天照太神、八幡大菩薩の像を置くべきである。その上に戒壇堂を建立し、中に法華経一部を納めて戒壇とし、板本尊を安置すること。これが法華本門の戒を授ける所である。」

と述べたことを実行したということができるだろう。前述のように、御影堂は日精筆の棟札には「本門戒壇本堂」とあって、日精の意識では単なる御影堂ということだけではなさそうである。本門戒壇本堂を建立し、また垂迹堂を建立して、日精としては敬台院の帰依を背景に三堂一時建立を達成したというところだろうが、これらはすべて『随宜論』にみられる日精の教学が根底にあるということができる。そしてそれはまた日辰の『観心本尊抄見聞』にみられる、

「広宣流布の日は、宗祖等は賢王・大臣・国母・導師となって、富士山の麓天生山において御影堂等を造立し、岩本坂において二王門を建立し、六万坊を造立すべきである。本尊造立の記文は別紙のごとくである。広宣流布の時、一閻浮提第一の伽藍建立すべしとは、順縁の広布なるが故に、これまた一閻浮提第一の本尊造立の相なり」

という教学を継承したものであるということができるだろう。更に『大聖人年譜』には戒壇について、

「御遺状の富士山に本門寺の戒壇を建立すべし云云。この文を以って佐渡抄を見るに、四菩薩の戒壇とは理の戒壇に相当する。その故は個々に亘るが故に理というのである。さて富士の戒壇は一所に限るが故に事というのである」

と述べ、これもまた日精の本門戒壇本堂建立の根拠になっていると思われるが、同じく日辰の説に依っている。

このように日精は造像読誦を推進し、一方で本門戒壇本堂を建立して戒壇本尊を安置したりしたようであるが、日精自身においてはこの二つは決して矛盾するものではなく、造像の延長線上に本門戒壇本堂建立があったようである。したがってその本門戒壇本堂建立も、全く富士の伝燈に則ったものというより、むしろ本質的には日辰の教学を継承し、それに古来より富士に伝わる事戒壇建立を上乗せして、実行したと言って良いだろう。

以上が、日精の造仏論である。後に二十六世日寛は、このような総体・別体本尊論および人本尊を久遠の釈迦如来、法本尊を南無妙法蓮華経とする日精の考え方を評して、

「これは精師がしばらく他解を述べたものである。則ち日辰の意である。故に精師の本意ではない」と述べているが、この言い方は、実に面白い。なぜかならば、日寛の日精批判の仕方が象徴的に表れていて、実に面白いのである。ここで日寛は日精を批判していない。日寛は、日精は他門流即ち日辰の解釈を紹介しただけで、日精の真意ではないと述べ、日精をかばっている。しかし、日寛はかばったけれども、これが日精の真意であることは間違いない。

さて、私が注目するのは、『随宜論』における次の文である。

「ある者は、富士門流では仏宝よりも法宝が優れているのであるから、法宝である法華経を本尊とするのだという。これは『本尊問答抄』にも書かれている。」

これは、日精の造像について、門流内部から批判があったと記している中で、具体的にどのような批判があったかというと、おおよそ六項目に関して批判があったようであり、その中の五番目の造像批判の箇所である。批判の内容は、富士門流では古来法宝を仏宝より優れているから造像はしない。このことは宗祖の『本尊問答抄』に明らかであるという文意である。ここで、宗祖の『本尊問答抄』に明らかであるというのは、具体的には、『同抄』の次の文を指す。すなわち、

「問うていわく、汝何ぞ釈迦をもって本尊とせずして、法華経の題目を本尊とするや。答う。その故は法華経は釈尊の父母、諸仏の眼目なり。釈迦・大日総じて十方の諸仏は法華経より出生したまえり。」の文である。ここには、明確に釈迦を本尊とはしない。法華経の題目を本尊とすると、宗祖が説いている。この文を以って、造像に批判的な人々が、日精に対して向けたのである。これに対する日精の返事は、

「次に、法宝最勝について、今は法宝と仏宝の勝劣について論じているのではない。法宝はこれ当家の
本尊である。よくよく御書を拝し、信を深くするべきである。」

である。これをみると、日精には先の法宝が仏宝より優れるから、造像はしないのだという批判の真意を理解しているとはいいがたい。日精にとっては単に法宝と仏宝の勝劣を論じるということぐらいにしか受け取っていないようだが、法宝と仏宝の勝劣こそが造像問題の根底にある問題なのであって、そこのところが理解できないというところが、日精が造像問題の本質を理解できていない証左である。それにしても、当時このような正面から不造像義を論じ、造像批判をした人々が存在していたということが、富士門流の伝燈法門に対する心意気を現している。

日精は日辰の教学を以って、大石寺門流に造像義を持ち込んできた。だがしかし、日辰の教学とも全く同じというわけでもない。造像読誦義とは本質的に相容れないと思われる『百六箇抄』等について、日辰は、

「御正筆の血脈書を拝していない現段階においては、血脈書が真撰であるとも、偽撰であるとも決定しがたい。けれども、録内御書ならびに玄義・文句・止観に照らし合せて、もし録内玄文に違背するようなことがなければ、信用すべし」（『二論議得意抄』五）

と懐疑的な態度を取り、会通を試みているのに対して、日精はこれら両巻血脈書を根本所依と考えていたようである。

両巻血脈書は、元来「日興これを日尊に示す」「日尊これを日大・日頼に示す」等と『百六箇抄』の奥書

に伝えられているように、日尊門流においては一家の誇耀であった。これを疑問視する日辰の見解はむしろ日尊門流の伝燈から離れているものであって、日精の姿勢はこの点日尊門流の伝燈に則っているということができる。しかしこれら相伝書と造像は本質的に相容れないものといわねばならず、日辰が録内中心説を強調したのもこれゆえであって、このような矛盾が後に日精の門より三鳥派問題が派生する原因となる。

また日精のこのような両巻血脈書に対する姿勢は、要法寺三十代日饒・三十一代日舒等と通ずるものがあり、日精の方が先輩ではあるけれども、単に日精独自の傾向というより、むしろ当時要法寺教学の全体的傾向であったと思われる。こうした当時の要法寺教学の傾向に対して、日辰教学の再認識を訴えたのが嘉伝日悦である。

〔四菩薩造立抄〕日蓮が四菩薩造立を勧奨している書であるが、偽撰。

〔両巻血脈書〕日蓮が日興に相伝したされる法門を録した『本因妙抄』『百六箇抄』の二巻を指す。大石寺門流では秘伝書としてされているが、どちらも偽撰。その出自からして、おそらく京都の富士門流内で作られたものではなかろうか。

〔録内〕宗祖日蓮の遺文を収録編纂した最初の御書。日蓮滅後一周忌に聖人の遺文を収集したものを録内、三回忌に収集したものを録外と伝えるが、収集年代については問題がある。古来、録内は信用できるが、録外は真偽を確認してのち信用すべきという傾向がある。

【資料紹介】日精著、『随宜論』一巻（現代語訳及び解題、倉光遵道）

『随宜論』解題

『富士宗学要集』（第九巻）によれば、この書の日精筆の正本は大石寺に存在し、題はなく、「随宜論」は後人の命名であることが記されている。

初めに造像、次に読誦を述べるとしつつも、読誦については説かれず、造像についてのみの内容となっている。

第一の造像を説くにあたり、道理（造像するべき理）、文証（御書からの文証）、外難（造像批判に対する反論）の三段に分け、最初の道理の段では「造像の大善は言論ずべからず」（仏像を造る大善は、当然成仏の因となることは言うまでもない）と結論づけている。

続く第二の文証では、まず『観心本尊抄』『報恩抄』『唱法華題目抄』の文を挙げる。『観心本尊抄』と『報恩抄』の文は、ともに曼荼羅の相貌を説く、両書の中心的部分であるが、そこを造像の証文としている。次に二つの問答を設け、二番目の答で宗祖の釈迦仏開眼の証拠として『真間釈迦仏供養抄』『四條金吾釈迦仏供養抄』『木絵二像開眼之事』の三書を挙げている。

第三の外難では、三つの問答のうち、二番目の問の中で取り上げられた『御遷化記録』『本因妙抄』『化儀抄』『百六箇抄』『本尊七箇相承』『五人所破抄』『本尊問答抄』について、造像側からの会通を試み、第三問答で『日尊実録』(日大)、『宰相阿闍梨御返事(『葦名阿闍梨御房御返事』)』(日代)からの引用を以って、現在は不造立だが、広宣流布の時=本門寺建立の時=戒壇建立の時、に造立すべきで、不造像と造像は教義的に対立するものではなく、現在(不造像)と将来(造像)という時節の問題であるだけで、ともに成仏に至ると結んでいる。

全体を通して見ると、宗祖の主要御書である『観心本尊抄』『報恩抄』の引用はあるものの、造像に至る決定的な文証ではない。そのため補足で『真間釈迦仏供養抄』等の三書を挙げるのであるが、これらの書は、その成立に問題がある。『真間釈迦仏供養抄』は真蹟がなく、『四條金吾釈迦仏供養抄』は真蹟が身延に曾て存在したという一方で、ほとんど後ろの部分にあたる真筆の一紙が鎌倉妙本寺に蔵されている。また、『木絵二像開眼之事』は、『日蓮聖人御遺文対照記』(稲田海素)で「愚見に任せば、慥に他筆なり」と判定しており、三書が三書とも何らかの問題を抱えた書である。

さらに、不造像と造像の法義的矛盾はないという結論に導く段の引用の著者・日大は、造像思想が指摘される日尊門流で、日精の先師にも当たる。また日代は西山の実質開山で、両者は同じ富士門流とはいえ、大石寺とは異なる系統による引用では、説伏力が今ひとつの感がある。

『随宜論』本文

当富士門流においては、これまで長い間、釈迦像を造立して本尊とすることを禁じ、法華経一部の読誦を禁止してきた。しかし、ここに信仰心の篤い、ある信徒がやって来て「他の日蓮宗の門流では、皆釈迦像を造って本尊とし、読経には法華経一部を用いている。ところが、この富士門流で、それをしないのはどういう訳なのか。どうか、その意味を教えてもらいたい」と尋ねられた。

私（日精）は、その信徒に対し「日蓮聖人の目的は、三箇の秘法を弘通することにあった。釈迦像は、三箇のうちの一箇の本尊である。誰が、この本尊を造らないでおけようか、当然造立すべきである」と語った。しかし、今まで釈迦像を造立しなかったのは、宗祖のご在世当時、釈迦像を安置していなかったという理由によるのである。

また、法華経一部読誦については、「摂受・折伏時に依るべし」といい、このため法華経一部二十八品の読誦と、方便品・寿量品の二品の読誦では、広く一部の読誦と、略しての二品読誦の違いであって、ともに法華経の読誦には異ならない。この問いが出たのを機会に、自分の考えにより諸々の文と考え合わせ、当宗の元意を得て、他から侮られないように経典や御書を拝するのだが、理解がままならず、義を聞いても、生まれつき暗愚にして、なかなか明らかにできないのであるが、ともかく主要な文を集め、自分の助けとするだけである。

この意義を明らかにするに、先ず二段に分け、初めに造仏、次に読誦とする。

また、初めの造仏について述べるに当たり、道理・文証・外難の三に分けることとする。

そのうち、最初の道理についていうならば、

法華経以外の権経の説くところで考えてみると、釈迦像を造るのは、迷って三道（地獄・餓鬼・畜生）に

流転しないための因であり、天上の世界に縁するもととなる。権経でさえ、このように善因と言っている。ならば法華経では、小さな善でも悉く成仏の因となると説いているのであるから、仏を造る大善は、当然成仏の因となることは言うまでもない。これまでの成仏への障害は全て消え、様々な苦悩から解き放たれ、利益ある行動である。委しくは『経律異相』『法苑珠林』『心宝』という書物に、諸の経典から文を引いてあるが、繁多になるため、今は略すこととする。

二に文証を挙げるならば、『観心本尊抄』に

「その本尊の姿形は、久遠実成の釈尊の居す娑婆世界の上に多宝塔が空にかかり、その宝塔の中央の南無妙法蓮華経の左右に釈迦牟尼仏・多宝仏が座し、釈尊の脇士に上行菩薩等の四菩薩が連なり、文殊・弥勒等はその四菩薩の眷属として末座に居す。さらに迹化他方の諸々の菩薩は、万民と同じく大地に居して、あたかも雲閣・月卿を仰ぎ見るが如くであり、十方の諸仏もまた大地の上に居している。それは、他方の諸仏は久遠実成の釈迦仏の垂迹の仏、その国土も迹土となることを表しているがためである。このような本尊は釈迦在世にはなく、法華経説法の八年の間でも、ただ八品に限っている。正像二千年の間、小乗の釈迦は迦葉・阿難を脇士とし、権大乗・涅槃経・法華経迹門の釈迦は文殊・普賢を脇士としている。こうした仏は、これまでの正像の間に造り、画いたことはあっても、寿量品の仏はなかった。末法に入り、初めて本門の本尊が出現するものである」

次に、『報恩抄』下に「一には日本をはじめ一閻浮提の者の一同に本門の教主釈尊を本尊とするべきである。その本尊の形は、宝塔中で釈迦・多宝そのほかの諸仏が上行等の四菩薩の脇士となっている。二には

本門の戒壇。三には日本をはじめ一閻浮提の全ての人が有智・無智の隔てなく、一同に他事を顧みず、ただ南無妙法蓮華経と唱えることである。」

また、『唱法華題目抄』には「問う、法華経を信ずる者は本尊として何物を選び、日常の所作もどのようにしたらよいのか。答う、第一に本尊は法華経一部八巻、あるいはいずれかの一巻、あるいは一品、または題目を本尊とするべしと法師品・神力品にある。また、可能ならば釈迦仏・多宝仏を書くか造り、法華経の左右に並べるべきである。また、できるならば十方の諸仏・普賢菩薩等も書くか造り副えるべきである」等とあるが如しである。

問。『本尊抄』や、『唱法華題目抄』の文の中に「十方の諸仏」とあるが、そうすると阿弥陀仏も造立することになるのか。

答。一切経や、天台大師、日蓮聖人の義に、十方の諸仏の名が決まっているだろうか。否、十方の諸仏というとき、阿弥陀仏の名は無い。『普賢観経』には、東方の仏は善徳仏、南方の仏は梅檀徳仏という二仏を挙げている。そのほかの八方の仏の名は略している。『観仏三昧経』と天台大師の『法華三昧儀』と、日蓮聖人の御書には、十方の仏の名を挙げている。例えば『千日尼御前御書』には、「十方の仏とは、東方・善徳仏、東南方・無憂徳仏、南方・梅檀徳仏、西南方・宝施仏、西方・無量明仏、西北方・華徳仏、北方・相徳仏、東北方・三乗行仏、上方・廣衆仏、下方・明徳仏なり」とあり、ここに挙げてある十方仏の中には、阿弥陀仏の名はない。十方のそれぞれの主だった仏を挙げ、阿弥陀仏はその中に含まれているのであろうか。

又、日蓮聖人自筆の本尊には「南無釈迦牟尼仏、南無多宝如来、南無東方善徳仏、南無十方分身の諸仏、南無上行菩薩」とあり、このように仏・菩薩の名を並べた本尊は数多く残っている。もしそうならば御書や曼荼羅のように諸仏菩薩を造立すべきか。

問。第六天の魔王・提婆達多という悪逆なるものも造立しなくてはならないのか。

答。経済的な余裕があるならば魔王・提婆も作るべきである。但し、各々の考え方、造立しようとする意志に任すべきである。又、日蓮聖人の御在世中を考えてみると、仏像の開眼供養を度々なさっている。それは『真間釈迦仏供養抄』『四条金吾釈迦仏供養抄』『木絵二像開眼事』等の御書に明らかである。これらは皆脇士以下の仏・菩薩を造り副えない釈迦一体のみの仏像である。日蓮聖人の三箇の秘法の本尊ではないが、それぞれ開眼供養をされた。今は、御書の文を引用しないが、改めて拝見するべきである。

三番目に外難に対するならば、

問。富士門流は造仏を許すのか、許さないのか。もし、造仏をしてもよいというならば、仏像を造立しないのはどういう意味があるのか。また、造仏を許さないというのであれば、第二の文証で引いた御書の文は、どのように考えるのか。

答。昔からいろいろな義が論じられてきたが、私（日精）が考えるには、釈迦像を造立するべきである。

問。もし造仏を許すならば、いくつか不審に思うことがある。

第一に、考えてみるに日蓮聖人自身、御在世中に仏像を造立されなかった。深い理由があるためである。もし仏像を造立してもよいならば、なぜ釈迦像を造らず、四菩薩も造らなかったのか。そのうえ『御遷化記録』には「仏（釈迦立像）は墓の脇に立てて置くべし」とあり、これは不造像の証である。

第二に、『本因妙抄』には「釈迦は熟益・脱益の教主、自分（日蓮）は下種益の法主である」とあり、熟脱の仏は、まだ迷いを断ち切っていない我々の機根にはふさわしくない仏であるから造るべきではない。故に『化儀抄』には「当宗の本尊は、日蓮聖人に限るべし」とあり、『百六箇抄』には「（下種感応日月本迹の項に）下種の仏は現に天にある月であり、脱の仏は池に映る仮りの月である」とある。これらの文から、下種の法主は日蓮で天月にあたり、脱の仏釈迦は水月にあたるということである。これについては、古来深い意味がある。昔の有徳の者のいうには「久遠元初自受用報身とは、本因名字即の日蓮のことである。故に日蓮を下種の仏というのである」と。

第三に、『本尊七箇相承』に「明星直見の本尊のこと。師の云く、虚空蔵菩薩に向かい、末法において幼稚な凡夫にとっては、何物を本尊とするべきであろうかと祈ったとき、その場に現れた老僧がいうには「あなたの身を本尊としなさい。（そして）明星が池を見なさい」と。その池を見ると不思議にも日蓮聖人の影が曼荼羅となって映っていた」とある。三箇の秘法の本尊である曼荼羅とは、日蓮聖人の姿形である。故に日蓮聖人の御影を本尊とするのであって、衆生化導のために荘厳された仏を造立するべきではないのである。

第四に、『五人所破抄』に

「諸仏は皆三十二相八十種好という仏の相好を具えているが、両手の組み方や、持ち物によって仏の格や働きが異なり、その仏が本門の仏か、迹門の仏かという違いは脇士や、周囲に集う菩薩によって知れるのである。故に小乗教を説く釈迦の像は迦葉・阿難を脇士とし、迹門の仏は普賢・文殊を脇士とする。このほかの脇士のない一体仏は、糞掃衣をまとった姿である。そもそも大乗を学ぶ者はおおもとは知っているが、細目まで大事には考えていない。よくよく日蓮聖人の出世の本懐を探ってみるに、権教や迹門の仏の説く衆生化導のための法ではなく、上行菩薩に付嘱された教えを弘めることにある。それ故日蓮聖人が書き顕した本尊は、正像二千年の間、一閻浮提でこれまでになかった大曼荼羅なのである。今末法においては迹門の仏に衆生を救う力はない。まして小乗の仏にかなうはずはないのは当然である。次に、日蓮聖人が常に一体仏を所持していたという点については、これは継子（ままこ）に注ぐ一時的な情愛で、いわば明るい月が出る前には、一時的に蛍光の明かりを利用するのと同じである。つまり一体仏自体に本尊としての深い意味はない。もしも強いて釈迦像に執着するのであれば、当然四菩薩を造り副えるべきであろう。あえて一体仏を本尊として用いてはならない」

との文について。この文には、今末法に至っては爾前迹門の仏は利益のない仏で、日蓮聖人所持の一体仏は、末法の本尊として所持していくのではなく、一時的な情愛によるものということであった。この文から考えても不造像は明らかである。

ある者は「富士門流では仏宝よりも法宝が優れているのであるから、法宝である法華経を本尊とするのだ」という。これは『本尊問答抄』にも書かれている。またある者は「板本尊は富士山本門寺本堂の本尊と定まっている。端書きの文は、その意味を含んでいる」という。このような意味から仏像を造立する必要もなく、不造像であるというのであるが、これについてはどのように答えるのか。

答。日蓮聖人御在世中に仏像を安置しなかったのは、聖人の居処が定まっていなかったためである。鎌倉の比企谷は聖人説法の地、名越・松葉谷は『立正安国論』を制作した洞窟のある場所である。しかし、ともに幕府によって所を追われてしまった。その後、伊豆・佐渡の流罪を経て、鎌倉に戻っても、聖人を怨む者がいるため、いつ襲われるともしれない状態では、安住もおぼつかず、国主の帰依もない地であるから自分の領地もなく、留まる理由もない。さらに身延入山後は、やっと居処が定まったようなものだが、まだ天皇の勅許を得ていないが故に、本尊造立までは至らなかったのである。

次に随身一体仏の立像釈迦についてであるが、これも日蓮聖人の本意ではない。もしも「墓所の傍らに立て置くべし」との遺言がなかったならば、一体仏は日蓮聖人随身の本尊として末法の本尊と受け止められてしまい、聖人出世の本懐である三箇の秘法の本尊を棄て置くことになったであろう。故にあらかじめ「墓所の傍らに立て置くべし」と言い置かれたのである。このように遺言している一方で、猶一体仏に執する者は一体仏を本尊とするであろうが、『五人所破抄』では一体仏を本尊とすることを禁じているのである。よって御在世中に造像されなかったことや、『御遷化記録』の文をもって不造像の証とするのは誤っている。

次に『本因妙抄』の事。熟益、脱益の教主は、この娑婆世界に出現した二番目の仏以来、このインドに誕生した釈迦までの仏は、未来永遠に応身仏であり、熟脱の仏とする。しかし、日蓮聖人が本尊とする釈迦は脱益の仏ではない。寿量品のとき、始成正覚の姿のインドに生まれた釈迦仏を見ることなしに、久遠実成の自受用報身如来を見ることができようか。このため天台大師が寿量品を釈するとき「もしも別の意義にしたがって考えるならば、まさしく報身である」というのは、このことである。この自受用報身如来は上行菩薩を召し出して、仏滅後の弘通を託すという別付嘱をした。これは神力品に説かれるごとくである。この別付嘱の仏、すなわち久遠実成の釈迦を本尊とするゆえに脱益の仏ではないのである。一体仏といえども、上行等の四菩薩を脇士とすれば、(神力品で別付嘱した)自受用報身如来である。これは『五人所破抄』に示されているところで、日興上人の義である。

また、たとえ一体仏であっても、曼荼羅の前に造立する釈迦は、久遠実成の釈迦、報身如来である。もし仏身が久遠実成の報身如来であっても、三十二相八十種好を具える仏という理由で脱益の仏と下すのならば、『百六箇抄』の文「下種の法華経の教主について本迹を分かつならば、自受用身は本であり、上行日蓮は迹となる」の文にもあるように、相好を具すとしても、下種の仏であることに変わりはない。故に、曼荼羅に勧請する釈迦仏は脱益の仏ではないと心得るべきである。

次に日有上人の『化儀抄』のこと。「当宗の本尊は日蓮聖人に限る」という仰せの論拠が、明白ではないので、文の通りに受け取るわけにはいかない。世間にも歌道では和歌の祖といわれる柿本人麻呂を崇めて本尊とし、医者は衆生の病気を治すという薬師如来を本尊としている。これらと合わせ考えると、まず一重三箇の秘法の本尊を定めるのである。

次に末法の導師である日蓮聖人の祖師堂の本尊については、『百六箇抄』をはじめ他の書、また諸門徒がいうところ(御影か)と同様である。そうでなければ、三箇の秘法のうちの本尊は、ただ名前のみのこととなってしまう。

次に『百六箇抄』の文、感応日月本迹のことについて。この日と月の相対は、釈迦と日蓮の相対ではない。方便品の唯仏と与仏の相対にあてはめるものである。下種の仏は、これまで挙げて説明してきた自受用報身であり、脱仏は、二番出世以降、今日のインドに生まれた釈尊までの応身仏であるが、この下種仏・自受用報身・本果の釈迦が本で天月であって、二番以下の脱益の仏・応身の仏は迹で池に映る月と判ずるのである。このため釈迦と日蓮を相対する本迹は誤りである。

次に久遠元初自受用身とは日蓮のことであるという古徳の言葉であるが、このことは大変疑問である。なぜならば、『百六箇抄』の「今日蓮が修行は、久遠名字の振る舞いに少しも違うものではない」との文。また「三世常住の日蓮は、名字即の立場で衆生を利益するものである」との文。また御書には「日蓮は名字即の位の凡夫である」との文。さらに「理即の位には秀で、名字即の位には及ぶか、及ばざるか」との文。これらの文はすべて日蓮は名字即の位と判じているのであるが、まだ、その位で仏の名が付けられている文を見たことがない。ただし、日蓮聖人の本地は上行菩薩であるし、その上行菩薩の本来の姿は仏である。しかし今は、このような本地の話をしているのではない。ともあれ天台・妙楽・伝教・宗祖の義でなければ用いることはできない。また「もし余仏に遇わば」の文について考えてみると、天台大師はこの文を「（余仏とは）四依である」と釈している。これを名字即の日蓮を仏とする明確な文証であるというのは間違っている。天台・章安・妙楽の四依についての釈は、十信初依、または初住初依、または六根五品初依と、それぞれ初依の人の位は異なっているが、名字即の位にいる者が初依であるという明確な文証ではない。しかし、本来は天台・章安・妙楽の釈のごとく名字即初依ではないと得心しつつも、その意義をとるというのは常にある方法である。

そうした上で、偏りを捨て、文にしたがいつつ、このことを論ずるとき、『法華文句』四には「すなわち界外の方便有余土に生じて余仏に遇い、法華経を聴聞する。この余仏とは四依である」とあり、また、この部分を釈した妙楽の『文句記』四には「初めの文は方便有余土の仏を名付けて余仏とする。当然、四依に遇うというべきである」とある。また『法華玄義』六には「初依の人とは余仏である。無明を断じてはいないために余とする。よく如来の秘密の蔵を知り、深く円教の理を覚っている故に仏というのである」と釈し、さらに妙楽大師はこれを受けて『釈籤』六で「通じて五品の位、及び六根浄の位をとるため。外凡の十信の位、内凡の十住・十行・十廻向の位にいる者を名付けて凡師とすることを証する」と釈している。また『法華玄義』五では「五品六根の位にいる者を初依とする」とあり、これは五品の位にいる六根浄の人を、衆生の頼りとし、よりどころとするということを釈している。『文句記』八、『補註』六などにも同様の文があるが、ここでは略することにする。この文にしたがいつつ本来の意義を心得るべきである。

さて意義を考えてみると、日蓮聖人は上行菩薩の生まれ変わりである。このため日蓮聖人の心中の悟りは自受用報身如来である。また、これは本門の四依のなかの初依の導師にあたり、したがって余仏である。また下種の仏であるともいえる。

次に『本尊七箇相承』にある明星直見の本尊の文について。この文も日蓮聖人の御影を本尊とすることの文証にはしがたい。もともと本体と力用に分けて法門を考えるとき、体を取り、用を捨てるというのは常の方法である。今この文は、この体用に分ける考え方と混同しやすい。日蓮聖人が虚空蔵菩薩に祈るときに、なぜ日蓮聖人の姿の影が現れるのか。影は、日蓮聖人の姿ではなく、神力品に説かれる虚空会での別付嘱の形である。それでこそ日蓮聖人の悟りと合致する。これこそ三箇の秘法の本尊であり、この現れた形にしたがい、影をもって本尊とするべきである。もし、強いて体にあたる日蓮聖人をとるならば三箇の秘法は何の意味もないものになってしまう。

次に『五人所破抄』について。これは一体仏を本尊とすることを制止する文であって、久遠実成の釈迦仏を制止している文ではない。それは、初めに爾前迹門の仏の相を挙げ、次に当家の本尊の相を示して、爾前迹門の仏は末法においては利益をもたらすことがないと断じている。ここでは久遠の釈尊を制止していないことは明白である。日蓮聖人の随身仏も一体仏で脇士がないために、小乗、権大乗、迹門、本門のいずれの釈迦なのか明確ではない。もし、その随身仏を本尊として敬うとするならば、四菩薩を加えて久遠実成の自受用報身如来であることを明確にして崇敬するべきである。もしそうでないならば、小乗、権大乗、迹門、本門の釈迦の区別がつけがたく混乱するばかりである。それがゆえに一体仏を用いるべきではないのである。したがって、この『五人所破抄』の文は、久遠の釈迦を造立するべしとの文であり、造像を禁ずる文ではない。

次に法宝最勝について、今は法宝と仏宝の勝劣について論じているのではない。法宝はこれ当家の本尊である。よくよく御書を拝し、信を深くするべきである。

次に板本尊について。この板本尊は戒壇堂の本尊である。この本尊があるからといって不造像の証とはならない。しかし、文を引用することによって、少々板本尊について触れてみたい。内意はなかなか知ることはできないが、推察してみると、まず『本門心底抄』に「本門の戒壇が建たないことがあるだろうか。

戒壇堂建立のときには、本尊の図のごとく仏像を安置する」とある。この文から推するに、戒壇堂が建立されるとき、その本尊として仏像を造立することは明らかである。

これに関連して比叡山にある天台宗の迹門戒壇を考えると、根本中堂には薬師仏が安置されている。寿量品の如来の名を薬師と変えているのである。この仏は伝教大師の作である。祖師堂には伝教大師の御影が安置されている。毘沙門堂には多聞天の像が安置されている。この根本中堂・祖師堂・毘沙門堂の三つを総称して三堂と名付く。

このほかに戒壇がある。これは円頓戒を授けるところである。また、この円頓戒は金剛宝戒とも、大白牛車戒とも名付けられている。その戒壇の形は中央に多宝塔を建立し、中に本門・迹門の二経の法を納め、もって戒壇としている。宝塔は如来の慈悲の心地に住することを表し、解脱幢の相の袈裟は柔和忍辱の衣を示し、尼師壇を敷くのは諸法空を座とすることを示し、もって衣座室の三軌を表している。法華経のあるところは常寂光土であり、この土において戒を授ける。この戒は受法はあっても、捨てることはないため、虚空不動戒とも名付けられる。これについては、本論の目的とは異なるため、詳しく論ずることはしない。

これら『本門心底抄』や、迹門戒壇の義に準じて考えるに、本堂には曼荼羅のような配置に仏像を安置するべきである。祖師堂には日蓮聖人の御影、垂迹堂には天照太神、八幡大菩薩の像を置くべきである。その上に戒壇堂を建立し、中に法華経一部を納めて戒壇とし、板本尊を安置すること。これが法華本門の戒を授ける所である。

この考えから日蓮聖人は板本尊を図して後代のために残し、日興上人は本門寺棟札を書いて、滅後のために伝えたのである。伝教大師は迹門の三譬を表して比叡山に三堂を建立し、日興上人は本門の三譬を表して富士山に三堂を建立せんとしたのである。棟札は、その所以あるものである。これについての詳論は別にある。本論の目的と異なるので、今ここで書くべきではない。以上の義からすると、板本尊が伝わるという理由で不造像の証とはならない。

また日興上人の書き物に「弁阿闍梨日昭の弟子日高は、去る嘉元年中（一三〇三〜〇五）以来、日興の義を盗み取り自分の義として下総において弘通する。伊予阿闍梨日頂が住している真間弘法寺の本尊は、もとは一体仏であった。ところが年月を経るにつれて、盗みとった日興の義にしたがい、上行等の四菩薩を脇士として造り副えた。その菩薩像は宝冠を付けている」とある。これも『五人所破抄』の文と符合している。また波木井一族の原殿に対する手紙には「（波木井実長の三つの誤りのうち）第二には、（始成正覚の釈迦をとり）久遠実成の釈迦本尊が捨てられた」とある。これは日興上人の正義が破られたことを悲しむ文である。そのほか寂日房日華の書状等もあるが、文が繁多になるため略す。これらの文は造仏の明確な文証である。

問。それならば古くから仏像を造立しないというは誤りであるというべきであろうか。

答。古くから現在に至るまで、造仏が堕地獄の因であるというのは、大きな誤りである。ただし造立しないというのは、それ相応の理由あってのことである。その理由とは、日大が記した『日尊実録』に「第三に、久遠実成の釈迦像造立するか否かのこと。日興上人の仰せには、末法は濁乱の世。三類の強敵も多く迫害もある。そのため木像等の色相荘厳の仏を安置し、崇敬し、守ることは難しい。香華をささげ、灯明をともすのも出来がたいであろう。広宣流布し皆帰妙法のときまで曼荼羅を安置するべし」とあるがごとくである。

また日尊の仰せでは「日蓮聖人の在世中、二カ所にて造像されている。一カ所は下総国市川の富木常忍の所で、みそ木をもって造られている。一カ所は越後国の浄妙比丘尼のもとに造立されている。（中略）総じて三カ所あり。これらは略本尊である。ただし本門寺に本尊造立することの記文・相伝は別にある。門弟等心して四菩薩を脇士とする久遠実成の釈迦、略本尊を、できる範囲のなかで造立し広宣流布のときを待つべきである」ともある。

また日代の書に「仏像造立は本門寺が建立されるときである。いまだに天皇帰依の上の裁決はない。国主ご帰依のとき三箇の大事は、一度に成し遂げられるべきである。曼荼羅の図はそのときのためである」とある。この文は、尊師実録のなかの日興上人の義に符合している。よって富士門流の義は、今は造像せず、戒壇建立の勅許を得たとき三箇の大事を一度に成し遂げるというものである。

この意義よりすれば、日尊が本門寺建立以前に、先んじて仏像を造ったのは、一箇の相違である。その罪を問うべきかというならば、いまだ本門寺建立の時ではないにもかかわらず本門寺と称するのは誤りである。罪に問うべき誤りとするべきか。しかし、それは本論の論ずるところではない。願うところは、後世の学者造像・不造像の二義を会通せば、この二義は矛盾なく両立するものであり、これまでの誤った義を止め、自他ともに成仏を期することである。

この一巻は、私（日精）が法詔寺建立の翌年に仏像を造立したが、そのとき門徒の僧俗が疑い難じたため、その迷妄を晴らすためと自分の備えのため筆を取ったものである。

寛永十一戊年十一月吉日

日精

△日因云く、精師の義は、当家本来の義と大きく異なる。（以下略）

七、その後の日精と三鳥派

退座後の日精

大石寺・法詔寺を退出し、江戸下谷常在寺に活動の拠点を移した時、日精は三十九歳だったが、法主を辞職しても活動的だった。というより、大石寺・法詔寺退出の理由からして当然である。日精は自由に布教ができない法主より、自由に布教ができる場を求めていたと考えられるからである。その結果、後に伊藤市之進（後の日寛）が日精の説法を聴聞して出家を決意したように、日精の周りにはその知識の豊富さと情熱的な布教姿勢に、多様な人が集ったようである。そういう日精の布教を伝えるものとして、「ここに、加賀百万石の第五代藩主、前田綱紀公（一六四三～一七二四）、は江戸の御出生で、三才の時より藩主である。文武の両道に秀で、英才の名将であるが、治世七十九年の内、江戸下谷常在寺において、日蓮宗血脈正統の大本山大石寺の十七代目の法主日精上人が、日蓮聖人肝要の三大秘法の御法門を説かれていることを聞いて、御近習の人々等へ話されたことは、『私が聞いたところでは、日本国に文武二道に達した英才士は日蓮聖人であると、常々水戸の黄門公とも話し合っているのだと言われ、汝等も行って聴聞したらよい』との言葉にしたがい、多くの武士たちが日精上人の説法を聴聞し、信仰に入るようになった。これが北国に正法の広まった根元である。」

と『北陸信者伝聞記』は伝えている。

このようなことから、日精の周りには多くの多様な人々が集ったようである。結果、日精は大石寺の法主を退座しても、門流に対する影響力は以前とあまり変わらなかった。この状態は日精遷化の天和三（一六八三）年まで続く。これを示すように、万治三（一六六〇）年、大石寺客殿安置の日蓮・日興両祖の御影像を造立し、延宝六（一六七八）年には細草壇林の本尊造立、その翌年大石寺御影堂本尊造立、更にその翌年には甲斐有明寺の日有御影を造立している。

天和三（一六八三）夏、常在寺を日永（後の二十四代法主）に付属し、同年十一月五日、八十四歳で遷化する。三十九歳から常在寺に住して四十五年が過ぎていた。この年の日精最後の説法を、たまたま聴聞した伊藤市之進（後の日寛）が出家を決意したことは、先に記したとおりである。遺命に任せ荼毘に付して、遺骨は大石寺に埋葬した。こうして、大石寺門流に人本尊法本尊一体義に基づく造像義を持ち込んで、私権の及ぶ限り造像を展開し、よい意味でも悪い意味でも一大旋風を巻き起こした日精の時代が終わるのである。

三鳥日秀と三鳥派

話を日精の生前に戻すと、江戸常在寺での日精の周りに集った多様な人々の中に問題の三鳥日秀がいた。

この三鳥日秀により始まるのが三鳥派である。三鳥派については、今日資料が少ないことから、不明な点が多く詳細なことはよくわからないが、三鳥派のことを記した文献から、この派のことを紹介する。まず、『日蓮宗事典』には、

「三鳥派、三超派ともいう。三鳥院日秀の主唱によるところから、この派の称がある。日蓮宗の一派不受不施とともに邪宗門として、徳川幕府の禁止を受ける。日秀の伝並びに三鳥派について、いまだ明確には判明しない。

延宝八年（一六八〇）の末頃、大石寺十八世日精隠退して、末寺である江戸下谷常在寺に在住中、三鳥という者、日精の大石寺派の法義を聞いて習学していたが、その後、大石寺派の法義に違背したために破門され、三鳥院日秀と自称し、庵室にて祖書を講義し（『徳川禁令考後聚』巻二十三）、江戸並びに相模・伊豆・駿河各地に教えを弘めた。これを三鳥派という。

宝永三年（一七〇六）幕府は新義異流として検挙し、三鳥派祖日秀を含む僧七人を三宅島に遠島、日秀は八月に寂したといわれる。（『八丈島流人帖』）。その後享保十六年（一七三一）、玄了なるもの武州吉祥寺成宗村・関村・田畑村の各村の農家に三鳥派の教えを勧めたが、訴えにより発覚したため、玄了は翌十七年八丈島に流され、外護者・組頭・名主など関係者を所払い・戸締め・過料などに処し、告訴した名主・組頭・百姓らに金子を賞された。

これをみるに、日秀が流された後も三鳥派の活動が続いていたようである。この組織について、『房総禁制宗門史』によると、玄了・玄心という日秀を継ぐ者が頼母子講の組織を作り、教線を張っていたと

あり、また信徒より金を集めて貧しい信徒に配分し「一両出せば十両もどる」といわれたそうで、一種の共同体的な発想を持っていたと述べている。

またこの教旨は『還告史記』（生田五郎兵衛の遺書）に、「妙法蓮華経の五字の題目を妙法の二字に折略し、呼吸に託して数編唱ふれば、心中の邪念濁気を払いて、悪気消散すとなし、即ち妙法の二字を以って観心本尊とし、経文白毫を放つの意を凡身に引き当て、その身を宗祖に匹敵し、日蓮は迹門にて五字七字を弘め、これは妙法の二字を以って本門弘通の旨となすにあり云々」と記してある。かくの如く、三鳥派は、頼母子講的組織にて、妙法の二字をすべてとした教旨であったようである。」と記されている。また、辻善之助著『日本仏教史』近世篇には、

「宝永・享保の頃、日蓮宗に三鳥派と号する一類あり。異議を唱うるにより、罰せられた。三鳥派というは、その開祖三鳥院日秀の院号より出たものである。日秀は駿河吉原村の人、富士大石寺日精に従学し、後に大石寺より離門し、各所に借地して、寺院に類する家作をなし、密かに土民を集めて宗派に背ける説法をなし、邪まに人に勧め、土俗を眩惑せしめ、人々に金を与えて、その宗に引き込む。その立つる所の新義なるものは、史料には、ただ邪義とのみあり。如何なるものか未だ詳かでない。

宝永三年（一七〇六）十二月十九日、これより先、身延日亨等の訴により、査問あり。三鳥院はこの年八月病死せしにより、その徒数十人罰せられた。即ち僧了清以下七人遠島、妙蓮寺以下十六人追放、宗仙以下十八人脱衣追払、了遠は改派したるにより、そのまま差し置き、長玄は宗旨を改めるよう申し付け、倅九郎左衛門方へ相い渡し脱衣追放、慶印寺日全も同様追院、俗人仁右衛門外二人は追放に処せられた。

ついで享保三年（一七一八）の頃、僧祖恵という者あり。浅草寺の東院賢福院の地に住し、三鳥派を唱え、疾を祈り、験しあるによって、信ずるものが多かった。旗本大番組頭長田治左衛門芳忠・同十郎左衛門吉之・芳忠の子十郎芳充等これに帰依した。池上本門寺触頭よりこれを訴え、この年七月二十一日、幕府は長田芳忠等を罰して、職をうばい、ついで祖恵は遠流、賢福院は追放に処せられた。」と記されている。一方、大石寺門流内ではどのように記録されているかというと、第四十八世日量が弘化三（一八四六）年、金沢の信徒衆宛に送った書状に、三鳥派に関する詳細な記事があり、そこには、「近年、武州・熊谷宿の在、一里ほど南に成沢村という村があり、この村に他宗寺院の隠居所として、赤城房という名の小庵がありました。そこに近年、法華宗の僧侶の風体をした人物が住み込み、読み書きの手習いなどの師匠をする一方、法華経を弘め、近くの村々も含め、この小庵に多くの人々が集うようになります。

その僧侶らしき人物の名は日普といい、暗闇に長い線香を燃やし、息を止め口の中で題目を唱えること数日、観念を凝らし続けると、眼前に荘厳の宮殿・楼閣などが次々に現れ、信心の厚薄によって種々不思議な現象が起こるというような、すこぶる怪しげな勧め方で布教していたのですが、信徒は年々増え続け講を組織し、庫裡・座敷・土蔵などを次々に建立したのです。

そして、昨年の冬頃から本堂建立を企画、信徒から四・五百両の寄進を集め、近郷近在から材木などを伐りだし、いよいよ本堂建設に掛かったところで注目を浴び、八州廻りの役人の知るところとなって召し取られ、寺社奉行内藤紀伊守殿の詮議するところとなったのです。

そして、詮議の結果、かつて宝永年間に処罰され禁制宗教になった三鳥院日秀を祖とする三鳥派の末葉であるということがわかったのです。この三鳥院日秀というのは、これまた中年になって発心して僧侶になった人物で、大石寺十七代法主である日精上人が江戸下谷常在寺に退座後、その説法を聴聞して感動、入信して日精上人の弟子となります。日精上人に随身して法華経・御書・論書などを修学すること四・五年後、法義に違背して日精上人より破門になります。

その後、三鳥院日秀と自称して、江戸は勿論、相模・伊豆・駿河の東部あたりを弘通し、入信する者が多くなったところで、寺院建立を企画します。東海道原宿の在で、足高山の麓に根古屋という所があり、そこの古城跡に一派の本山建立を発願、弟子や信徒によって在々所々から材木が集められ、武州・相模あたりから月々おびただしい人々がそこに参集往復するようになります。とうとう箱根の関所で不審に思われ、調べられることとなります。詮議の結果、新義異流という裁可が下され、出家は遠島、在家は所払いとそれぞれ処罰され、幕府によって禁制宗教となります。しかるに、三鳥日秀はすでに処罰直前の宝永三（一七〇六）年八月に死去しており、直接処罰はされておりません。同人の位牌に本因妙の行者日秀と記され、また本人自筆の本尊にも、本因妙の行者日秀と記載がありました。幕府はこの本因妙の行者という名目について、日蓮宗各派の触頭に問い合わせをします。

各派の触頭は合同で協議し、その結果本因妙の行者という名目は法華宗にはないと幕府に返答します。これによっても幕府は三鳥派を新義異流として処罰することになったのですが、他の件は別にして、この本因妙の行者に関する件では、新義異流というのは甚だ残念なことです。

ということで、今般三鳥派に関することで大石寺に触頭より問い合わせがありました。」

と記している。また先に日精の大石・法詔両寺退出の項にて紹介した大石寺第三十五世日穏（一七一六〜一七七四）の、三鳥派祖日秀に関する記述も、年代的事実に誤解はあるものの、再度ここで紹介することにする。

「この外に三鳥宗門というのがある。この宗門は、公式には認められていない秘密の宗門で、邪法である。……祖である日秀は、沼田談林にて能化を勤め、三朝院という。かくて、談林の能化を勤めた後、改宗して大石寺に帰入する。兼ねてよりの日精との約束であった。日精が大石寺当住の折、三朝院を歴代として推薦したけれども、日盈は了承せず、また大石寺の重役や檀家などの代表の了承も得られず、結局三朝院日秀の大石寺法主就任は叶わなかった。

これによって、日秀は拠り所を失い、能化浪人となって、住居にも難儀することになり、江戸に出て、借宅して、己情の邪義を弘通して、大石寺の一大事の金口は日精より我相伝せりと吹聴し、妄語を構えて日蓮の名を汚したのである。」

この記述中、日精が大石寺当住中、三鳥日秀を大石寺法主に推挙したものの、日盈や周囲の反対によって、承認を得られなかったことから、日秀が一派を構えるに至ったという点に関しては、年代的に無理があることは前述の通りである。

これらの資料と他の資料等を総合すると、三鳥日秀は生年は不明、没年は宝永三（一七〇六）八月、富士東原村の三鳥派寺院にて没。中年になって発心して得度（日量記）、沼田檀林にて修学・後同檀林能化

（日穏記）となる。ただし同檀林の能化歴代には見当たらない。当初他門の僧であったが、日精の法義を聴聞して弟子となる。後、法義に違背して日精から破門、その後は三鳥院日秀と称して、三鳥派を立ち上げ、独特の布教方法で信徒を増やし、富士の麓に大伽藍を建立しようとして、幕府の調べが入り、詮議の結果、新義異流ということに裁可が下って、弟子は遠島、信徒は田畑没収の上追放処分、関わった者も罪を問われ、追放処分になったという一大事件で、日秀自身は摘発直前に死亡しているので、直接の処罰対象にはならなかったが、処罰の対象者は総勢約五十名に上る。

この四つの資料で共通していることは、三鳥日秀が日精の弟子であるということである。日精には、三鳥日秀と三鳥派に関わると考えられる二つの書状が存在する。一つは埼玉久米原妙本寺に所蔵される、延宝九（一六八一）年八月十二日の『当家相承の事』という書状で、

「当家相承の事、全く他門流において知らない法門である。宗祖大聖人より相伝したのは日興上人ただ一人である。これによって、今日迄相伝が絶えたことはない。しかるに、今時悪僧が出来し、相承を残す所なくすべて請け取ったと主張している。このような悪僧が、将来ますます出現する可能性があるので、ここに一筆書き置くところである。今時は平僧及び所化衆が多く、書写することもあるので、ここに書き置くこととする。以上。」

という内容で、もう一通は、写本が大石寺に所蔵されている同年八月の『当家甚深の相承の事』で、そこには、

「当家甚深の相承の事、全く他人に一言半句も教えたことはない。唯法主一人の外は知ることができな

いことである。よって、一筆認めるものである。この書付は、名利の僧にして、相承を残すところなく請け取ったと主張するような悪僧が出現したが故に、ここに書き置くものである。また本尊相伝は唯授一人の相承の故に、代々の一人の外は書写することがない。今時、名利の僧が本尊書写し、その本尊が巷に多数出回っている。絶対に拝んではいけない。もし本尊七箇大事並びに二箇相承を伝授したと主張する者が出来しても決して信用してはいけない。以上。」

と記されている。

ここに記される「名利の僧」「相承を残らず受け取ったと主張する悪僧」とは、間違いなく、三鳥日秀のことを指していると考えられる。すると、日精が三鳥日秀を破門したのは、少なくともこの書状より以前ということになるから、延宝九（一六八一）年八月以前ということになる。

一方『身延山旧記』第十一の『一代説経空仮中同異の図』の奥書に、延宝四（一六七六）年十二月二十二日に日精が書写したことを記している。三鳥日秀がこれを書写しているということは、この延宝四年十二月までは破門されていないということである。したがって、三鳥日秀の破門は、延宝五年以降延宝九年八月までの間ということになる。そして、その四・五年前に日精に弟子入りしたということになる。

日秀が日精の弟子になるいきさつは何であろう。日穏の記述によれば、日秀は沼田檀林にて修学・後に能化まで勤めたとある。沼田檀林の歴代能化に名がないので、真偽はわからないが、沼田檀林において修学した可能性がないとはいえない。一方、日精も若い頃、沼田檀林にて修学している。ここが日精と日秀を繋ぐ点だった可能性がある。沼田檀林は、主に八品派あるいは妙満寺派の僧が修学する檀林であることを考えると、日秀は元八品派もしくは妙満寺派僧だった可能性がある。

日精の弟子となった三島日秀は、おそらく日精に常随給仕し、かつ富士の法義を熱心に修したのであろう。日精から富士門流の重要な相伝書類を書写することを許される。後に幕府が三島派から押収した文書の中には、当時としては門外不出の多くの相伝書が入っていることからも、容易に想像できる。日精は先の『当家甚深の相承の事』で、

「当家甚深の相承の事、全く他人に一言半句も教えたことはない。唯法主一人の外は知ることができないことである。」

と記しているが、事実はそうでないことを示している。日永は宝永三年の幕府の三島派摘発時に、常在寺の長遠坊に対して書状を送り、三島派対策の指示を出しているが、その中に、日精が三島日秀に大石寺門流の書物を貸したことが、三島派が相承をすべて受け取ったと主張する原因であると記している。

こういうことであるから、日精から大石寺門流の相伝書類の書写を許され、多くの書を書写した日秀にとって、大石寺の相承をすべて受け取ったと考えたのも無理からぬところがある。日秀は日精から借りて書写した相伝書類をもとに、独自の布教を始めたのであろうと考えられる。おそらく日精も注意もし、止めようとしたであろうが、日秀にとって、大石寺の相伝書が手に入った今、もはや日精は用がなかったのである。齢八十前後の日精にとっては、おそらく悔やんでも悔やみきれない痛恨事だったに違いない。そういうことから、先の二通の書状は、日精にとってどうしても出しておかねばならない書状だったのである。

【三鳥派関連年表】

延宝四（一六七六）年十二月　日精『一代説経空仮中同異の図』書写
　この前後　三鳥日秀、日精の弟子となる
四・五年後　日精、三鳥日秀を破門。三鳥派を設立
　その後　三鳥日秀、大石寺の相承をすべて受け取ったと主張
延宝九（一六八一）年八月　日精、三鳥派を批判。三鳥日秀の本尊巻に多数出回る
天和三（一六八三）年　日精、常在寺を日永に付属
　同年　十一月　日精遷化、八十四歳
宝永三（一七〇六）年八月　三鳥日秀寂
　同年　十二月　幕府三鳥派を摘発、出家遠島、在家追放など五十名近くが処分
　同　下條妙蓮寺日性が三鳥派に連座して住職追放、無住となる
宝永四（一七〇七）年三月　日永弟子日寿、妙蓮寺の後住となる。

〔『身延山旧記』〕寺社奉行所が、禁制宗教である不受不施義や新義異流を判断するために押収した文書が、身延山久遠寺に送られて、書写されたもので、三鳥派詮議の際に、三鳥派から押収した文書が十六冊にまとめられ入っていて、『二箇相承』『本因妙抄』『百六箇抄』など日興門流の秘伝である相伝書も書写されている。

〔触頭〕江戸幕府は、各宗教を掌握管理するためと、民衆を支配管理するために、檀家制を制度化し、すべての人々がどこかの仏教寺院の檀家になることを義務づけた。そのため各宗派に、幕府からの通達や各種問い合わせ、また各宗派からの要望に対応する寺院を江戸に置かせた。これが触頭である、また役寺ともいった。大石寺の場合は、他の富士門流の各本山とともに、本成寺派の丸山本妙寺、芝長応寺を触頭とし、その下で常在寺が門流内の触頭の役をしていた。

宝永三年の三鳥派摘発と妙蓮寺の連座

宝永三年の三鳥派の直接のきっかけは、先の日量の金沢信徒衆に宛てた書状等にあるように、富士山麓に三鳥派の本山として伽藍を建立し、そのため大量の僧俗と資材が箱根の関所を往来するようになって、幕府の目に留まったためであろうと考えられる。当時新寺の建立と新義異流は禁止されていたので、大量の人員と資材が箱根の関所を往来すれば、いやでも目につくはずである。最近の研究で、三島派本寺は、現在の沼津市足高及宮本一帯周辺を指す「山居院」（山居貴跡）であることが明らかになった。また、寺院の名称は三朝寺であったとの記録もある。

幕府は三鳥派と日秀について、身延山久遠寺に問い合わせる。久遠寺第三十三代日亨は独自に調査する一方、三鳥派が大石寺流の法義であり、大石寺の法主日精から相承されたものであると主張していることから、大石寺の触頭である丸山本妙寺を通じて、大石寺に問い合わせてきた。宝永三年九月頃のことである。同年十月五日、大石寺は江戸の常在寺を通じて幕府（触頭）に三鳥派に関する返答を出す。その書状

には、

「この度三鳥日秀の弟子たちの査問に関し、拙寺の門流法義をお尋ねの件については、別紙書付を提出いたします。また、今後他門の僧侶が当門流への帰依を希望しても、当門流としては受け付けないように致します。もし深い事情があって、どうしても当門流に帰属しなければならないような場合は、触頭の御両寺（本妙寺・長応寺）へ事前に相談し、その支持に従います。またこれは、拙寺の門流全体に堅く守らせます。」

と、日秀が他門流からの改宗者であることを踏まえて、今後は中途改宗者は門流内には入れない旨を申し述べている。

更に、十一月四日、日永は、常在寺の長遠坊に対して書状をおくり、大石寺として決して連座することのないよう更なる幕府への対策を慎重に行なうよう指示を出している。

十二月十九日、幕府の三鳥派への処罰が下される。出家の弟子、了清・恵光・立達・栄順・学祐・通仙・紹継の七名は遠島。そして、妙蓮寺日性・妙典寺以下十六人追放、宗仙以下十八人脱衣追払、慶印寺日善追院など総勢五十名近い処罰者がでる。三鳥派の祖である日秀は、この時点で病没しているので、処罰の対象にはなっていない。この結果、下条妙蓮寺第二十三代日性は追放となって、妙蓮寺は江戸の末寺である妙典寺とともに無住となる。こうして、妙蓮寺門流は、本山と江戸の門流役寺の寺院である妙典寺の住職がそろって処罰され、無住となるという、門流開闢以来の一大不祥事となる。

妙蓮寺がどうして三鳥派に連座したのかについて、『柳営日次記』には、

「妙蓮寺は富士派本寺五ヶ寺の一つである。富士派本寺であるにもかかわらず、その由緒寺院として相応しくない儀があるとの疑いがあって、詮議したところ、三鳥派の布教活動を黙認し、更に三鳥日秀が死亡した際、庵室に赴き引導を致して葬儀を行ない、直ちに庵室の地に埋葬したことは重々不届きなことである。」

と記録している。

前述の如く、三鳥日秀は晩年、駿州東原村、現沼津市山居院に寺院を建設し、そこで亡くなったようであるが、その葬儀を執り行ったことが咎められている。妙蓮寺とともに連座して処罰された妙典寺については、妙典寺は、三鳥派の了清その他入道たちを檀家として認め、土地を貸し与えて、寺院らしきものを造ることを認め、彼らの布教に深く協力したとして、処罰の対象にしている。これらの記録からして、妙蓮寺・妙典寺ともに深く三鳥派と関わっていたことがわかる。おそらく、三鳥派の活動拠点が江戸周辺であることから、先に関わったのは妙典寺の方ではなかったかと思われるが、その縁で、本寺である妙蓮寺日性と三鳥日秀は、葬儀を執り行うほどの間柄になっていったのではなかろうかと推察する。あるいは逆に、三鳥日秀が日精にうまく取り入ったように、妙蓮寺日性に先に取り入ったのかもしれない。

【柳営日次記】

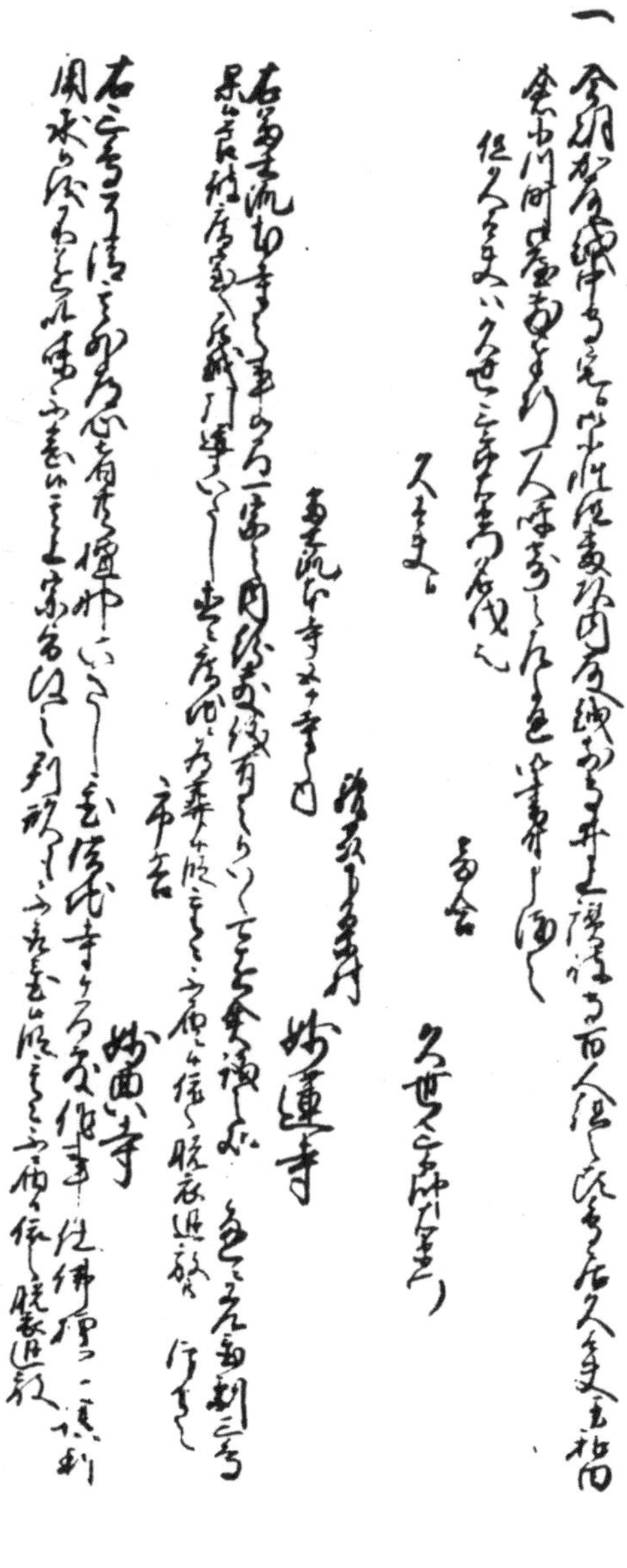

また、西山本門寺の檀家からも連座して処罰された人が出たようであるが、大石寺は三鳥日秀が日精の門から出たにもかかわらず、二十五年前に破門していること、その後も三鳥派とは一切の関係がなかったことなどから、まったくお咎めがなかった。ただし、三鳥派は日精遷化後も常在寺に徒党を組んで同心を

日永に迫ったようで、日永は、

「拙僧が常在寺の住職をしている期間に、二度ばかり三鳥等利養の僧等が五・七人で徒党を組み押しかけて、同心を迫ってきて、難儀をしたことがある。」

と、記している。日永が常在寺の住職をしていたのは天和三（一六八三）年から貞享五（一六八八）年までの五年間であるから、いずれにしても、この頃までは三鳥派は常在寺を取りこむことで、大石寺と同心したかったと考えられるが、このときの日永の毅然とした拒否で、宝永三年の連座から救われたということができる。もしこのとき、妙典寺のように、三鳥派に同心し協力していたら、おそらく大石寺も妙蓮寺と同じ処罰を受けていたのは間違いない。

妙典寺がどうして三鳥派に同心して、敷地の一部を貸し与えて、布教の拠点作りに協力したのか、記録は何も残っていないので、はっきりしたことはわからないが、日精の書や日永の書に見られる「三鳥一類利養の輩」、『中村雑記』に「人々に金をくれ、一宗に引き込みける」という記述などからして、資金と人員の動員力があったことは確かである。その資金力と人員動員力に惑わされた可能性がある。

このとき、たまたま他のことで、西山本門寺第二十一代日意が江戸に下向していた。三鳥派裁判の処罰が正式に申し渡された十九日から二日後の二十一日、日意は触頭である芝長応寺に出向く。おそらく呼び出しを受けたのであろう。そこで、日意は幕府より妙蓮寺門末の今後に関して、指示を受ける。日意は、その内容を二十三日書状にし、使僧花光坊に託して、小泉久遠寺・北山本門寺・大石寺に回章する。その書状が『西山日意状』である。

「しかして、当月十九日、日性が追放処分に処せられ、妙蓮寺が無住となったことに関して、他の四ヶ寺が相談し、妙蓮寺の運営、諸事万端滞りなく執行されるようにと、仰せつけられました。かつまた、後住に関しては、十分検討して妙蓮寺に相応しい人物を選任し、その旨を御公儀に伺いを立て、事前の内諾を得た上で、正式に幕府に申し出るようにと、一昨日二十一日、長応寺を通して指示がありました。私どもは幸い、江戸に出府しており、直接対面して、長応寺より指示を受けました。もちろん、この指示は長応寺より各寺へ通達があるはずですが、幸い直に承った私どもからも、他の各寺に内容を伝えるようにと指示がありましたので、このように回章を回します。」

という内容で、これに対して、日永は、大晦日の十二月三十日、次のような回章で返書を日意に出している。

「去る二十三日の回章、同二十六日に到着、拝見いたしました。しかれば、この度の妙蓮寺無住について、当地四ヶ寺が相談して万事見届け、かつまた、後住の人選についても相談するようにとの幕府からの指示、了承いたしました。…後住の儀については、北山日要と拙僧ばかりにては相談しがたいので、来春久遠寺・貴寺の帰山をまって協議いたしたい。」

十二月二十一日に西山日意が長応寺で、直接幕府の指示を聞いたその日、西山以外の他の富士門流にそれぞれ触頭長応寺から、妙蓮寺の後住について、富士五山の内、妙蓮寺を除いた四ヶ寺で協議するよう指示が出る。破門されたとはいえ、三鳥日秀がもともと日精の門から出たということもあったであろう。また、日永が江戸常在寺住職中に三鳥派に妥協せずに対応したことから、三鳥派に精通しているということもあったであろう。ともかく協議の取りまとめを行なったのは日永と考えられる。協議の結果、年が明けて、日永の弟子日寿を妙蓮寺の後住として、晋山させることで話しがまとまり、宝永四年三月、日寿は妙蓮寺第二十四代になる。

幕府はこの一件によって、三鳥派を不受不施派とともに禁制宗教とし、その布教や信仰を全面的に禁止する。

〔御定書百箇條〕（寛保二（一七四二）年制定）には、三鳥派・不受不施派の処罰として、

一、三鳥派・不受不施派類の法を勧めた者は改宗したとしても、遠島
ただし、勧めた者が俗人ならば、その子どもも改宗すれば、所払。妻は構いなし
一、同じく、伝法を受けた上、人に勧めた者、止宿した者は、遠島
ただし、改宗する者は、重追放
一、同じく、伝法を受け、勧めた者の住所などの世話をした者、重追放
ただし、改宗する者は、田畑取り上げ所払
一、同じく伝法を受けたが、改宗し今後この宗旨を信じないことを証文にして提出すれば、構いなし。
ただし、改宗しない者は、遠島
一、同じく、伝法を受けず、帰依もせずとも、勧めた者を村に留めた場合、名主・組頭は役取り上げ。
ただし、伝法を受けた場合、改宗しても、名主は軽追放、組頭は田畑取り上げ所払（『古事類苑』宗教部）と定めている。

〔妙蓮寺〕富士上野下条に所在。富士五山の一つ。日興の弟子、日華を開祖とし、大石寺大檀那南条時光の夫人の法号から妙蓮寺の名称がある。もと南条家屋敷が妙蓮寺になったと伝わっている。

〔慶印寺〕妙満寺（顕本法華宗）派における江戸触頭寺院。当時は浅草にあり、現在は新宿常楽寺となっている。天文五（一五三六）年、京都妙満寺第二十代常楽院日経、武州豊島郡千代田村に寺を創して常楽寺と号す。後、不受不施を唱え、徳川家康の勘気を蒙り、一旦廃寺となるが、その後僧慶印によって再興される。寺号は再興した慶印の名による。

〔回章〕二人以上の宛名人に順次に回覧して用件を伝える文書。諸役に参勤すべきことや訴訟のときに原告・被告に出頭することを命ずるときなどに用いられた。宛名を列記するのが普通であるが、記さないこともある。この状を受けた者は、自分の名のところに、承知の旨あるいは不都合の旨を記して次の者に回した。最後に出したところへ戻る。回状、回翰ともいう。

【資料紹介】

『西山日意状』

〈解読文〉

一簡、呈せしめ候。そこもと道體勇健之御事なすべしと珍重に存候。この方我等、無異に候いて、参府候。

然して当月十九日、日性御追放仰付られ候に付き、妙蓮寺無住の間、各々我等四ヶ寺打ち寄り相談致し候いて、諸事油断無く見届け、且つ又、後住の儀吟味致し、妙蓮寺に相応の住持を見立て、その段御公儀へ窺い奉り、その上に相い罷り申すべき旨、一昨二十一日に、長応寺を以って仰せ渡し致し候。我等儀は、幸い出府つかまつり、罷り合い候につき、かくの如く直談に申し渡し御坐候。勿論、この儀は長応寺より申し越さるる筈に御座候へども、幸い直にこれを承るにつき、我等方よりも、また申し遣わし候様にと、ねんごろに申さるるにつき、まずかくの如く申し進らせ候。

そこもと各々御寄合い、宜しく御相談の上にて、諸事御油断無く、妙蓮寺寺家末諸檀那中へも、ともに御申しつけ成さるべく候。委細、使僧花光坊に申し含め候。なお明春帰山の節を期す。恐々不宣。

戌十二月二十三日　　西山本門寺　日意　花押

小泉　久遠寺

北山　本門寺

上野　大石寺

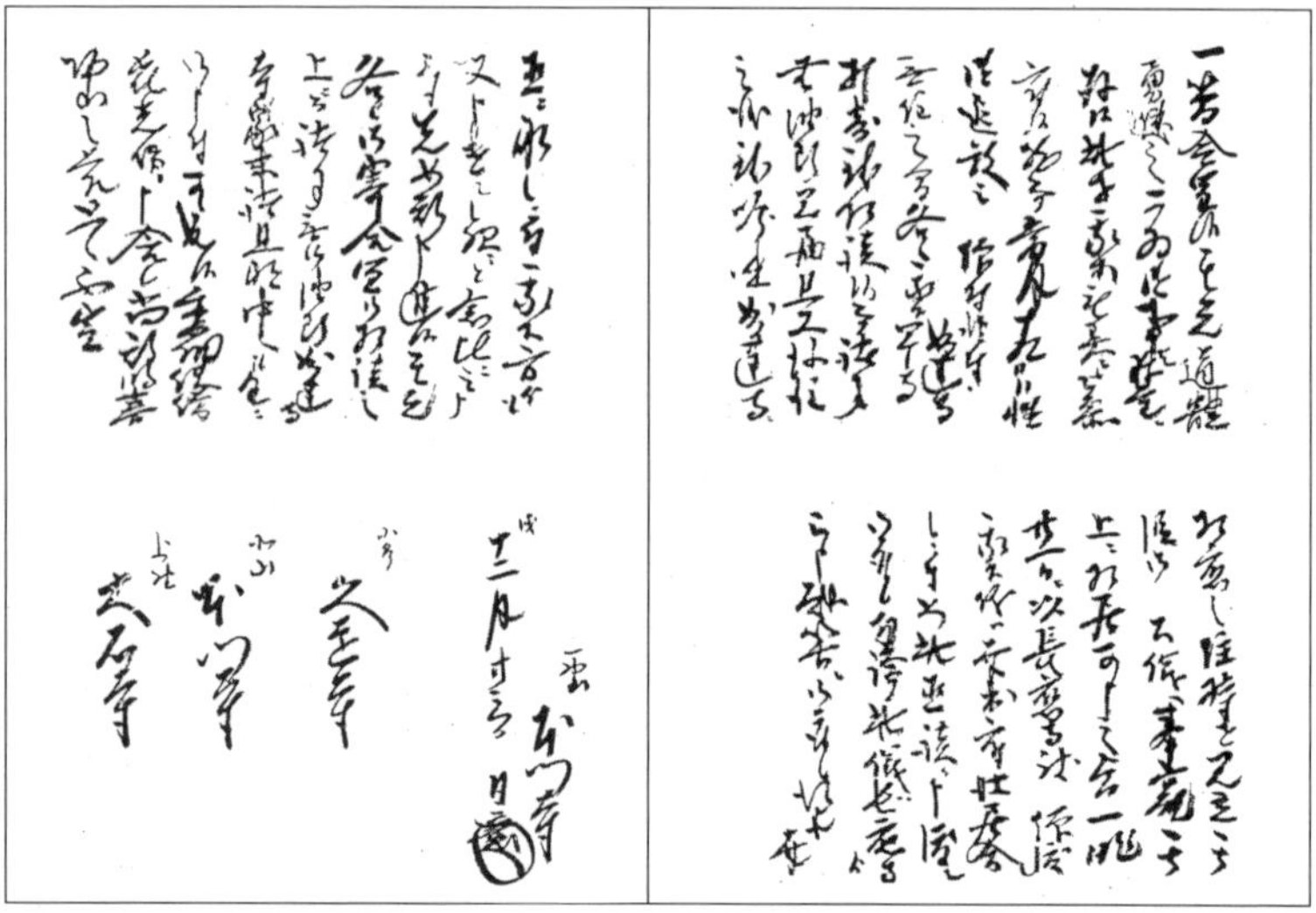

三鳥派の教義と布教

三鳥派の布教で注目される点はいくつかあるが、『房総禁制宗門史』によると、玄了・玄心という日秀を継ぐ者が頼母子講の組織を作り、教線を張っていたとあり、また信徒より金を集めて貧しい信徒に配分し「一両出せば十両もどる」といわれたと記す『日蓮宗事典』の記述、また日精・日永の「三鳥一類利養の輩」、『中村雑記』の「人々に金をくれ、一宗に引き込みける」あるいは『月堂見聞集』（『日本仏教史』所載）の「講中の信徒から一ヶ月に三銭ずつ集め、貧なる人が門弟に入れば十両与え」という記述などからして、金銭で人々を勧誘し、三鳥派に入信させていたことは、間違いない。

次に言えるのは、題目を功徳の源として、その奇特を強調するところである。先に『日本仏教史』所載の享保三年（一七一八）、僧祖恵が遠島になった事件を紹介したが、その祖恵は、疾を祈り、験しあるによって、信ずるものが多かったとあり、あるとき、日蓮宗の上人と法論して上人を閉口させたとある。そのときの論破の決め手がこう記されている。

「上人の教化は、法華八巻のことのみにして、別に奇特と思う説法なし。なんぞ題目の不可思議なることを説法せざるや」

と述べたとき、相手の上人が閉口し、そこにいた人々が祖恵の信徒になったというのである。また、宝永三年の時代からすると、時代が下っているけれども、日量から金沢信徒衆に宛てた書状中にも、

「その僧侶らしき人物の名は日普といい、暗闇に長い線香を燃やし、息を止め口の中で題目を唱えること数日、観念を凝らし続けると、眼前に荘厳の宮殿・楼閣などが次々に現れ、信心の厚薄によって種々

不思議な現象が起こるというような、すこぶる怪しげな勧め方で布教していた」

の記述があり、三鳥派の布教の在り方の特色は、題目の奇特にあったということができる。

次に言えるのは、三鳥派の名称に込められた特異な主張である。三鳥派は別名三超派ともいう。この三超の由来は『月堂見聞集』に、

「三超派という心は、日蓮より第三番目の上人は、祖師より超たりとて、三番目の上人を用いるによって、三超派という」

とあって、この場合の三番目の上人とは、日秀自身のことを指すと考えられるが、この場合、血脈は日蓮・日興・日秀と次第することを意味している。これも先の「日蓮は迹、日秀は本」という考えと符号する。私は、三鳥の真の名称は、この「三超」だと考えている。したがって、三鳥派というより、実態は三超派と言った方が良いと思う。ではなぜ、日秀は三鳥院と名乗ったのかという疑問だが、「三超」ではさすがに直截的すぎて、気がひけたのだろうと思う。そこで、「超」という字の音に引っ掛けて「鳥」を使用したのではないかと考えている。そういう意味から、先の『月堂見聞集』では三鳥派を三超派と記しているが、この記述は三鳥派の実態をよく捉えているといえる。

ところで、三鳥派ではなぜ三番目の上人は宗祖を超えるなどということを主張したのか。もちろんこれを日秀に教授したのは日精である。いわゆる本因妙思想である。大石寺門流には『観心本尊抄』の、

「諸仏の国王と是の経の夫人と和合して、共に是の菩薩の子を生ず」

の文によって「智父日蓮、境母日興、菩薩の子日目」という相伝があって、三鳥派の「日蓮より第三番目

の上人は、祖師より超たりとて、三番目の上人を用いる」というのは、この相伝によったものと思われる。この相伝は、父と母のよいところを受け継いだ子は、成長してその父や母をも超える立派な人物となるという世間の譬えを、法門化したもので、日蓮・日興の法門を受継いだ人は、宗祖日蓮や二祖日興をもしのぐほどに、仏法を興隆すべしという意味であり、また過去の仏は迹、現在の法華経の行者は本という意味がある。

また別な相伝では、これを過去の仏は水、現在の法華経の行者は木という言い方もしている。これらに共通するのは、過去の仏は現在の法華経の行者にとって、成長にかかせない非常に重要なものではあるが、あくまで成仏と修行の主体は現在の法華経の行者にあるという意味で、これを本因妙思想という。

しかしだからといって、単に表面上日蓮・日興・日秀と次第すれば、必ず三番目の上人は、宗祖や日興を超えるというものではない。この法門の真の意味を理解せず、三鳥日秀の「日蓮は迹、日秀は本」というのも、大石寺門流の相伝を自己に都合のよいように理解した誤りである。こうした相伝の中途半端な理解から、日秀は日蓮・日興・日秀と血脈を次第させ、日秀自身は三番目の血脈相承者であるから、宗祖日蓮や日興を超えた人物であると解釈したがゆえに、三超の意味を込めて三鳥と称したのではなかろうかと推察する。そして、当時における日蓮か、さらには日蓮をも超えた人物と称して布教したと考えられる。

また、日精は延宝九（一六八二）年八月、『当家甚深の相承の事』で、

「また本尊相伝は唯授一人の相承の故に、代々の一人の外は書写することがない。今時、名利の僧が本尊書写し、その本尊が巷に多数出回っている。絶対に拝んではいけない。もし、本尊七箇大事並びに二

箇相承を伝授したと主張する者が出来しても、決して信用してはいけない。」と記して、当時、巷に名利の僧書写の本尊が多数出回っていると記しているが、ここに記されている名利の僧とは、当然日秀を指しているであろうから、当時日秀の本尊が多数出回ったようである。

また、日秀の本尊には、日量が金沢の信徒に当てた書状で指摘していた「本因妙の行者」と記されていたということであるが、日秀はいわば「本因妙」の本尊を多数書写して、信徒に下付したと考えられる。大石寺門流内に関していうと、日秀はかつて常在寺に住していたということから、常在寺および埼玉久米原妙本寺の信徒を中心に勧誘していたと考えられる。『当家相承の事』が、久米原妙本寺に蔵されているのは、三鳥派の活動に妙本寺檀中が惑わされないためであろうことは、容易に推測できる。

〔迹と本〕法華経を解釈する際に用いられる用語で、迹とは跡の意味で、足跡をたどっていくと、その足跡の本人に行き着くように、仮のものではないが、本体でもないという意味で迹という。釈迦如来の教えには、衆生の機根に応じて種々の教えがあるが、どんな真実も悟ってしまうまではあくまで真実ではなく、未だ仮に近いものであるから、そういう教えを迹の教えという。本とは、真実の意味で、釈迦如来の悟った悟りそのものを指す。

三鳥派の教義の特徴

三鳥日秀の教義の特徴は、本因妙思想であるが、これは日精から教授されたものに自己に都合のよい解釈を加えた、まさに日秀流の本因妙思想である。

本因妙の語は、中国天台宗の祖、天台大師の『法華玄義』で、妙を解釈する中に出てくる用語で、釈迦如来が未だ仏になる前の修行中の時代を指す。法華経の寿量品に説くところの「我、もと菩薩の道を行じて、成ぜしところの寿命、いまなお未だ尽きず」の文が、その由来である。この経文の意味するところは、釈迦如来は最初から仏ではなく、長い修行の期間を経て仏となったのであり、釈迦如来といえども、修行時代があったということは、仏教の根本は釈迦如来ではなく、その悟ったもの、すなわち法が根本であるということを意味している。

したがって、私たちも釈迦如来を根本とするのではなく、釈迦如来の悟ったもの、すなわち法を根本として修行しなければならないということになる。ここから、仏と衆生とに根本の差別をなくし、仏を絶対化するのではなく、相対化して、私達の身近な存在にし、私たちも法を悟れば仏であるという考え方が本因妙思想である。

この考え方は、宗祖日蓮の教えの中では『諸法実相抄』に説かれていて、

「されば釈迦・多宝の二仏というも用の仏なり。妙法蓮華経こそ本仏にてはおはし候へ。……凡夫は体の三身にして本仏ぞかし。仏は用の三身にして迹仏なり。しかれば、釈迦仏は我等衆生のためには主師親の三徳を備へ給うと思いしに、さにては候はず。返って仏に三徳をかぶらせ奉るは凡夫なり。」

と、一般的に私たちは仏を根本の本尊と思っているけれども、そういう考えに至ったのは、私たちの考えに原因があって、仏も私たちも本来平等である。仏は絶対的なものであるというイメージを作ったのは、

私たち衆生がそれを望んだからで、仏が絶対的なものであるという考えは、実は私たち衆生が想像して作り上げた観念である。したがって、造られた絶対的な力を持つ仏というものは、架空の仏であって、私たち衆生がなれる仏こそが本当の意味での仏であるというのが、日蓮のこの文章の意味である。

この宗祖日蓮の思想を更に先鋭化したものが、『本因妙抄』『百六箇抄』といわれるもので、今日の日蓮正宗では日蓮から日興に相伝されたものを、後に文章化したとしているが、内容からして、後世の偽撰である。この二つの書は、別名を両方合わせて『両巻血脈』とも称し、大石寺門流ならず、富士門流全体で長く重要視され、門外不出の秘伝書として大事にされてきた。三鳥日秀が主張する本因妙の題目を唱えれば、自身に奇特なことが起こるというのは、おそらく『本因妙抄』の、

「今日熟脱の本迹を迹となし、久遠名字の妙法を本となす。信心強盛にして、ただ余念なく南無妙法蓮華経と唱え奉れば、凡身即ち仏身なり。これを天真独朗の即身成仏という」

の文、また『百六箇抄』の、

「本因妙は我本行菩薩道（我もと菩薩の道を行ぜり）、真実の本門なり」

等の文からきているのであろうと思われる。また、題目を妙法の二字に省略して唱えて云々というのは、この「久遠名字の妙法を本となす」に由来するものと考えられる。更に、「日蓮は迹、これ（三鳥）は本」というのは、『百六箇抄』の、

「本因妙を本とし、今日寿量の脱益を迹とするなり。」

「日蓮は本因妙を本となし、余を迹とするなり」

をもとにしていると考えられ、また日秀の本尊や位牌に「本因妙の行者」と記されていたというのも、『本因妙抄』の「本因妙の行者日蓮」の文をもとにして、日秀が日蓮と入れ替わって主になり、できあがったものと考えられる。

本来、本因妙思想は、釈迦如来のような仏といえども最初から仏ということはありえないのであり、いかなる仏も法を悟って仏になったのであるから、すべての仏の根本は法である。一方、すべての人には仏の性質があって、本質的には仏と私たち衆生とは何ら差別はない。逆に、仏を絶対化したのは私たち衆生の方である。私たちの心の弱さが、そういうありえないような絶対的な仏を生み出したものであって、私たちは自分自身の中にある仏の性質を、仏まで昇華させなければいけない。私たちも過去の仏がそうしたように、法というものを自己のものにすればよいではないかというものである。仏教用語でいうならば、衆生本仏の思想である。そういう意味では、大乗仏教の究極であるといってよい。日蓮の説いたことはそういうことである。

日蓮滅後、弟子たちの中に、この考え方をより先鋭化する思想の持ち主が現れてきた。その彼らによって、『本因妙抄』『百六箇抄』は、日蓮の名を冠せられてできたものだと思う。この両巻血脈を作成した人物は決して悪意があったわけではない。むしろ、日蓮の考え方を一歩進めたつもりだったと思う。けれども、過ぎたるは及ばざるが如しで、この両巻血脈は読む者によっては、誤解を招きかねない恐れを多分に持った書であるといわねばならない。

したがって、この両書はともに一部の修行及び学のかなり進んだ僧のみが読む秘伝書だった。いまだ修行の足りない僧が読めば、誤解を犯しやすい危険な書だったのである。その危険な誤解とは、衆生本仏の歪曲である。すなわち、自己の絶対化、別な言葉でいえば、自己以外の本仏は認めない自己本仏である。自分こそが本仏だと思うことである。この場合、自己も本仏なら他の人も同じように本仏なら問題はない。いや本来の本因妙思想はそういうものだが、この場合の自己本仏は自分だけが本仏であって、他の人の本仏を認めないものであるから、独善的な自己本仏である。

そういう危険な魅力を持つ『本因妙抄』『百六箇抄』を三鳥日秀のような名聞名利を求める人物に貸し与えた場合どうなるか、容易に推測ができると思う。三鳥日秀はこの独善的自己本仏にまんまと陥ったのである。

このような考えに成り立って、日秀は多数の本尊書写を行なった。したがって、日秀の本尊は日秀本仏の曼荼羅本尊であり、その本尊を拝する人は、本仏日秀を拝するのと同じである。日秀の本尊にはそういう胡散臭さが充満していたと考えられる。

日秀が最も惹かれた文はおそらく『百六箇抄』の次の文だと思う。

「わが内証の寿量品とは、脱益寿量の文底の本因妙のことなり。その教主は某なり」

以上、日秀の本因妙思想について述べてきたが、それ以外の日秀の教学は、おそらく日精とほぼ同じと考えてよいだろう。ただし、『身延山旧記』には三鳥派資料として十六冊の内、第九として『八箇相承』(書名は後人による)を収録している。この『八箇相承』は果たして誰の著であるのか、この書自体に何の記事もないので判断のしようがないが、考えられるのは、日精の書であるという可能性もある。

しかし、内容からして、どうも日精の説とは異なる箇所があって、日精の作とするには疑問が残るのである。というのも、『八箇相承』の八箇とは、いわゆる宗旨の三箇、宗教の五箇で、この八箇についての解説書なのであるが、日精の他の文献すなわち『大聖人年譜』『家中抄』などと比較すると、どうも文章が違うような感じがするのである。また内容にしても、宗旨の三箇を解説する中で、この書では、本門の本尊について、人本尊と法本尊に分けている。そして、人本尊を釈迦如来、法本尊を妙法としているところまでは日精と同じである。ところが、

「かくのごとく、両意あれども、正意は久遠の妙法をもって本尊と定めるなり。」

とあって、法本尊が最終的は正意であると結論しているのである。確かに、日精の教学の根底になっている要法寺日辰は、人法一体論をもって、人本尊である釈迦仏像の造立を主張したけれども、その日辰も最終的には、法本尊が人本尊より優れているとしている点からすると、日精もそうであった可能性は十分ある。しかし、『大聖人年譜』を読む限りでは、そのような記述は見当たらない。一方、日精が主張する総体・別体本尊論はこの『八箇相承』には見られない。

また題目に関していえば、日精は題目を附文・元意の二意があるとして説明するのに対して、『八箇相承』は無相行・有相行の立てわけで説明している。

次に、戒壇に関しては、日精は四菩薩の造立が戒壇の意であり、これとは別に富士戒壇建立説を立てるが、『八箇相承』では、広宣流布の時に戒壇を建立すべしとしている。しかも、富士戒壇としているわけではなく、特定の場所を指定していない。

これらのことから、私はこの『八箇相承』が日精の著書であり、それを日秀が書写したと考えるには、どうも疑問が残るのである。すると、だれの著作であるのか。私は、日秀自身の著書である可能性もあると思っている。この『八箇相承』は、そう長い著書ではない。宗教の五箇・宗旨の三箇について、わかりやくす簡潔にまとめている小論文といった感じである。この書が『身延山旧記』に入っているということは、当然三鳥派に関わる書であろうから、この書が直接日秀の著であるかないかに関わらず、三鳥派の弟子や信徒に対して、宗教の五箇・宗旨の三箇をわかりやすく解説した三鳥派の入門書であることは間違いない。そうだとすれば、ここに記される宗旨の三箇は、教祖である日秀の三大秘法についての考え方ということになる。それを簡略に示すと、

本門の本尊……法本尊が題目、人本尊が釈迦如来だが、法が根本

本門の題目……有相行（唱題行）

本門の戒壇……広宣流布の時に戒壇建立

ということになる。おそらく、この三秘の説明は、宗祖日蓮の『三大秘法抄』によったのだと考えられる。このことは、『三大秘法抄』の内容及び三秘の説明の順序次第が『三大秘法抄』と同じであるということからもうかがえる。

いずれにしても、この『八箇相承』は資料として別に紹介するので、この書がだれの書であるのか、わかる読者がいれば、ぜひ教えていただきたいと願う。

〔宗教の五箇〕宗教とは、今日では仏教・キリスト教・イスラム教などを分別判断する用語として用いられているが、本来は『法華玄義』に説かれるところで、仏の悟りを言葉で表現する教義・理論の意味である。五箇とは、教・機・時・国・教法流布の前後で、宗祖日蓮が末法において、いかなる教えが必要であるかを判断する際に、条件としたものである。教えとは経典そのものの教えの浅深の面、機とは衆生の機根の面、時とは末法という時の面、国とは国土の面、教法流布の前後とはこれまでの教法の流布の経緯の面、これらの五の面から判断して、法華経が末法今時においては、衆生が信ずべき教えとして、もっとも相応しいと宗祖日蓮は結論付けた。これを宗教の五箇という。

〔宗旨の三箇〕宗教が文章や言葉で示される教えの表現であるのに対して、その教えによって、導かれる悟りそのものを指す。宗祖日蓮の場合は、本門の本尊、本門の戒壇、本門の題目、すなわち三大秘法と称される修行の根幹を指し、この三つの修行によって、衆生は成仏に至る。宗旨・宗教は、いわば根幹・根本と枝葉・末節ということになるが、二つそろってその働きが有効なものであるが、あくまで根幹・根本あっての枝葉、末節である。

その後の三鳥派

三鳥派は宝永三年の処罰以降、享保期、弘化期と摘発があったことはわかっている。これ以外にも、寛政年間、丸山本妙寺へ寺社奉行より問い合わせがあり、本妙寺がそれに返答しているので、この時も三鳥派の摘発があったのかもしれない。さらにその他にも、歴史に埋もれてしまった事件があったかもしれない。

三鳥派は、宝永三（一七〇六）年以降、江戸時代全期を通じて禁制であったから、その系脈は一貫していない。ただしこれは当然のことであって、いま三鳥派を処罰の時期に従って分類すれば、最初の処罰が

〔元禄・宝永期〕

三鳥日秀 ── 了清以下七人
　　　　 ── 妙蓮寺以下十六人
　　　　 ── 宗仙以下十八人
　　　　 ── 了遠
　　　　 ── 長玄
　　　　 ── 慶印寺日全

〔享保期〕

三鳥日秀……祖恵
　　　　……玄信・玄了
　　　　……環告院日使（生田五郎兵衛）

〔弘化期〕……一潮日浮（日普）

ある宝永三年までの派祖日秀を中心とした時期、二回目の処罰がある享保期、そして弘化期の三期に大別できるようである。その三鳥派の系脈の概略を図示すれば、右のようになる。

本因妙法門と危険性

本因妙の法門は、大乗仏教が理想とした絶待平等を法門として完成した大乗仏教の究極であり、この法門によってのみ末法の衆生は成道を遂げることができる。ただしこの本因妙の本仏は通常の仏と同次元で、しかもこれを超越する仏として考えられているのではない。ここのところが本因妙の法門の難しいところである。

通常の久遠の釈迦如来が絶対的な本仏であるのに対して、本因妙の本仏は私たち一般の衆生が本仏であるという考え方である。したがって、本因妙の本仏は通常の仏と同次元の範疇で理解されてしまうと、そこに思わぬ落とし穴があるのである。そして一端そういう理解のされ方が行なわれてしまうと、未修行の凡夫が本仏ということになり、淫祠邪教の類と堕してしまう。そういう危険性が本因妙の法門にはある。したがって、この本因妙の本仏の考え方は、通常の本仏という概念を捨てなければならない考え方である。ではどう考えるのか。この本因妙の本仏の根拠になっている考え方を理解すればよいのである。それは法がすべての根本であるということだ。

通常の仏の捉え方は、仏はすべての煩悩というものを断じた完全無欠な存在であり、私たちの絶対的な崇拝対象であり、私たちを救ってくれる偉大なる存在である。しかし、実際そのような仏などこの世には存在しないし、私たち自身そのような仏になれるはずもない。ならばどうするか。この世がだめなら、あの世の仏、あるいはどこかにいるかも知れない神仏の慈悲にすがって助けてもらうしかないと考えるか。本因妙の仏とは、そういう仏のことをいうのではない。煩悩を断じなくとも、不安を抱えながらも、心に安寧を持って生きていくことはできる。私たちが、つくろうことなく、ありのままの自分のまま、ひたむきに、前向きに生きていく中に、心の安寧は存する。そのときの私たちが、本因妙の仏なのだ。

本因妙の法門は、通常の本仏という概念で理解すると、必ず独善的に解釈され、自己本仏の落とし穴に陥ってしまう。その典型が三鳥派である。後に日寛は、その講義の中で、

「江戸下谷にて、精師何事もその通りと仰せられ、現に御相承を得たりと言いて、外道ども出来せり」と三鳥派について述べられている。三鳥派の祖、日秀は常在寺隠居中の日精に随身し、門流相伝書の書写を許され、また日精より「何事もその通り」と言われて、大石寺相伝書の真意義も理解せぬまま相承を受けたと思い込み、ついには宗祖日蓮をも乗り越え自ら本仏となったため、外道と堕している。

本因妙の法門が、その真意義を理解されないまま、通常の本仏論的解釈の中で理解されると、常にこうした危険性がある。江戸時代においては、異流義として三鳥派の他に堅樹派・完器講・蓮門教等があるが、程度の差こそあれ、いずれも独善的体質に変わりはなく、根本的なところで、ほとんど三鳥派と同じ誤りを犯しているということができる。更に今日、大石寺門流に連なる多くの教団にも、そのことが言えはしないか。

日本最大の教団である創価学会の場合も、多くの面において三鳥派と酷似していると思うのは私だけでないか。

あろうか。したがって三鳥派の事件は、単に過去の三鳥派の問題だけにとどまらず、今日においても真剣に考えねばならない多くの問題を含んでいると言わねばならない。それだけにこの三鳥派の問題は、いつも私達の身近な問題として考えていく必要があるようである。

【資料紹介】
『八箇相承』 著者不明あるいは日秀自身の作か。

問う。日蓮法華宗の所立は何様ぞや。

答う。当宗の立義について、無尽の法門ありといえども、まず大段宗旨の三箇、宗教の五箇とて、八箇の義あり。宗旨の三箇とは、本体肝要の所弘の法なり。これに三つあり。一には本尊、二には題目、三には戒壇なり。これをば三大秘法ともいうなり。さて宗教とは、宗旨を弘むる教門なり。これに五あり。一には教、二には機、三には時、四には国、五には教法流布の前後なり。譬えば宗旨は本城のごとく、宗教は堀構等のごとし。

問う。まず宗教の五箇の姿いかん。

答う。第一に、教とは如来一代の説教の相を知ることなり。これは上件に明かすところの天台五時八教判釈を用いて、一代経の中に法華独り真実の経王と定むるなり。正しく『無量義経』の四十余年未顕真実終不得成天上菩提、法師品の三説校量、薬王品の十喩称揚の意に依るなり。『秀句』の下に云わく、明らかに知んぬ。天台所釈の法華宗は釈迦世尊取立ての宗と云云。また法華経の中に本門迹門ということあり。それとは、二十八品の中に前の十四品を迹門という。これは釈尊を始成の仏と説けり。さて、後の十四品を本門と名づく。これは釈尊を久遠五百塵点劫已来の古仏なりと明せり。この本迹二門を相対すれば迹門は虚説、本門は真実なり。この義も経文並びに天台妙楽のところより出でたり。蓮祖専ら承用したまへり。

第二に、機とは衆生の機縁を知ることなり。機について、大段本已有善と本未有善との二種あり。仏在世および正像二千年は本已有善の機なり。これには頓に実教を授けず。小より大と次第に引入するなり。さて、末法は本未有善の機にして、とても悪道をつくる衆生なれば、これには信ぜんとも謗ぜんとも、ただ極大乗を授け血縁するなり。『文』十に云わく、もと已に善あり。釈迦は小を以ってしかしてこれを将護したもう。もと、未だ善あらざれば、不軽菩薩大を以ってしかして強いてこれを毒す。『文記』十に云わく、それ善の因無くば謗ぜずともまた堕せん。謗に因って悪に堕するは必ず由って益を得、人の地に倒れて還って地に従って起つがごとし。已上。

過去の不軽菩薩は威音王仏の像法の末なるすらなお毒鼓の化道なり。いわんや、末法今時においておや。故に蓮祖は不軽の跡を紹継す。専ら実大乗を授けたまへり。『守護章』の上の下に云わく、当今の人は機みな転変せり。すべて小乗の機なし。正像稍過ぎ終わって末法はなはだ近きにあり。法華一乗の機今正しくこれその時なり云云。この釈の意深く解すべし。ただ小分は在世にも本未有善あり。末法にも本已有善あり。されども、天下の弘法は大旨を取って小分をば論ぜざるなり。

第三に、時とは弘経の時節を知ることなり。まず、仏滅後の時代を定めるについて正像末の三時ということあり。これも諸経の説相不同なれども、『大悲経』において正法千年像法千年末法一万年と定めたまえり。諸師これをもって准縄せり。しかるに今時は正像二千年は早已に終りぬ。去る人王七十代後冷泉院の御宇、永承七年壬辰の歳より已来末法に入れり。この末法の中には別して法華経の御利益盛んなるべしということ経文に明白なり。されば安楽行品には於末法中欲説是経といえり。かくのごとき文一品のうち処々にあり。分別功徳品にも悪世末法時能持是経者といえり。また前の『守護章』の文これを思え。ゆえに末法の今は法華流布の時と知るべし。

また、『大集経』に五箇の五百歳とて仏滅後二千五百年を五に分てり。それとは初の五百年は、解脱堅固とて悟を開く者多き時なり。次の五百年は、読経多聞堅固とて御経を読誦し広学多聞の智者の多き時なり。次の五百歳は、多造塔寺堅固とて堂塔伽藍を建立する者多きなり。さて、第五の五百歳は、闘諍堅固とて仏法の上に我執を立て是非を論じ互いに正理に闇きゆえ釈尊の法を悉く滅没する時なり。これを彼の経には闘諍言訟白法隠没と説かれたり。しかるに法華経は、余の仏法にかわりてこの第五の五百歳闘諍堅固の時、別してこの閻浮提に弘まりて未来永劫にまで断絶すべからずということ金言分明なり。

薬王品に云わく、我滅度後後五百歳中、広宣流布於閻浮提無令断絶、と文。勧発品にも三処にて後の五百歳にこの法華経を受持・読・誦・解説・書写の五種の修行をせよと説きたまえり。『文』一に云わく、後五百歳遠霑妙道と文。『記』一に云わく、大集経に准ずるに五々百歳あり、第五五百をば闘諍堅固といえり、後の五百と言うは最後五百なり。『秀句』下に云わく、当に知るべし、法華真実の経は後の五百歳において必ずまさに流伝すべきなり文。何とて必ず後五百歳の末代を法華流布の時とは定むぞと云うに、これ則ち重病には仙薬をば与え、極下劣の人には最上乗の法を授くる道理なり。しかるに、蓮祖は八十五代後堀河院貞応元年壬午歳御誕生なされば第五々百歳に入って百七十一年に当れり。この時正しく法華流布なりということあに諍うべけんや。

第四に、国とは弘法の国を知ることなり。総じて国によって弘通の法不同なり。天竺にも一向大乗の国もあり。一向小乗の国もあり。大小兼学の国もあるなり。しかるにこの日本国は一向大乗の中にも殊更法華経の国なり。されば『弥勒菩薩瑜珈論』に云わく、東方に小国あり、その中に唯大乗の種性のみあり、と文。また云わく、丑寅の角に大乗妙法の流布すべき国あるなり。『瑜珈論』の文正しく日本を指したまえり。ゆえに安然の『広釈』に云わく、ここに弥勒菩薩説いて云えるがごとく、東方に小国あり、その中に唯大乗の種性のみありと。わが日本国みな成仏を知れり。あにその事にあらずや。

また天竺において、須利耶蘇摩三蔵の羅什三蔵に対して、法華経の梵本を御付嘱なされし時の語に云わく、仏日西に入って遺耀まさに東北に及ばんと。この典は東北の縁あり、汝慎しんで伝弘せよ、と文。このことは肇公の『法華翻経』の後記にのせられたり。また『依憑集』序に云わく、我が日本天下円機已に熟せり。円教遂に興せん、と文。『一乗要決』に云わく、日本一州円機純一なり。朝野遠近同じく一乗に帰し、緇素貴賤悉く成仏を期す、と文。

聖祖の所勘既にしかなり。まさに知るべし。この日本国は専ら一乗法華経をもって弘通すべしということ文理顕著なり。

第五に、教法流布の前後とは弘通の次第を知ることなり。譬えば医師の病者に薬を与えるとき、後に薬を与える人は、必ず前に与えし薬の様を知らずんばあるべからず。そのごとく仏法を弘めるについて、まず前代の弘法の様を明らかに知るべきなり。しかるに正法千年は小乗権教、像法千年は双用権実なり。権とは爾前四時の教、実とは法華経の迹門なり。この弘法の次第を知るに、さては末法今時は但令用実にして法華独り弘まり、殊に法華経の中にも本門を弘めて得益あるべしと知るなり。これを教法流布の前後とは申すなり。この次第ももと『略秀句』に出でたり、已上。宗教の五箇畢んぬ。

かくのごとき教・機・時・国・教法流布の前後をもって本朝当代の弘法を考えるに、もっとも法華一乗を弘めて、中にも本門を流通すべしということ私ならぬことなり。

問う、宗旨の三箇とはいかなる法体ぞや。答う、これ正しく法華本門の所詮、先聖未弘の秘法なり。

第一に、本尊とは帰敬するところの根本の尊体。これに両意あり。一には、久遠実成の釈尊をもって本尊とす。二には、久遠所証の妙法をもって本尊とす。かくのごとく、両意あれども、正意は久遠の妙法をもって本尊と定むるなり。そのゆえに涅槃経には、諸仏所師所謂法也と説き、大師は、法はこれ聖の師と釈したまいて、根本尊敬の至極は究まるゆえなり。これは本尊の正体をいうなり。左右の脇士を論ずるときは諸仏菩薩等あり。

第二に、題目とは所修の行法なり。則ち寿量品に説き顕わし、神力品にして上行菩薩に付嘱したまえるところの肝心の妙法蓮華経なり。これはこれ一経の総題、一代の魂魄なれば、この題目を受持するものは得道疑いなきなり。一句一偈を持つすらなお成仏すべしと説きたまえり。いわんや簡要の題目をや。ここをもって陀羅尼品には、法華の題目を受持せんものを擁護せんすら功徳無量無辺なりといえり。

およそ法華の修行に二あり。一には無相行。これは上根の修するところの観心の修行なり。二には有相行。これは下根の修するところの事相の修行なり。この中にいま本門の題目とは、末法の下根相応の有相門の下機にまた利根鈍根あり。利人は直に成仏し、鈍人は十方の仏前に生ずるなり。

問う、観方をも修せずしてただ有相の行によって、かくのごとき勝利を得ることはいかなる因縁ぞや。

答う、三力あるがゆえなり。一には経法の力、二には仏の願力、三には信心の力なり。初めに、経法の力とはこれ万法所帰の総体なり。釈迦如来五百塵点劫の間、久しく思惟して三世十方の諸仏の自利利他の功徳、八万法蔵の最要を号して妙法としたまう。ゆえにこの妙法を受持するものは一切の行願を自然に収得す。

二に、願力とは釈尊の別願中に妙法を信ぜんもの生死を出離せずんば正覚を取らじと慥かに誓いたまえり。誠諦の金言疑うべからず。いわんや諸仏の護念力あるをや。

三に、信心力とは疑いなきを信というなり。されば経には、浄心信敬不生疑惑とも、生疑不信者即当堕悪道とも説きたまえり。諸の疑昧を払い捨て一心不乱に信受するところを信心力と名づくるなり。かくのごとく三力あるがゆえに有相唱題の修行によって広大の善利を得るなり。

第三に、戒壇とは、これは正しく広宣流布の時至って本門戒壇を建立すべしといえり。戒は防非止悪の義なり。小乗の戒・権大乗の戒・迹門の戒・本門の戒重々浅薄あり。たやすく了すべきことにあらず。小乗の戒南都にあり。大乗円頓戒壇は叡山にあり。これは迹門の戒なり。

さて当宗の戒壇は本門究竟の戒法なり。これ則ち諸仏内証の心源、本有の金剛宝戒なり。戒壇の図・戒のこと具に口決にあり云云。詮は末法無戒の衆生の戒行を結縁せんために戒壇を構えて、その中に一切の戒法の功徳をみな納めてこれを踏ませしむるなり。譬えば寒中には草木も有情も寒し、炎天には一天四海依報悉く熱するがごとく、結界の地に充満したる戒光が踏み回る人の遍身に納得するなり。かくのごとく戒壇をば天下一統広布の時節に造立すべし。例せば天台大師、『授仏性戒儀』を撰じて円頓戒壇を示したまうといえども、正しく戒壇を造することは伝教大師に時のあるがごとし。

問う、もししからば戒壇未建立の間の衆生は戒徳は備わるべきかいかん。

答う、『授仏性戒儀』に云わく、衆生仏の知見に悟入すれば一切の戒善を具足せざることなし。これを真の授戒と名づく、云云。ゆえにただ実相深理の南無妙法蓮華経の地に住するところを真の戒場を踏むと名づくなり。されば『学生式問答』に云わく、三学倶に伝うるを名づけて妙法という、と文。これについて甚深の勝義あり。卒爾に云い盡くすことにあらず。所詮かくのごとき三大秘法祖師もなお時機を鑑えて聊爾には弘めたまわず。佐州已後初めて宣通したまえり。三箇は一箇の題目とて、帰するところはただ一つの久成の妙法に極まるなり。已上宗義八箇畢んぬ。

八、日俊・日啓・日永三師の造仏撤廃

日俊・日啓・日永三師の略伝

二十二世日俊は、字を松園、始め日暁といい、後に本法院日俊と改めた。大石寺法主としては初めての

細草檀林の能化である。寛永十四（一六三七）年の誕生で、幼年にして要法寺二十九代日詮の弟子となり、その後細草檀林に学び、第八世能化となる。延宝八（一六八〇）年九月四日、二十一世日忍が遷化するにおよび、二十二世として晋山した。日俊の晋山には大石寺衆檀より要法寺に対して招請があったようである。『俊師初度説法』に、

「寿量品　毎自作〇仏身　駿州富士大石寺入院、始延宝九辛酉年二月七日　彼岸之初日談之」

とあり、登座後の初説法は日忍遷化五ヶ月を経た延宝九（一六八一）年二月七日の興師会だったようである。

『続家中抄』によれば、天和二（一六八二）年二月に法を日啓に付していることになっている。『富士年表』もこれにしたがっているが、これより五年後の日永筆と思われる『精師数珠奉納記』には、

「貞享四丁卯九月十六日　　大石寺当住二十二代　　日俊花押」

とあって、『続家中抄』と相違をみせている。この消息、歴代法主全書三巻には日俊筆の写本として掲載されている。しかし写真を子細に検討してみると、写本に花押があるのは不自然であること、また筆跡は日永筆と考えてほぼ間違いないこと、そして「大石寺当住二十二代　日俊花押」の花押のみは日俊自筆であるだろうから、この消息は日俊筆の写本というより、日永が本文を書き、これに日俊と日永が署名花押した正本ということができるのではないか。

『続家中抄』の天和二年二月付法説が何によるのか明らかでないので、比較の仕様がないが、少なくとも「大石寺当住二十二代　日俊花押」の花押は自筆であるだろうから、この貞享四（一六八七）年九月頃には、

日俊はいまだ当住であったと考えた方が妥当なようである。

またこの消息の前後、七月から十月にかけて、日俊は玄関造営披露、参道石檀造営、造橋披露、開山堂建立法要等を執行され、お盆、彼岸、御会式の説法もされている。この時日俊は隠居であったというのは少し不自然ではないか。更に『日宗年表』貞享五（元禄元）年の項には、

「三月、久本院日啓大石寺晋山す」

とあり、これが何らかの確実な史料に基づくものであれば、先の日永筆『精師数珠奉納記』、またいまの日俊の事蹟等と合せて、現在の天和二年二月付法説は訂正されなければならない。

ところで日俊から日啓への相承の年時を考えるに当たっては、当時の要法寺の事情と日俊の教学を考慮する必要もあるようである。

日俊を大石寺へ派遣した側の要法寺は、三十代日饒が貞享四（一六八七）年十一月二十一日に寂し、その後、後住の人選に困ったようで、『日宗年表』には、翌五（元禄元）年二月、日俊を後住として招請したことが記されている。日俊はこれを辞退し、

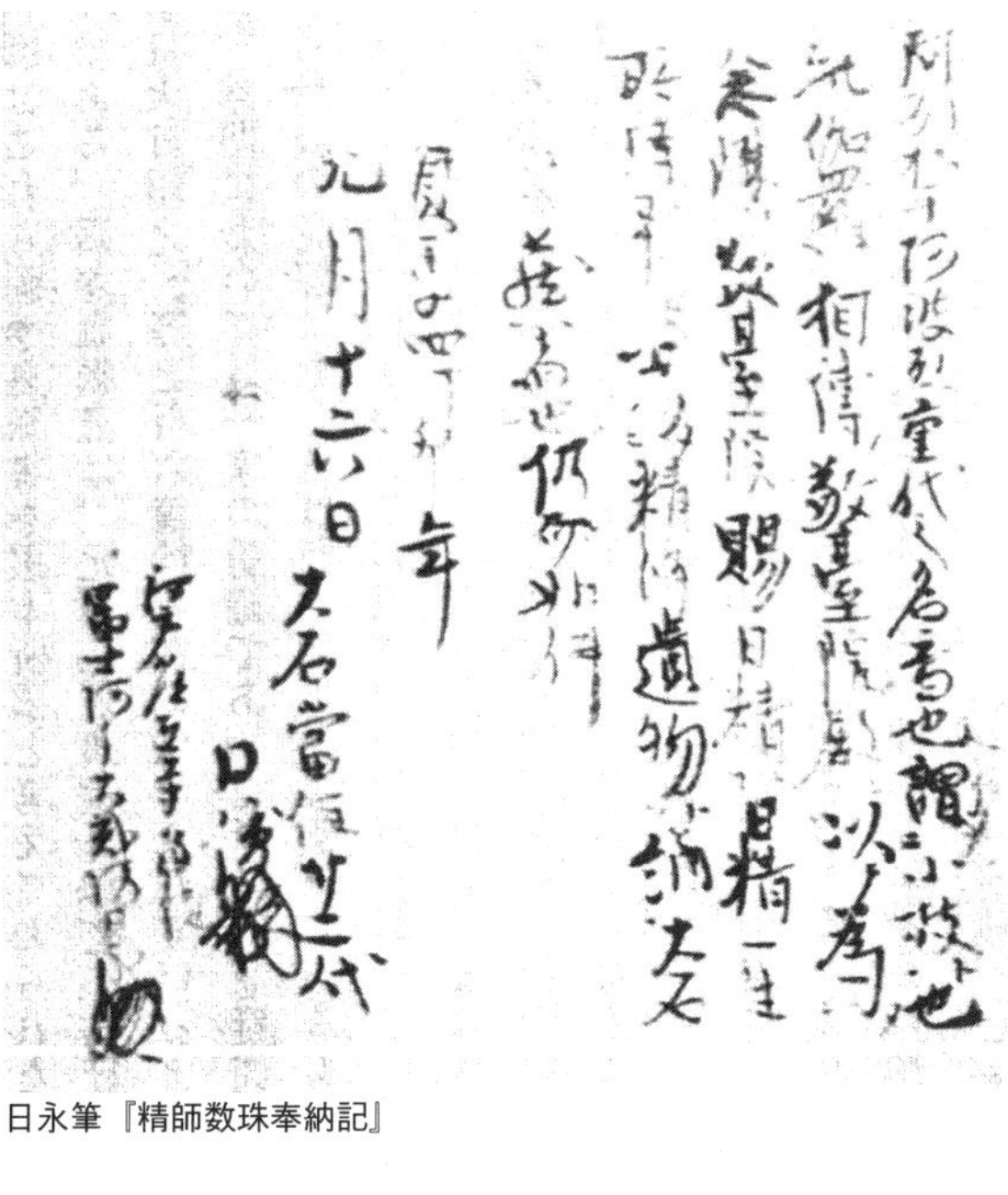

日永筆『精師数珠奉納記』

結局後住には日俊の後輩で、当時会津実成寺住職の日舒と決まり、元禄二年五月、三十一代として晋山している。日俊が要法寺晋山を辞退した理由は、大石寺貫主から要法寺貫主になることは寺風の違いなどから、やはり問題があること、また教学上の相違による混乱を避けたいという配慮もあったであろう。あるいは単に健康上の理由かもしれない。

これによって今度は会津実成寺が無住となるため、日俊と要法寺との話し合いによって、当時日精の後住として常在寺の住職をしていた日永が実成寺の後住と決まった。貞享五年九月のことである。

これによれば、要法寺の日俊招請が貞享五年二月、日啓の大石寺晋山が同三月と、約一ヶ月の間にこれらのことが行なわれたということになるが、そこに何らかの因果関係があることは十分に推測される。日俊が、招請した要法寺評定のことを考慮して、自身は隠居、要法寺は法弟の日舒に、大石寺はあとを日啓に譲るということで話をまとめたものと考えても、あながち見当違いではないかもしれない。いずれにしても日俊から日啓への相承の年時は『続家中抄』が明確な根拠を示していない以上、再考の必要があるようである。

さて、日俊は要法寺出身ではあるが、不造像不読誦義を積極的に推進し、日舒などは、

「しかるに日俊上人の時、下谷常在寺の諸木像・両尊等土蔵に隠し、常泉寺の両尊を持仏堂へ隠したり。日俊上人は予が法兄なれども、かつてその所以を聞かず」

と批判するほどであり、その造像撤廃は、その後の大石寺・要法寺両門末にはかり知れない影響を与えることになる。その意味では、日俊によって、永年大石寺門流に支配的であった日辰流から伝燈法門への回

帰が始まったと言って良い。

日俊が要法寺の招請を辞退した理由は、これが最も大きな理由だったと私は考えている。日俊は、日精によって造立された釈迦像やその他諸仏像を、大石寺門流から一掃する時期を待っていたのではなかろうか。ようやく日精が遷化して、日俊はその一掃に取り掛かる。そして、その諸仏像を撤廃するのである。要法寺からの招請は、おそらくその最中か、終わった直後であったろうと考えられる。そういう時期に、いまだ造像義をもって門流の根本法門と立てている要法寺の歴代として晋山することは、やはりできないことであろうと思われるのである。

もっともこれによって、今度は元禄二（一六八九）年七（十一）月、北山日要によって寺社奉行に訴えられることになる。

日俊はその著『法華取要抄記』に、

「自宗の元祖の教訓であるというだけで、伏して信じて本師に執着するのはあさましいことである。捨劣得勝は仏法の通制なれば、たとえ我が厚恩の師の教訓であっても、邪義ならば捨てるべきである。日俊はたとえ宗祖日蓮・二祖日興の御筆なりとも、自分自身に納得がいかなければ、吟味の上で捨てるべきである。けれども、玉は磨くに従って光を倍し、紅は染まるに随って色が鮮やかになる。日蓮・日興の御義の玉は、吟味するに従って、いよいよ甚深の義分明なり。ありがたし、信ずべきなり」

と、その法門に対する姿勢を開陳されているが、こういう姿勢が師をして不造不読義を推進させた原動力だったかも知れない。元禄四年十月二十九日、五十六才で遷化されている。

二十三世日啓は字を慈雲といい、慶安元（一六四八）年、京都の生まれである。幼年にして要法寺二十八代日祐の弟子となり、その後細草檀林に学び、第十二代能化となる。その後日俊より法を付され、二十三世となる。相承の年時について再検討の必要があることは先に述べたとおりである。

日啓当職の期間、元禄二年から三年にかけて北山日要訴訟事件があり、また元禄四（一六九一）年四月には幕府の悲田派禁止があって、その節小泉久遠寺より、大石寺は悲田派の疑いがあると注進されるなど、難局の連続だったようである。そのためか、元禄四年七月の常在寺客殿開眼供養の頃には病気だったようで、日俊が導師を勤めている。

元禄五年六月、法を日永に付し、常泉寺の子院に隠居する。宝永四（一七〇七）年十一月十四日、六十一才で遷化されている。

二十四世日永は、字を長然、富士阿闍梨大弐坊と称する。慶安三（一六五〇）年の生まれで、父は富士上野上条の清五郎右衛門、大石寺の地元出身である。幼くして、大石寺二十世日典の弟子になる。天和三年、三十四歳の時、日精より下谷常在寺の跡を継ぐ。元禄元（一六八八）年、日俊が法を日啓に譲り、日啓が大石寺を継ぐ一方で、要法寺を継いだ日舒の跡を受けて、会津実成寺の住職となる。元禄五（一六九二）年、四十三歳の時、日啓の跡を受けて、大石寺第二十四世となる。師は本来の大石寺門流の出身者で、第十三世日主以来、約百年ぶりに法統が要法寺門流から大石寺門流に帰ったのである。常在寺・常泉寺はじめ日精が行なった造像撤廃は、表面上当代の日俊ということになっているが、それを影で支え、推進したのは日永である。また三鳥派の対策でも、三鳥派に対して毅然とした対応をし、妙蓮寺が三鳥派に連座して無住になった際、富士門流の中心者として問題の解決に当たったのも日永であった。大石寺門流が従来の要法寺流から、本来の大石寺流である不造像へ大きく舵を切るに当たって、日永の果たした役割は大きい。造像から不造像への真の推進役はこの日永であったと考えられる。

造像撤廃とその背景

常在寺・常泉寺の造像撤廃は、すでに要法寺日舒が、『百六箇対見記』に、

「しかるに日俊上人の時、下谷常在寺の諸木像・両尊等を土蔵に隠し、常泉寺の両尊を持仏堂へ隠したり。日俊上人は予が法兄なれども、かつてその所以を聞かず」

と述べているように、日俊代のことと思われるが、注目すべきことは、それが日精遷化とともに始まったと思われることである。元禄二年七（十一）月、大石寺は北山本門寺第十五代日要に、一、一部読誦造仏堕獄、二、素絹白五条以外の袈裟衣は謗法、三、曼荼羅書写は南無妙法蓮華経日蓮在御判でなければ師敵対、四、鬼子母神造立は謗法堕獄との批判を繰り返し、北山を非難中傷しているとして寺社奉行に訴えられるが、その訴状に、

「この四箇状を以って、北山本門寺は無間地獄の山、檀那は無間地獄の罪人と日俊並びに衆檀共に悪口を繰り返してきたが、種々考えるところもあって六箇年の間は堪忍してきた。」

と、これらの四箇が六年前より言われていると日要が訴えていることである。六年前とは天和三年、つまり日精遷化の年である。日俊は大石寺門末に対して、おそらく日精遷化とともに不造像不読誦義を推進さ

れたのではなかろうか。そしてそう遅くない時期に常在寺・常泉寺その他の寺院から造仏を撤廃されたのではないかと思う。

天和三年といえば、『富士年表』では日啓の代となっている。しかしこれは、先に日永筆と思われる消息等があって、再検討の必要があると述べたとおりであり、むしろ造像撤廃を天和三年もしくは同四年頃として、当職を日俊とした場合、『百六箇対見記』『日要訴状』の記述は年代的にも符合し、かつ無理がないばかりか、逆に日俊が当代であったことを裏付ける有力な資料ともなるものであると思われるのである。また『百六箇対見記』の著者である日舒は日俊と師を同じくし、後輩に当たるが、そういう人物が当代か隠居かを間違えることはそうあることではないと思われることも考慮する必要がある。

かくて日俊は日精遷化後、さ程遅くない時期に常在寺・常泉寺等より造仏を撤廃したものと思われる。仮にそれを天和三年とすれば、日精が『随宜論』を著してから五十年目ということになる。約半世紀を経てようやく造像から不造像への回帰が実質的に始まったのである。

日俊や日啓・日永が造像撤廃を推進した背景には一体何があったのだろうか。種々考えられるが、やはり最も大きいのは、造像読誦そのものが富士の伝燈法門ではなかったということであろう。そのために大石寺衆檀には表面上はともかく、決して受け容れられなかったに違いない。すでに彼の日精のときにおいても、

「予、法詔寺建立の翌年仏像を造立す。ここによって門徒の真俗、疑難を致す云云」

とあるように、表面的にも日精に反対した僧俗が存在したようである。この人々の精神は、このときには

実らなかったが、次代の人々に受け継がれて日俊・日啓等に伝えられ、五十年後にようやく実ったということができるのではないか。

ただこれは、造像撤廃の最も大きな要因ではあっても、これが直接の原因になったとは考えにくい。造像義では何か非常に困ることがあって、これを解決するために伝燈法門が見直され、そこから不造像義への転換が計られたと考えた方が自然ではないかと思う。

そこで注目されるのが、当時日蓮宗一般に流行していた鬼子母神・十羅刹女信仰が、この頃富士門に流入してきているということである。あるいはこれへの対応の中で造像撤廃が行なわれたということも考えられる。

日蓮宗は天文法乱以来、一部を除いて宗の根本である折状を捨て摂受へ傾倒していく。特に身延山久遠寺派においては、日重・日乾・日遠三師によって本満寺教学が主流を占めるようになり、教学の大転換が行なわれる。また幕府の宗教政策に荷担し、寛永七（一六三〇）年の受不受論争によって池上本門寺等をも傘下に入れることになる。こうして身延派は日蓮宗において覇を唱えることに成功するが、一方で国家諫暁・折伏弘教を捨てた結果として、宗としての特色がなくなってしまった。そこで一般民衆にアピールするものとして、現世利益の祈祷を取り入れ、法華経の行者の守護神である鬼子母神がその本尊として用いられた結果、一般民衆に鬼子母神・十羅刹女への信仰が盛んになっていく。

こういう経緯の中で生まれた鬼子母神・十羅刹女信仰は、身延の思惑どおり盛んになっていく。そしてそれは時代の流れに乗って富士門流へも入ってくるようになる。『百六箇対見記』には、

「日要上人、十羅刹女堂建立す」

とあって、北山本門寺は日要代に十羅刹堂を建立したようであるが、これによってその後門流内に動揺があったようである。大石寺においても、日俊の『弁破日要義』に、江戸の信者、井上五郎兵衛の質問として、

「予に問うていわく、京・江戸諸法華宗皆な鬼子母神を以って造立安置す。当時大石寺の法流、何ぞこれを崇敬せざるや。」

とあって、当時大石寺の信者であっても、鬼子母神・十羅刹女信仰を取り入れたらどうかと受け取れるような質問をする者がいたと記しているから、この鬼子母神・十羅刹女信仰は、かなりの関心事であったようである。

日俊はこの鬼子母神・十羅刹女信仰の本質をおそらく見ぬいていたに違いない。そしてこの信仰が門末に流行することには、信仰上の問題や北山における建立後に起きた動揺のこともあって、危惧を抱いていたのではないか。しかし日辰流の教学では抗しきれないことから、抜本的対応策として、不造像義を推進されたのではないかと思う。

確かに造像義が富士伝燈法門ではないとしても、それだけで日精の造立された仏像を撤廃できるとも考えにくい。やはり重大な局面に直面して不造像義への転換がなされたものと考えた方が自然のように思われる。

この鬼子母神・十羅刹女信仰が、直接のきっかけであったと断定はできないが、後年、要法寺が造像か

ら不造像義へ変わっていく際、造像論者の反論の中で大きく問題にされているのも、この鬼子母神・十羅刹女信仰であることを考えると、その一因であることは言えるだろう。

さて、造像撤廃を考える上で、鬼子母神・十羅刹女信仰と合せて看過できないのが三鳥派の問題である。否、むしろこの三鳥派の問題が、造像撤廃の契機としては最大の原因だったと言った方が良い。

三鳥派については、前に詳しく述べたとおりであるからここでは省略する。三鳥派の教義的な主張の中心は一応本因妙思想である。一応と言ったのは、真の本因妙思想ではないからである。相伝書の浅薄な理解による似非本因妙思想と言った方が良いということは、先に述べたとおりである。したがって教義と言える程のものはなく、日永が、

「三鳥一類利養之輩」「三鳥等利養之僧等」

等と喝破したように、実質的には低俗な現世利益と凡夫（日秀）本仏であった。そのため処罰され、大石寺はあやうく難をのがれるが、日精遷化の天和三年当時、大石寺は三鳥派と対決状態にあった。大石寺と三鳥派の関係は、当初は大石寺と三鳥派というより、日精と三鳥派と云った方が良いが、日精と三鳥派が対立するようになってからは、単に日精個人の問題だけにとどまらず、大石寺全体の問題となったのである。

いま延宝四（一六七六）年から元禄二（一六八九）年、北山日要訴訟事件までの十三年間の関連事項を列挙すれば、

延宝四（一六七六）年頃　　三鳥日秀、日精の門に入る。その後相伝書類を書写。

延宝七（一六七九）年二月　日精、御影堂より戒壇本尊を遷座、宗祖の本尊を造立（模刻）安置
延宝八（一六八〇）年九月　二十一世日忍寂、日俊登座
　この前後　日精、三鳥日秀を破門
延宝九（一六八一）年　三鳥日秀、相承を残らず請取ると主張
（天和元）　本尊数多門下に出回る
　同　八月　日精、三鳥派批判
天和三（一六八三）年夏　日永、常在寺入院
　同　十一月　日精寂
　同年　日俊、造像読誦・鬼子母神信仰等を批判、これ以降造像撤廃始まる
　この頃　日永と三鳥派との間で緊張続く
元禄二（一六八九）年七月　北山日要、大石寺を寺社奉行所に訴える
となる。
　日俊の造像撤廃はこういう三鳥派との緊張の中で行なわれているのであるから、当然三鳥派の問題が何らかの形で関与していると考えねばなるまい。というよりもともと造像と三鳥派は日精から出たものであり、一見無関係に見えても本質的には同趣一根と言わねばならない。日精は存命中に三鳥派を破門したが、三鳥派はそれでも消滅しなかった。日永の書状や、その他の記録から言えることは、ますます盛んになったと考えられる。

三鳥派は大石寺門末では日精と特に関係の深い常在寺・久米原妙本寺を中心に檀中に広がったようであるが、他にも波及するおそれは多分にあったであろう。日精遷化後、大石寺の名実ともに実権を掌握した日俊が、門末での三鳥派の暗躍をふせぐには、三鳥派の根源ともいうべき日精の教学や事蹟そのものを全面的に見直さねばならないと考えるのは、自然の成り行きである。

三鳥派はその教義からして、日精の受け売りであるから、曼荼羅以外にも造像を容認していることは間違いない。実際にしていたかどうかは別にして、三鳥派が本格的に寺院を建立し、その本尊に日精から教授された一尊四士あるいは二尊四士を造立した場合、もはや大石寺と何らかわらないといっても過言ではない。日俊・日永は三鳥派の邪教性をおそらく認識していたに違いないし、いずれ三鳥派は、大きな問題を起こすに違いないと考えていたとしても不思議ではない。日俊・日永は、大石寺門内に存在するあらゆる三鳥派の痕跡を排除しておきたかったはずである。

けれども、日精の教学や事蹟をそのままにして三鳥派だけの対策をしてみても、決して根本的な解決にならないだけでなく、いつかまた三鳥派の類いを生む温床となることは必至であり、それが大石寺にとって死活問題になりうることもあると考えたとしても不思議ではない。実際これから約二十年後には、これが現実の問題となるのである。

また、三鳥派の主張する本因妙思想は、富士の伝燈に則ったものではなく、日精によって要法寺流に解釈された本因妙思想の更に変化した、木に竹を接いだようなものと言えるが、落ちつくべきところに落ちつかない本因妙思想が危険でないわけがない。三鳥派が似て非なる本因妙思想を吹聴すればするほど、それは独善的となり、邪教性を多分にはらむことになる。

このために三鳥派は幕府より禁制となるが、日俊・日啓や日永が三鳥派を破折するには、本来の本因妙思想を復興させなければならない。しかも、本来の本因妙思想と造像とは決して相容れないのである。両師が三鳥派を破折するには、どうしてもその根底にある要法寺流の考え方を除去しなければならない。そのためには造像はあってはならないのである。ここに、日俊が敢て造像撤廃に踏み切った理由があったのではないかと考えられる。

造像撤廃が始まる天和三年から二十数年後、三鳥派は幕府から新義異流として処罰されるが、結果的にこの時期に造像を撤廃していたことが、後に妙蓮寺や西山のように三鳥派に連座することなく、幕府の追求を断つことができたということができるようである。

九、北山日要訴訟事件と当時法門上の諸問題

日精遷化後、日俊・日啓を中心として、大石寺は伝燈法門への回帰が始まる。六年後の元禄二年七月五日、北山十五代日要は隠居日俊及び当住日啓を寺社奉行へ訴えている。

「恐れ乍ら書付を以って御訴訟申し上げます。駿州富士郡本門寺。
一、同国同郡上野村、大石寺日俊は、長年にわたって、御制法に背き、自讃毀他の談議を致し、奇怪の法を専ら弘めている。謂く、法華経一部を読誦するは、無間地獄の業と申し、素絹五条の以外一切の袈

裟・衣は、謗法売僧であると申し、あるいは曼荼羅の書き様は、題目の下に判を書き、日蓮と天台・伝教と座を並べて書くは師敵対と申し、あるいは鬼子母神造立等は、謗法堕獄と申している。

この四箇条を以って本門寺は無間山、檀那は無間の罪人と、日俊並に衆檀ともに悪口を致しているが、種々遠慮するところもあり、六箇年の間、堪忍してきた。しかし、去る二月三日の晩、黙止し難き子細を承るに付き、日俊に対談を遂げ、僉議仕るべく存ず云々。……（中略）

右の条々、大石寺隠居日俊、当住日啓を召し出され、対決仰せ付けていただければ、有り難く存じ奉ります。委細の儀は御尋ねの節、口上にて申し上げます。以上。

元禄二年巳七月五日　　　駿州富士北山本門寺判、日要判。

寺社御奉行所」

これがその訴状である。簡単に説明すると、大石寺隠居日俊・当住日啓及び衆檀は、六年前より、

一、一部読誦は無間堕獄の業。

二、絹五条の以外一切の袈裟衣は謗法売僧襁褓（赤子のおしめの意）。

三、曼荼羅は南無妙法蓮華経日蓮在御判とすべきで、題目の下に自己の名前を書いて、宗祖を天台伝教と同列に書くことは師敵対。

四、鬼子母神造立は謗法堕獄。

その他年来、造仏堕獄ということも主張し、これらを以って本門寺は無間地獄の山、信徒を無間地獄の罪人と悪口誹謗して来た。しかし、同じ日興門流ということや、その他種々遠慮もあり、事を荒立てるこ

とは敢てしなかったけれども、今年二月三日の晩、いかんともしがたいことがあり、一山の協議の結果、大石寺と対決しようということになったが、小泉久遠寺の仲裁等もあって、三月三日一旦は和解した。ところがその舌のかわかぬ三月六日、またも日俊は大石寺客殿において同じ批判をした。

このような妄説や悪口誹謗は許すことのできない所業で、特に鬼子母神造立についての批判では、他門の供養を受けることになるので堕獄の根源になると言い張っている。これは幕府からの御朱印状をも否定するもので、禁制の不受不施であるので訴えますというものである。

日要は同年十一月十六日にも、客殿における日俊の説法の内容等について、同様の趣旨の訴状を奉行所に提出している。三月六日の談議とは日俊の客殿における説法のことで、『弁破日要義』として歴代法主全書に収録されている。

これに対して大石寺では、翌三年二月十八日、奉行所に『陳情』を提出し、日要の訴えについて、次のように反論している。要点を言えば、

一、当家は法華経を以って宗旨とするゆえ、一部読誦は謗法ではない。但し富士五山は御開山日興上人以来、常の勤行、法要には法華経の肝要、方便・寿量の二品を読誦することが伝燈となっている。

二、素絹白五条以外の袈裟衣が謗法ということについても大変迷惑なことである。袈裟衣は宗によって様々なので素絹白五条以外が謗法ということはない。但し富士五山は御開山以来、薄墨の衣・白（薄墨）五条の袈裟を伝燈としている。

三、本尊書写については、富士五山は代々南無妙法蓮華経日蓮在御判と書写することが伝燈であり、もし

四、本門寺がそれに背くようなら、それは師敵対である。しかしそれを当方より詮索したことはない。

鬼子母神造立については、富士五山においては御開山以来造立したことは無く、また諸堂を数多く造るということも伝統的にしない。現在まで大石寺ではこれを守っているが、余寺については造立するにしてもしないにしても関与していない。けれども富士五山は法義も同じで、しかも大石寺・北山本門寺は日興上人の開山であるので、この伝燈法門は護らねばならないはずである。

ところが本門寺近代の日優・日要はこの伝燈を無視したため、北山の檀中の中で不審を懐くものもあり、日要はそれを大石寺貫主及び衆檀の所言とすりかえて、七日間の談議において大石寺無間山、日俊堕獄と中傷した。その上、話しあいによらず証拠を捏造して、御法度の賭による勝負で法論しているとの噂もあり、使僧を遣わして様子を伺わせたところ、当方で大石寺無間山等と批判したのは、大石寺が本門寺無間山と中傷したことへの返報であると主張するので、その本門寺無間山と批判している人を尋ねたところ、それが本門寺の檀家であった。

こういう目茶苦茶な次第で、かえって僉議を受けなければならないところを、久遠寺の仲裁もあり、同門ということで、去年二月にこの件は落着した。また日要の主張している三月六日の談議の件は、当寺代々の石塔の開眼が本門寺騒動で延期になっていたので、その開眼を六日より執行し、その法話である。その際、この法話は決して本門寺批判ではないと念を押し、その旨を久遠寺へも通達した。したがって本門寺批判というようなものでは決してなく、日要の妄説である。

五、造仏堕獄ということも、事実無根のいいがかりである。当方より本門寺に対してそういうことを言ったことはない。大石寺は京都要法寺より九代の住職を迎え、現在も通用は続いているが、その要法寺は造像読誦を行なっており、これに対して当方より造仏堕獄と批判したことはない。

というところである。

寺社奉行への陳情ということもあり、また訴えられた側ということもあってか、このような表現になっているが、これが功を奏してか、北山日要は同年三月二十七日訴えを取り下げ、同日両寺より寺社奉行に、今後両寺和融し、互いに非難しない旨の一札を出して和解している。

以上が元禄二年の北山日要訴訟事件の概略である。この事件、日俊・日啓の造像撤廃の路線が推進されて日が浅いということから、対処の仕方を誤ると重大問題になりかねない危険性をはらんでいたが、両師の対処が良かったこともあって一応無事に乗り切ることができた。

しかし、北山・小泉等とはしこりを残したようで、この事件が決着した翌年、今度は小泉久遠寺の奉行所への注進という事件が起きる。日啓の『西山日円状』に、

「したがって今、江戸下谷常在寺より使僧が当寺へ来ています。その趣は内々の儀であるが、小泉久遠寺が去る二月七日に公儀へ対して、大石寺は禁制の悲田派であると悪口をさまざまに述べ、公儀にも大石寺は非常に不届きであると考えているようである。」

という記述がある。元禄四年四月、幕府は悲田派を禁止するが、このとき小泉久遠寺によって、大石寺は悲田派の疑いがあると注進され、『同状』次下に、

「これについて、貴寺へ御相談したいことが数多くあります。今は直に貴殿のもとへ伺うのは、他見に

もいかがと存知ますので、ただ今下之坊まできています。遠路と申し、寒気と申し、重々御苦労ではありますが、今日下之坊まできていただけないでしょうか。ひとえに当門の安否、この時と考えますので、なにとぞ下之坊までお越しいただきたい。」

とあるように、日啓は西山二十代日円と相談し、この難局を乗り切っている。ともかくこの時期は、難局の連続であったが、日俊・日啓はこの混乱の底には法門上の根本的な問題があること、そして伝燈への回帰以外に抜本的な解決はないことを良く理解し、不造像義の復興を目指しながら乗り切っている。

ところで、これらの訴訟事件等は、当時大石寺の法門上の問題点を浮き彫りにしているという点において、非常に興味深い。日精遷化後、天和・貞享と日俊・日啓は不造像義を推進し、おそらく元禄の初期の頃には造仏は大方撤廃されたであろうが、いまだ法門的には完全な復興とまではいっていなかったようで、彼の『弁破日要義』の中でも鬼子母神造立について、

「仏像造立がどうして罪であろうか。但し造立安置すれば、師敵対・堕獄遁れ難し」

というような言い方をされている。

今この時期の法門上の諸問題点を訴訟事件、先の三鳥派問題等によって挙げれば、

一、一尊（両尊）四士・鬼子母神造立等の造像及び一部読誦問題。

二、三衣の問題。

三、本尊書写の問題。

四、折伏及び謗法（不受不施）の問題。

五、三鳥派の問題。

にしぼることができるだろう。そしてこれら法門上の問題は、大石寺が宗祖日蓮、開山日興以来の伝燈の血脈を護持していく上で、また幕府の宗教政策とそれを背景とした身延派の日蓮門下に対する圧力の中で、大石寺がいかにこの時代を生き抜いていくか、当時何をさしおいても解決されなければならない最重要課題だったのである。

結局、これらは日寛の『六巻抄』等まで待たねばならない。その意味で、この時期は法門上造像義から不造像義への過渡期ということができる。

次に、日寛の伝燈法門再興に関して、いま列挙した問題がどのように解決されたかについて述べてみたい。

〔悲田派〕法華宗の僧は他宗の信徒からの布施を受けず、また信徒は他宗の僧に供養してはならないとする制戒で、これを厳格に護る派を不受不施派という。この不受不施派は徳川幕府の宗教政策に対しても、強硬に反対したため、キリスト教とともに禁止宗教になる。しかし、何とか幕府の難題をかわして生き延びてきた一派である悲田派も元禄年間に禁止宗教となり、地下に潜伏して宗命をたもった。

十、日寛の伝燈法門再興と大石寺

二十五世日宥と天英院の帰依

大石寺は、三鳥派騒動の覚めやらぬ宝永四（一七〇七）年十一月、二十三世日啓が遷化する。その二年後、日永は、後継に日宥を指名し、隠居する。日宥は宝永六（一七〇九）年、大石寺第二十五世となる。この時、日寛は前年に第二十六代細草檀林の能化に就任したばかりだった。

日宥は、字を栄存といい、寿命院の号がある。生国及び姓氏は不明で、父の法号は了哲、母は妙印、寛文九（一六六九）年の誕生。日寛より四歳年少である。幼年にして出家、江戸常泉寺日顕の弟子となり、後細草檀林に学び、第二十四代能化となる。そして、四十一歳にして大石寺法主となり、九年後の享保三（一七一八）年、日寛に法主職を譲って隠居となり、享保十四（一七二九）年遷化する。

日宥が第二十五世になったのは、徳川幕府第六代将軍家宣の正室、天英院の後ろ盾が大きかった。『続家中抄』には、日宥を天英院の猶子と伝えている。猶子とは、自分の子供と同じという意味で、それほどに天英院は日宥に深く帰依した。

天英院は、父が関白近衛基熙、母が後水尾天皇の皇女常子内親王の長女として、寛文六（一六六六）年、京都にて誕生する。幼名を熙子といい、乳母は日宥の師である常泉寺日顕の母ということになっている。そうだとすると、天英院と常泉寺日顕は、同じ乳を飲んで成長した間柄ということになる。そして、天英院が大石寺に帰依する始まりは、天英院と日顕のこの関係からということになる。

しかし、この伝は、誤伝ではなかろうかと私は思うのである。なぜかならば、天英院と日顕の年齢差があり過ぎはしないか。日顕は天英院より二十一歳年長の、正保二（一六四五）年の生まれである。日顕と天英院が同じ乳を飲んだ間柄というには、違和感をぬぐえない。

一方、西山本門寺には、天英院の母である後水尾天皇の皇女常子内親王の法華経の写経が、すでに西山十八代日順の代に奉納されたという記述が、要法寺三十一代日舒の『百六箇対見記』にあり、現に西山本門寺には、常子内親王筆の法華経八巻が現存し、国宝に指定されている。ということは、西山本門寺は常子内親王から、天英院が富士門流に帰依する以前に、帰依を受けていたということになる。西山本門寺の伝では、西山十八代日順は、寛文年中京都・大阪に末寺を建立、常子内親王の帰依を受け、これが西山本門寺を深く帰依する始まりであると伝えられている。

また同書には、西山十九代日教の代に天英院の意向を受けて、日蓮像と観音像とを造ったという記述もある。そうすると、天英院と富士門流との関係は、当初は大石寺ではなく、西山本門寺だったということになる。しかも、母子二代に亘って帰依を受けていたということになる。日顕が天英院と家宣が結婚した時、護持僧として江戸へ出た際、最初は常泉寺ではなく、西山本門寺末の上行寺に入っているということは、もともと日顕も西山本門寺の僧であったことを示している。

仮に、乳母ということが日顕と常子内親王・天英院熈子の関係で重要な鍵であるとすると、そこで考えられることは、伝えられている日顕の母が乳母を勤めたのは、天英院ではなく、天英院の母である常子内親王という可能性もある。常子内親王と日顕は年齢的に大差なかろうと考えられるので、この二人が日顕の母から同じ乳を飲んだ仲ということは自然である。

また、常子内親王が西山本門寺に帰依するきっかけは、滋野井大納言の姫中務卿からとも伝えられている。そこに日顕の母である乳母の縁もあるかもしれない。日顕が西山本門寺の僧であるということは、当然日顕の母も西山本門寺と関係があったことは間違いない。ともかく、天英院は、近衛家・常子内親王・日顕の母の縁で、当初西山本門寺に帰依をしたということになる。

あるいはまた、天英院と同じ乳を飲んだ間柄は、日宥ではないかとも考えられる。つまり、日宥の母が天英院の乳母ということも考えられるのである。天英院と日宥は三歳違いの天英院が年長である。そうすると、先の日宥が天英院の猶子という伝は、納得がいく。あるいはまた、この乳母ということそのものが誤伝である可能性もないとはいえない。いずれにしても、この件は、なお検討の余地がある。

延宝七（一六七九）年、煕子は十四歳の時、後の徳川家六代将軍家宣（当時は綱豊）の正室となる。と同時に常泉寺日顕も、煕子の護持僧として、西山本門寺末江戸芝上行寺に入るが、その後小梅常泉寺の住職となる。

煕子が綱豊と結婚して、二年後の天和元（一六八一）年、長女豊姫が誕生したものの、二ヶ月で死寂、当時まだ上行寺に住していた日顕が葬儀を行い、遺骸を上行寺内に埋葬する。その後、日顕は常泉寺住職となるが、豊姫の遺骸も上行寺から常泉寺に改葬することになる。煕子は、その後子供に恵まれず、実家から兄弟である近衛家煕の娘政姫を養女に迎える。がしかし、この政姫も長ずるものの、宝永元（一七〇四）年、示寂してしまうのである。葬儀は、当時細草壇林の能化であった日宥及び日顕の後常泉寺を継いだ弟弟子の日善が行ない、遺骸を常泉寺内に埋葬する。この時、熙子三十九歳だった。実の娘豊姫を先に亡くし、実家から養女に迎えた政姫まで亡くした、熙子の悲しみたるやいかばかりかと思う。

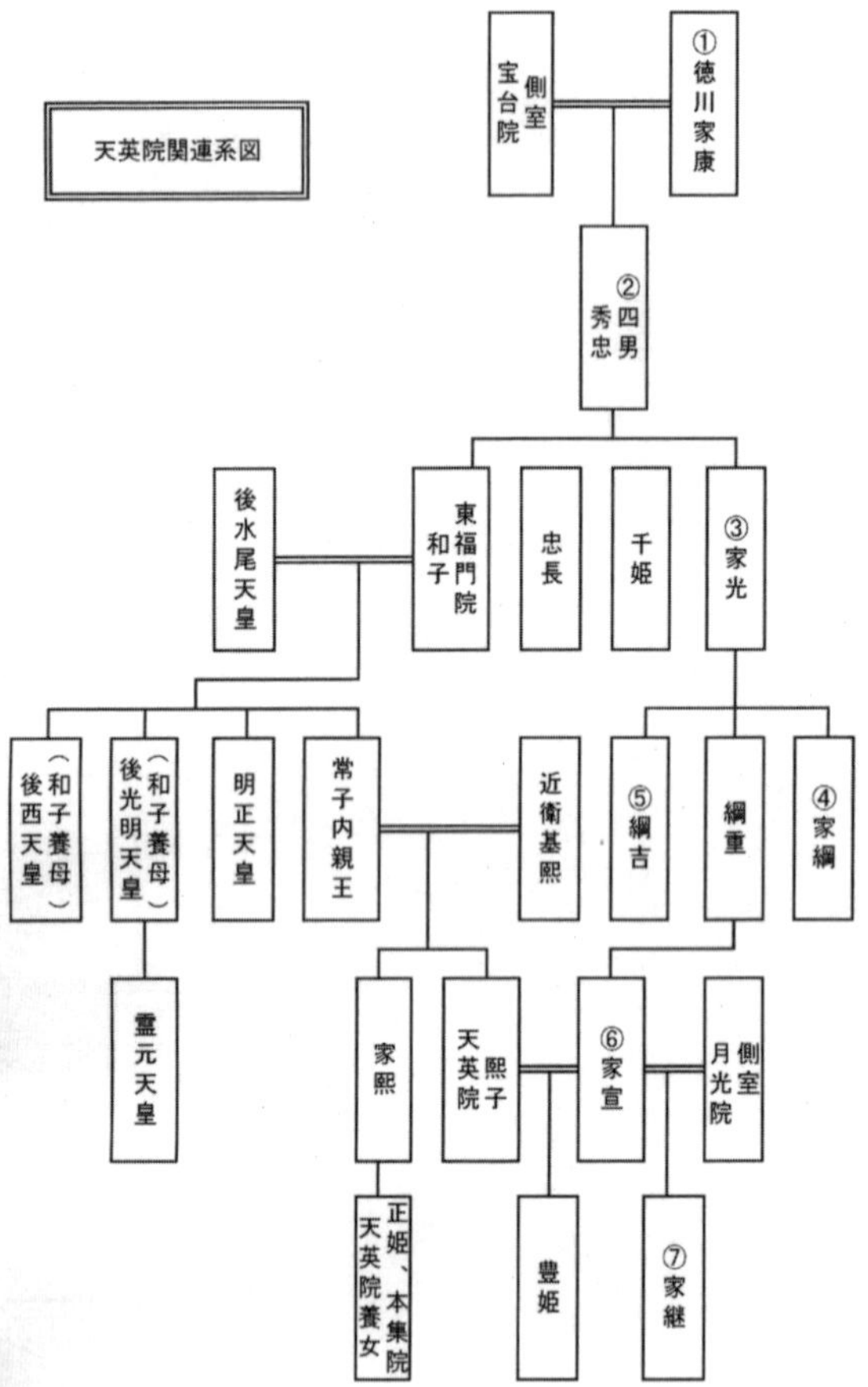

政姫を亡くした四年半後の宝永六（一七〇九）年一月、五代将軍徳川綱吉が入寂し、夫綱豊が第六代将軍となり、改名して家宣となる。将軍の正室として、大奥の最高権力者となった熙子は、翌年実の娘豊姫と、姪であり養女でもある政姫のために菩提寺である常泉寺に、朱印三十石及び寺地三四〇〇坪を寄進、更にその翌年には、江戸城本丸の客殿を解体して、常泉寺に寄進する。日宥が大石寺法主になったのは、家宣が将軍になった直後である。

こういうことであるから、日宥の大石寺法主登座には、時の将軍の正室である熙子の影響が有形無形に働いていたことは間違いない。しかし、日宥の法主登座は、単にそれだけではない。この当時大石寺の法主には、細草檀林の能化出身者が就任する流れができつつあり、その流れからしても日宥の法主登座は自然な流れだったということができる。日宥四十一歳の若さだった。

日宥は登座後の翌年、独礼席を幕府から免許される。独礼とは、将軍に年頭の挨拶や謁見をする際に、単独で挨拶する席を許されるもので、これも将軍正室熙子の後ろ盾だった。熙子は、江戸城本丸の客殿を常泉寺に寄進した翌正徳二（一七一二）年五月、常泉寺の本寺である大石寺に、三門造営のため黄金一二〇〇粒及び富士山の材木を寄進し、五年の歳月をかけて、東海道随一の三門が造営される。その一方、常泉寺に本堂造営のため、一五〇〇両を寄進する。

大石寺三門の造営が始まったその年の十月、将軍家宣が示寂。熙子には実子がいないので、側室月光院の子である家継が七代将軍になる。熙子は夫である家宣死後、天英院と称するようになる。家継が将軍になったあと、江戸城大奥では、将軍家継の実母である月光院とその取り巻きが力を持つようになり、それまで大奥の最高実力者だった天英院と拮抗、凌ぐようになる。

一方、日宥は三門が完成した翌享保三（一七一八）年三月、法を日寛に付して隠居するのであるが、大石寺歴代法主の中で、世法的にもっとも栄誉に浴したのは、この日宥でないかと私は思う。

大石寺は、この後二十七世日養代の享保八（一七二三）年に客殿が完成し、御影堂、三門などとあわせて、その偉観が整うこととなる。

ここにきて、大石寺は富士日興門流内において、その歴史的由緒といい、天英院の後ろ盾による江戸小梅常泉寺という有力寺院の存在、下谷常在寺を中心とする布教活動拠点の確立、細草檀林における能化の多さ、日寛に代表される教学の充実といい、教団の規模、人材の豊富さなど他門を凌駕・圧倒する有力門流となったのである。


〔常泉寺〕常泉寺は元天台宗の寺院で、慶長元（一五九六）年改宗して法華宗となる。開基は仙樹院日是。ただし、この時点では大石寺末でなく、五代本行院日優の代に、日精にしたがって大石寺末に入る。その後七代日顕の代に、天英院の帰依を受けて、大石寺末として江戸における有力寺院となり、その後大石寺法主はこの常泉寺住職を経て登座することが通例となる。

〔日顕〕正保二（一六四五）年、京都にて誕生。日顕と称する以前、日衆あるいは、大本坊と名乗った。『続家中抄』によれば、天英院の乳母の子息となっている。天英院と家宣の結婚にしたがって、西山本門寺末の江戸芝上行寺に入り、後小梅常泉寺に移り、第七代となる。天英院の深い帰依を受け、常泉寺が大石寺末の江戸における有力寺院となる基盤ができたのは日顕の功績である。しかし、本文で指摘したように、天英院との年齢差が二十一歳あり、これについては再検討する必要がある。天英院の乳母であるということが、天英院と日顕の結びつきで重要な鍵であるとすれば、日顕の母は常子内親王の乳母だった可能性もある。あるいはまた、日顕の弟子であり、後大石寺二十五世となる日宥の母の方が、天英院の乳母としては相応しいように思うが、そうであるとすれば、日宥の師であるということから、天英院の帰依を受けたということとなる。

〔天英院〕天英院は、父が関白近衛基熙、母が後水尾天皇の皇女常子内親王の長女として、寛文六（一六六六）年、京都にて誕生。延宝七（一六七九）年、熙子十四歳の時、後の徳川家六代将軍家宣（当時綱豊）の正室となる。二年後の天和元（一六八一）年、長女豊姫が誕生するものの二ヶ月で死寂、後実家より養女として迎えた政姫も育ち盛りの宝永元（一七〇四）年示寂、二人の娘の遺骸を以前より帰依していた日顕が住職をする常泉寺に埋葬。このことから大石寺に帰依。大石寺三門などを寄進する。

天英院は家宣の正室として、大奥の最高実力者となる。家宣死後、家継が七代将軍になると、その生母月光院が一時力を増すが、家継亡き後の将軍選任の際、家継を取り巻く月光院と、その重臣達の推す尾張藩主徳川継友に対して、天英院は紀伊藩主吉宗を推す。吉宗が八代将軍となったことから、天英院はその晩年に至るまで、吉宗より厚い信頼を受ける。寛保二（一七四二）年二月、七十六歳で寂す。

大石寺の江戸時代における大檀那としては、敬台院とともに並び称されるが、二人の性格はかなり違うようである。敬台院は徳川家康の曾孫・養女であり、徳島藩主夫人として、武家の姫君たる才気煥発さが表面に現れているように思う。したがって、御影堂造営、細草檀林設立など多大な数々の寄進もするけれども、自己の思いは必ず通すという、強固な意思を表に出す性格の女性のように見える。先に紹介した敬台院書状に、それは現れている。

一方、天皇家の血筋を引く母、公家の最高位関白の家柄である近衛家を父に持つ天英院は、京都出身の公家の姫君として、豊かな教養としとやかさに溢れた女性だったようである。それがゆえか、大石寺や娘二人の菩提寺である常泉寺に多大な寄進をしながら、かといって自己の意思を大石寺に強要するというようなことはなかった。しかし、単にしとやかな女性というだけではなく、将軍吉宗選定の際にみせた強固な意志も持ち合わせている。江戸期における大石寺の興隆に大きな功績を残した二人の対照的な性格は、実に歴史の面白いところである。

【関連年表】

正保二（一六四五）年　常泉寺日顕、京都に生まれる

寛文六（一六六六）年　天英院、父関白近衛基熙、母後水尾天皇の皇女常子内親王の長女として、京都に誕生、幼名熙子

寛文九（一六六九）年　日宥誕生、父の法号了哲、母は妙印

延宝七（一六七九）年　熙子十四歳、後の六代将軍家宣（当時綱豊）と結婚、正室となる
天和元（一六八一）年　長女豊姫が誕生したものの、二ヶ月で死寂
宝永元（一七〇四）年　養女政姫も示寂
宝永三（一七〇六）年末　三鳥派幕府によって処罰、妙蓮寺無住
宝永四（一七〇七）年十一月　二十四世日啓が遷化
宝永五（一七〇八）年　日寛第二十六代細草檀林の能化に就任
宝永六（一七〇九）年　日宥大石寺第二十五世となる
宝永七（一七一〇）年　天英院、常泉寺に朱印三十石及び寺地三四〇〇坪を寄進
宝永八（一七一一）年　天英院、江戸城本丸の客殿を常泉寺に寄進
享保二（一七一七）年　大石寺三門完成
享保三（一七一八）年三月　日宥隠居、日寛登座
享保八（一七二三）年　日養代に客殿が完成

大石寺客殿

二十六世日寛の略伝

日寛は、字は覚真、初め日如といい、後日寛と改めた。大弐阿闍梨堅樹院とも称す。寛文五（一六六五）年八月七日、上野国（群馬県）前橋の生まれである。俗姓は伊藤氏、幼名を市之進という。父は静円、前橋藩主酒井雅楽頭忠清の家臣で、宝永四（一七〇七）の没である。母（妙真）は市之進九歳の時、死別し、養母（妙順）に育てられる。市之進は十五歳のとき、江戸の旗本屋敷に勤め、天和三（一六八三）年八月、十九歳の時、その旗本屋敷の門番佐兵衛の勧めで、下谷常在寺の日精の説法を聴聞に行き、感動して出家得道を決意する。十二月、すでに日精が遷化し常在寺は日永が住職となっていたため、日永の弟子となる。

市之進が日精の説法を聴聞しに行ったのには、逸話が残っている。市之進が八月のある日の夕方、納涼のため門前にて涼んでいたところ、眼前を六十六部の法華経を背負った修行者が口に念仏を唱えながら、観音霊場六十六ヶ所を巡礼していた。たまたま市之進が涼をとっていた屋敷の前で休憩をとったとき、自然に市之進と仏法談議になる。市之進は以前から素朴な疑問を持っていた。それは口に念仏を唱え、背に法華経を背負い、心に観音の信仰をするという疑問である。市之進の素朴な考えでは、法華経を背負い、観音を信じていながら、口に念仏を唱えるというのはおかしいのではないか。阿弥陀仏を信ずるなら、南無阿弥陀仏。観音菩薩を信ずるなら、南無観世音菩薩。法華経を信ずるなら、南無妙法蓮華経と唱えなければならないのでないかというのが、市之進の素朴な疑問である。この市之進の疑問に対して、行者は閉口してしまったというのである。この一部始終をそばで見ていた佐兵衛が、市之進を日精の説法聴聞に連れていったということである。

五年後の元禄元年、日永が会津実成寺の住職として移ったため、随身して会津に行く。一年後の二十五歳、細草檀林に入林。その二十年後の宝永五年、四十四歳の時、細草檀林第二十六代能化になり、堅樹院日寛と改名。この日寛の前後から細草檀林の能化の大石寺出身者が多くなり、細草檀林第二十四代が日宥、同第二十五代が大石寺第二十七世日養、同二十六代が日寛と三代能化が続くことになる。正徳元（一七一一）年夏、学頭として蓮蔵坊に入り、御書・天台学を講義。享保三（一七一八）年、第二十五世日宥より付属を受け、第二十六世となる。

享保五（一七二〇）年法を日養に付して隠居、大石寺教学の大成に力を注ぐ。享保八年、日養が病のため遷化したため、再度法主に復帰、享保十一年五月、法を日詳に付属、同年八月十九日、六十二歳で遷化する。著作は『六巻抄』『観心本尊抄文段』『報恩抄文段』他多数。今日大石寺教学といえば、日寛教学を指すほどで、大石寺のみならず、その後の富士日興門流、ひいては日蓮門下全体に莫大な影響を与えた。大石寺では、日有と並び中興と称されている

日寛の教学

日寛の課題は、大石寺門流内で日精によって五十年続けられてきた造像に対する、不造像義の確立であり、大石寺門流内における要法寺日辰教学の一掃が正しいことを理論的に証明することであった。日寛の一生はそのためにあったと言ってよい。

日寛は、眼前の問題として造像義を否定し、不造像義を確立しなければならないので、その造像義の根

拠となっている日辰の総体・別体本尊論、広略要三種の本尊論、人法本尊一体論に対して、このすべてを批判している。ただし、日辰の人法本尊一体論だけは、その仕組みを取り入れ、その人本尊を日辰が久遠の釈迦如来としているのを宗祖日蓮大聖人に入れ替え、名称も日辰の人法本尊一体論から人法本尊体一論としたのである。そうして、日辰の人法論を法勝人劣、自身の人法論を真の人法体一としている。

確かに日辰は、人本尊と法本尊を比較して、法本尊が人本尊より優れているとしている。なぜ法が人より優れているかというと、どんな仏も法を悟って仏になったのであるから、法が人より優れていると考えるのは当然である。日辰のこの考え方は間違っていない。けれども、ここからが日辰の考え方の特徴であるが、たとえ法が人より優れているとしても、その法は人（仏）によって法として覚知されたのであるから、人（仏）も本尊として良いというのが日辰の考え方である。

ところが、日寛はこの日辰の法勝人劣であっても、人本尊（釈迦如来）を本尊として差し支えないという考え方を批判する。日寛は、人（釈迦如来）が法より劣っているとすれば、その法に相応しい人（仏）でなければ、人法一体を成立させるためにはだめだと批判するのである。ここから日寛は、法に相応しい人本尊として、日辰が人本尊として考えた久遠実成の釈迦如来のその前に久遠元初の仏というものを立てて、この久遠元初の仏こそ、法に相応しい仏であって、ここに真の人法一体（体一）が成立するのであると主張したのである。そして、この久遠元初の仏の根拠を『本因妙抄』の、

「これは久遠元初の自受用報身、無作本有の妙法を直ちに唱う」

の「久遠元初自受用報身」に求めている。

この久遠元初自受用報身は、久遠の釈迦如来が完全無欠の仏となる以前の、未だ修行中であり完全無欠とまではいかなくても、法というものを覚知し、仏というものの本質が何たるかを知っている存在であって、この久遠元初自受用身こそ、久遠の釈迦如来以前の真実の仏として、末法今時の仏に相応しいとしたのである。『文底秘沈抄』に、

「本地自行の真仏は、久遠元初の自受用身、もとこれ人法体一にして、更に優劣なし」

と記すところである。そして、この真仏を法華経において未来の弘法の付属を受けた上行菩薩に見立て、その上行菩薩の再誕である日蓮大聖人こそ、この久遠元初自受用報身に相応しい法華経の行者であるとして、同じく『同抄』に、

「本地は自受用身、垂迹は上行菩薩、顕本は日蓮なり」

と、日蓮本仏論を展開したのである。その根拠は、『百六箇抄』の、

「本地自受用報身、垂迹上行菩薩の再誕、本門の大師日蓮」

の文である。これが日寛の人法本尊論の特徴である。

したがって、日寛の場合も、日辰・日精同様、人本尊そのものは三大秘法を論ずる場合に論じられることである。しかし、日辰の造像義同様、この日蓮本仏論が特に日寛教学、はては大石寺教学の特徴として、論じられているのが実情である。

日辰の考え方が法勝人劣であれば、人本尊そのものを本尊という地位から除外すればよいところであるが、日寛はそうしなかった。逆に、日辰の人法一体論を利用した感がある。ここが日寛の本尊論の特徴で

ある。それだけ人法本尊論が定着していたということかもしれない。あるいは、日寛は遷化の年にも、年賀の挨拶に江戸城に登城している。江戸時代という徳川幕府の宗教政策の中で、日寛にできたのはここまでだったということかもしれない。日辰の人法本尊論と日寛の人法本尊論を比較すると、次のようになる。

日辰　法本尊…南無妙法蓮華経、人本尊…久遠実成の釈迦如来、人法一体

日寛　法本尊…戒壇板本尊、　人本尊…元初自受用身即日蓮大聖人、人法体一

この両者の人法論は、三大秘法の場合に論じるものであると述べたが、その三大秘法の中で、どのように論じられているかというと、

日辰　本門本尊…久遠実成の釈迦如来

　　　本門戒壇…四菩薩の造立・広宣流布の時の戒壇堂

　　　本門題目…南無妙法蓮華経

となり、日辰の場合は人法一体なので、本門本尊と本門題目は一体であるから、結局のところ、二大秘法になるというのが、その主張である。日寛の場合は、

日寛　本門本尊…法本尊＝戒壇板本尊　　　人本尊＝日蓮大聖人

　　　本門戒壇…事戒壇＝富士建立戒壇堂　　義戒壇＝寺院・家庭等本尊安置の場所

　　　本門題目…信の題目＝信ずる心　　　　行の題目＝口唱の題目

となる。日寛の三大秘法に関する解釈は、六巻抄の第三『依義判文抄』に詳説されている。

「実には、一大秘法なり。一大秘法とは即ち本門の本尊なり。この本尊所住の処を本門戒壇となし、こ

の本尊を信じて妙法を唱えるを本門の題目となす。故に分って三大秘法となすなり。また本尊に人・法あり。戒壇に義・事あり。題目に信・行あり。故に開して六義となり、この六義散じて八万法蔵となる。……故に、本門戒壇の本尊を、または三大秘法総在の本尊と名づくるなり。」

とあって、これを図示すると、

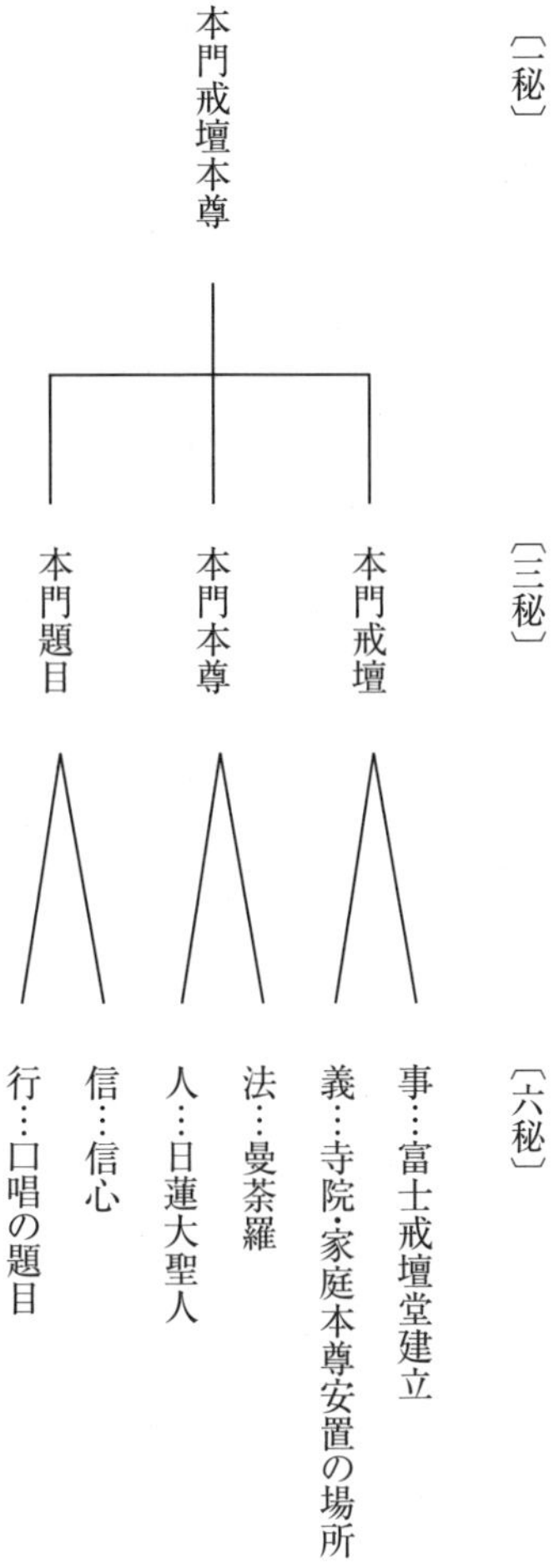

となる。この場合、一大秘法の本門本尊と三秘の本門本尊は同じものであるとしているが、ここのところに今日、他門の批判が集中する。日蓮宗の望月歓厚は、

① 一大秘法が絶対ではなく三秘相対中の本門本尊に限定され、したがって本尊と戒壇・題目の二秘とに本末の関係がある。

② 題目が単に能信能行としてしか扱われないの二点に要約することができる。

などと批判している。これに対して、日蓮正宗から阿部日顕が大石寺を代表して、

「望月歓厚の①については、本尊より二を出すも開出の相は明らかに三秘ではないか。一秘の本尊はいうなれば絶対、開出して三秘の相互の相対的関係となるが、相対即絶対、絶対即相対、一秘に三秘を具し、三秘は一秘より出て開合自在の相が明らかである。

②については、御書の各処に信行の題目義がすべて明らかに拝される点、祖意にもとるのはむしろ批評者である。のみならず、末法能行の題目こそ久遠名字の妙法で云云」

と反論している。がしかし、この阿部日顕の反論、まったく反論の体をなしていない。意味不明の頓珍漢な反論である。

望月歓厚の反論に関して、阿部日顕のような反論ではだめなのだ。なぜかならば望月歓厚の批判は、この部分だけに関していえば、そのとおりだからである。望月歓厚に対する反論は、このような反論の仕方ではだめなのであって、日寛の一大秘法と三秘に関する違う考えも考慮して反論しなくてはならないのである。

日寛は一大秘法に関して、「本門戒壇の本尊の南無妙法蓮華経」という言い方も『報恩抄文段』ではしている。この「本門戒壇の本尊の南無妙法蓮華経」が通常の本門本尊ではなく、三秘総在の題目に主体が置かれていることは、明らかで、この両面から反論すべきだったのである。とはいえ、この日寛の三秘開合は、この文だけ見ると、確かに不備があるし、誤解を招くようでもある。これについては、また後で述べ

ることにする。

以上、簡単に日寛の教学を述べた。ここで日寛の教学を整理すると、

一、日辰の造像義は、その根拠になっている人法本尊の内、人本尊は久遠の釈迦如来をもって当てている。しかし、日辰本人も認めているように、久遠の釈迦如来を人本尊とした場合、人本尊が法本尊より劣る法勝人劣になっていて、真の人法一体になっていない。真の人法体一の本尊の形とするためには、法に相応しい人本尊が必要であること。

二、法本尊に相応しい人本尊とは、『本因妙抄』『百六箇抄』に見られる久遠の釈迦如来以前の久遠元初の自受用身が、その本仏であって、この本仏と法とによってのみ真の人法体一となりうる。

三、この人本尊と体一の法本尊は、久遠の釈迦如来の法ではなく、久遠元初の自受用身の法、すなわち久遠元初の妙法である。

四、久遠元初の法は、法華経の寿量品の文の表面には説かれておらず、文の底に秘された法で、本因妙の妙法である。

五、これらのことが記される『本因妙抄』『百六箇抄』には、この本仏が上行菩薩の再誕である日蓮大聖人であると説いているので、日蓮大聖人が末法の本仏である。

六、『本因妙抄』『百六箇抄』は、日蓮から日興への相伝であり、代々富士門流秘伝の相伝書であって、日蓮の真撰である。

七、人本尊を本尊とするがゆえに、三大秘法を更に開いて六義とする。すなわち、本門本尊を二つに開い

て、法本尊を曼荼羅本尊、人本尊は日蓮大聖人。本門戒壇を事と義の二義。本門題目を信と行に開く。人本尊すなわち末法の本仏日蓮大聖人は、この六義中の本尊である。

八、三秘の開合に関して、大石寺には、日蓮・日興と本門戒壇板本尊が相伝されており、この本門戒壇本尊が一大秘法であり、一大秘法である本門本尊を中心にして、本門戒檀・本門題目の二秘法は、本門本尊から開出されたものである。すなわち、一大秘法の本門戒壇の本尊を安置する道場が本門戒壇であり、広宣流布の暁に建立する本門事の戒壇堂には、この本尊が安置される。戒壇本尊以外の本尊については、戒壇本尊の意義を含む義の戒壇である。この本門戒壇において、唱える題目が本門題目である。

九、宗祖日蓮には、佐渡流罪以前において、その草庵に釈迦如来の像が安置されていた。この点については、いまだ宗祖自身が、曼荼羅本尊を書写する以前のことであり、末法の本仏として自覚に至っていなかったということ、また信徒に対する造像勧奨の御書については、一機一縁の善巧方便とみなされるので、宗祖滅後の今日、造像すべきという説は、根拠がない。

十、したがって、宗祖日蓮の教えでは、曼荼羅本尊以外の本尊は拝さない。

となる。これらのことから、日辰の推奨する、造仏及び一部読誦は末法今時においては相応しくない教義であると結論し、これを批判したのである。以上が、日寛の教学の概略である。

これ等日寛の教学の根底を支えているのが、四節三益の考え方である。この四節三益については、日寛は六巻抄で四節三益として詳細な説明をしているわけではない。しかし、この四節三益の考え方に立脚して論を展開していると言ってよい。『当流行事抄』の後半に登場する『法華玄義』第七の「もし過去は最初所証の権実の法を名づけて本となす」の文、また宗祖日蓮の『三世諸仏総勘文抄』の「釈迦如来五百塵点の当初、凡夫にておわせし時、わが身地水火風空と知ろしめし、即座に悟りを開き云云」の文を解釈する中で、四節三益の意味をもって、これらの文が解釈されるのである。

したがって、日寛教学の特徴である人法体一論、日蓮本仏論、特に久遠元初自受用身論はこの四節三益の考え方に立脚するものであるから、日寛教学を理解する上で特に重要な考え方である。

四節三益については、日寛の講義を聴聞した二十八世日詳の講義録が残っているので、これを用いて説明することにする。四節三益で最も重要なのは、実は四節でも三益でもなく、その四節三益の大元である本仏久遠元初自受用身をどう考えるかである。したがって、ここではそこのところを中心に説明することにする。『四節三益筆記詳師随聴記』では、久遠元初自受用身の成り立ちを、妙楽大師の『法華文句記』を用いて説明している。云わく、

「妙楽記の一の本四十三に云わく、最初無教の時には、すなわち内薫自悟す。……百の迷盲、ともに路を知らざるがごとき、一の迷先に達してもって余の迷を教う等文。

無教の時とは先仏も無き時なり。これすなわち久遠元初の名字即の釈尊の時なり。内薫自悟とは、すなわち自行の本仏自受用報身所証の妙法なり。人法ともに一体にして能化の師なり。百の迷盲ともに路を知らざるがごときとは、所化の衆生なり。

故に知んぬ。久遠元初自受用身は、名字凡夫の当体なり。百の迷盲の所化の衆生は、理即の凡夫なり。

本未有善の機類なり。名字即の釈尊、内薫自悟して、内証已満するが故に、無縁の大悲止むことをえず。すなわち、最初所証得の妙法をもって、一切衆生に下種結縁したもうものなり。」

と、久遠元初自受用身とは、最初無教の時、理即の凡夫が化他のためではなく、自行として法を自ら悟り、名字即の仏になった時を指すのであると説明している。この法を久遠元初の妙法といい、この妙法を一切衆生に教えるところから、化他が始まるとしている。それはまた、百人の道に迷える人々の中で、一人の先達が先に道を発見して、余の人々に道を教えて救うのと同じであると説明している。

この久遠元初自受用身は、一切衆生を救うため妙法を説くが、その時素直に信じた人と信じなかった人の二種類に分かれる。更に信じた人の中に、途中で退転するものの、またある縁で復帰する人、これを第一節の人という。そして、最初に信じて以降、途中で退転することも無く、信じ続けてほとんど仏と同等のところまで行き着いた人、これが第二節の人といい、上行菩薩に代表される地涌の菩薩達がこれに相当する。

久遠元初自受用身の最初説法で信じなかった人の内、ある時点で信ずるようになって、それ以降修行を続け、インド応誕の釈迦如来の法華経の説法を聴聞して、成仏する人々、これが第三節の人で、舎利弗・目連などの釈迦の直弟子達がこれにあたる。そして最後に、インド応誕の釈迦如来の説法を聴聞して帰依し、未来に成仏するとされた人、これが第四節の人である。この場合の未来とは、末法を指すのではなく、釈迦滅後二千年の正法・像法時代までをいう。いわば、仏教の歴史の中で有名な竜樹菩薩、天親菩薩、天台大師、伝教大師などがこれに相当する。以上が四節の説明である。また、三益とは、下種、熟、脱の三益をいい、最初に法を聴聞した時が下種益、修行時代が熟益、成仏得道が脱益である。

以上が、簡単な四節三益の説明であるが、先にも述べたように、ここで重要なのは、最初無教の時、内薫自悟して悟りを得た名字即の凡夫を久遠元初の自受用身とする考え方である。日寛教学の根底には、この名字即の凡夫即久遠元初自受用身という考え方が根底にあって、本仏論、本尊論、一秘三秘論、成仏論、修行論など、ここからすべての法門が始まっている。

以上、簡略ではあるが、日寛の教学について述べた。この日寛の考え方は、その後の大石寺教学の不造像義が富士門流を代表する法門であることを決定づけ、更に単に大石寺門流のみならず、その後の他の富士門流、特に要法寺門流に対して非常に大きな影響を与えることになる。

〔久遠実成〕法華経寿量品において、釈迦如来は自らが悟りを開いて仏陀になったのが伽耶城近くの菩提樹下であることを否定、実は五百塵点劫のはるか昔に悟りを開いて、今日まで教化し続けてきたことを明かす。この五百塵点劫のはるか昔に悟りを開き、煩悩を断じ切って完全無欠の仏になった時を、久遠実成といい、また本果ともいう。

〔久遠元初〕法華経では、その釈迦如来も仏になる以前、長い修行の期間があったことも明かしている。これを本因修行といい、この本因修行の間、煩悩を断じ切って完全無欠ではないものの、悟りとは何かについて理解した時を、名字即の仏といい、この仏になった時を、久遠元初といい、その仏を久遠元初自受用身という。

〔名字即〕天台学では、法華経を解釈する中で、仏を六種類の段階に分別する。第一理即、第二名字即、第三観行即、第四相似即、第五分真即、第六究竟即の六である。これはまた凡夫が発心修行に入って、仏になっていく段階を示している。第六の究竟即の仏が完全無欠の仏で、第五の分真即の仏は仏に近いところまで修行が達し、一分はすでに仏の境地に達している修行者を指す。第四相似即は、仏の境地に相似した所まで達した修行者で、今世の一生は勿論来生以降も退することがない境地に達した修行者をいう。第三観行即の仏とは、いまだ修行が途中ではあるものの、今世一生においては退することがないところまで修行が到達し、「所行は所言のごとく、所言は所行のごとく」と言行が一致する所まで修行が進んだ修行者をいう。第二名字即とは、正しい人から正しい法を聞いて、それが正しいことを理解し、未断惑すなわち修行的には不完全ながら、教えに対して疑念を持つことがない状態の修行者をいう。第一の理即の仏とは、理すなわち可能性として仏の性質を持っているということで、全くの凡夫をいう。

宗祖日蓮は、その著『四信五品抄』において、今日末法の衆生が成仏する修行の段階に関して、名字即の仏において成仏するのであると説いている。

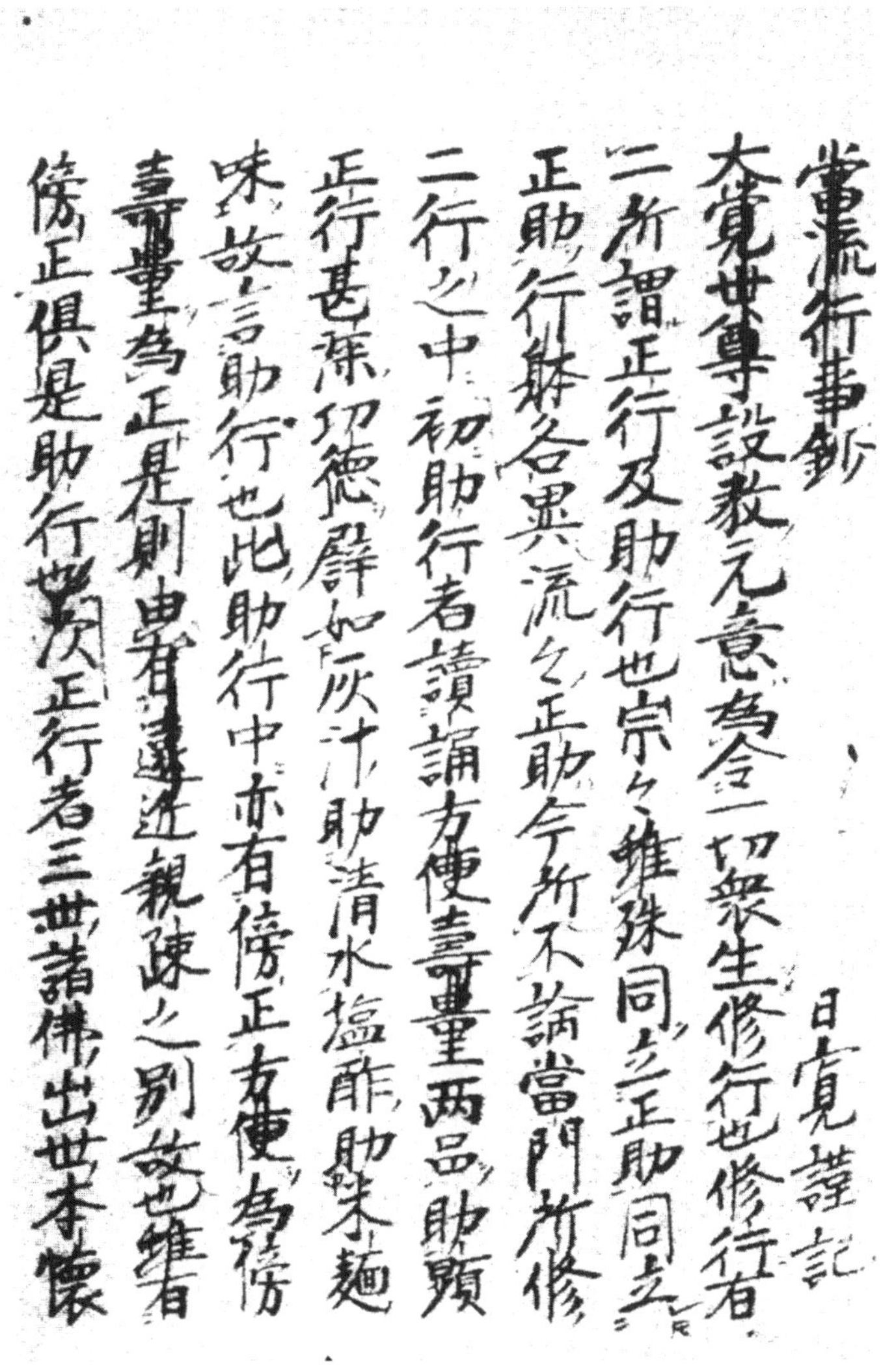
當流行事鈔　日寛謹記
大覚世尊設教元意為令一切衆生修行也修行者
二所謂正行及助行也宗々雖殊同立正助同立
正助二行雖各異流々正助今所不論當門所修
二行之中初助行者讀誦方便壽量両品助顕
正行甚深功徳譬如灰汁助清水塩酢助麺
味故言助行也此助行中亦有傍正方便為傍
壽量為正是則由有遠近親疎之別故也雖有
傍正倶是助行也次正行者三世諸佛出世本懐

日寛筆『当流行事抄第五』

六巻抄の解説

以上のことは、六巻抄に説かれるところであるので、日寛の代表的著書である六巻抄について、解説を加えたい。

六巻抄は、『三重秘伝抄第一』『文底秘沈抄第二』『依義判文抄第三』『末法相応抄第四』『当流行事抄第五』『当家三家抄第六』の六の書を総称して六巻抄の名がある。そして、この書は、表向き門流全体に対してというより、日寛の後を継いだ日詳に対して譲った書であるということである。ここのところに、この書には日寛の深謀遠慮があると私は考えるのである。そして、この書の後世に与えた影響は大であり、この日寛の考え方は、その後の大石寺教学の流れを不造像義に決定づけ、更に単に大石寺門流のみならず、他の富士門流において、特に要法寺門流に対して非常に大きな影響を与えることになる。

『三重秘伝抄第一』　この抄は、日蓮の法門の根幹がどこに立脚するかを論じたもので、法華経には、前半十四品の迹門、後半十四品の本門の区別があるが、日蓮の法門が迹門でもなく、本門でもなく、題目すなわち久遠名字の妙法を根底としており、それは本門寿量品の文の底に流れているものであると結論付けている。この抄は、六巻抄全体で見れば、序に当たる抄である。

『文底秘沈抄第二』　日蓮の説いた三大秘法を具体的に述べた抄で、日寛の特徴である三大秘法を更に六義に開いて、本門の本尊を人法の二義、本門の戒壇を事義の二義、本門の題目も信行の二義に開いて、具体的に説明している。六巻抄の中では、割とその述べるところが具体的ではっきりしていて、理解しやすい抄であるが、その分、ここに記されていることが、日寛のすべてであると勘違いを招きやすい抄でもある。この抄は、六巻抄全体で見れば、これから述べるところの結論をあらかじめ示し、なぜそういう結論になるのかについては、次抄以下に論ずるところである。

『依義判文抄第三』　三大秘法の正体が何であるかを記し、それを通して、三大秘法は法華経・天台大師著述の『法華玄義』『法華文句』などの文を具にみると、そこに説かれていることを述べた抄である。具体的には、三大秘法の正体は、戒定恵の三学であるとして、三学の目でみると、法華経や天台大師の著述に明らかであるとしている。またそれらを通して、特に戒すなわち本門戒壇の考え方を述べている。先に、『文底秘沈抄』で記した戒壇に関する具体的記述と比べると、ここに記されるのは戒壇の考え方であり、三秘でなく一秘としての本門戒壇の考え方を行間に示していて、実に奥行きを感じる抄である。

『末法相応抄第四』　要法寺日辰の造像読誦義に対して、宗祖日蓮の真意が不造像義にあることを述べ、この造像不造像論議に付随する読誦論議も、法華経一部読誦が日蓮の真意ではなく、不読誦が真意であると述べた抄である。具体的には、造像不造像論議では、日蓮本仏を論ずる中で、その日蓮書写の曼荼羅本尊が末法今時の本尊として相応しいことを論じている。

また、読誦不読誦論議では、法華経一部読誦は久遠の釈迦如来を本仏と立てる場合の修行法であり、日蓮本仏を立てる場合は、題目を唱えることによって成仏するのであるから、一部読誦は行なわない。ただし、題目行を補助する意味で、寿量品・方便品の二品を読誦する。これらの論議を通して、久遠の釈迦如来と、久遠元初の自受用身との相違点を明らかにしている。

この抄は、前の『依義判文抄』が主に戒に照準をあてて論じているのに対して、この抄は本尊論を論ずる点で、定に照準をあてて論じている。

『当流行事抄第五』　前抄で、法華経一部不読誦が日蓮の真意であるとして、具体的に、方便品第二、寿量品第十六の読誦の意味、それに続く題目の意味を論ずる中で、法華経と日蓮の説く成仏とはいかなるものであるかを論じた抄である。この抄をつぶさに読むと、三秘相即の一秘を後半のところで示していると読むことができる。それを理解すると、文底秘沈抄、依義判文抄に説くところの三秘・一秘の考え方と異なることに気付く。そういう意味で、六巻抄の結論部分に当たる抄であるとも言える。

この抄は、『依義判文抄』が戒、『末法相応抄』が定に照準をあてて論じているのに対して、恵に照準をあてている。この場合の恵は、所謂以信代恵の恵であって、実態は一念信であり、私たちの一念信の中に成仏・本尊・本仏があるということを示している。

『当家三衣抄第六』　日蓮の法門を目に見える形に表したものとして、袈裟・衣・数珠を取り上げ、その持つ意味と、意義を論じた抄であり、それを通して大石寺の仏法僧の三宝と他門の考え方の相違を述べ、大石寺門流の信仰の根幹を述べたものである。
具体的には、他門の三宝が仏宝＝久遠の釈迦如来、法宝＝南無妙法蓮華経、僧宝＝上行菩薩の再誕日蓮と立てるのに対して、仏宝＝宗祖日蓮大聖人、法宝＝戒壇本尊、僧宝＝開山日興上人とし、大石寺客殿安置の曼荼羅本尊・日蓮御影・日興御影の意味を示している。

日寛の本尊・本仏論の本質的特徴

日寛教学における本尊・本仏論の本質は、通常六巻抄の『文底秘沈抄第二』あるいは『末法相応抄第四』に説かれるところと思いがちであるが、実は『当流行事抄第五』の後半に説かれるところが最も重要である。具体的には、

「問う。我等唱え奉るところの本門の題目、その体何者ぞや。いわく、本門の大本尊これなり。本門の大本尊、その体何者ぞや。いわく、蓮祖大聖人これなり。故に御相伝にいわく、中央の首題、左右の十界皆ことごとく日蓮なり。故に日蓮判と主付けたまえり。またいわく、明星が池を見るに不思議なり。日蓮が影、今の大曼荼羅なり。またいわく、唱えられたまうところの七字は仏界なり。唱え奉る我等衆生は九界なり。これ真実の十界互具なり」

のところである。ここで日寛は、本門の題目の正体は何かと問いを設け、それに対して、本門の大本尊即ち曼荼羅であるとし、更にその大本尊の正体は何かと問いを設けて、それに対して、蓮祖大聖人であると結論付けている。ここが日寛の本尊・本仏論の結論である。通常、題目である妙法の正体は法華経に説く

ところの諸法実相であり、そこから導き出される十界互具が正体であるにもかかわらず、日寛はあえて本門の題目の正体を日蓮大聖人であると結論した。ここが日寛の本尊・本仏論の特徴である。ということは、私たちが題目を唱えるとき、最終的には日蓮大聖人に帰依しているのであるということになる。日寛は『文底秘沈抄』において、

「教主釈尊の一大事の秘法とは、……蓮祖出世の本懐、三大秘法随一、本門の本尊のことなり。……しかるに、三大秘法随一の本門戒檀の本尊は、今富士の山下にあり。」

あるいは『依義判文抄』において、

「本門戒檀の本尊を、または三大秘法総在の本尊と名づくるなり。」

などと、本門戒壇の大曼荼羅を信仰修行の根本と定めているが、その本門戒壇の大曼荼羅もつきつめると、人法体一の大原則が根底にあるとはいえ、最終的には日蓮大聖人に帰するとし、日蓮大聖人に帰依することによって、真の十界互具がなし得るということになる。

したがって、このことは私たちが宗祖所顕の曼荼羅を拝するとき、それは中央の題目に帰依するというより、その曼荼羅を書写した日蓮大聖人に帰依することの意味合いの方が強いということになるのである。

そして、もう一点の特徴は、造像不造像の論議の本質を、人法本尊問題から、久遠実成の釈迦如来と久遠元初自受用身との問題に置き換えていることである。前述したように、造像不造像の問題の本質は、人本尊と法本尊の勝劣取捨であるが、これを日寛は久遠実成の釈迦如来と久遠元初自受用身の勝劣取捨に置き換えていて、これによって、問題の本質がそれてしまっている。

それがゆえに、表面上確かに日辰と日寛では、造像不造像の相違はある。けれども、本質的な部分、すなわち人法本尊の勝劣取捨という点では、どちらも一体を立てるという点で、同じ構造になっているのである。そういう意味では、日寛は日辰の法門を根本的に批判し、改めたと考えられているが、そうではない。日寛は日辰の本尊・本仏論を抜本的に否定し改めたのでなく、表面上目に見える形式の部分で批判し、その違いを明らかにしたということができるのである。

両者の違いは、久遠実成と久遠元初の時の相違ということだけなのである。ただ、久遠実成が久遠元初になり、仏の成道の時期が早いか遅いかの相違にとどまっているということである。もちろん、この時の相違も、久遠実成と久遠元初では、その仏の性格には大きな相違がみられるのであるが、考え方として、同一徹であるということである。

しかし、却ってそれが良かったということも、また一方で言えるのである。日寛の法門は、日辰の法門の抜本的な改変でなかったところが、当時においては理解しやすい面もあったし、根本的な改変であれば、理解を得られたかどうかも判断が難しい。なにより、新義異流をことの他禁じる当時の状況を考えれば、日寛の体系化した教学は、意味も意義も大いにあったということができる。

現代は、日寛の時代から約三百年たっている。現代の日蓮正宗はいまだにこの日寛教学を絶対視している。というより、あぐらをかいている。日寛教学の成立に関わる様々な問題を考えると、もはやいつまでも日寛にあぐらをかいている時ではないと私は考えるのである。これについてはまた、後で述べることにする。

十一、日寛後の大石寺と要法寺寛政法難の勃発

日体・日忍の要法寺離脱、住本寺再興

日寛は正徳元（一七一一）年、学頭に就任して以降、御書・天台学を講義するが、享保六（一七二一）年、『観心本尊抄』を蓮蔵坊で講義する。この時の講義録が『観心本尊抄文段』である。この時の講義には、当時の大石寺門流内から若手の俊英三十二名が集められる。この講義を受けた中には、当時四十一歳で後の二十八世日詳、三十五歳の三十世日忠、同じく三十五歳の三十一世日因、三十三歳の二十九世日東などがいた。江戸期の大石寺門流として、布教面・教学面を含めすべての面で、最も活気があったのは、この日寛を中心とするその前後の時代である。

日寛は、それらの講義を通して、大石寺のみならず富士日興門流の伝燈法門である不造像義を説いた。そして、その日寛の講義を聴いた門弟たちが、さらに日寛の不造像義を内外に敷衍していったのである。その結果、大石寺と両山一寺の盟約を結んでいる要法寺に、この不造像義が逆流するようになる。

要法寺は、日辰が造像義を提唱して教団を繁栄に導いていても、その門流は造像義一色になっていたわけではなかったことは、先に述べたごとく、旧上行院の流れを汲む一派が上行院を再興して、不造像義を唱えていた。この一派の流れは、その後どうなっていったのかわからないが、要法寺門流の地下水脈の中に、密かに不造像義を宗祖已来の本来の法門であると信奉する僧俗がいたとしても不思議ではない。

元禄十一（一六九八）年、要法寺円教坊日神は、要法寺を離脱、大石寺日永の門に入り、名を日体と改称する。日体は、寛文十（一六七〇）年の出生、生国は江戸あるいは石見国と伝えられているが、正確なところは不明である。始め要法寺円教院に住していたが、後京都九条にあった無住の浄土系寺院を買収し、要法寺の前身である住本寺の名を付し、天文法乱によって消滅した住本寺を再興して、不造像義及び日蓮本仏論を唱えるのである。これによって、元禄十五（一七〇二）年、日体は要法寺から破門される。日体が日永の門に入るに当たっては、江戸常在寺檀徒で、旗本平岩若狭守七之助の仲介の労が大きかったようである。享保十八（一七三三）年、六十四歳で寂す。

日体の後を受け継いだのは弟子日忍である。日忍は、宝永五（一七〇八）年石見国大田の生まれ、始め要法寺門末大田法蔵寺の弟子となるが、長じて日体の不造像義に傾倒、住本寺の門に入る。明和六（一七六九）年、『根本日蓮宗旨名目』を著し、不造像義・日蓮本仏論を敷衍する一方、日体寺建立など布教面においても日体の意思を継ぎ、要法寺門流内に富士門流の伝燈法門の広がりに大きな業績を残した。

これに対して、要法寺では、元禄十四（一七〇一）年、嘉伝日悦が『木像造立是非』を著し、造像義が正しいことを論じ、要法寺門流が富士門流の伝燈法門である不造像義に流されないよう強い警鐘を鳴らした。

更に、時の要法寺三十二代日眷は、元禄十五（一七〇二）年、

「一、仏壇の体たらく、中尊・両尊・四菩薩・四天王を安置し奉るべきこと。

一、今経一部修行は尊門の常式のこと。

一、門流の輩は黒衣を着し、平僧の袈裟式法のこと。（以下略）」

などと、次々に、造像読誦義を厳守するよう門下に法令を出す。日眘のこの種の法令、享保七（一七二二）年までの二十年間に、立て続けに都合五回も出すという異常なほど神経過敏とも思える対応をとるのである。この間、仙台仏眼寺、大阪蓮興寺止善院には、大石寺流不造像義を唱えたということで厳重警告、更に松江妙興寺にも同様の警告を行なっている。しかし、日眘のこの種の法令にもかかわらず、不造像義の流れはもはやどうにも止めることができず、その後も次第に要法寺門流内部にじわじわと浸透していく。そして、その流れを一気に決定付けたのが、要法寺三十三代日奠である。

要法寺三十三代日奠

日奠は貞享元（一六八四）年、出雲松江に生まれ、字を玉応、大寿院と称す。同地妙興寺の日延に入門、宝永六（一七〇九）年、二十五歳の時、師日延が会津実成寺に赴任するとともに随身して会津に赴く。学を細草檀林で学ぶが、この時の細草檀林の能化が大石寺日寛であった。表向き細草檀林では、天台学のみを学ぶのであるが、日奠が檀林で日寛から大きな影響を受けたのは間違いない。

また、当時細草檀林には後の大石寺二十八世日詳、二十九世日東、三十世日忠、三十一世日因等が学んでいた。年齢的にも近く、彼らと机を並べて学んだ日奠が、お互い影響しあったのはいうまでもないことである。日奠は、日寛及び門弟等と交流を深める中で、深く不造像義に傾倒していくのである。享保九（一七二四）年二月、日奠の出身寺院である松江妙興寺は、日眘より大石寺流法義を持する者は処分に値する旨の警告を受けている。おそらく、これは日奠が自身の出身寺院に対して、日寛教学に象徴される不造像義及び日蓮本仏論が、尊門においても正義であることを説いた結果、妙興寺衆檀が日寛教学に感化された結果であると推測されるのである。

享保十五（一七三〇）年四十六歳の時、日眷の後継として要法寺より招請を受け、要法寺三十三代となる。要法寺に登座した日奠は、早速本堂御宝前安置の本尊を内々、すなわち非公式に改変する。彼の二十代日賙代、文禄二（一五九三）年に造立された釈迦・多宝及び四菩薩像を撤廃、代わりに曼荼羅本尊及び宗祖日蓮の御影を安置する。さらに作法流儀等も大石寺流に改め、法門・化儀すべて富士門流の伝燈法門に則った形に改めるのである。実に百三十七年ぶりに、要法寺が造像義から不造像義の富士の伝燈法門である曼荼羅本尊への回帰だった。

この日奠の事蹟を、

「六代已前、日奠代に開山の正義に復し、一幅の曼荼羅・祖師の木像を本尊とし、方便・寿量を助行とし、本因口唱の題目を正行と仕り、薄墨の法衣を着し、一功化儀化法大石寺の所立に相改め、六十年来相違これなく候」

と『寛政法難文書』は伝えている。

以上のように、要法寺門流内部で、不造像義への回帰に大きな足跡を残したのが、要法寺三十三代日奠である。ただし、この日奠の時点では、いまだ非公式な改変だった。日奠について、要法寺の富谷日震は、その著『本宗史綱』で、

「師は壮年以来、長く東北の偏地にあり、関西の地を踏まず。ややもすれば学解偏見に堕するの失あり。

ことに環境の影響をこうむるに頗る大なるものあり。石山思想の浸透深く、日寛所立の新義に心酔の極み、多年に亘る大石寺の不信義行動に対する神経性麻痺症状を呈し、かえって忍従の徳性を発揮し、冷淡なる彼の山に求めて旧交を温めんと計るに急なるのみならず、往々屈従下風に立つを甘んぜんとするがごとく、これに処するほとんど婦女子の媚態を学べるもののごとく、識者はなはだこれを顰蹙せるものの少なからず。

如何となれば、身は洛陽尊門の法城に主たるも、心は富士山下杣人群居裡に伍するとすこしも撰ぶ所なし。この故に、同門の人これを目して色要心石の徒と月旦を下す。」

と酷評しているが、私にはまさに尊敬に値する先師先達である。在山十九年、寛延元（一七四八）年、日全に法を付し、寛延三（一七五〇）年入寂。六十七歳であった。

日全及び日慈の法令

日奠の後を受けた三十四代日全は、更に宝暦十（一七六〇）年、本堂再建に際して門流内に法令を発し、「当山の化儀は、天文法難已来、しばらく諸山に準じ、造仏ならびに黒衣等著用をいたし来たり候ところ、かえって門流の本意を失なうの間、今般御堂再建の序に衆評せしめ、往昔の通り、仏壇の体たらく相い改め候。主伴ならびに檀中、我が意を以って、永々この義違乱申すまじく候」

と、造像を改め不造像義に公式に変更することを通達した。要法寺の本堂が落成したのは、安永三（一七七四）三月で、実に日辰が天文十九（一五五〇）年、住本寺・上行院を合併して要法寺を建立してより、二百二十数年ぶりに要法寺の本堂安置本尊が、公式に釈迦像から不造像義である曼荼羅本尊になったのである。これより三年前の明和八（一七七二）年春、大石寺三十三世日元は京都・大阪に遊化し、二月二十四日要法寺に入り、歓待される。そして、三月一日本堂で説法している。振りかえれば、大石寺が要法寺から法主を迎えてから百七十七年が経過していた。今度は大石寺の法主が要法寺において説法するという、ここに時代の移り変わりが感じられる。いずれにしても、大石寺と要法寺が両山一寺の盟約を結んで以来、本当の意味で、そのことが実現したことを示す慶事である。

日全の後を継いだ三十五代日慈も、日全に続いて不造像義の化儀に関する法令を出す。続いて三十六代日良は、安永五（一七七六）年二月、要法寺門流末寺に対して、末寺本堂は、日興書写の曼荼羅と宗祖日蓮の御影を安置し、方便品・寿量品の二品読誦を以って行なうよう法令を出し、門流内を不造像義で統一するよう通達するのである。この通達によって、各地の要法寺末では、実際に本堂に釈迦像を安置しているいないに関わらず、造像義から不造像義の法門へと転換する末寺が続出するのである。

十二、要法寺の悲劇、寛政法難

寛政法難のきっかけ

そういう中で、天明三（一七八三）年、美濃国（岐阜）正興寺も、それまでの本堂安置の仏像を撤廃し、曼荼羅を主体とする本尊安置の様式に変更する。これが後の寛政法難の原因になる。

岐阜正興寺の仏像撤廃から十二年後の寛政七（一七九五）年三月、名古屋の日蓮宗触頭法華寺（京都本圀寺末）は、新義異流の疑いがあるとして、岐阜正興寺を臨検し、これを新義異流として、京都十五本山に対して京都奉行所へ告発するよう求める。これを受けて、京都十五本山は本隆寺日東を代表として翌四月二十一日、要法寺に対し本山を始め門流末寺の佛像廃止に抗議、旧に復するよう抗議する。

これに対して、要法寺は日良の後を継いだ三十七代日住が、不造像及び曼荼羅本尊安置は富士日興門流の伝統であることを主張して譲らなかった。一方で、正興寺に対して、この様式は富士日興門流の伝統的様式であるとして届け出るよう指示が出され、正興寺は六月八日、差出状を提出し事態の収拾を計る。当時、要法寺は、日良の後を継いだ日住も、更に日住の後を継いだ三十八代日立も、前年の日尊四百五十遠忌の後隠居し、当職が空席の状況だった。この当職が空白ということも要法寺にとっては、災いするのである。

この十五本山の抗議には伏線があり、要法寺は前年開山日尊の四百五十遠忌を修しているが、この法要の参詣者が非常に多く、要法寺の隆盛ぶりは十五本山の中で際立っていた。それは、要法寺門流が日奠の本尊改変以降、門流が活性化していたことの現れである。要法寺が他の十五本山と違い、開山日興の曼荼羅本尊と宗祖日蓮の御影が本堂の本尊としていることが、このような本尊形式は要法寺だけでしか拝することができないという、一種の新鮮な印象を門流内外に与えていたのであろうと思われる。これに対する怨嫉が、十五本山側にあったことは間違いない。十五本山にとって、要法寺の不祥事は好都合だったのである。更に、要法寺にとって、不幸だったのは内部から十五本山側に内通する人間がいたことである。

要法寺門内においては、三十三代日奠・三十四代日全の本尊改定令以来、不造像派が主流になるが、造像派が消滅したわけではなかった。造像派は門流内において巻き返しの時期を待っていたのである。そうした空気の中で、岐阜正興寺の仏像撤廃・曼荼羅本尊安置に新義異流の疑いがかかり、要法寺そのものも本尊改変を京都十五本山から抗議を受けるに至って、これに呼応する形で内通者が出るのである。

要法寺僧宝洲は、近年の要法寺本山末寺で行なわれている造像撤廃と曼荼羅本尊主体の安置様式が新義異流であることを京都十五本山に内部告発する。宝洲は三十六代日良の弟子だが、不造像義に納得せず、造像の復活を計り、要法寺が以前の造像義に戻ることを期したと思われるが、ことは単にそれだけでは終わらず、重大な方向へと進むのである。

〔京都十五本山〕天文法乱以前、京都には法華宗として二十一箇本山があったが、法乱以後十六箇寺となる。妙顕寺、本法寺、頂妙寺、立本寺、本満寺、妙伝寺、本圀寺、妙覚寺、妙満寺、妙蓮寺、本能寺、要法寺、本隆寺、本禅寺、妙泉寺、寂光寺の十六ヶ寺である。

この十六ヶ寺は、天文法乱以後各寺院の自由な布教を止め、何事も十六本山で協議していく取り決めをした。このため各寺院個別でできる布教活動には、制限があった。寛政法難で要法寺を除く十五本山が問題にしたのは、寛文五（一六六五）年の盟約で、新義異流が禁止されていたにもかかわらず、要法寺が造像から不造像義に変わり、仏像を撤廃したことである。この十六ヶ寺を別名会本ともいう。

〔寛文の盟約〕京都日蓮宗十六本山は、徳川幕府の日蓮宗に対する厳しい監視の中で、各本山がそれぞれ独自の布教活動をしないよう規則を作り、互いに牽制しあう行動をとり、永禄年間・寛永年間の各時代に盟約を結ぶ。寛文の盟約も、その盟約の中の一で、条文の最後に「右条々堅くその旨を守り、かつて新義を企つべからざるのみ。・・・よって万代不易の連署、件のごとし。」とあって、十五本山は、この条文の新義を企だててはならないということと、盟約の効力が万代にかわることがないという条文に、要法寺が違反していると訴えたわけである。

〔本隆寺日東〕日真を派祖とする法華宗真門流本山、京都本隆寺第三十代。播磨国揖保郡斑鳩の生まれ、竜野本行寺に入門し、了道と名乗る。山城国小栗栖檀林にて天台学を学び、第五十八代能化となる。寛政四（一七九二）年本隆寺第三十代を継ぐ。寛政法難では主導的役割を演じ、要法寺を寺社奉行に訴えるにあたっても、日東が他の各本山間を調整し取りまとめた。

日東は小栗栖檀林にて天台学を学ぶが、その時檀林の能化だったのが要法寺日住である。その日住の『法華文句』の講義を聞くにあたって、聴聞する姿勢が不遜であるとして、檀林内において厳しい叱責を受け、ほとんどその場にいられないほどであったと伝えられ、この時の遺恨が寛政法難における要法寺に対する報復として現れたとも伝えられている。

〔要法寺日住〕元文五（一七三六）年、丹後国宇川の生まれ、俗姓鵜川。中年に及んでの出家得度で、始め円常坊日儀と称し、後日住と改め、守真院の号もある。山城国小栗栖檀林にて天台学を学び、第五十二代能化となる。天明元（一七八一）年、要法寺第三十七代となる。

寛政法難時、日住はすでに隠居していた。日住は当初、十五本山の無理難題に対し、毅然として対応し、教義に関してその是非を京都奉行所に判断を求めること自体、日蓮門下の僧としてあるまじき行為であり、また、本尊義についても、不造像不読誦・曼荼羅本尊・日蓮御影安置は尊門の古来よりの伝燈法門であり、また日興門流各本山共通の流儀であるとして、一歩も後に引かなかった。けれども、頼みの大石寺に無視され、またあくまで十五本山の非道を譲らない要法寺役者貫道院日誠が牢内にて毒殺されるに及んで、十五本山と和解に応じる。

蟄居閉門中の寛政八（一七九六）年に『興門百囲論』三巻を書す。他に、『本尊決義論』三巻がある。享和二（一八〇二）年、六十七歳にて入寂。

〔貫道院日誠〕加賀金沢の生まれ、俗姓及び生年は不明。当初、京都妙満寺を本山とする顕本法華宗（日什門流）に入門、山城国小栗栖檀林にて修学中の安永年間、要法寺に帰伏、始め本詮坊と称し、後貫道院日誠と称す。法難前年の寛政六（一七九四）年、要法寺役者に就任、山務を遂行する。法難時、同役の完量院とともに入牢されるが、十五本山の非道を責め、また法門においても決して妥協することがなかったため、要法寺と十五本山の和解を進めるにあたって、邪魔になる存在とみなされ、寛政九年三月、牢内において殺害、遺骸は一年後の同十年に返還されるという酷い仕打ちを受ける。要法寺では、日誠の殉教を悼み、その精神を称えた。

〔要法寺僧宝洲〕生年・俗姓・出身地ともに不明。三十六代日良の弟子と伝えられる。山城国小栗栖檀林にて修学、小栗栖本経寺・丹後長福寺を歴任。宝珠院の号を持つ。宝洲は不造像派の師日良の弟子であるにもかかわらず、不造像義に納得せず、師日良の発した安永法令を批判、造像義を声高に主張した。寛政法難が起こるや、十五本山及びその主導者である本隆寺日東に内部告発、要法寺を京都奉行に訴える。これによって、十五本山と要法寺の敗北に等しい和解が成立した後の享和元（一八〇一）年十二月、要法寺一山は宝洲を破門追放に処する。宝洲の要法寺本山への裏切りは、要法寺と門末のその後に甚大な被害をもたらす。宝洲の晩年の所在及び入寂年も不明。

寛政七年十一月法難

十一月、要法寺にとって開闢以来の一大事件が惹起する。十一月十三日、京都十五本山は、正式に要法寺を新義異流の疑い、すなわち要法寺を含む十六本山が寛文年間に結んだ寛文の盟約に違反する立義であるとして、京都奉行の菅沼下野守に告発する。これを受けて、奉行所は早速要法寺の先々代日住及び同じく前住日立の両隠居を召還し、十五山側と折衝するように申しつける。ところが、両隠居はこの折衝の会合に欠席し、代理が出席して、両隠居が病気のため出席できないことを述べ、更に要法寺が新義異流の義を行なっていないことを十五本山側に述べて、理解を求める。

しかし、十五本山は納得しなかった。そして、事件が起こるのである。十一月二十六日夕刻、奉行所から派遣された役人によって、要法寺一山大衆全員が召し捕られ、奉行所に拘禁されるという前代未聞の出来事が起こるのである。この時の状況を日住は、『本尊決義論』において、

「されば、今に忘れられないことは、十五山一党が連署して、要法寺を怪しい立義を立てていると奉行所に訴え出たために、大いに奉行所の御不審をこうむり、不意に召し捕られ、白昼に三条大路を引き渡され、警衛護送のあたかも朝敵のごとく、この時諸山の僧町屋に出て、この光景を見物したと聞いている。

数万人の嘲弄を受け、寺門の恥を遍く天下に曝され、一山残らず諸山に御預け、役者は入牢、二人の中一人は牢中にて死す。門戸を閉じられ、出入りを禁じられ、昼夜の見張りが立ち、三年に亘る蟄居、まさに雉の網にかかるようであった。」

と、述懐しているように、門には竹矢来が組まれ、閉門蟄居の立ち入り禁止、貫道院・完量院の役者二人が入牢、他の全員が十五本山に預かりとなって、監視されるという事態が寛政九年十二月まで続くのである。

この件に乗じて、要法寺には、十五本山が検分と称して山内を荒らし、宗祖筆曼荼羅ほか重宝類を略奪横領すること甚だしく、この問題が終了後返還を求めても、ついぞ帰ってこなかったということである。

年が明けて、寛政八年三月、日住は『興門百囲論』を書して、不造像が宗祖日蓮及び日興門流の伝燈法門であることを主張し、その上で、

「怪しき布教を行なうなどと、偽りの訴状を以って、官憲に訴えるということは、所詮法門にては叶わないので、官憲の力を借りて要法寺の立義を破ろうとすることであり、卑怯卑劣の振舞いである。仏教徒のすることではないし、僧侶のすることでもない。官憲の力を借りて、無理やり要法寺を押さえつけようとすることは止めよ。官所は法門の正邪を決する所ではない。もし、法門に不審があるなら、昔のように文章記録を以って糾明せよ。」

と、十五山の所業を厳しく糾弾している。

この間、入牢中の役者の一人である貫道院日誠は、一年以上拘留されながらも、あくまで自説を曲げず、十五山の非道と官憲の横暴を糾弾して止まないため、寛政九（一七九七）年三月、牢内にて毒殺されてしまう。遺骸は一年後の要法寺と十五山との和解終了後に返却されるという、酷い仕打ちを受けるのである。

一方、奉行所は要法寺の立義が新義異流であるかどうかについて、調査を行なう。要法寺が門流内で行なわれていることは、富士日興門流の伝統的な法門であり、特に大石寺とは両山一寺の盟約を結んで、両寺は一体であると主張していたからである。寛政九年五月二日、江戸常在寺を経由して、奉行所は大石寺に対して、六箇状の質問状を送付する。これに対して、大石寺は次のように回答するのである。

大石寺の奉行所に対する『寛政七年五月七日付け書付』

「恐れながら、書付けを以て、書き上げ奉ります。

一、京都要法寺は、往古上行院と住本寺と二箇寺を一寺にいたし、要法寺と改号致す由、右申し立ての通り、相違これなきやの事。

（回答）　京都要法寺の儀は、拙寺開山日興の弟子日目、京都弘通のために弟子日尊・日郷両人を召し連れ、正慶二酉年十一月初めに、この地を出立、濃州垂井宿にて遷化、日郷は当地へ還り、日尊は直に上洛、上行院号の諸寺を建立の趣き、承りしかども、彼の地において、寺何箇寺建立つかまつるや、巨細は相知れ申さず。

一、右上行院・住本寺の義も、大石寺開山日興上人の弟子の続きとの由、申し立てている。両寺を建立致した開山は誰々、かつ両寺を一寺に合せ要法寺と改号致した節、上行院住は誰れ、住本寺は誰れと申す義、委細書き出すべき事。

（回答）上行院・住本寺の義、大石寺開山日興の弟子続きの由の義、日尊上洛後、彼の地において、何寺何箇寺建立、相知れ申さず故、委細の旨は存知申さず。

一、上行院・住本寺の内、何れの開基より血脈相承致すや。両寺歴代系図の義等、巨細に相糺し、書き付け差し出すべき事。

（回答）上行院・住本寺開基、血脈相承、歴代系図の義も、日尊上洛後、何と申す寺、何箇寺建立の義細く知り申さず。彼の寺血脈相承、歴代系図の義も存知申さず。

一、上行院・住本寺一寺の契約あり。今において通用の由、右上行院・住本寺一寺に要法寺と致し、改号の上は上行院・住本寺の寺跡有るまじく、往古上行院・住本寺は何方に有りやの事。

（回答）上行院・住本寺両寺一寺の契約、並に往古上行院・住本寺は何方に有りやの義、これまた前書に申し上げた通り、往古の事は一向存知申さず。

一、上行院開山は誰れ、上行院開基の年号、住本寺開山は誰れ、住本寺開基の年号等まで巨細に書き出し申すべき事。
（回答）上行院・住本寺開山は誰れ、開基の年号の義、日尊上京後、何と申す寺を初めに建立、その義細かに知り申さず故、上行院開山は誰れ、住本寺開基致し年号一向、知り申さず。この度、巨細に御尋ねに付き、旧記等種々詮議すれども、唯日尊上洛の趣きばかり相知れ、彼地においての儀は拙山方にては知り申さず。
一、宗体寺内等の備え方まで、大石寺同様の旨申し立てる間、大石寺の宗体取り行ひ方、並びに寺内備え方等の儀、巨細に書き出すべきの事。
（回答）宗体寺内等の備え方の義、宗体は十界勧請の漫荼羅と日蓮大聖人を尊信、宗体と定め云々（以下略）」

以上（大意）が大石寺の回答である。

大石寺は天正十五年（一五八七）年、要法寺日賙に対して、両山一寺の申し入れをし、その後九代約百年間、要法寺から連続して法主を迎え入れてきた。この間、御影堂建立をはじめ、江戸における常泉寺の大石寺帰入、法詔寺の建立、細草檀林の開設、布教活動の拠点としての常在寺の建立、加賀金沢など従来大石寺門流にはなかった新たな教線の拡大など、すべて要法寺出身の法主によって成し遂げられたことばかりである。

もっとも、それによって、大石寺の門流内に要法寺日辰流の考えが流入してきたことも事実である。しかし、日寛の大石寺門流伝燈の不造像義の確立で、いまや要法寺は三十三代日奠以来六十年来不造像義で統一されてきていた。更に、明和八（一七七二）年春には、大石寺三十三世日元は、要法寺本堂で説法している。にもかかわらず、大石寺は要法寺のことについて「委細は相知れ申さず」あるいは「彼の寺、血脈相承、歴代系図の義も存知申さず」「両寺一寺契約の儀、往古のことは一向存知申さず」等と回答する。この時、大石寺の当主は第四十二世日厳だった。しかし、日厳はこの時点でおそらく病に伏して、寺務の実務を処理する能力を有していたか甚だ疑問である。この回答を行なった二ヵ月後の七月十一日、日厳は遷化する。いまだ五十歳だった。したがって、これほどの重大案件に正面から取り組むとは到底考えにくい。また三十九世日純も病がちで、この当時下条の下之坊に隠居していて、実務にはあまり関わっていなかったと考えられる。

したがって、五月の時点で、大石寺の実務を取り仕切っていたのは、一体誰なのかはっきりしないが、おそらく当時すでに隠居だった三十七世日琫と考えられる。しかし、隠居日琫も当職の法主ではなく、一方日厳もまた責任をもって重大な案件である要法寺の問題に対処できたと考えにくい。おそらく問題を先送りして、この時点で深く関わり合いになることを避けたのだろうと推測されるのである。

更に、これに加えて、この時期の大石寺を取り巻く状況から、こういう無慈悲な対応をしたのかもしれない。この時期、徳川幕藩体制は大きな改革の時期の最中であった。いわゆる寛政の改革と呼ばれる改革である。この寛政の改革は、前時代の田沼意次の閨閥政治・賄賂政治の悪風を改革するため、さまざまな改革を断行する。その一環で情報・風紀・思想取締りの面でも厳しい政策をとった。その結果、寺院への取り締まりも厳しく、新寺建立・新義異流を徹底的に取り締まった。その頂点にいたのが、後でこの論においても登場する脇坂淡路守である。

寛政三（一七九一）年七月、触頭丸山本妙寺は、三鳥派に関して問い合わせを受けたことにより、三鳥派に関する答申をする。その内容は、三鳥派は元富士大石寺日精の弟子である日秀を祖とし、後破門されて一派を作り、宝永年中に処罰された旨の答申をしている。丸山本妙寺に寺社奉行所が問い合わせをするということは、この年三鳥派に関わる摘発があったのかもしれない。あるいは、三鳥派と並んで禁制宗教である不受不施派摘発にからんで、三鳥派の問い合わせもなされたということも考えられる。この時期、幕府は不受不施派を徹底的に取締り、実際に不受不施派摘発が、寛政五（一七九三）年、同六年、同七年にも行なわれ、同七年八月には、幕府は不受不施強義仏法厳禁の通達まで出している。

寛政七年十一月の要法寺一山召し捕り、閉門蟄居もそういう幕府の異常に厳しい寺院政策の中で起きた悲劇だった。更にまた、大石寺門内においては、この法難が起こる約三十年前、奥州仙台において仙台法難という弾圧があり、その中心人物である覚林日如が、流罪地から二十数年ぶりに赦免になったのが、寛政三年四月だった。そして、北陸金沢においても、この年金沢信徒中村小兵衛が投獄されていた。更に付け加えれば、堅樹日好派の一件も影響したかもしれない。念仏無間地獄・禅天魔・真言亡国・律国賊の四箇格言を唱えて三宅島に流罪になっていた堅樹日好が、寛政六（一七九四）年、上総国の不受不施摘発に絡んで、同じく伊豆諸島の利島に島替えになっている。堅樹日好は、ほんの短期とはいえ大石寺三十五世日穏と師弟の間柄にあった。こういう幕府の弾圧政策下で、大石寺を取り巻く状況も非常に厳しい状況下であったことは否めない。

しかし、大石寺が幕府に答申した内容の結果は、当然のごとく、要法寺を孤立無援の状態にすることになり、その後の要法寺を更に窮地に追い込むことになる。頼みの大石寺に見捨てられ、役者貫道院日誠を牢内にて殺害され、万策つきた要法寺の二人の隠居は、菅沼下野守に変わって、新しく赴任した奉行三浦伊勢守の調停案を受諾するのである。

その調停案は、双方の言い分をある程度取り入れたものだった。いわば折衷案であるが、大幅な譲歩を強いられたのは要法寺である。寛政九年十二月十六日、要法寺は不造像を引っ込めて仏像造立を受け入れ、その他もかつての造像義時代の流儀を受け入れて和解が成立するのである。これによって、十五山は訴えを取り下げ、十二月二十日要法寺の閉門も解かれ、拘束されていた役者も解放されることとなる。その内容は、

「祖師堂須弥壇の真正面に、板本尊を掛けたてまつり、その前に釈迦・多宝・四菩薩等の木像を安置し、御祝牌をかざり、その前下、壇木爪厨子に、祖師の木像を相納め、ともに須弥壇の上に安置云云」

というもので、本堂須弥壇の真正面の奥に板本尊を安置、その前に釈迦・多宝の二仏並座、その脇に四菩薩を安置、更にその前に宗祖御影を安置するという、なんとも奇妙奇天烈な御宝前の型式で決着がつくのである。

この一連の経緯の中で、許し難いのは十五本山の横暴である。日蓮門下は宗祖滅後、法門解釈の相違から分裂を繰り返し、その教義論争の中で、互いが自由に議論を戦わせ、それぞれが自派の法門に随って布教活動に励んできた結果、日蓮門下全体として教団が拡大してきた歴史がある。それはすなわち、長い分

裂の歴史の中で、教義論争を繰り返したことが、成長の糧だったのである。にもかかわらず、他門流の立義に対し、教義的に議論を戦わせて屈服させるというならともかく、官憲の力に頼って、他門の法門に関して新義異流であるかどうかを判断させるということなど、日蓮の流れを汲むものとして、最も恥ずべき行為であり、日住が批判する通りである。まして、要法寺が釈迦仏像を撤廃したのは、すでに日奠代であって、その時からすでに六代の嗣法と六十年以上の年月が経っている。ということは、十五本山が、要法寺の状況を知らなかったわけがない。にもかかわらず、要法寺を訴えたということは、まさしく言いがかりであり、そこに要法寺に対する底意地の悪い怨念を感じるのである。特に、本隆寺日東は、個人的な恨みをはらすために、無理矢理要法寺を貶めたことは、万代に宗祖日蓮の名をも汚すものである。と同時に、私が最も残念なのは、例の大石寺の回答である。かつて、大石寺の窮状を支えてくれた要法寺に対する対応がこれでは、あまりに信義に欠けるものである。大石寺門流の七百数十年に亘る長い歴史の中で、法主が無住で血脈の空白期があることも、法主が伝燈法門を無視して、造像を推進したことも、長い歴史の中ではあり得ることではある。

けれども、一度は両山一寺の盟約を結び、要法寺から歴代法主を迎え、大石寺の衰退期にあって門流の勢いを回復させてくれた要法寺に、「要法寺のことは一向存じ申さず候」はないはずである。まして、他のことならいざ知らず、富士の伝燈法門を貫きたいと切望する要法寺に対して、何という対応であろうか。大石寺が、真摯な姿勢で要法寺と大石寺の歴史的関係、要法寺で日奠以来行なわれていることは、新義異流ではなく、大石寺のみならず富士日興門流伝燈の法門であることを、どうして幕府に言わなかったのか。

事実を曲げて言うというなら、逡巡することもあり得ると思うが、歴史的事実を言うことが、どうしてできなかったのか。

しかも、寛政法難からつい二十数年前には、当時隠居ではあるが大石寺の法主が要法寺祖師堂で説法までしていたのにである。私は、大石寺の長い歴史の中で、この要法寺の存亡に関わる重大事に、自門さえよければよいという回答が、最大にして最悪の恥辱であると思う。

蟄居中の寛政八年三月、日住が書した『興門百囲論』には、十五本山の非法・横暴を批判し、不造像が宗祖・開山以来の要法寺の立義であるとして、その最後に、

「興門八箇の中にも、大石寺と当山は、閻浮第一の霊場、蓮祖の嫡流血脈正統なり。師々伝々の縄々として系乱れず。信ずべし。貴ぶべし。問うて云わく、大石寺と当山とはすでに両寺也。何ぞ一寺という耶。答えて云わく、二なりといえども、法水一なり。故に両寺一寺とはいうなり。これ二にして一なり。一にして二なり。互いに道を助けて、久住すること、これに例して知るべし。」

と、大石寺と要法寺は両寺で、日興門流の伝燈法門を未来永劫に流布していくべき間柄であると結んでいる。

〔仙台法難〕寛政法難からちょうど三十年前、奥州仙台において、大石寺第三十四代日真の弟子覚林日如（一七四〇〜一八一三）が、仙台日浄寺及び柳目妙教寺を拠点として、当地有力信徒賀川権八とともに布教、当地領主家老中沢三郎左衛門をはじめ信徒が増大するにつれて一寺建立を発願する。新寺建立は禁止されているので、廃寺を再興する名目で新寺建立を願い、当地の役人も事前の折衝で了解済みだったが、新寺

建立・新義異流で訴えられる。

訴えたのは、おそらく大石寺門流信徒の増加を恐れた賀川家の檀那寺である慈雲寺及び周辺の寺院等と思われるが、首謀者として覚林日如は遠島、この時二十五歳だった。賀川権八は領国及び三都追放の重追放、領主家老中沢三郎左衛門は他国追放、その他三名が処罰された法難である。賀川家は当地有数の豪農だった。

覚林日如が赦免になるのは、二十七年後の寛政三（一七九一）年四月である。文化十（一八一三）年十月、仙台にて寂、七十四歳だった。賀川権八はその後許され、天明八（一七八八）年九月、大石寺において寂す。賀川権八は大石寺第四十三世日相の父である。

〔堅樹日好〕堅樹日好は、元文四（一七三九）年、越後沼垂村の生まれ。摂津国梶原村一致派源覚寺住職の時、念仏無間地獄・禅天魔・真言亡国・律国賊の四箇格言を唱えて、明和七（一七七〇）年三十二歳の時、領主永井飛騨守より擯出される。その後同士を募り、明和九（一七七二）年二月頃、下谷常在寺の檀徒、石倉善六等の仲介で大石寺当住日穏の弟子となる。

直後に念仏無間地獄・禅天魔・真言亡国・律国賊の四箇格言を唱え、日蓮宗諸寺院に押しかけて、念仏無間地獄・禅天魔・真言亡国・律国賊の四箇格言を強要、これによって入牢、牢内より寺社奉行所へ国家諫暁書を提出、入牢四年の後、安永四（一七七五）年十一月、三十七歳の時、三宅島に流される。寛政六（一七九四）年五十六歳の時、上総国の不受不施摘発に絡んで、利島へ島替えとなり、同島にて文化九（一八一二）年に死寂。在島三十八年である。

江戸時代、日蓮宗僧徒が念仏無間地獄・禅天魔・真言亡国・律国賊の四箇格言を公言して、他宗を批判、強義の折伏をすることは、宗派対立を煽り、騒乱のもとであるとして、幕府によって禁じられていた。

堅樹日好とその一党を、大石寺門内へ仲介し、日穏の弟子となった直後に堅樹日好が禁止されていた強義折伏・幕府諫暁を行なったことで、石倉善六などは連名で一札を入れている。

「差し上げ申す一札の事

一、私ども、この度彼の僧侶達を教戒して、御門中へ引き入れたいと考え、そのように致しましたが、結果的に最悪の事態となり、かえって御疑い受け、迷惑をお掛けいたしました。これによって、今後彼の僧どもについて、一切関わりを持つことをいたしません。万一この儀について、彼僧等に関わりを持つことがありましたなら、永劫無間の罪を受けることといたします」

【寛政法難関連前期年表】

元禄十一（一六九八）年　円教坊日体、要法寺を離脱、日永の弟子となり、住本寺再興

同十五（一七〇二）年以降　要法寺三十二代日眷、門末へ不造像義禁令を発す。都合五回

享保十二（一七二七）年　本住院日眷寂

宝暦十（一七六〇）年　三十四代日全　本尊改定の令

明和六（一七六九）年　日体弟子日忍『根本日蓮宗旨名目』著し、不造像を強調

明和八（一七七一）年　大石寺三十三世日元、京・大阪を布教、要法寺にて説法
安永三（一七七四）年　要法寺本堂落成し、曼荼羅本尊を安置
天明三（一七八三）年　要法寺末岐阜正興寺、佛像を廃す〔寛政法難近因〕
寛政七（一七九五）年四月　京本隆寺日東、京十五山を代表し要法寺の佛像廃止に抗議
五月　要法寺日住十五山に対し、十ヶ条の答書を送る
この前後　宝洲十五本山に組す
十一月　京十五本山要法寺を提訴
十二月　要法寺一山残らず捕われ、要法寺役者貫道院、完量院入牢、他は十五本山へ預けられ、要法寺閉門
寛政八（一七九六）年三月　要法寺日住、蟄居中『百囲論』を著し、不造像の正当性を主張
秋　大石寺の日量、要法寺を見舞う
寛政九（一七九七）年三月　要法寺役者、貫道院日誠牢内にて毒殺
五月　大石寺日厳、奉行所に対し、要法寺とは関わりがないと答申
十二月　要法寺、奉行所に富士門流伝来の立義の相続を訴える
同月　三浦伊勢守の調停により要法寺対十五本山和解、処分解除

寛政十一年の法難

寛政九年十二月、十五山と和解し、これによって、この問題は収束したかというと、そうではなかった。要法寺の苦難は、更に続くのである。

要法寺と十五山側との和解が成立した翌寛政十年二月、要法寺の出雲国末寺三十九ヶ寺は連名で、本山要法寺に対し、和解絶対反対の書状を送り付ける。その内容は、

「たとえ、奉行所より仰せ付けられたことであろうとも、奉行所に対してお願いを立てられ、古来よりの門流の法式通りに立てられるよう何回でも、お願い遊ばされなくては、済みがたき御身分と存じ奉ります。……開山正流の法式を相破り、末寺までも一統門流正意の本尊を改めるという儀、御承知なされた旨、何ともその意を理解しがたき御心地と存知奉ります。拙寺ども一統不承知で御座います。」

というものである。その上で更に、

「この上は、関東表へ御願い下されまして、開祖所流の法式通り相立ちますよう偏に願い奉ります。もし、開山の法式を破りても、このまま捨て置き、末寺にも下知ありということでありますれば、拙寺ども一統存奇の儀もございます。」

と結んでいる。存奇とは、考える所があるという意味で、いわば脅しである。

予想されたこととはいえ、末寺からの想像以上の反発に本山要法寺は驚愕する。それに加えて、今度は、十五本山を代表して妙伝寺が、出雲国要法寺諸末寺に対して、本山要法寺の頭越しに通達を出すという、とんでもない越権行為をおこなう。それが、同年三月の『会本妙伝寺通達』である。

「要法寺は日良代に、従来の仏像本尊を廃捨し、ことに勤行などすべて新義異流の法令を企て、末寺・檀那までも一統し、大いに惑乱せしめ、寛永・寛文の御上意の趣きに違い、諸山の盟約を破るものなり。……法義の心得方、ならびに仏壇の飾り方、本末檀那一統同様に改むべきこと、……末寺の面々一統、その意を得て、堅く違犯あるべからざること。」

これがその内容である。この通達に追い討ちをかけるように、十五本山は出雲の役所にも書状を送り、

「御国方にては、要法寺末寺多くこれある義に御座いますれば、それらのものども心得違いをいたすことが、恐らく少なからずあり得ることに御座いますゆえ、……新義に当たる筋いささかもこれ無く、御国の制を堅く守り、異儀なく末寺の安置様式が治りますよう、御意添え下さいますよう云云」

と、要法寺末寺の取締りを強化するよう依頼している。これに対して、要法寺末寺は、一統して反発する。

同年九月、出雲要法寺末寺を代表して妙仙寺は、

「雲州末寺一統存念の儀、当二月拙僧ども総代となって、本山へ登り、願書をもって御願い申し上げました。その後も度々掛け合い申し上げましたが、何等の御返答もこれなし。この度、御役者恵光院をもって、諸末寺へ理不尽の御下知仰せわたしの段、大阪表にて見受け申しました。加様の成り行きにては、御本山においては、御開山の法式を破廃遊ばされても御構いないのですか。

拙僧どもは、永年御開山の法流を守る儀を、今更改めたる儀は、新義に当たり、決して受け入れがたいことなので、開祖開山の法式通り立てられている諸本山へ末寺として付きたく、この旨御聞き届けください。左様の儀も叶わないというのであれば、従来通りの法式を守るよう仰せ付けられますよう願い

上げ奉ります。」

と、要法寺がこのような状態では、要法寺の末寺を離脱して富士門流の伝燈法門を守っている本山へ末寺として付きたい。さもなくば、本山が末寺に対して富士日興門流の法義を守るよう指令を出していただきたいと、出雲諸末寺の総意を本山に突きつけるのである。

ここにおいて、要法寺は本山として進退に窮してしまう。山内にて種々協議の結果、京都奉行所の上に当たる江戸の寺社奉行所に訴えて、要法寺の立義が新義異流ではないことを認めてもらい、法難以前の状態にもどれるようお願いすることになる。

寛政十（一七九八）年十月、要法寺役者自成院と一円坊は江戸に出訴する。出訴に先立って、日立は京都奉行所に申し立てを行い、江戸寺社奉行所への添え状下付の願書を提出する。そこには、

「その上、大石寺十四代日主代、天正十五年、大石寺・要法寺両寺一寺和合のために、日目上人の書写の本尊を大石寺より、要法寺へ納められました事、その本尊の裏書の記文に明白に御座います。なおその上に、大石寺十五代日昌より、二十三代日啓まで九代の間、要法寺より相続の事、大石寺一山檀家まで連印の請待状、当山にあります。

その上、ただ今にても、法義の通用を行い、住持になる等の儀も届けあい、年頃書翰等まで取りかわしています。眼前の事にて、宗体法式、大石寺同様に相違御座いません。しかるに、要法寺法式等の儀を旧記等種々僉義すれども、知り申さずと書き上げの段、不吟味の至りと存じます。これによって、今般江戸寺社御奉行所において、駿州富士郡上野村大石寺と拙僧対決して、要法寺の血脈相承の系図、宗

体の儀、御糺しを受け、日興門流一同の法式通りにいたしたく存じ奉り云々」と記している。この結果、要法寺は江戸寺社奉行に再訴することを許され、再審が決定する。

江戸に出た自成院と一円坊は、小梅常泉寺に止宿する。当時常泉寺には、翌年十一月に大石寺第四十三世法主に登座する日相が住職を勤めていた。この時、日相四十歳だった。日相は、寛政七年当時は細草檀林の能化として、檀林の責任者だった。この日相が寛政九年五月当時、大石寺の法主として現職であれば、おそらく彼の幕府への回答は違った内容になっていたであろうと思われる。そういう気骨を持った人物であった。

自成院と一円坊は十一月一日、正式に両名の名で訴状を寺社奉行所に提出する。当時の寺社奉行は脇坂淡路守だった。この脇坂淡路守は播磨国竜野の藩主で、当時の幕閣にあっては清潔峻厳な人物で、外様大名でありながら、後に老中にまでなる人物である。そういう評判を聞いて、要法寺としては公明正大な判断を期待したのだと思うが、寛政法難の十五本山側の中心人物である本隆寺日東は、竜野の本行寺の出身で、脇坂は日東を自分の領内出身の法華宗本隆寺派本山住職として尊敬していたのである。

こういうことであるから、この再審の行方は最初から見えていた。まして、一度和解が成立した案件の再審であるからなおさらである。案のごとく、要法寺にとっては厳しい審理が続く。審理は、一回目が寛政十一（一七九九）年二月十四日、二回目が二月二十八日、三回目が三月二十二日に行なわれ、この時日住・日立も召還され、同時に訴人である自成院と一円坊は入牢を申し付けられる。理由は、一度京都にて審理し決済が終了している案件を不服とし、再度訴えたからということである。

この三月二十二日の審理に先立って、日住・日立・自成院・一円坊は大石寺に立ち寄り、隠居日琫・同じく隠居日純、役僧寂日坊、これらの面々で寿命坊において話しあいが行なわれる。この時、要法寺側は大石寺に協力と助力を願う。これに対して、大石寺の今回の回答は、協力も助力もするというものだった。ただし、一度裁可が下って双方和解した訴訟を再度するということは、幕府の決済に対する不服を意味するから、間違いなく入牢を申しけられるに違いないので、命がけでいかに時間がかかろうとも決して訴訟を取り下げるということをしないのであればという条件を付けた。もし途中で訴訟を取り下げるようなことになれば、要法寺を支援する大石寺にとってもただでは済まないからである。やるからには最後までやり抜こうということを互いが約束する。今回は大石寺も全力を挙げて取り組む姿勢を約束したのである。予想されたように、自成院と一円坊が入牢を申しつけられてしまう。そして、四回目の審理が同月二十六日に行なわれる。ところが、入牢一週間後、突然二人が常泉寺の日相に事前の連絡も無く、訴訟を取り下げてしまう。おそらく二人としては、これまでの審理の経緯を考え、更に三回目の審理の状況を考えて、とても訴訟に勝ち目がないと判断したのであろう。二人は、釈放され常泉寺の預かりとなる。困惑したのは、日相である。おそらく日相が主導して、要法寺を支援することを大石寺としてまとめたのであろうと思われる。はしごを外された格好の日相は、怒って二人の常泉寺宿院を拒否したといわれている。

審理はその後も続き、六回目の審理は、五月四日江戸城吹上御殿における将軍の直裁で、訴訟取り下げとなり、五月二十四日、十五本山と要法寺は再度和解の文章に調印する。その和解の文章に、日立が今後はかつての日眘法令を本山・末寺ともに遵守していくことを明記する。そして日立は、諸末寺に対して、

同年十月、

「当山の由緒御糾しの趣きに随って、再び日眷上人の法令をもって、教令せしむるところなり。諸末寺永く違犯すべからざるものなり。」

と、通達を出すのであるが、この日眷法令とは、享保年間当時の日眷が不造像を堅く誡め、造像義が要法寺の法義であると門末に対して通達した法令である。この将軍まで巻き込んだ形で、再び敗訴した要法寺の受けた打撃は甚大だったが、それでもこの法難は終わらない。この日眷法令をもって末寺を押さえこもうとした、本山要法寺の姿勢に末寺は納得しなかった。

〔日相〕宝暦九（一七五九）年春、奥州仙台宮城郡南宮村の生まれで、父は賀川権八、仙台法難で弾圧された信徒側の中心人物で、賀川権八自身も重追放の処分を受けている。権八は、元仙台蔵元家の出で、賀川家に婿として入り、大石寺の信仰に帰依する。母は妙性日浄、母の妊娠中に大石寺第三十四世日真に弟子の契約をしたと伝えられている。仙台法難で父が処罰を受けた当時、日相は七歳だった。

師弟の契約を結んだ日真が遷化したため、十二歳で三十五世日穏の弟子になる。安永元（一七七二）年十四歳で細草檀林に入林、寛政七年春細草檀林第七十六代能化となる。寛政十一（一七九九）年十一月、第四十三世法主となる。ときに四十一歳である。寛政九年当時は、江戸常泉寺の住職であった。享和三（一八〇三）年、法を日宣に譲って隠居、文化二（一八〇五）年、四十七歳の若さで遷化。

この日相が、寛政七年当時法主であれば、要法寺に対する対応もおそらく違っていたと思われる。仙台法難の際に父が受けた受難は、当時七歳の日相にとって、強烈な印象を与えたに違いない。日相は、自分たちの信仰を守りながら、それでも幕府の弾圧を受けそうになったとき、いかにして対応すべきか、すでに幼くして身を以って経験していたのである。したがって、あらゆる手立てを講じて、弾圧を未然に防ぐにはいかにすればよいか、あるいはまた不本意ながら危機に際した場合いかに対応すべきか、その能力を備えていたと思われる。

〔日立〕出雲国岡田の生まれ、俗姓長廻氏。幼くして岡田の妙福寺にて得度。長じて小栗栖檀林にて修学。後同檀林第五十五代能化となる。寛政元（一七八九）年春、要法寺第三十八代となる。寛政六（一七九四）年三月、要法寺門流開祖日尊四百五十遠忌を奉修。直後に隠居するが、寛政七年、法難の勃発で、十五本山側と折衝にあたる。要法寺の敗北に等しい和解により、江戸寺社奉行への再審を請求するが、将軍直裁による却下によって、再び和解を強要される。これによって、末寺側の信頼をなくし、諸末寺の離末訴訟・十五本山側からの末寺取り締まり不都合など、十五本山側と諸末寺側の双方から批判を浴びる。文化八（一八一一）年入寂。

【寛政法難関連後期年表】

寛政十（一七九八）年二月　要法寺末・出雲三十九ヶ寺、十五本山との和融に反対
三月　十五本山、出雲要法寺末寺に不造像義を捨てるよう通達

同月　十五本山、出雲役所へ要法寺末寺取締りを依頼
十月　要法寺自成院・一円坊江戸に出訴し、常泉寺（日相）に止宿
寛政十一（一七九九）年一月
三月　要法寺対十五本山本尊問題につき、江戸役所において再審
要法寺自成院・一円坊裁許破りにより入牢、入牢七日和解、
常泉寺の日相、和解を喜ばず宿院を拒絶
五月　要法寺本尊問題訴訟、将軍直裁により棄却
同月　要法寺と十五本山と和解
十月　要法寺日住・日立、諸末寺に日眷法令を遵守するよう通達
十二月　十五本山、要法寺塔中近末寺院佛前を検分、内済不可能の旨を告ぐ

十三、要法寺門末の混乱と寛政法難の収束

寛政十二年以降の法難

寛政十一（一七九九）年十月、要法寺日住・日立が出した諸末寺への、日眷法令を遵守することを求めた通達に対し、門末は了承せず、一向に造像義は遵守されなかった。そこで、十五本山は本山要法寺の頭越しに、同年十二月、京都近隣の要法寺門末に対して、御宝前の検分を行なう。そして、その宝前が全く改変されていないことを見て、このまま仏像安置を拒否する状態が続くなら、この件は内々ではすまさな

いことを通告する。

翌十二（一八〇〇）年九月、京都十六本山は、八品派本山本能寺新住職の就任祝賀を兼ねて、和解以来はじめて一同に会して、会合を開くが、この会合にて、妙覚寺日琮と日住の間で激論になる。十一月、十五本山は、要法寺諸末寺において一向に仏像の安置が進まないことに対して、日立に出雲・石見要法寺末寺取り締まりが不都合であるとして、提訴することを警告、翌月提訴する。

十二月十六日、京都奉行所にて、審理があり、十五本山側は造像義に反対する不造像一派の住職罷免を要求する。この提訴は奉行の仲裁で、十五本山側が提訴を取り下げるが、日立は動揺する出雲・石見諸末寺など門末に対して、今回の提訴の経緯と審理の状況を詳しく書いて、門末の理解を求めようとするが、門末は納得しなかった。

本山要法寺と末寺は日眷法令の遵守を求める日立通達後も、度々話し合いをするが、業を煮やした末寺住職は江戸寺社奉行へ直接訴訟を起こすようになる。この年二月、すでに円頓寺一乗坊は、江戸寺社奉行に駆け込み訴訟を起こし入牢、結局入牢に耐え切れず訴訟を取り下げるという非常手段に訴える行動を取る。

翌享和元（一八〇一）年四月、出雲諸末寺の総代である為久寺日生と慈眼寺日達は、十五本山が直接出雲の要法寺末に造像義を強要することの不当を訴えて、江戸寺社奉行へ駆け込み訴訟を起こし入牢、この内、日生は四月獄死する。更に翌々享和二（一八〇二）年四月、石見法蔵寺臨道日照は、江戸の役寺である芝長応寺の裏書を添えて、離末願いを要法寺に提出、同八月、同国本法寺が続いて江戸の役寺に離末を要求する。これに続いて、出雲要法寺末三十七ヶ寺も連名で江戸役寺へ離末を要求するという異常事態に発展するのである。

この間、要法寺は末寺の離末を食い止めるべく、京都十六本山の連盟である会本離脱を決意し、享和元年六月奉行所に会本離脱を請願、しかし請願が受け入れられるはずもなく七月却下される。要法寺が末寺の本山離脱で揺れる最中の、享和二年三月、要法寺の不造像義の指導者であった日住が入寂。

一方十五本山側も、日住と激論を交わし、十五本山を本隆寺日東とともにリードしてきた妙覚寺日琮が翌享和三年三月死去。要法寺・十五本山双方とも、牽引してきた人物を失って、ようやく法難が解決への方向へ舵を切り出す。

文化元（一八〇四）年四月、要法寺と末寺は話し合い解決を目指して、双方ともに決済の日延べ願いを江戸役寺長応寺へ提出。二年後の文化三（一八〇六）年七月、双方和解が成立。翌文化四（一八〇七）年、要法寺は京都十五本山とも最終的に和解。これにより十三年に及ぶ寛政法難は収束する。

この寛政法難における要法寺の物質的被害は甚大なものがあり、門流の疲弊は覆うべくもなかった。と同時に、その人的被害も甚大だった。いまこれを列挙すると、

寛政九（一七九七）年三月、要法寺役者、貫道院日誠京都奉行所牢内にて毒殺
享和元（一八〇一）年四月、出雲為久寺日生、獄死
同　二（一八〇二）年六月、石見法蔵寺臨道日照、江戸駆け込み訴訟、吟味中に客死。
文化二（一八〇五）年八月、出雲妙仙寺日相、同じく駆け込み訴訟、吟味中に客死。
同年　　　　　　　八月、要法寺役者一円坊宗渕、再度寺社奉行へ訴訟、吟味中客死。

となる。以上が寛政十二年以降の法難の経緯である。寛政十二年当時、大石寺の法主は日相だった。日相には、この頃の要法寺門内で起きている状況の様子、及び大石寺としてどう対応すべきかについて、寛政十二（一八〇〇）年四月四日付け、『大阪蓮華寺増田寿唱宛ての返書』が残っている。長文なので、要旨を箇条書きで紹介することにしたい。

①貴殿よりの書状の趣きからすると、日眷法令を遵守するよう求める諸末寺への要法寺からの通達後も、諸末寺に対する本山の姿勢は特に取締りを強化するということもなく、問題を放置した状態になって、解決の見通しが立っていないのは誠に気の毒に存じます。もっとも、昨年江戸寺社奉行への再審請求を要法寺の両隠居が取り下げた時点で、このような状態になるであろうことは、予想されたことで、そのことは両隠居にもその時種々申し上げました。特に、再審を取り下げる願書に「今後は日眷法令を以って、末寺に下知致します」という文言を入れることについて、この文言は後日の憂いになりますよと、強く申し上げましたが、私の意見は聞いていただけなかった。

元々、日立師の心の底には、日眷法令を以って、諸末寺を押さえ込もうという腹積もりがあって、敢えてその文言を入れたいきさつがあります。したがって、このような本寺と末寺の意見が全く異なり、末寺が本寺の通達を受け入れないという事態になることは、その時点でわかり切ったことであって、外部の意見を全く用いなかったことが、このような事態になった原因なので、私としてもなすすべがなく、静観していた状態です。そうこうしているうちに、末寺が本山を通り越して直接江戸の寺社奉行所に訴訟を起こすという事態に発展し、気の毒に存じています。けれども、これは彼らが他の意見を入れず、自分たちで望んだ結果なので、是非もないことと存じています。

②触頭長応寺の老僧から聞いた話では、京都十五本山の中で、妙覚寺日琮・本隆寺日東等は、世間的な利欲に専ら執着し、年来他門への外聞も省みず、世間的名聞名利ばかりを追及してきた。そして、表面上彼等二人が表に立ち、要法寺を相手取って叩き潰そうとしているかに見える。けれども、それとは別に十五本山の筆頭格である妙顕寺にはまた別の思惑があり、朝廷から四海唱導一乗弘通の綸旨を授かっているということから、この際日蓮門流内の勝劣一派をことごとく壊滅して、一致派に改宗させ、京都日蓮教団を統一して、その頂点に立つことを目論んでいる。けれども、それは決してできることではないということを、妙覚寺日琮自身が直接老僧に話したということであり、したがって、日琮もそのことには一切触れず、ただ要法寺の件だけ話して、退出していったということです。

こういうことであるから、彼らの考え方は、こちら側が何か仕掛けたら、それ幸いとばかり、ことに乗じて多勢の力をもって、それに対応するという考え方で、こちらの出方を待っているのです。このような時に、こちらから何かしようとしても、何事も成就することはないと存じます。……

殊に、彼等は大勢であることを力とし、その上、幕府の高位高官、奉行所の役人に太いつながりがあり、何かにつけて彼らの意が通じやすい状況で、法義のことは別として、行政的なことに関してはまず彼らに勝つのは難しい状況です。

その上、昨年の十五本山と要法寺の訴訟においても、要法寺は一度決済がおりているものを再度審議することを求めながら、裁許破りのお叱りを受けて、今度は取り下げるという体たらくで、京都へ帰っていきました。このようなことで、度々出訴に及びながら、その都度敗訴と、毎回首尾がよろしくなく、恥の上塗りのような状態で、幕府や奉行所においても要法寺自体に対する評価が著しく悪くなる一方です。そして、このことは、単に要法寺門末だけの恥辱にとどまらず、勝劣派全体の恥辱となってしまいます。

③江戸城御本丸の奥向きに私の縁者がいます。幸い常泉寺へ参詣された折、面談してお願いの義を頼みましたが、要法寺の新義異流に対する警戒が強く、要法寺の件に関わる私どもまでが警戒される始末です。あるいはまた、近年、寛政の改革の引き続きで、各奉行所の奥向きのことまで厳重な締め付けのためか、一向に取次ぎができない状態です。

このような状態ですから、とにかくまず何かにつけ穏便に致し、彼らのわがままのし放題の状態にして、彼らの失策を待ち、何か手がかりが見つかるまで、時を待つのが今できる最上のことと存じます。

④諦善・会通両僧のことについて、書面にありました通り、私も承知いたしております。両僧ともにすでに江戸に来ており、馬喰町付近の旅宿に居住しているようで、当寺へも参詣しております。どのようにして、私が常泉寺に来ているということを知ったのか、面会を申し出てきましたので、面会してどのようにするつもりか聞きましたところ、やはり円頓寺一乗坊が行なった方法で訴訟を起こそうという考えでした。

私は、そのようなやり方では決して成就しないし、むしろ無益なことです。この上何万人が訴訟の願いを起こしても、肝心の本山要法寺が訴訟を取り下げており、しかも和解の文書に日眘法令を末寺に徹底する旨の文言を入れている以上、どのように願い出ようと叶うことはなく、申し出れば申し出るほど、要法寺本山ばかりか諸末寺までも幕府や奉行所から怪しまれることになり、将来的にも門流として成り立ちがたくなる恐れがあるという旨を話しました。

たとえば、牛の角が曲がっているのを憎んで、その角をまっすぐにしようとすれば、牛そのものまでをも殺してしまうという譬えの通りです。よくよく思慮分別が大切ですと申しましたが、納得したようではありませんでした。その後、出雲・石見の面々が江戸に出てくるのを待っているようで、いまだに願書も差し出せず、ただ空しく逗留しているように見受けられます。

ただし、このことはあまり騒ぎ過ぎると、将来ますます厄介なことになり、解決不可能なところまで行き着くようで、気の毒に思われます。なぜかならば、すでに将軍直裁で決済がおわり、幕府や十五本山側から見て、筋の通らないことを何回も願い出るということになれば、江戸の寺社奉行所としても、厄介な門流ということで、要法寺・諸末寺ともに改易処分になってしまう恐れもあり、また要法寺門流そのものを取り潰して十五本山へ処分を任すようなこともありうると、甚だ陰ながら案じているところです。

⑤円頓寺一乗坊、当春二月、江戸寺社奉行所へ出訴に及んでいることは承知いたしております。彼の僧は、元来俗物にして、ただ目立ちたがりのようで、私や大石寺、また江戸の常泉寺・常在寺・妙縁寺の三ヶ寺へも挨拶や相談に来ることもなく、橘町の重兵衛と申す胡散臭い人物を頼みにして、駆け込み訴訟を起こしました。しかしながら、案のごとく入牢申し付けられた後、とうとう耐え切れず、訴えを取

り下げ、貴殿の所まで話しが聞こえた通りです。結局、この一乗坊は奥州辺へ下っていったということで、このことは先の諦善・会通の両僧から聞きました。

⑥出雲・石見両国の諸末寺と要法寺の話し合いの件、書状にあった通りで、私も承知致しております。しかしながら、この話しあいも、いくら話し合ったところで、末寺の望む形で結論が出るものでもなく、無益の論争と考えています。肝心の要法寺が、あのような形で十五本山と和解するに至っては、末寺として、どのような行動を起こしても、決して望み通りになるわけでもなく、たとえ法門的に末寺が本山の日住・日立に論争に勝ったとしても、ただ血で血を洗うだけで、決して本来の姿に戻れるというものでもありません。

それよりかくなる上は、何事も穏便に致し、内密に深謀遠慮をめぐらし、本山・末寺双方が知恵を出し合い、工夫をするところに現状の厳しい状況を打開する道があると及ばずながら考えます。

しかしながら、諸末寺の面々も江戸出訴の考えと見受けられ、先に江戸に来ている諦善・会通の両僧も彼らの到着を待っているように思われます。しかしながら、江戸にて寺社奉行所への出訴ということになれば、願いが叶わないばかりでなく、外聞といい、またまた恥辱を蒙るのが見えていて、気の毒に思われます。

長文であるが、以上日相の書状の大意である。この日相の書状からしても、当時要法寺門内の混乱ぶりが目に見えるようである。

〔勝劣派・一致派〕日蓮教団は、法華経の解釈をめぐって、教義的に二つに大きく分けられる。法華経はその内容から、前半である迹門と後半である本門では内容に違いがあるが、すべて教主釈迦如来の説なので、今日においても、前半後半すべての点で崇拝の対象であると解釈する考え方を、本門迹門に差別がないという意味で本迹一致派という。

これに対して宗祖日蓮は、その教えの中で本門の本尊が今日の本尊であるとしているように、前半迹門は今日においては成仏に直接つながる教えではないという観点から、たとえ釈迦如来の説であっても、前半迹門には立脚せず、本門に立脚点をおいて、信仰修行を考えると解釈する派を本迹勝劣派という。

わかりやすい所でいうと、釈迦如来を全面的に崇拝するか、宗祖日蓮に重きを置くかによって違いが生ずるということである。現在の宗派では、日蓮宗は一致派、日蓮正宗・本門法華宗・顕本法華宗・法華宗諸派は勝劣派に属する。この二派は長年論争を繰り返して、同じ日蓮門下でありながら、互いを批判して、今日に至っている。

【寛政法難関連後期年表】

寛政十一（一七九九）五月　要法寺と十五本山和解

十月　要法寺日住・日立、諸末寺に日眷法令を遵守するよう通達

十二月　十五本山、要法寺塔中近末寺院を検分、内済不可能の旨通告

寛政十二（一八〇〇）年二月　円頓寺一乗坊、江戸寺社奉行に駆け込み訴訟を起こし入牢、結局入牢に耐え

切れず訴訟を取り下げ
十二月　十五本山、要法寺の出雲石見末寺取締り不十分と提訴
同月　要法寺日立、寛政法難の次第を記し、門末僧俗に告示
享和元（一八〇一）年四月　出雲諸末寺総代為久寺日生と慈眼寺日達、江戸寺社奉行へ駆け込み訴訟を起こし入牢、日生は四月獄死する
六月　要法寺、京諸本山と分離脱盟を請願、七月却下、八月和解
十二月　要法寺一山、宝洲を破門追放に処す
享和二（一八〇二）年三月　要法寺不造像派の中心、三十七代守真院日住寂六十七歳
四月　石見要法寺末、石見法蔵寺臨道日照、江戸芝長応寺の裏書を添えて、離末願いを要法寺に提出。
八月　同国本法寺が続いて離末を要求。続いて、出雲要法寺末三十七ヶ寺も連名で江戸役寺へ離末を要求
享和三（一八〇三）年三月　妙覚寺日琮死去。七十歳
文化元（一八〇四）年四月　要法寺末出雲三十七寺離末の件、双方日延べ願を役寺江戸芝長応寺に提出
文化二（一八〇五）年八月　出雲妙仙寺日相、同じく駆け込み訴訟、吟味中に客死。
八月　要法寺役者一円坊宗渕、再度寺社奉行へ訴訟、吟味中客死。
文化三（一八〇六）年八月　要法寺末寺、離末の一件、提訴取り下げ和解

寛政法難の総括

寛政法難を総括すると、江戸時代の大石寺や要法寺の置かれた立場がよくわかる。それは、富士日興門流が江戸時代通じて常に異端視され続けた歴史であるということである。江戸幕府はこの異端にとても厳しい態度で臨んだ。この論では直接触れなかったが、不受不施弾圧に見られる幕府と、それに荷担して自派の勢力拡大にのみ執念を燃やした身延派から見て、富士門流は自派を脅かすほどの勢力ではないものの、目障りな存在であったことは間違いない。いつか機会があれば、取り潰して自派に組み込もうという野心に燃えている身延派である。そういう状況の中で、それでは富士門流そのものがまとまっていたかというと、そうではない。

前述したように、大石寺と保田妙本寺門流は日道・日郷の相承の問題で七十数年に亘って東西に分裂した経緯から、妙本寺門流における富士地方の中心寺院であった小泉久遠寺と大石寺の間で、訴訟を起こす関係であった。また、北山本門寺と西山本門寺は、西山本門寺祖日代が北山を退出した経緯から、西山日春が武田勝頼の軍勢をもって、北山本門寺に押し入り、その重宝類を押収した事件が起きるなどして、絶縁状態だった。こういうことであるから、特に法門を尊ぶ大石寺門流にとって、その伝燈法門を守りながら、かつ布教面においても教団の拡大を目指すことは容易なことでなかった。

それは要法寺門流においても、同じことが言える。要法寺は、中興日辰が不造像義を撤回して、造像義に転向した後、門流は隆盛期に入る。そして、大石寺は駿河の富士地方という辺鄙な地域性もあってか、時代に取り残されてしまう。その結果要法寺の傘下に入ることになる。そうして、要法寺から人材と有力檀那の大石寺流入によって、表面上大石寺は教勢が回復し、さらに勢いがつくようになる。

その結果、日精のように要法寺日辰流の造像義を門流内おいて、発揮して造像読誦を盛んに行なう法主も登場することになる。それでも、その日辰流の造像義を、今度は同じ要法寺出身の日俊によって不造像義に戻され、更に日寛によって、不造像義が宗祖日蓮の正意であり、日興門流の伝燈法門であると確立されたことによって、今度は日寛教学が要法寺に逆流することになる。

要法寺門流の若い僧たちが、細草檀林で大石寺の僧と混ざり合ううちに、次第に日興門流の伝燈法門に目覚めるのは必然である。そして彼等が檀林を退林して、要法寺門流に帰っていったとき、その伝燈法門を要法寺門流内に敷衍するのも自然な流れである。そういう経緯を辿って、寛政法難は起こるのである。

この寛政法難で、第一に私が思うのは、十五本山の卑怯さと寺社奉行の無知というか馬鹿さ加減である。大石寺日相がその書状の中で、

「十五本山の輩は、多数の横暴をもって要法寺の些細なことに乗じ、全く利欲にして無慙な奸僧どもである。種々の邪計を廻らし、巧みに幕府の役人を操って、いろいろな難題を吹っかけて云々」

と喝破しているように、また更に勝劣派触頭江戸長応寺から聞いた話しとして、

「京都十五本山の中で、妙覚寺日琮・本隆寺日東等は、世間的な利慾に専ら執着し、年来他門への外聞も省みず、世間的名聞名利ばかりを追及してきた。そして、表面上彼等二人が表に立ち、要法寺を相手

取って叩き潰そうとしているかに見える。

けれども、それとは別に十五本山の筆頭格である妙顕寺にはまた別の思惑があり、朝廷から四海唱導一乗弘通の綸旨を授かっているということから、この際日蓮門流内の勝劣一派をことごとく壊滅して、一致派に改宗させ、京都日蓮教団を統一して、その頂点に立つことを目論んでいる」と伝えていることなど、十五本山特に妙覚寺日琮・本隆寺日東及び筆頭格妙顕寺の、寛政法難に果たした悪行は、後世に残る京都十五本山の恥辱である。

また、この法難において、奉行所の無知というか馬鹿丸出しの強権ぶりも明らかになっている。京都十五本山は、単に歴史的経緯でそれぞれ門流が独立している訳ではない。宗祖日蓮の教えの解釈の相違によって、それぞれの門流が成り立っているのである。身延派を中心とする一致派はともかく、特に勝劣派は、妙満寺派・本隆寺派・本成寺派に属する本禅寺そして富士門流の要法寺など、それぞれ法門の解釈の違いから独立しているのであって、教義的に相違がなければ、独立などしていない。まして要法寺は、京都に他の富士門流の本山があるわけでもなく、十五本山との違いは当たり前である。また、要法寺門流内部で、造像不造像の意見の対立があって、その仲介に奉行所が入るのであればともかく、要法寺門流内部は本山末寺ともに一致しているのであるから、そこに割って入って、他門の日東などの意見を重要視して、要法寺本山末寺の意見に耳を貸さないばかりか、要法寺に造像を無理強いする奉行所の無知さにはあきれるばかりである。

次に、思うのは内通者の存在と大石寺の当初の信義無視の対応である。長福寺宝洲は、三十六代日良の弟子と伝えられているが、いかなる理由か師である日良、その後を受継いだ日住・日立の不造像義に猛烈に反発する。そして、あろうことか要法寺の近代の隆盛と変化を快く思わない十五本山に組し、本隆寺日東に内通する。まさに城を守るべき者が敵に内通して城を破壊するという、城者破城の人物である。

長福寺宝洲自身は、自分自身が僧侶として得度修行し、末寺住職として所属する要法寺門流を、裏切るというつもりはなかったかも知れない。しかし、結果的に宝洲の行為は、完全に十五本山側に利用されるのである。要法寺に残る寛政法難の記録である『要法寺文書』には、

「御奉行森川越前守様、日東へ、要法寺において邪義異風を企てたのは何れの代であるかと、お尋ねの砌、日東申し上げるには、要法寺僧宝洲と申す者、彼の山を離れた者でございますが、その宝洲が申すには、日良代に仏像を撤去致したと申しております。」

と、内部告発の様子が記されている。

宝洲については、造像派の富谷日震はその行動をかばって、

「有為の材を駆って、暴桀に走らしめたるもの、これ果たしていずれの罪と。要するに、ただ事態厄局に処し、周章惶惑、心気の平正を失し、いたずらに感情激発、冷静なる理性判断喪失のあまり、ここに至らしめしものか。」

と評しているが、一方、不造像派の安良日将は、

「十五山の犬、僧宝洲。彼は要山日良の弟子にして、住師の薫陶を受けたる者なり。しかるに、法難前数月、大恩師に背き、一致僧となれり。しかして、本満寺日進、本隆日東、妙覚日琮等とともに、奉行

所に讒訴して云わく、本山要法寺は日良以後仏像を水火に投じ、新義異流を企てて愚婦頑夫を瞞過すること、なお一向宗のごとしと。宝洲が一言は当年の大悲劇を演ずるか。ああ要山本末を動乱せしむるもの前後八年間、この狗僧あずかって力ありというべし。」

と酷評している。

さて、大石寺の対応のまずさである。大石寺は法難当初、寛政八（一七九六）年秋、後の大石寺四十八世となる日量が観行坊日陳を同伴し、法難の見舞いとして、大石寺の命で要法寺に赴くものの、結局寛政法難への対応において甚だ道義的・信義的に如何なものかと思われる対応をした。後、日相が法主に登座する前後の寛政十一年の再審請求では、全面的に協力も助力もすることを確約する。だがしかし、時すでに遅しの感がある。今度は要法寺の側が腰が砕けてしまい、和解に応じてしまうということで、協力して事に当たることは、結果的にできなかった。

後年、大石寺五十二世日霑は、寛政法難に関して、

「要法精舎が不造像義の清風を嫌い、造像義の濁流に染まったのは、日辰より始まって、その毒を門家に伝流したことから始まる。故に諸山、事を権力に託して、終に造像義に降らしめた。これ彼らが自ら招いた災いである。況や彼等、我等が諫めるを用いず。ひそかに和議を調う。この時に至って我等如何に力を尽くすとも、どうして救うことができるであろうか。しかるに、彼の輩、自己の臆病失計を覆わんとして、かえって吾が山を怨讐するは、彼らが痴情なり。」

と評しているが、どうしてこういうことしか言えないのだろう。決して、大石寺の法主たるものが言うべ

きことではない。少なくとも、日相のように気の毒という言葉が出てこないのだろうかと思う。

　この一件は、大石寺門流にとっても、未来永劫にわたって教訓としなければならない法難であったということができる。

　そして、最後は要法寺の危機に際しての対応のまずさである。幕府の宗教政策をあまく見ていたとしか思われない。また、一連の法難の流れを見て、日住と日立との連携がどうみてもうまくいっているとは思われない。また、末寺に対する対応においても、本山の権威と存立を守ることのみに終始している感があって、正面から末寺と話し合って、十五本山に一致して対応することができなかったのか、実に残念である。

寛政法難の大石寺門流への影響とその後の要法寺

　寛政法難は、要法寺門流のみならず、京都及び大阪の大石寺門流においても少なからず影響を与えている。大阪北野の蓮華寺は、明和七（一七七〇）年十一月、大阪天満要法寺末蓮興寺の隠居だった日命が、真言宗自明院を相続し改宗して大石寺末寺となった寺院であった。日命は寛政八（一七九六）年入寂、日進がその後を継いでいたが、その矢先に寛政法難が起こり、その余波を蒙ることになる。

　日命が相続した蓮華寺は大石寺末として寺社奉行所に承認されていたが、檀信徒は蓮興寺の檀家のままの状態だったのである。法難勃発当初、蓮興寺は要法寺の和解に反対し、十五本山に屈することを拒否する方の急先鋒であったが、本山である要法寺が十五本山の要求に屈して蓮興寺の住職が罷免された後は、十五本山の要求を受け入れ、不造像義を捨て、釈迦如来像を本尊として安置させられてしまう。

ここで、問題が起こるのである。十五本山は蓮華寺に対しても、要求をつきつけるが、蓮華寺そのものは大石寺末寺として承認されているので、檀信徒の蓮華寺所属を認めない旨の通告をしてくる。困惑した蓮華寺日進は、なんとか蓮華寺の檀信徒が従来通り大石寺の信仰を続けられるよう蓮興寺に願うけれども、蓮興寺の言い分は、釈迦如来を安置して、大石寺流不造像義を捨て、表面上十五本山の意に沿う形を取ることを進める。

苦慮した蓮華寺日進と檀信徒は、大石寺の当職である日相に何とか大石寺の信仰法義を続けられるよう要請する。日相は触頭長応寺に相談、なんとか訴訟に発展しない穏便な方法で、檀信徒の蓮興寺離檀を進めようとする。そういう中で、蓮興寺の檀家の仲介で、天台宗輪王寺宮直の配下筋にあたる天鷲寺の預かり檀家という形で急場をしのぐのである。

寛政法難後、長く当主が空白だった要法寺だが、日勝が法統を継ぎ、ようやく三十九代が決まる。この間十数年、まさに激動の受難時代だった。その後、要法寺門内における不造像派は一掃されて、表面上不造像の伝燈法門の燈は全く消えたように見えた。しかし、四十四代日生代に至るや、日生は不造像論を展開する。次いで四十五代日進は、元治元（一八六四）年、要法寺本堂の仏像を撤廃、寛政法難以前の不造像義にもどし、曼荼羅本尊と宗祖日蓮の御影を安置するのである。寛政法難で不造像義が消え去ってから六十年後、再び要法寺に伝燈法門が復活する。一端消えたように見えた富士の伝燈は、実は消えていなかったのである。

この時、後の北山本門寺第三十四代となる玉野日志は、当時出雲本妙寺住職だったが、三ヶ条の難状を日進に送り、造像義から不造像義への改変を難じている。その後も要法寺は造像派、不造像派の論争が続くが、大正四（一九一五）年、『教令』を発布、

「宗祖日蓮大聖人所顕、本門の本尊の体たらくにおいては、造立書写の両式あるも、二祖並びに開山日尊上人の御遺訓に遵い、暫らく文字所顕の大曼荼羅を以って本堂本尊の定式とす」

と定めて今日に至っている。

【資料紹介】『日蓮宗定本尊章』

寛政法難時における要法寺の法義、及び十五本山を破折する書の紹介

『富士学林研究教学書』第二十一巻に、寛政法難関係書として、無題の文書が収められている。無題、無記名なので、誰の書かわからない。日住かその周辺の人物か、どちらにしても不造像派の書であることは内容からして判断される。あるいは誰かの書の抜粋ということも考えられる。種々考えられるが、とりあえずここでは『日蓮宗定本尊章』として紹介する。

この書は、簡単に言えば、十五本山の造像儀に対する、要法寺の不造像義が宗祖日蓮以来の正義であることを主張し、その要点を集約してまとめたものである。当時の要法寺の十五本山に対する反論の要点が、短文にまとめられていてわかりやすく、なおかつ当時の要法寺の不造像義の要点をうまく説明しているので、現代語訳してここに紹介したい。

〔本文〕

日蓮宗に定める本尊章

そもそも、仏法の宗旨は種々に分かれているが、その本尊については、みな仏・菩薩の木絵の像であり、日蓮宗の一宗だけが法を以って本尊と立てている。法とは妙法蓮華経である。この妙法五字を中央に書し、周囲に十界を勧請した様式を図したのが、曼荼羅本尊である。この曼荼羅は、日蓮の私意によるのではない。全く経文の意に依っている。涅槃経には「諸仏の師とするところは所謂法なり」とあり、また観普賢経には「大乗経典は三世の諸如来を出生する種なり」とある。これらの経文によるゆえに、法を以って本尊とするのである。

本尊を恃《たの》んで凡夫仏になる章

教主釈尊及び十方三世の諸仏も、もとはみな凡夫である。その凡夫が己心の仏性を悟ったが故に、それぞれ仏に成り給うたのであり、したがって今の凡夫が己心の仏性を悟るとき、また等しく仏になるのである。故に、己心の仏性・妙法蓮華経を信じ、衆人をして南無妙法蓮華経と口唱することを説くのである。法華経には、「我がごとく、等しくして異なることなし」とある。

曼荼羅章

曼荼羅は梵語であり、輪円具足という意味である。万法を備えて一も欠けるところがない。故に具足という。日蓮所図の曼荼羅は十界を勧請したものである。十界とは、地獄・餓鬼・畜生・修羅・人・天・声聞・縁覚・菩薩・仏の十であり、この十界を始めとして、万法を収め、一切万法の本来の姿において成仏の相を現したものが曼荼羅の意とするところである。

この万法も実は行者の一念に本来備わるもので、万法の正体、すなわち妙法蓮華経を中央に図して十界を勧請するがゆえに曼荼羅というのである。

仏像の安置・不安置の章

日蓮宗の本尊とは曼荼羅本尊である。この曼荼羅本尊一幅には、法華経の理念といい、その理念を現実的に表現した事相面といい、そこにすべてが備わっていて、曼荼羅以外に、別に本尊として何かを必要とはしない。しかるに、日興門流以外の門流各諸山は、釈迦如来・多宝如来・四菩薩等の仏像を本堂に安置している。

これは諸山の開祖の私意によって安置したもので、そこに根拠はない。単に衆生誘引のための方便の産物である。ただし、その安置してある像は、曼荼羅に勧請されている仏菩薩なので、仏像として安置するしないは、どちらも日蓮宗の法理に違うものではない。

上の四章に述べたように、これが日蓮宗の正しい本尊の考え方であり、正意は曼荼羅本尊であることはあきらかである。したがって、戒壇（道場）に木像を安置することは、先に述べたように、しばらく衆生誘引のための方便である。

文字を理解できる人であれば、文字を読み法門を理解することもできるが、文字を理解できない人にとっては、やはり金色荘厳の仏像を目の当たりにしたとき、仏に対する渇迎の思いが生ずるものである。けれども、誘引であれば、あくまで方便である。方便とは仮の教えということである。もし仮の教えである仏像に固執して、本来の正本尊である曼荼羅本尊を軽視し、仏像より劣るものとするならば、一宗の本意を失うものである。

例えば、枝葉のみを見て根幹を見ない。また水面の表面のみを見て、その淵源に到らない。あるいは、表面の姿だけを見て、その人の内面的才能を見ようとしない。ちょうど、そのようなものである。本尊というのは、その表面上の相貌も大切なものであるが、そこに込められた理念がもっと大切なのであって、その本尊に衆生の己心の仏性を見出すのが、その意とするところであるから、それが妨げられてはならないのである。したがって、釈迦如来等の仏像を安置しなければ、宗祖や日蓮宗の意に背くというのは適切ではない。

この道理を弁えず、己の考えのみに固執して、みだりに他を誇り、あまつさえこれを官権に訴え幾多の人に不審をいだかせたことは、偏に浅学未練の管見というべきである。祖師の在世中において、たまたま仏像を造立した人に対して、祖師が造立主の深い信仰心を賛嘆されている遺文が処々に散見されていることは確かである。けれども、これについては、例外的なことと考えなければならない。

そもそも、祖師が末法の世に出て、化導を垂れるにあたって、まず、法華経以前の諸経の教えが方便の教えであり、法華経が真実の教であるということを広めることが優先された。その意味で、祖師の時代は、法華宗の草創期にあたり、少しでも法華経に縁を結んでいる人に対して、祖師は高く賞賛したのである。それは偏に、その人の信仰の増進のためである。

そして、その人の法華経に対するゆるぎない信仰を見届けて、その後本門の本尊の真意義を説き、本当の成仏への道へと導かんがため、ひとまず方便ではあるけれども、造像を称賛された、いわば祖師の大慈大悲の善巧方便というべきものである。したがって、凡夫の測り知るところではなく、祖師もこれについて、細かな説明をされていない。

したがって、録内・録外の祖書の中には、必ず仏像を以って、本尊とすべしという御文はない。ただ、本門の本尊を以って本尊とすべしという御文があるのみである。その本門の本尊とは、先に述べたように、十界勧請の曼荼羅である。

さて、この頃物好きな士が京都に上り、本山の庫中に蔵するところの連署の書を見て、昔永禄年間・寛文年間の旧規によれば、日蓮宗において仏像を安置しない輩は、天下の政道に違背するものであると周囲に対して述べたことがある。この言が、まったくいわれのない珍奇な放言であることを、ここに明らかにしたい。

彼の連署の文の要旨は次のようなものである。

一、法華経一部二十八品の肝心、上行所伝の南無妙法蓮華経を以って、広宣流布を祈り奉るべきこと。

一、法理すでに一統の上は自讃毀他・私曲謗言、互いに停止すべきこと。

一、寛永年間所定の東照尊宮御仕置きのこと。いよいよ守り奉るべし。

この連署の文を以って、どのような解釈をすれば、他をみだりに難ずることができるのであろうか。そもそも、法理一統とあるけれども、文のごとく、法華経一部二十八品の肝心である妙法蓮華経を以って、広宣流布を祈るべきの旨を、日蓮門徒として誰がこれに違背するであろうか。

ただし、仏像を安置するかしないかのことは、化儀作法に関する事相のことである。一方、法理は、教理という理念に関することであって、この両者は違う次元の話しである。この事相と法理は、僧であるならば、常識であって、これを混同して、連署の文に違背するとどうして言えようか。同じ次元で議論することはできないことである。

そもそも、官所は世間の是非を糾し、俗事の邪正を明らかにすることが、その任である。仏法においては、官所の扱うべき事柄ではない。ゆえに法義上の是非について官が関わるべき筋ではない。にもかかわらず、十五本山が要法寺は政道に背く異流であると官所に訴えたことは、官を欺き、衆人を惑わす漫言である。世に聡明の士あって、法理と事相との差異を弁えて、日蓮宗の正意を明らかにすることを、願うばかりである。

およそ、世間一般においても、仏教界においても、他家のことをとやかく言う前に、自家のことを考えるのが、当たり前のことである。十五本山は、要法寺の本尊義について、異義であると断じているが、ならば洛東岡崎村の満願寺はどうなるのか。満願寺は身延山三十三世日亨上人、勅願の霊場である。

この寺の本堂仏壇の本尊安置の様式は、身延派の寺院でありながら、他の身延派の寺院と異なっている。須弥壇には、中央に法華経が納められた経庫が安置してあり、その後ろに上行菩薩・弥勒菩薩の両像が安置されている。そして、経庫の額に曼荼羅本尊が安置されている。更にその前に、日蓮の像を安置している。名づけて、三世の導師と言われている。日蓮が現在の導師であるならば、上行菩薩は過去、弥勒菩薩は未来の導師ということになる。ここに釈迦・多宝の二仏の像はない。

身延派の通常の様式とは、全く異なる様式であり、異義というべきである。身延派の門流内においてさえ、通常の様式と異なる本尊を安置する寺院があるのである。まして、他門流であるならば、違いがあって当然ではないだろうか。

したがって、仏壇における本尊の安置の様式には、その寺院の開山の思いが込められているのであって、事相という表面上に多少の相違があっても、法理的には全く同じである。こういうことであるから、十五本山が主張する、法理に背き、自他の耳目を惑わすという要法寺に対する批判は、見当違いも甚だしく、全く当たっていない。

かつて、祖師が他宗に、折伏を以って対したのは、当時鎌倉幕府執権が正法を失うがゆえである。時代は末法の初めに当たり、国には闘諍が止まずして、暫くも万民が安心して生活することができず、国はまさに、地獄の様相を呈し、民衆の苦は国中に充満していた。

が、今はどうであろうか。その後、東照尊君国家を鎮めたまい、以来国豊かにして民安く、あまつさえ諸伽藍静謐に法を行じ、衆人あくまで法味を楽しむ。こういう時代にあたって、祖師の恩、大王の徳に思いを致さないということがあるであろうか。すなわち、上には報恩の慮を廻らし、下には謝徳の行を行なうの他に、何を以って僧侶のなすべきことがあるであろうか。

しかるに、風も吹いていないのにわざわざ波を起こすことは、岸に繋いでいる船の綱を解いて、船を漂流させるようなもので、何の意味があるであろうか。生活が安定し、時間的に余裕があって、一家の本尊の真実を糾そうと思うのであれば、祖書を熟学して、三種の教相の妙旨を得べきである。そして下種の機縁を知れば、末法において、釈迦仏の像を安置するかしないかは、自明の理である。

自行化他にわたって、ただ本門の本尊である曼荼羅を信じ、各々の流儀に随って、妙法広布・治国無諍を祈ることが大切である。よって、ここに我が党の沙弥に送る。この書は他に送るものではない。

【資料紹介】 寛政十一（一七九九）年十月、要法寺日住・日立が出した諸末寺への、日眷法令を遵守することを求めた通達。『富士年表』に未記載なので、ここに紹介する。

『寛政十一年十月、要法寺日住・日立通達』

諸末寺へ申し渡す式法

一　仏壇の体たらく、中尊両尊四菩薩四天王を安置し奉るべきの事
但し、余尊造立の儀は外縁の力に任すべきの事

一　今経一部修行者、尊門の常式の事
但し、二十八品傍正の意味忘却すべからざる事

一　朝夕勤行は方便・寿量・陀羅尼・普賢呪を読誦すべきの事
付けたり。聖号の輩は補任の階品に任すべきなり

一　諸末寺後住評談の砌は、本山の指図を受くべし。最も継目の式は、本山に詣ずべき事
一　本山貫主入院の賀、儀式廃すべからざるの事
　右の条数、開山已来の旧規なり。しかるところ、近年に至り諸末寺門流の式法これを廃するか。つらつら事の起こりを案ずるに、他門横入りの僧、自門に来たり、あるいは無学不鍛錬、あるいは尊門の奥義を知らず、あるいは同門の族たりといえども、慢執偏情にして、所以に私懐をほしいままにするなり。ここを以って、今般本山先規の大旨に任せ、数軌を署して、これを勧誡せしむるところなり。門葉の輩、いささかも妄意なからんと欲さば、名判印を牒じて本山三宝に捧げ奉るべし。最もこれ仏法興隆本末和合の正心をねがうなり。よって一紙件の如し。

享保六年　　　　　　　　　　　　本山要法寺貫主　日眘

　　　　　　　　　　　　　　　　役者　寛行院

右は、江戸寺社御奉行所の御趣意に任せ、再び日眘上人法令の通り下知せしめ畢んぬ。その所以は、諸末寺の仏壇興門一統の儀式に相改め候ことは、六代已前日奠巡行の砌より、追い追い相改め候。
　末寺一統にて本山へ願い出で差し出し候。これによって、自成院・一円坊両僧引き請け、諸末寺の願い、関東興門七箇の本山同様の儀式に仕り度き趣き、去る戊午年十月関訴に及び、願い立て候ところ、脇坂淡路守殿御理解の所詮は、日興門流・大石寺などと格別なりといえども、すでに中興開基・日辰造仏読誦論述作これあり。また今の仏像は日賙文禄年中の彫刻にて、これ御当家已前のことなり。日眘法令と日良法令とは大相違なり。たとい日奠代より相改むといえども新規なり。これによって、両隠居寛政九丁巳の冬、

京師西御奉行所において、和熟願い下げ済口・印形差し上げ候は、甚だもっとものことに相聞こえ候段仰せ聞けらる。

終に両役僧納得仕り候趣き言上に及び、出牢仰せ付けられ候なり。なお今年五月四日、吹上御上聴の節、いよいよ願い留まり候や否や、もし強いて願い立つにおいては、御仕置き仰せ付けらるの旨厚く御理解仰せ聞けられ候。

これによって同月二十四日、日沓法令通り相守り、末寺へ下知仕るべき段願い上げ候所以、御慈悲御吟味その節までにて、御下げくだせられ候。これによって、当山由緒御糾しの趣に随い、再び日沓上人の法令をもって教令せしむるところなり。諸末寺永く違犯すべからざるものなり。

寛政十一年己未十月

本山要法寺　日住

日立

諸末寺中

十四、日寛教学からの脱皮

不造像義の本質と日寛教学の問題点

これまで、九世日有から始まって、大石寺と要法寺における造像・不造像の歴史を述べてきた。その中で、日寛教学は江戸期における不造像義として、大石寺・要法寺門流内に浸透し、大きな影響を与えてきた。そして、今日では大石寺教学といえば、日寛教学を意味するほど厳然と影響を保っている。そこで、ここでは今日大石寺教学そのものの感がある日寛教学について、その問題点を検討し、本来あるべき宗祖日蓮の法門、また富士日興門流の法門について考えてみたい。

今日、造像・不造像問題の本質は、日寛の日蓮本仏論を通して、造像が釈迦本仏、不造像は日蓮本仏かのように解されているが、実はそうではない。人本尊と法本尊の問題なのである。この論の最初に述べたように、不造像義の本質は、「諸仏の師とするところは、所謂法なり」によって裏付けられた法勝人劣という考え方がまず第一に考えられる。

次に、釈迦如来を始めとするすべての諸仏が法を悟って仏になったのであれば、末代の衆生も同じように法を悟れば仏である。末代におけるその鏡が、宗祖日蓮であるという考え方の二つによって成り立っている。ここから、釈迦如来等の仏像を本尊とせず、曼荼羅本尊中心の安置様式を立てるのである。これが不造像の基本理念である。

その点、先に紹介した要法寺文書『日蓮宗定本尊章』に見える本尊観を見る限り、造像を全面的に否定していないという部分はあるものの、それは江戸期という事情を考慮すれば、致し方のないことでもあるので、それを除けば不造像義の本質をよく捉えていると言える。そういう意味では、わかりやすく、明快な法門になっている。

ところが、日寛の教学は、通常の仏教学や天台学、更に日蓮教学の常識に当てはまらない複雑な構成になっている。なぜそうなったのかというと、日寛が造像不造像の問題を本来の本質部分で論ぜず、違う論点で論じたというところに原因がある。具体的には日寛が本来の人法勝劣の問題でこの問題を論ぜず、本仏論の問題としたということである。

もっとも、ここに日寛の造像論の特色があるということも、一方で言えるし、それがゆえに当時の大石寺・要法寺門流に容易に受け入れられたということも言えるかもしれない。しかし、これは両刃の剣であり、ここに日寛教学の根本の問題もあるのである。

そこで、日寛の教学を分析すると、以下の問題点を指摘することができる。それを列挙すると、

①日辰の造像義を批判する一方、その日辰の造像義の根拠になっている人法本尊一体論を利用して、日辰の人法本尊の内、人本尊を本門本尊の一つとしたこと。

②人本尊を本尊の一つにしたことで、久遠の釈迦如来以前に、久遠元初の自受用身という本仏を立て、これが真の人法体一であるとしたこと。

③そして、この本仏が上行菩薩の再誕である日蓮大聖人であるとしたこと。

④この久遠元初自受用身を本仏とするために、古来問題のある『本因妙抄』『百六箇抄』を日蓮の真撰

として法門の根幹に据えたこと。

⑤人本尊を本尊としたために、三秘を更に開いて六義という概念を立てたこと。

⑥三秘の開合に関して、一秘を本門本尊とし、戒壇本尊をそれに当てたこと。

⑦『三大秘法口決』を用いて三秘を説明しているが、この書の結論は虚空不動の戒定恵であって、そうすると、一大秘法の意味が変わってくるということ。特に事戒壇が問題である。

⑧造像・不造像問題の本質を釈迦本仏と日蓮本仏の違いであるとしていること。

以上の八点に集約することができる。そこで、これからこれらの問題について考えていくこととする。

易解と得意

そこで、法門というものを考える時、まず法門の理解の仕方というものを説明しておきたい。天台学では、真理というものを説明するにあたって、三種類の真理を説く。すなわち空諦・仮諦・中諦の三である。諦とは真理の意で、空の真理、仮の真理、中の真理これが三諦である。しかし、真理が三もあるわけではない。本来は一である。

空諦とは、あらゆる存在は実体のない空であるとする存在の否定面を意味する。仮諦とは、あらゆる存在は実体はないものの、縁起によって仮に存在するという存在の肯定面。中諦とは、あらゆる存在は空諦で存在するわけでもなく、また仮諦で存在するわけでもなく、両者を超えたところで存在するので、これを中諦という。

この三諦は「一諦にして三にあらず、一にあらず、しかも三しかも一」といわれる如く、三であり三でなく、一であり、一でなくというものである。なぜ本来一であるものが、このように三あるいは一と説明されるのかいうと、易解と得意という考え方からである。三諦を説いた天台大師は、一諦・三諦について、その著『法華玄義』において、

「分別して解し易からしむ。故に空仮中を明かす。意を得るの言をなせば、空即仮中なり」

と説明している。つまり、本来真理は一であり、空仮中は一つのものであるが、師が弟子へ解り易くするために空・仮・中と別々に存在するかのように説明するが、弟子は理解するときは、三諦は一諦であると理解しなければならないというものである。易解は方便、得意は真実を意味する。

こういう分別して何かを説明するのは、この三諦に限ることではなく、仏の三身も同様である。仏の三身とは、法身・報身・応身の三である。これは仏の身を分析して、三の面から説明したもので、仏が備えている徳というべきものである。法身とは、仏の悟った真理。報身とは仏の知恵、応身とは仏の慈悲の面を指す。けれども、仏が三身で存在するわけではなく、いうまでもなく仏は一身で存在する。これもつまり、易解と得意の論理である。宗祖日蓮の三大秘法もまさにこれと同じ論理である。

附文と元意

日寛は『依義判文抄』の冒頭、

「明者はその理を貴び、闇者はその文を守る」と言っている。まさにその通りである。そこで、闇者の

典型的な例を紹介したい。次のような話がある。昭和四十九年二月十六日、当時創価学会会長であった池田大作は、宗祖日蓮が十二歳で出家し、その後僧侶として歩むことになる寺院であり、三十二歳で法華宗の立宗宣言の寺院でもある千葉・清澄寺を訪れた際、境内の千年杉の木肌をなでながら、感慨深げに、

「久しぶりだね。七百年ぶりだねえ」

と語り、また小松原の法難の際に疵を洗ったと伝えられる、疵洗いの井戸のところで、同様に、

「あの時は確か十四人だったかなあ」

と語る。これを聞いていた側近が、今度は、

「これは間違いない。七百年前のことを覚えていらっしゃる」

と語ったそうである。作り話しではない。実際のできごとである。事実は小説より奇なりというが、実際の話しであるところが、また面白い。もし、師弟ともに冗談で言っているとすれば、これほど面白い冗談もあるまい。それにしても、どんな顔をしてこういうことをいうのか、見て見たい。想像する度に、吹き出さずにはいられない。

しかし、この話しも笑ってばかりいられない一面がある。というのも、宗祖日蓮には『三大秘法抄』に、

「この三大秘法は、二千余年の当初、地涌千界の上首として、日蓮たしかに教主大覚世尊より口決相承せしなり。今日蓮が所行は、霊鷲山の禀承に芥爾ばかりの相違なき、色もかわらぬ寿量品の事の三大事なり」

の文、また『南条殿御返事』に、

「教主釈尊の一大事の秘法を、霊鷲山にして相伝し、日蓮が肉団の胸中に秘して隠し持てり」の文がある。池田大作の先の発言は、この『三大秘法抄』『南条殿御返事』に代表される己心の法門というべき文を、文字通り解釈し、自己に都合よくアレンジした結果、あのような発言になったと考えられるのである。日蓮遺文を読み誤った悪い例の代表である。もう一つ悪い例を紹介したい。例の三鳥日秀である。先に述べたように三鳥日秀の三鳥は、本人自身の中では三鳥ではなく、三超であった。したがって、三鳥派を三超派と記している古記録があることも先に紹介した通りである。この三超の意が、三番目の上人は宗祖を超えるという意味で使用され、その三番目の上人が、実は日秀自身であることも先に述べた通りである。この日秀の勘違いも法門の深い意味を理解できずに、単に文字の表面上をそのまま受け取り、更に自己に都合よく解釈した結果生まれたものである。法門は日寛が指摘するように、その理が大切なのである。

三学次第

さて、本来の宗祖日蓮及び日興における法門がどのようなものであるかについて、一秘・三秘から考える上で、一秘・三秘の基になっている三学について、説明してみたい。三秘の基になっているのは、仏教学でいうところの三学である。この三学について、日蓮自身の考えは『四信五品抄』に説かれる通りであり、これについては後で述べるとして、その前に三学についての基本的な知識を説明しておきたい。

三学とは、戒律・禅定・知恵の三をいい、大乗仏教の修行の要諦である。

「三学　仏道を修行する者が、必ず修めるべき基本的な修行の項目をいう。戒学・定学・恵学の三つをいう。戒学とは戒律であり、身口意の三悪を止め善を修すること。定学とは禅定を修することで、心の散乱を防ぎ安静にさせる法。恵学とは知恵を身につけることであり、煩悩の惑を破り、静かな心をもって、すべての事柄の真実の姿を見極めることをいう。また、この三学は三蔵に相当し、戒学は律蔵に、定学は経蔵に、恵学は論蔵によって導き深められるが、三者の関係は、戒を守り生活を正すことによって定を助け、禅定の澄心によって知恵を発し、知恵は真理を悟り悪を断ち、生活を正し、結果として仏道を完成させる」

と『岩波仏教辞典』で説明されているものである。日蓮はこの三学について、『一代聖教大意』において、戒定恵の勝劣として、

「戒より定勝れ、定より恵勝れたり」

と戒定恵には勝劣があり、戒より定、定より恵が勝れ、恵が最も深いものであるとしている。この考え方は、小乗・大乗ともに一貫していて変わらないものである。更にまた、三学には、

「戒定恵、定戒恵、恵定戒ということあるなり」

と、三学には戒定恵、定戒恵、恵定戒と次第する考え方があることを説いている。いわゆる三学の次第である。宗祖はこの三学次第について詳細を述べていないので、補足して説明したい。三学次第とは、三学はその次第の仕方によって、それぞれ違う意味があるということである。中国天台宗の祖である天台大師

は、『法華文句』に、

「修行にては戒を以って初めとす。定は中なり。恵は後なり。もし法門には、恵を以って本とし、定・戒を逆となす」

と三学次第を説明し、またこれを受けて、中国天台宗六祖妙楽大師は『法華文句記』に、

「行は必ず戒を先にし、定を次にし、恵を後にす。用は必ず先ず恵を以って撰び、後まさに定・戒なり。」

と説明している。ここにいう用とは、法門のことである。ここでは、天台・妙楽の両大師が、三学次第として、戒定恵の次第と恵定戒の次第の説明がなされている。それによると、戒定恵は修行の場合の次第、恵定戒の次第は法門とあり、これを説明すると、戒定恵と次第するときは、弟子が修行する時の順序を示し、弟子は修行する場合、先ず戒を修行し、次に定を修行、最後に恵を会得するので、戒定恵の順序になるということである。これに対して恵定戒の次第は、法門的に考えたときには、恵が最も深く、次が定、戒が最も浅いということで、宗祖が指摘したのと同一である。また、九世日有が学んだと思われる近江成菩提院の貞舜の著であり、天台学の辞書的書である『天台名目類聚抄』には、

「常には戒定恵と列ねるなり。いま何ぞ定戒恵と列ねるのか。答う。師が説法利生の時には、先ず定に入って弟子の機を鑑みて、その後戒律を説いて、威儀を調えさせ、その後心地を開くべき知恵を授けるがゆえに定戒恵と次第するのである。逆に、弟子の立場からすると、先ず戒、次に定、最後に恵となるのである」

と、戒定恵と定戒恵の次第を説明している。これによると、定戒恵は師が弟子に教えるときに、先ず悟り

の境地である定を示し、次に修行の始まりとして戒を説き、次に定に行き着くための恵を修行させる、したがって、師が弟子に教えるときには定戒恵の順序になり、逆に弟子からすると、戒に始まり、定に入り、恵を得る順序となるということである。これらのことは法華教学においては、理解しておかなければいけないことであり、定戒恵・戒定恵については、日興の弟子であり、重須談所の二代学頭であった、三位日順も、

「戒定恵の事、戒定恵と下ることは、仏法修行の儀式なり。定戒恵と下ることは説法の儀式なり。」

と説明している。日蓮は建治二（一二七六）年七月、『報恩抄』を書して、三秘を始めて具体的に説いているが、その次第は本門の本尊・戒壇・題目の次第である。日蓮が弟子及び信徒に対して、三秘を説くとき、その次第が定戒恵の次第になっているのは、このためである。

そこで、これらを総合してまとめると、三学にはその次第によって、意味が異なるということ。戒定恵は弟子が修行に入る順序をあらわしたもの、戒は浅く、恵は深い。定戒恵は、師が弟子に修行の仕方を教える場合の順序を示したもので、目標である定が最初に示されて、次に修行の始まりである戒、最後に定の根幹である恵が示されるというもの。恵定戒は、法門的に重要性や浅深を言うならば、恵が一、定が二、戒が三となるということである。

これらのことから何が言えるかというと、戒定恵の三学の中で最も重要なのは、戒でも定でもなく、宗祖も指摘しているように恵であるということである。建治三（一二七七）年四月、日蓮は『四信五品抄』で、三学について、

「戒定の二法を制止して、一向に恵の一分に限る」

と、自身の説く本尊・戒壇・題目の三秘が通途の三学にあてはめて考えた場合、恵に相当し、しかもその恵もすべてではなく、その一分に限ると、恵を最も重要視しているのは、このためである。

『四信五品抄』の以信代恵の意味するもの

日蓮は、建治二年七月『報恩抄』を書して、そこに末法の修行の要諦として、本門の本尊・戒壇・題目を示す。翌建治三年四月、『四信五品抄』を書す。そこには、

「問う。末法に入って、初心の行者必ず円の三学を具するや不や。答えていわく、……戒定の二法を制止して、一向に恵の一分に限る。恵また堪えざれば、信を以って恵に代う。信の一字を詮となす」

と示されている。ここには、日蓮の法門を考える上で、重要な点が二点示されている。まず一は、今日においては三学をすべて必要とはしないということである。第二点は、三学の中でもっとも重要な恵だけで十分であり、その恵も通常の恵と異なり、恵の始まりであり、すべての修行の始まりである信を以って恵の代わりとし、信の一字を以って成仏としている。

ここにいう信の一字とは、単に成仏への始まりというだけではなく、始まりであると同時に終りでもあるということで、これ以外の修行を必要としないということである。ということは、信の一字がなし得たとき、そのまま成仏であるということである。別な言い方をすれば、行者と妙法が一体になったということで、この信の一字は一念信解ともいい、これが三秘が一体になった三秘相即の一秘、すなわち本門戒壇

の本尊の南無妙法蓮華経である。

なぜ、日蓮はこの時期、三学を否定、信の一字を詮となすといい、一念信解が最も重要であり、三秘は本来一であることを強調したのかというと、前年の建治二年七月に『報恩抄』において、三秘を具体的に示したからである。そこには本門の本尊として十界曼荼羅、本門の戒壇、本門の題目として南無妙法蓮華経が示される。

ここにおいて、門下の中には、修行の要諦としての本尊・戒壇・題目は、それぞれが各別であることから、修行は本尊・戒壇・題目と格別にあるのであって、三秘がそろって修行が成立すると勘違いする人が出てきたか、もしくはそうなることを予期したか、また天台宗に説かれる三学と自身が示した三秘の相違も明らかにする必要があったのである。

修行において、最も重要なのは三秘と考えてしまうのは、仏教学や天台学の理解が十分備わっていない人からすると、『報恩抄』だけを読めば、そうなってしまう。そこで、日蓮は三秘は一秘を得るための道標であり、最終的には信の一字が修行の始まりであり、かつ終りであることを示したのである。

一秘と三秘

日蓮における一秘とは、信の一字である本門戒壇の本尊の南無妙法蓮華経である。この場合、最後の題目にもっとも力点がある。一秘を考えるときは、必ず戒定恵の次第である。対して、三秘を考えるとき、日蓮がそうであるように、必ず定戒恵の次第となる。それは師である日蓮が門下に対して教えを示しているからであって、したがって、定戒恵の次第となるのである。先に述べたごとく、教える場合は必ず定戒恵である。しかし、弟子である私たちが修行し成仏する場合は、必ず戒定恵となる。いずれにしても、恵が根幹をなしている。

そこで、問題になるのが日寛の『依義判文抄』における三秘開合の文章である。再度ここで紹介すると、「実には、一大秘法なり。一大秘法とは即ち本門の本尊なり。この本尊所住の処を本門戒壇となし、この本尊を信じて妙法を唱えるを本門の題目となす。故に分って三大秘法となすなり。また本尊に人・法あり。戒壇に義・事あり。題目に信・行あり。故に開して六義となり、この六義散じて八万法蔵となる。……故に、本門戒壇の本尊を、または三大秘法総在の本尊と名づくるなり。」というものである。ここで、日寛は一大秘法は本門の本尊で、戒壇・題目の二法は、本門の本尊から派生したもので、一大秘法に集約する場合は、本尊に集約されるとしている。ここの次第は定戒恵である。ここで問題なのは、日寛が本尊を三秘の中で根本としていることである。

この日寛の本尊中心説は他門の批判が集中するところであり、これについては、前述したとおりであるが、この考え方は、師が弟子に教える場合の定戒恵の次第の面から見れば、一面正しい。しかし、三学全体の面からすると間違っているというか、言い足りてない。したがって、この日寛の三秘開合を考える場合は、あくまで定戒恵の次第であるということを理解しておかなければならないのである。私が先に、阿部日顕の反論が頓珍漢だと言ったのは、ここのところが彼には全く理解されていないと思われるからである。

では、日寛はこの三学次第を阿部日顕のように知らなかったというと、そうではない。日寛は、三秘を師が弟子に教える定戒恵の次第で説明するときには、必ず本尊・戒壇・題目の順で説明している。『文底秘沈抄』は、三秘をそれぞれ説明する抄であるが、そこにおいてもそうなっている。けれども、これを今度は私たちが弟子の立場で修行していくとき、この時は戒壇・本尊・題目の順で説明しているのである。

ここが日寛の奥の深いところである。日寛の六巻抄は、『三重秘伝抄第一』『文底秘沈抄第二』『依義判文抄第三』『末法相応抄第四』『当流行事抄第五』『当家三家抄第六』の六の書から成るが、『三重秘伝抄第一』は宗祖日蓮の法門が法華経の本門に立脚し、かつ寿量品の経文の表面に説かれていることではなく、その言わんとするところ、現代的に言えば行間、すなわち文底に秘められた妙法を根本とするものであるということを述べたものである。

次の『文底秘沈抄第二』は、修行の要諦である三秘の説明をする抄であり、この両抄は、いわば六巻抄全体から見れば、序論に相当するものである。そして『依義判文抄第三』『末法相応抄第四』『当流行事抄第五』以下が本論ということになる。

この内『依義判文抄第三』は、三秘の基は戒定恵の三学であるとして、三学を論じながら、特に戒壇について種々論じている。そこで注目すべきは、日興相伝の『三大秘法口決』を冒頭に引用し、その「受持即持戒」の文を示していることである。結論から言うと、この文の意は、戒壇とは理戒であるという趣旨の文なのである。更に、古来の戒壇の具体的な説明をしつつ、日本天台宗の宗祖伝教大師の『山家学生式問答』を引いて「三学倶伝名曰妙法」と示している。この文は「三学はともに伝うるを、名づけて妙法という」と読み、この文の意味するところは、三学は一体であって、各別ではないという趣旨である。要点に絞って『依義判文抄』を解釈すると、この抄は本門の戒壇とは理戒、三学は一体であるということになると考えられる。

続いて『末法相応抄第四』は、造像論議・読誦論議を通して、本尊を論じた書であり、次の『当流行事抄第五』は方便品・寿量品の二品読誦と題目の論議を通して、信の一字すなわち恵を論じているのである。したがって、六巻抄全体で見ると、日寛は『依義判文抄第三』『末法相応抄第四』『当流行事抄第五』の三抄において、戒定恵の次第で論を進め、第五『当流行事抄』の最後のところで、結論を示しているのである。すると、ここに論ぜられる題目は本門戒壇の本尊の題目ということになるのであり、これが戒定恵の次第としての一秘ということになる。

日寛教学の難しいところは、ここのところである。表面をなぞって読んでいたのでは浅く理解してしまうのである。日寛を理解しようと思うと、かなりの仏教学や天台学の知識を必要とするということである。

本門の戒壇

興味深いことに、『依義判文抄』では、初めに日興相伝の『三大秘法口決』を引用し、これを基に論を進めている。前項でも触れたが、この書の意図するところは、本門の戒壇とは、戒壇堂を建立する事戒ではなく、理戒である。これについて、詳しく述べると、『三大秘法口決』には、

「受持即受戒なり。経にいわく、これを持戒と名づく。釈にいわく、持経即理戒に順ず。持経の処即戒壇

なり。法界道場云々。涅槃には若樹若石、法華には若田若里。」とあって、経を受持するところ、そこがどこであろうと、即戒壇であるという意で、つまり理戒壇論である。更にまた、これも前項で触れたが、伝教大師の『山家学生式問答』の「三学倶伝名曰妙法」（三学はともに伝うるを、名づけて妙法という）の文を度々引用している。この意味するものが何であるかということである。この文は、詳しくは、

「問うていわく、その第一菩薩戒の本師、塔中の釈迦伝戒の相いかん。答えていわく、塔中の釈迦は分身を集め、以って垢衣を脱ぎ、地涌を召して、以って常住を示す。霊山の報土は、劫火にも焼けず。常寂の厳土なり。無明あに汚さんや。……虚空不動戒、虚空不動定、虚空不動恵、三学ともに伝うるを名づけて、妙法という」

である。その意は、法華経に説くところの戒とは何ぞやという問いに答えて、釈迦如来は、分身の諸仏を集めて、古い衣を脱ぎ、地涌の菩薩達を召して、自身が今世において、仏になったと考えている菩薩達に、実は久遠の昔より仏であり、衆生済度のため、この土に常住していたと説くが、この時の霊山は劫火にも焼けず、いかなる迷いもない、澄み切った場である。

そこに集う仏や衆生のすべてが持っているのは、戒定恵が各別の三学ではなく、三学が一体となった状態の戒定恵、すなわち悟りそのもの、別の言葉で言えば、全員が仏の状態であるというものである。

この文の意味する点は、二点ある。まず第一点が、法華経の三学とは、各別に捉えるのではなく、三学一体として捉えるということ。第二点が、その場即ち戒壇は、建物を意味しないということ、仏や衆生が

集っている場所が、戒壇そのものであるという意味である。つまり、理戒壇を意味しているということである。

日寛が、この伝教大師の『山家学生式問答』、あるいは先の日興相伝の『三大秘法口決』を重要視しているということは何を意味するのか。

一方で、日寛は広宣流布の暁に富士山に本門戒壇堂を建立し、そこに大石寺所蔵の戒壇板曼荼羅を安置することを『文底秘沈抄』等で示している。これは紛れも無く事戒壇論である。すると、先の『三大秘法口決』や『山家学生式問答』に示される理戒壇とは言わんとすることが異なるということなる。

日寛の真意はどちらにあるか。私は虚空不動の戒定恵に日寛の真意を読み取るのである。ではなぜ、日寛はこのようなややこしいことをしたのか。だれもが疑問に思うことである。答えはいたって簡単、古来富士門流には富士戒壇建立説が根強く、これに異義を唱えることは甚だ難しいということである。富士戒壇説は宗祖日蓮より二祖日興への付属状と伝わる『一期弘法抄』、伝日興作と伝わる『富士一跡門徒存知事』などに見られ、日寛自身この両書を真撰として扱っているので、これに反することなど表向き書けるはずもないのである。

そこでまた、面白いのは、先の『三大秘法口決』の存在である。この書は、正確には『上行所伝三大秘法口決・同裏書』と称されるもので、日蓮説・日興筆記と伝わるものである。この書は伝わる如く、日蓮説・日興筆記ではないであろう。八品派に伝わる『上行所伝本門八品三大秘法相承』の焼き直しでないかと言われるもので、おそらく後世に作られたものであると思われるが、たとえそうであったとしても、この書の作者の戒壇に関する考え方は正しい。

また、日寛は戒壇に事と義（理）の二種があるとしている。義（理）の戒壇とは末寺や各家庭の本尊安置の場のことである。この義（理）の戒壇を「持経の処即戒壇なり」と解釈すれば、この義理の戒壇が本門戒壇に相応しいということができる。「持経即理戒に順ず」である。

さて、そこで問題が生じると思う。宗祖日蓮は自身の法門を事の法門といい、天台の法門を理としている点である。ここに疑問を持つかもしれないが、この場合の事理と具体的に戒壇を論ずる場合の事理とは、次元の違う話しなのである。

日寛は『文底秘沈抄』の冒頭にこう記している。

「事はいわく、本門の題目なり。理に非ざるを事という。これ天台の理行に非ざる故なり。また事を事に行ずるが故に事というなり。」

意味がわかりにくいと思うので、もう少し詳しく説明したい。日寛の言わんとするところはこうである。

「問う。修禅寺口決にいわく、南岳大師一念三千の本尊を以って、智者大師に付す。所謂絵像の十一面観音なり。頭上の面に十界の形像を図し、一念三千体性を顕わす。乃至一面は、一心の体性を顕わす等云々。すでに十界の形像を顕わす。まさにこれ事の一念三千なるべきや。」

ここで日寛は、天台大師が師である南岳大師から、一念三千の本尊として、十一面観音菩薩の絵像を付属されたことに関して、この十一面観音は具体的に十界互具を顕わしているので、事の一念三千の本尊と言えるかと問いを設けているのである。これに対して、

「答う。これを図し顕わすといえども、なおこれ理なり。何んとなれば三千の体性、一心の体性を図し顕わす故なり。まさに知るべし。体性はすなわちこれ理なり。故に知んぬ。理を事に顕わすことを。この故に法体なおこれ理なり。理の一念三千と名づくるなり。例せば、大師の口唱をなお理行の題目と名づくるがごとし。もし当流の意は、事を事に顕わす。この故に法体もとこれ事なり。」

と答えている。天台でいうところの一念三千は理論として衆生にも仏性があり、衆生の成仏が説かれるが、現実問題は仏の概念が高すぎて、とても衆生の手に届く仏ではなく、実現可能な法門とはいえない。したがって単に理論として、衆生の成仏が説かれているといってよく、故にこれを理の法門という。この理の法門を具体的に形に顕わしたといっても、それは理の法門を事に顕わしたに過ぎず、事の法門とは言わないのである。

これに対して、日蓮の法門は衆生の成仏を単に理論で終わらせるのではなく、実現可能なところに仏を位置しているので、現実に実現可能な成仏であるから、これを事実としての一念三千という意味で、事の一念三千という。この事の法門に則って修行の要諦として形に顕わすことを、事の法門を事相に顕わすということで、事を事に顕わすという。

つまり、事といっても、法門そのものに事と理があり、かつその法門そのものを具体的な形に顕わす場合も、事実という意味で、事という言葉で顕わすので、事という語に二つの意味があるのである。したがって、事という語をどのような意味で使用しているかということを考えなければ、混乱してしまうのである。

「持経即理戒に順ず」の理戒とは、天台の理の法門としての理戒を意味しているのではなく、法門そのものが理という意味で、理戒と言っているのではない。単に具体的・事実としての戒律及び戒壇堂としての建物がいるのか、いらないのかという意味で理戒と言っているのである。

〔一念三千〕天台大師の所説で、衆生の一念には三千の世間が具足されているということ。一念とは衆生の一瞬一瞬の心をいう。この一瞬に三千の世界があるということで、言わんとするところは、私達にも仏の性質が存在する、即ち衆生即仏である。また仏にも衆生の性質が存在するということで、仏即衆生である。具体的には、私達には十の世界がある。地獄・餓鬼・畜生・修羅・人・天・声聞・縁覚・菩薩・仏の十である。この十界は互いに十界を具すので、都合百界の世界がある。この百界はそれぞれ十如是を具すので、千の世界があることになる。さらにこの千の世界は三世間を具すので、三千の世間ということになる。これを称して一念三千という。

〔天台大師〕五三八～五九七年。天台智顗。智者大師ともいい、中国天台宗の祖。南岳大師は師である。中国南北朝時代の梁・陳及び隋時代の法華宗の祖である。師の説は、仏と衆生とに本質的な差別がないという一乗平等思想で、仏教の歴史上画期的な思想である。後世の仏教に絶大な影響を与えた。日本仏教の天台宗を母体とした法華系諸宗・浄土系諸宗・禅系諸宗、すべて影響を受けていない宗派はない。

さて、富士戒壇論であるが、これは先の『身延相承書』、『富士一跡門徒存知事』に見える富士戒壇説と『三大秘法抄』に示される戒壇建立説が、合体してできたもので、古来富士門流に根強くある説である。そこで、この問題を考えてみたい。

そこで、再度『身延相承書』通称『一期弘法抄』の本文を原文で紹介する。

「日蓮一期弘法、白蓮阿闍梨日興付属之。可為本門弘通大導師也。国主被立此法者、富士山本門寺戒壇、可被建立也。可待於時耳。事戒法謂是也。就中我門弟等、可守此状。

弘安五年壬午九月　日　　日蓮　花押　　血脈次第　日蓮日興」

これが原文である。これを今日においては読み下しで、

「日蓮一期の弘法、白蓮阿闍梨日興にこれを付属す。本門弘通の大導師たるべきなり。国主この法を立てらるれば、富士山に本門寺の戒壇を建立せらるべきなり。時を待つべきのみ。事の戒法というはこれなり。就中我が門弟等この状を守るべきなり。」

と読んでいる。この読み下しが妥当かということである。この読みは、古来大石寺門流で読み慣わしているが、それは大石寺にとって都合の良い読みということからである。特に線を引いた部分が問題なのである。そこで、もう一つの読みを紹介すると、

「日蓮一期の弘法、白蓮阿闍梨日興にこれを付属す。本門弘通の大導師たるべきなり。国主この法を立てらるれば、富士山本門寺に戒壇を建立せらるべきなり。時を待つべきのみ。事の戒法というはこれな

り。就中我が門弟等この状を守るべきなり。」

となる。比較してわかるように、線を引いた部分を、大石寺では「富士山に本門寺の戒壇を建立」と読んでいるが、もう一つの読みは「富士山本門寺に戒壇を建立」と読み、意味が変わってくるのである。大石寺としては富士山本門寺に戒壇を建立するとは絶対に読めないのである。なぜかならば、富士山本門寺とは、通称北山本門寺とも重須本門寺とも呼称される日興隠棲の地に建立された寺院の正式名称だからである。これについては、西山本門寺も正式名称は富士山本門寺である。この二箇の寺院の正式名称である富士山本門寺に戒壇を建立するとは、大石寺として決して読めるわけがないのである。したがって、「富士山に本門寺の戒壇を建立」と読んでいるのであるが、果たしてこれが妥当なのかということである。『身延相承書』は『池上相承書』と対になって、二箇相承と呼ばれている。出所は先に北山本門寺と西山本門寺との争いを述べる中で指摘したように、北山本門寺である。一方これと同様の付属状が、日朗門下にも『日朗御譲状』として存在している。そこには、

「釈尊一代の深理も、また日蓮一期の功徳も、残るところなくことごとく日朗に付属するところなり」

とある。更にまた、両書の年月日の問題である。『身延相承書』は日付が、弘安五（一二八二）年九月日である。一方、『池上相承書』は、

「釈尊一代五十年の説法、白蓮阿闍梨日興に相承す。身延山久遠寺の別当たるべきなり。背く在家出家共の輩は非法の衆たるべきなり。

弘安五年壬午十月十三日　　　武州池上　日蓮　花押」

とあって、弘安五年十月十三日、宗祖日蓮の入滅当日である。入滅当日に相承書を認めるというのも不自然なら、この時代久遠寺という名称が存在していたか甚だ疑問である。また、十月十三日の入滅に際して「釈尊一代五十年の説法、白蓮阿闍梨日興に相承」し、その一ヶ月前の九月に「日蓮一期の弘法、白蓮阿闍梨日興にこれを付属す」というのも、古来の釈尊より日蓮を重要視する富士門流の考え方からして、順序が逆にならなければならず、実際、二箇相承を収録した左京日教は『類聚幹集私』などで、「日蓮一期の弘法、白蓮阿闍梨日興にこれを付属す」に始まる『一期弘法抄』を十月十三日、「釈尊一代五十年の説法、白蓮阿闍梨日興に相承す」に始まる相承書を九月の日付で、記していて、この点も偽撰説の有力な根拠となっている。

以上の諸点から考えて、この二箇相承は偽撰と断定して良い。そして、作られたところは、おそらく北山本門寺門流において、製作されたものと考えられる。

また、『富士一跡門徒存知事』は成立年代不明で、かつ真偽問題を有する書で、大石寺では当然日興の真撰もしくは意を受けて書かれたものと主張しているが、内容からして北山本門寺内の反寂仙日澄派（大坊派）あるいは大石寺門流で製作されたものではないかと、偽撰を疑われているものである。

私が最も不審なのは、六老の一人でもあり晩年日興の許に帰参した伊予日頂と、寂仙日澄に対する『富士一跡門徒存知事』の記録である。同書では、伊予日頂について、

「伊予阿闍梨の下総国の真間堂は一体仏なり。しかるに去る年月、日興が義を盗み取って四脇士を造り副う。彼の菩薩の像は宝冠形なり」

と記し、寂仙日澄については、

「近来以来、日興の所立の義を盗み取り、己義となす輩出来する由緒条々事。寂仙房日澄、始めて盗みとり、己義となす。彼の日澄は民部阿闍梨の弟子なり。・・・しかるに、去る永仁年中、新堂を造立して一体仏を安置するの刻み、日興が許に来臨して、所立の義を難ず。聞きおわって自義となし候ところに、正安二年民部阿闍梨、彼の新堂並びに一体仏を開眼供養す。ここに日澄本師民部阿闍梨と永く義絶せしめ、日興に帰伏して、弟子となる。この仁盗み取って自義となすといえども、後後悔帰伏の者なり」

と記している。一方、大石寺六世日時の書と推定される『御伝土代』日興伝には、

「また、日頂上人の舎弟寂仙坊日澄、鎌倉五人の燈と思いて眼目と仰ぐところに、日興上人に帰伏申して富山に居住す。檀那弟子等みな富士へまいりたもう。下山三位房日順・秋山与一入道大妙これらなり。」

と記されている。両者の日頂・日澄に対する記事の違いは明らかで、『富士一跡門徒存知事』の記事はどうみても、好意的とは思われないが、『御伝土代』は好意的である。『御伝土代』のこの文は日興滅後四世日道が日興の遺告を記した部分と推測することが有力であるが、『富士一跡門徒存知事』が日興撰であるとすると、四世日道・六世日時が果たして派祖日興の意に反するような記述をするであろうかと思うのである。日頂・日澄は宗祖日蓮滅後、当初日興と幕府に対する路線の違いから、日興とは違う路線を歩むが、後日興に同心して富士に合流する。その後、日頂は日興を助けて日目とともに左右の両輪のような働きをし、弟日澄はその学徳を日興より認められて、重須談所の初代学頭に任ぜられる。

この二人に対して、日興が生存中に『富士一跡門徒存知事』に見られる盗人呼ばわりするような記事を、自身は勿論、弟子に対しても書かせるというようなことをするとは、到底思えないのである。日興の消息には、日頂が日興の代筆をしたと考えられるものもあるのである。このこと以外にも、内容的に不審な点が散見されることから、この書は後世に作成された疑いが濃厚である。

したがって、『身延相承書』および『富士一跡門徒存知事』は、両書ともに、信用に値しない書と言ってよく、この両書に立脚する富士戒壇建立説には、実のところ確固たる根拠というものが存在しないのである。

それにもまして、私が思うのは、三学一体の虚空不動の戒定恵に立脚する一秘及び三秘論において、富士戒壇堂建立説は明らかに矛盾する。宗祖や日興に富士戒壇説があるはずがないのである。

〔日頂〕伊予公とも称す。建長四（一二五二）年、駿河国重須に生まれる。母が富木常忍と再婚して、富木常忍の養子となる。幼くして、当時天台宗に属した真間弘法寺にて出家。日蓮の佐渡流罪に当たっては、日興とともに佐渡にあって宗祖に随身、弘安五（一二八二）年宗祖入滅に際して、若いながら六老に指名され、下総中山地域の日蓮門徒の頂点に立つ。

宗祖滅後の弘安八年頃、鎌倉幕府の大弾圧に際して、幕府への対応から日興と路線の異義を生じ、日昭・日朗・日向・日持等と行動をともにし、幕府への申状に「天台沙門」として、日向とともに対幕府融和路線を歩む。その後、中山門徒の中心的存在であり、かつ養父である富木常忍と関係が悪化、中山門徒を離脱。その後、弟である寂仙日澄等とともに、富士の日興の許に参じ、日興の側近として尽力する。文保元（一三一七）年、富士重須にて日興より先に入寂、六十六歳。

〔日澄〕寂仙房とも称す。伊予日頂の弟で、富木常忍の養子である。弘長二（一二六二）年の生まれ、幼くして民部日向に師事し、その後兄である日頂にも学ぶ。好学の誉れ高く、対幕府融和派の中心的存在と目されていたが、正安二（一三〇〇）年頃、兄日頂が日興に合流するに際して、師日向の造像義を批判して義絶、日頂と行動をともにし、弟子三位日順・秋山大妙等と富士に住する。

日興は、日澄の学徳を認め、重須談所の学頭に指名、若い僧たちに法門を教授することを託する。延慶三（一三一〇）年、兄日頂に先んじて四十九歳で入寂。若すぎる死であった。

『日興跡条々事』

戒壇本尊を論ずる前に、その根拠となっている『日興跡条々事』について、述べてみたい。『日興跡条々事』は、当然のように大石寺は日興真撰を主張し、立正大学・日蓮宗などの他門は偽撰を主張するものであるが、大石寺にとっては、通途の日興著作とことなり、この書は戒壇本尊の根拠となっているものであるから、この書の真偽は特に重要な意味を持っている。

この書は、日興の正本（正慶元年推定）とその二年前の草案（元徳二年推定）が大石寺に所蔵されている。その全文を収録する各文献から古い順に紹介したい。

『日蓮正宗聖典』昭和二十七年、日蓮正宗聖典刊行会刊（堀込日淳編）には、

「日興跡条々事

一、本門寺建立の時は、新田卿阿闍梨日目を座主となし、日本国乃至一閻浮提の内、山寺等において、半分は日目嫡子分として、管領せしむべし。残るところの半分は、自余の大衆等これを領掌すべし。

一、日興が身に宛てたまわるところの弘安二年の大御本尊は、日目にこれを相伝す。本門寺に懸け奉るべし。

一、大石寺は御堂といい、墓所といい、日目これを管領し、修理を加え勤行をいたし、広宣流布を待つべきなり。

右、日目十五の歳、日興に値いて、法華を信じてより以来、七十三歳の老体に至る。敢えて違失の儀なし。十七の歳、日蓮聖人のところに詣で（甲州身延山）、御在生七年の間、常随給仕す。御遷化の後、弘安八年より元徳二年に至る五十年の間、奏聞の功、他に異なるによって、かくの如く書き置くところなり。よって、後のため証状件の如し。

十一月十日　　日興　花押」

となっている。ところが、昭和三十二年刊行の『富士宗学要集』八巻（堀日亨編）では、横線の部分が、

「弘安二年の大御本尊、弘安五年御下文、日目にこれを授与す。」

となっているのである。次に、昭和三十四年、『日蓮宗宗学全書』二巻興尊全集、立正大学日蓮教学研究所編では、

「弘安二年の大御本尊は、日目に□□□□これを授与す。」

として、頭注で、「□およそ四字は後人故意にこれを欠損す。授与の下、他筆を以って相伝之可奉懸本門寺の九字を加える。」としている。昭和三十六年刊の『日蓮正宗聖典』では、初版と異なり、

「弘安二年の大御本尊並びに御下文は、日目にこれを授与す。」

となっている。次に、昭和四十七年刊『歴代法主全書』日蓮正宗大石寺編では、

「弘安二年の大御本尊は、日目にこれを授与す。本門寺に懸け奉るべし。」

となり、昭和五十三年版『日蓮正宗聖典』では、

「弘安二年の大御本尊は、日目にこれを相伝す。本門寺に懸け奉るべし。」

と、再び初版の文章と同一になっている。そして、昭和五十七年刊の『日興・日目上人正伝』大石寺編では、

「弘安二年の大御本尊は、日目にこれを相伝す。本門寺に懸け奉るべし。」

となっている。更に、平成八年に興風談所が『日興上人全集』を刊行、それには、

「弘安二年の大御本尊は、□□□□日目にこれを授与す。本門寺に懸け奉るべし。」

とあって、『歴代法主全書』と同文になっている。

以上のように、『日興跡条々事』の文章は、同一の書でありながら収録した文献によって、第二条の弘安二年の大御本尊以下の文章に、御下文の有無、相伝と授与の違い、更に「本門寺に懸け奉るべし」の有無

などの相違が見られるのである。なぜこのようなことになるのか。不鮮明ではあるけれども、『日興跡条々事』の写真を紹介しながら、この伝日興直筆の正本を検討したい。

不鮮明ではあるけれども、これを見ると、次のようなことがわかる。

①第二条の弘安二年の大御本尊と日目の間、約四乃至五文字分が空白になっている。

②この空白部分が若干汚れて黒ずんでいる。

③授与の字の上に更に字が書かれているように見える。あるいは、相伝と書いてあるかもしれない。またあるいは、相伝の字の上に授与と書かれてあるのかもしれない。

以上三点挙げたけれども、これらのことからすると、『日蓮宗宗学全書』及び『日興上人全集』の記述がもっとも信用できるようである。したがって、同書が指摘するように、空白の部分は後人が削り取ったものであろうし、また授与の字の上から他筆で「相伝之可奉懸本門寺」の九字を加えたということになる。

以上のことをどう考えたらよいのか。これが日興の親筆になる譲

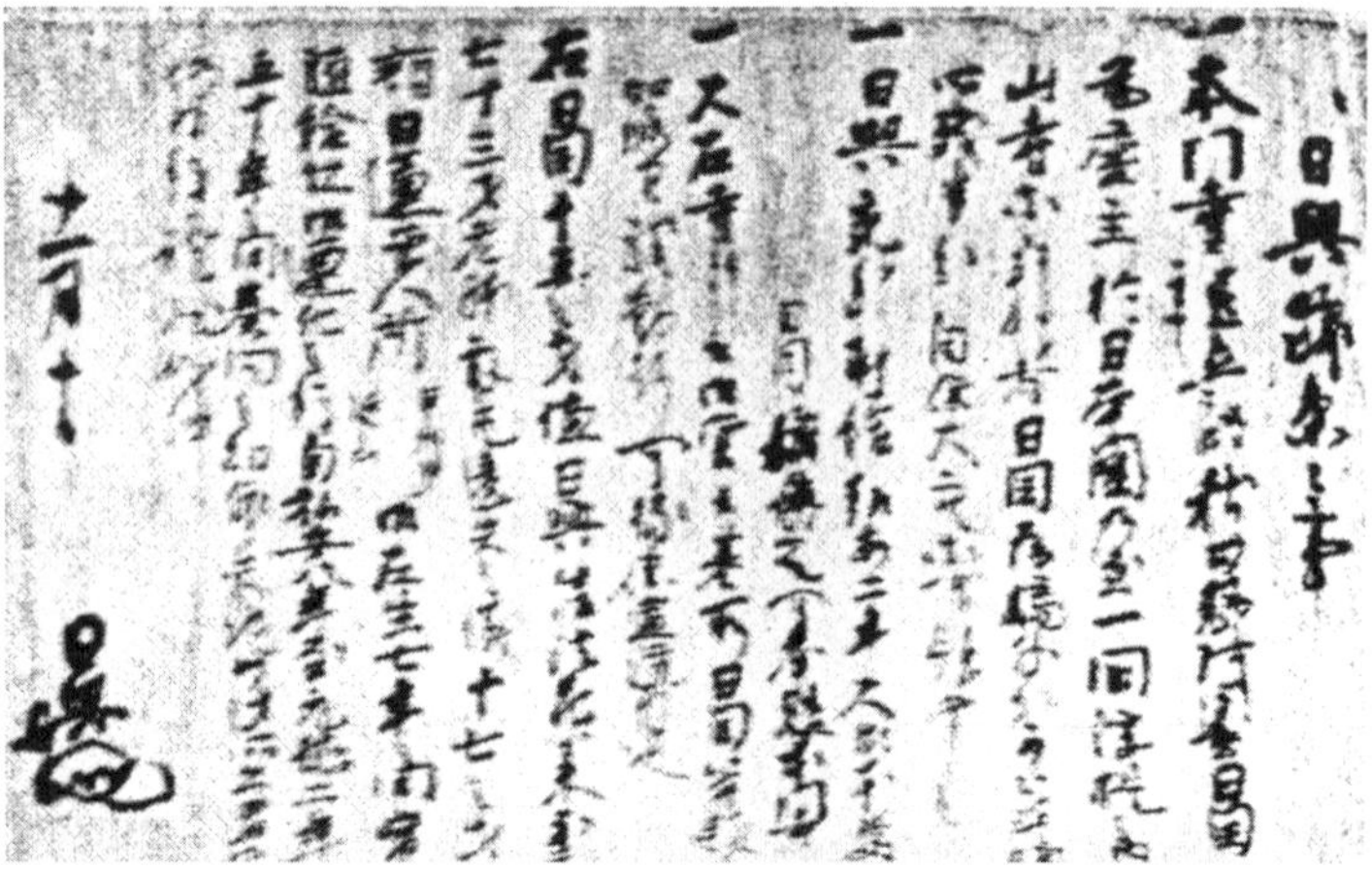

り状であるとするなら、かかる重要な書の一部を削り取るなどということはあるはずのないことである。ましてや、宗祖日蓮および開山日興をことの他重要視する大石寺において、そのようなことがありうるはずがない。その上、日興直筆に手を加えるなどということもあり得ないことである。更にまた、譲り状に月日しかなく年号の記載がないことも不自然極まりないことである。更に、これがもっとも重要なことであるが、この書風である。この書風をもって日興の書とするには、無理があると思う。

日興からの譲り状に関しては、日興から西山本門寺祖日代に対する譲り状である『八通の遺状』（西山本門寺蔵）がある。これも真偽に重大な問題を抱える書であり、また、北山本門寺二代日妙に対する『日興譲状』も存在するが、これもまた、『八通の遺状』同様真偽に重大な問題を抱える書である。『日興跡条々事』もこれらの書と同様の譲り状と考えるべきである。以上のことから、この書を以って、戒壇板曼荼羅の根拠とすることには無理がある。

戒壇本尊の真の意味

戒壇本尊の真の意味を考えるにあたって

戒壇本尊は、『日蓮正宗宗制宗規』の宗規に、

「本宗は、宗祖所顕の本門戒壇の大曼荼羅を帰命依止の本尊とする。」

とあることを待つまでもなく日蓮正宗の命であるが、その歴史的初見は、以外に遅く、十四世日主（一五

五五〜一六一七年）の『日興跡条々事示書』における「大聖より本門戒壇御本尊、興師より正応の御本尊、法体付属」の文である。これによって、日蓮正宗が宗祖日蓮の本懐中の本懐であり、一閻浮提総与の本尊である、本門戒壇の板曼荼羅、すなわち戒壇本尊の名称が始めて歴史に登場する。

戒壇本尊の写真

その後も大石寺門流においては、十七世日精を始め各時代、この本尊を世に知らしめてきたが、もっともこの本尊の名を世に流布し、大石寺の宗教的根本が戒壇板本尊にあることを理論的にも決定付けたのは、日寛である。

『文底秘沈抄』に、

「教主釈尊の一大事の秘法とは、結要付属の正体、蓮祖出世の本懐、三大秘法随一、本門の本尊の御事なり。……しかるに、三大秘法随一の本門戒壇の本尊は、今富士の山下にあり。」

また同じく、『依義判文抄』に、

「実には、一大秘法なり。一大秘法とは即ち本門の本尊なり。この本尊所住の処を本門戒壇となし、この本尊を信じて妙法を唱えるを本門の題目となす。故に分って三大秘法となすなり。また本尊に人・法あり。戒壇に義・事あり。題目に信・行あり。故に開して六義となり、この六義散じて八万法蔵となる。……故に、本門戒壇の本尊を、または三大秘法総在の本尊と名づくるなり。」

等とある通りである。以来三百年、この本尊は大石寺の命として、日蓮正宗に関わるすべての僧俗の崇拝するところであることはいうまでもない。一方で、この本尊については、他門流からの偽作説が絶えない本尊でもある。

ところが、平成十一年七月、法主阿部日顕がいまだ法主になる以前の昭和五十三年当時、戒壇本尊が偽作であると阿部日顕自身が断定したというメモ、所謂「河辺メモ」なるものが暴露され、宗内が大混乱に陥った。その内容は次のようなものである。

『河辺メモ』

昭和53年2月7日、阿部教学部長兼総監代行と面談、帝国ホテルでのメモ。

「S53．2．7、A面談　帝国H

一、戒旦之御本尊之件

戒旦の御本尊は偽物である。

種々方法の筆跡鑑定の結果解った。（写真判定）

多分は法道院から奉納した日禅授与の本尊の題目と花押を模写し、その他は時師か有師の頃の筆だ。

日禅授与の本尊に模写の形跡が残っている。

一、Gは話にならない。人材登用、秩序回復等全て今後の宗門の事ではGでは不可能だ。

一、Gは学会と手を切っても又二、三年したら元に戻るだろうと云う安易な考へを持っている。

※日禅授与の本尊は、初めは北山にあったが、北山の誰かが売りに出し、それを応師が何処かで発見して購入したもの。（弘安三年の御本尊）」

以上である。ここにあるAとは阿部日顕のこと。Hとは帝国ホテル。Gとは前代の六十六世細井日達のこと。また、日禅授与の本尊とは、弘安三年五月九日、日興の弟子少輔房日禅に宗祖日蓮が授与した本尊のこと。このメモの主は、河辺慈篤といい、当時徳島敬台寺の住職である。この河辺慈篤が、昭和五十三年当時阿部日顕が語ったことをメモしており、これが河辺メモといわれるものである。

これを見て日蓮正宗に関わる人なら誰でも驚愕するはずである。当然、日蓮正宗では大問題になった。宗旨の根幹である本門戒壇板曼荼羅を、こともあろうに現職の法主が登座以前とはいえ、偽作であると語っていたなどということは、前代未聞であり、ありえないことであるからである。日蓮正宗当局は、即座にメモが真実ではないことを通達によって、度々否定するのであるが、それにもかかわらず騒ぎは収まらなかった。結局河辺慈篤の記録ミスということで、決着を付けたが、歴史的な大失策を犯し、万死に値するミスを犯した当の河辺慈篤は処分されるどころか、札幌日正寺住職から東京新宿大願寺に栄転となった。今はひとまず沈静化しているように見えるが、おそらく宗内に火種は残っているはずである。

このメモの語り主である六十七世阿部日顕は、先に私が三秘の開合を論ずる際に、全く頓珍漢な論法であると批判した人物であるが、彼は前法主細井日達の急死に伴って、自ら法主に名乗りを挙げた人物で、何かと批判の多い人物である。私自身、彼によって日蓮正宗を破門になった経緯があり、その宗門運営の手法も感心しない人物である。

しかし、二点だけ評価できるものがある。一は平成版『日蓮大聖人御書』の編纂において、『依法不依人御書』を収録したことである。そして、もう一点がこのメモに見える戒壇本尊に関する考えである。私と彼とは、宗祖や日興の法門に関して、考えが一致することが全くないといっていい程であるが、この点だけは意見が一致している。

さて、大石寺所蔵の戒壇本尊についての私の結論は、この本尊は真偽問題を超越した本尊ということであるが、ひとまず、真偽の問題について述べてみたい。

この本尊について、今日日蓮正宗が主張しているのは、

①この本尊は日蓮の真筆になるもので、書写年時は弘安二（一二七九）年十月十二日である。

②この本尊は、他の日蓮書写の本尊が個人に宛てた本尊であるのと異なり、一切衆生に宛てた本尊で、一閻浮提総与の本尊であり、日蓮の出世の本懐にして、すべての本尊の頂点に位する本尊である。

③広宣流布の暁に本門戒壇堂が建立され、そこに安置される本尊である。

の三点に集約される。そして、このことを証明するのが、『日興跡条々事』であり、宗祖日蓮が弘安二年十月一日に門下に宛てた消息である『聖人御難事』の、

「去る建長五年四月二十八日に、安房国長狭郡の内、東条の郷、今は郡なり。天照大神の御厨、右大将家の立て始めたまいし日本第二の御厨、今は日本第一なり。この郡の内清澄寺と申す寺の諸仏坊の持仏堂の南面にして、午の時にこの法門申し始めて、今に二十七年、弘安二年なり。仏は四十余年、天台大師は三十余年、伝教大師は二十余年に出世の本懐を遂げたもう。その中の大難申すばかりなし。先々に申すがごとし。余は二十七年なり。」

の文の線を引いた部分、すなわち「余は二十七年なり」の文に相当する本尊であって、この文によって、弘安二年十月十二日の本尊が日蓮の出世の本懐を示すものであるというのである。

これについて考えてみたい。まず、『日興跡条々事』については、先に述べたごとく、日興の真撰とするには無理があるということから、これを以って戒壇本尊の証明にはならないということである。

「余は二十七年なり」の意味

次に、『聖人御難事』の「余は二十七年なり」の文について考えてみたいが、その前に、この文の背景となっている熱原法難について述べてみたい。

熱原法難は、富士熱原地方における法難。法難の背景・淵源・余波は別として、実質的には弘安二年四月に端を発し、十月に農民神四郎・弥五郎・弥六郎の三名が、幕府侍所所司・平左衛門頼綱によって斬首された事件である。熱原は現在の静岡県富士市厚原。

富士地方は、蒲原四十九院の供僧でもある日興の布教によって、同院・岩本実相寺・熱原滝泉寺等の天台宗寺院で、日興の弟子になる衆徒が続出、熱原滝泉寺においては日秀・日弁・日禅・頼円等が弟子になる。彼等はまた近在の農民達にも熱心に布教し、この地方には天台宗寺院を拠点として、法華宗徒の集団が形成されていた。このような状況下で、熱原滝泉寺院主代・平左近入道行智は熱心な浄土教信仰者でもあった。滝泉寺内において、法華信仰者が増え続けることに危機感を懐いた行智は、権力を以って弾圧を行なう。

建治二年、行智は日秀・日弁・日禅・頼円の四人に対して法華信仰を止め、念仏信仰を行なう旨の起請文を要求、この起請文と交換に所職・住坊の安堵を保障する。この要求に頼円は屈し、日禅は富士河合に去るが、日秀・日弁は要求をはねつけ、寺内に留まり、なお布教を止めなかった。

行智と日秀等との対立は、農民達にも影響が及び、弘安二年には頂点に達する。同年四月、行智は法華信徒・四郎を襲わせて刃傷に及び、同八月、弥四郎を殺害。続いて九月二十一日、日秀・日弁の檀越達の田畑の作物を刈り取り、これを止めに入った神四郎以下と乱闘を起こす。その上で、神四郎と仲の悪い兄である弥藤次をして、事件の首謀者は神四郎達であるという虚偽の苅田狼藉事件を捏造して、幕府に訴訟を起こさせる。

その結果、神四郎以下二十名の農民が捕縛され、鎌倉に送られる。宗祖はこの事件を知るや、日興に書状を度々送って、裁判に関する細かい指示を与え、この裁判は行智側の不当な訴えであること、被害者は日秀・日弁かつ農民達の方であり、行智こそ改易されるべきである旨の反論を提出させる。この間、十月一日に書かれたのが先の『聖人御難事』である。

この裁判の審理に当たったのが、宗祖を鎌倉竜口で首を刎ねようとし、その後佐渡に流罪とした、彼の平左衛門頼綱である。調べに当って平左衛門頼綱は事件の真相究明は行なわず、農民達に念仏を強要したのである。農民達はこれを拒否。すると、平左衛門の次男飯沼の判官が馬に乗り、神事等に使用する小型の矢を一人一人に射て威嚇するが、それにも動じない農民達に対して、十月十五日遂に平左衛門は神四郎・弥五郎・弥次郎の三名を首謀者として斬首、残りを禁獄に処する。

三名が斬首された日時については、古来大石寺の言い伝えでは十月十二日となっていた。戒壇本尊書写の日である。しかし、今日では十月十五日説が一般的とされていて、これについては、今後も検討の必要がある。

その後、十七名は釈放されるが、この余波で、農民達を指導した日秀・日弁は下総の富木常忍の所に難を逃れ、また多くの信徒が富士上野の南条時光邸にかくまわれる。これが、熱原法難の概要である。ついでだが、十四年後の正応五（一二九三）年、平左衛門父子は、神四郎・弥五郎・弥六郎の三名を斬首にしたと伝えられる自邸で一族九十名とともに殺害され、平一族は滅亡する。日興はこの件を、法華の厳罰と記している。

さて、話しを戻して、この『聖人御難事』は弘安二年十月一日の書で、戒壇本尊が十月十二日の書写であるということからすると、この文と戒壇本尊書写とを直接結び付けることには、無理がある。この文が直接戒壇本尊書写に対する文であるなら、順序が逆になるはずだからである。

つまり、先に戒壇本尊の書写があって、その後この文が書かれたなら、確かにこの文が戒壇本尊の書写についての文ということも言える。しかし、そうではなく、先に文があって、その十一日後に戒壇本尊の書写があるということになると、宗祖は十月一日の時点で、すでに戒壇本尊を書写することを決めていたということになる。

しかしそうすると、また矛盾が出てくる。熱原の法華宗徒三人の斬首に対して、宗祖がその信仰の強さに感銘を受けて書写されたものだからである。もし、この文が直接戒壇本尊に対するものであるとすると、宗祖は未だ斬首される十一日も前に、すでにそのことを知っていたということになる。しかし、この時期、宗祖は日興を始めとして、門下に幕府に対して起こしている訴訟において、徹底的に戦って勝つことを指示している。斬首されることを予感し、戒壇本尊を書写することを念頭において、「日蓮は二十七年にして本懐を遂げた」とするには、どう考えても無理があると言わざるを得ない。

そうではないと思うのである。この「余は二十七年なり」の文は、戒壇本尊書写に対するものというより、熱原法難そのものに対するものと考えるべきなのである。なぜかならば、この法難は他の法難とその性質が異なる法難であるということである。すなわち、この法難の特異性は、宗祖が直接関わっていないということにある。もちろん宗祖は、日興を始めとする門下に対して様々な指示と教示を行なっている。しかし、この法難に直接関与したのは、僧では日興とその弟子の日秀・日弁であり、しかもその主役は信徒である神四郎以下農民達である。ここに宗祖が「余は二十七年なり」と言われた所以があると思う。幕府が弾圧の主としたのは日蓮ではなく、一介の農民達であるというところにこの法難の特異性があるのである。

宗祖が感銘したのは、これまでの法難は、常に日蓮が主役であり、弾圧する側も日蓮が目当てであった。伊豆流罪、小松原襲撃、龍口法難、佐渡流罪どれをとっても、宗祖がその主役である。しかし、この法難だけは無名の農民達が主役である。宗祖は、この農民達に会っているわけではない。また宗祖が手紙を与えたというわけでもない。そういう一介の無名の農民達が、命を懸けて自らの法華経に対する信仰を貫いたというところが、この法難が他のいかなる法難とも異なるところである。宗祖はここに感銘を受けた。自らが直接教えを授けたわけでもなく、会ったこともない人々が、法華経に命を懸けている。このことに宗祖は「余は二十七年なり」と言われたと私は思う。

したがって、この『聖人御難事』の「余は二十七年なり」の文を以って、戒壇本尊の証左とするには、これまた無理があるのである。

『御伝土代』について

更に、補助的資料として、従来大石寺四世日道作と伝えられ、今日では六世日時作と考えられる『御伝土代』日興伝の、

「日興上人の御弟子、駿河国富士の郡、熱原より二十四人鎌倉へ召され参る。一々にからめ取って、平の左衛門が庭に引きすえたり。子息飯沼の判官、馬に乗り、こひき目を以って一々に射けり。その庭にて、平の左衛門入道父子打たれり。法華の罰なり。さて、熱原の法華宗二人は頸を切られおわんぬ。その時、大聖人御感あって、日興上人と御本尊にあそばすのみならず、興の同弟子日秀・日弁二人、上人号したもう。大聖人の御弟子数百人、僧俗かくのごとく頸を切りたるなし。また上人号なし。これ則ち日興上人の御信力の所以なり。」

の文を戒壇本尊の証左とする主張もある。これについて、次に考えてみたい。

この文も先の『聖人御難事』同様、熱原法難に関する記述で、農民二十名が平左衛門父子によって拷問を受け、三人が斬首された様子が、詳しく記されている部分である。さて、問題は、線を引いた部分である。この記述からして、弘安二年十月に宗祖が戒壇本尊を書写したというのであるが、果たしてそうであろうか。

戒壇本尊は、宗祖の直筆となっているが、この文を宗祖が本尊を書写したと解釈して、素直に読めば、日興と二人で書写したとなる。そうすると、戒壇本尊は二人で書写したということになり、矛盾が生じるのである。あくまで戒壇本尊は、宗祖出世の本懐の曼荼羅であって、日興と二人の共同製作による本尊で

はないからである。したがって、この文を以って戒壇本尊の証左とすることにも難点があるのである。
また、先の『聖人御難事』の「余は二十七年なり」のあわせて、日興と打ち合わせて本尊を書写したともとることもできるが、そうすると、熱原三烈士の処刑日である十月十五日の三日前に本尊が書写されたことになり、矛盾が生じる。熱原三烈士処刑日については、更に検討を要するが、いずれにしてもこの文を以って戒壇本尊の宗祖日蓮書写の本尊の証明にはならないのである。

また従来、『御伝土代』は四世日道著とされてきたのであるが、これを確定したのは五十九世堀日亨である。それ以前は四世日道説と六世日時説があった。堀日亨はこの内四世日道説に立ち、それを確定したのであるが、近年興風談所の池田令道がこれに異義を唱え、日道説を覆し日時説を主張した。製作年時は応永十（一四〇三）年九月二十二日である。なぜ製作年のみならず月日まで確定できたかというと、『御伝土代』には末尾に「応永十年癸未九月二十二日」の記述があり、この応永十年当時の法主が日時なのである。堀日亨はこの記述前後のみが日時で本文が日道と考えたのであるが、本文は日道、末尾は日時という説はどう考えても不自然さはつきまとう。堀日亨が本文を日道と考えたのには訳がある。即ち日興伝本文中に日興遺告として「日道記之」の記事があるからである。これに

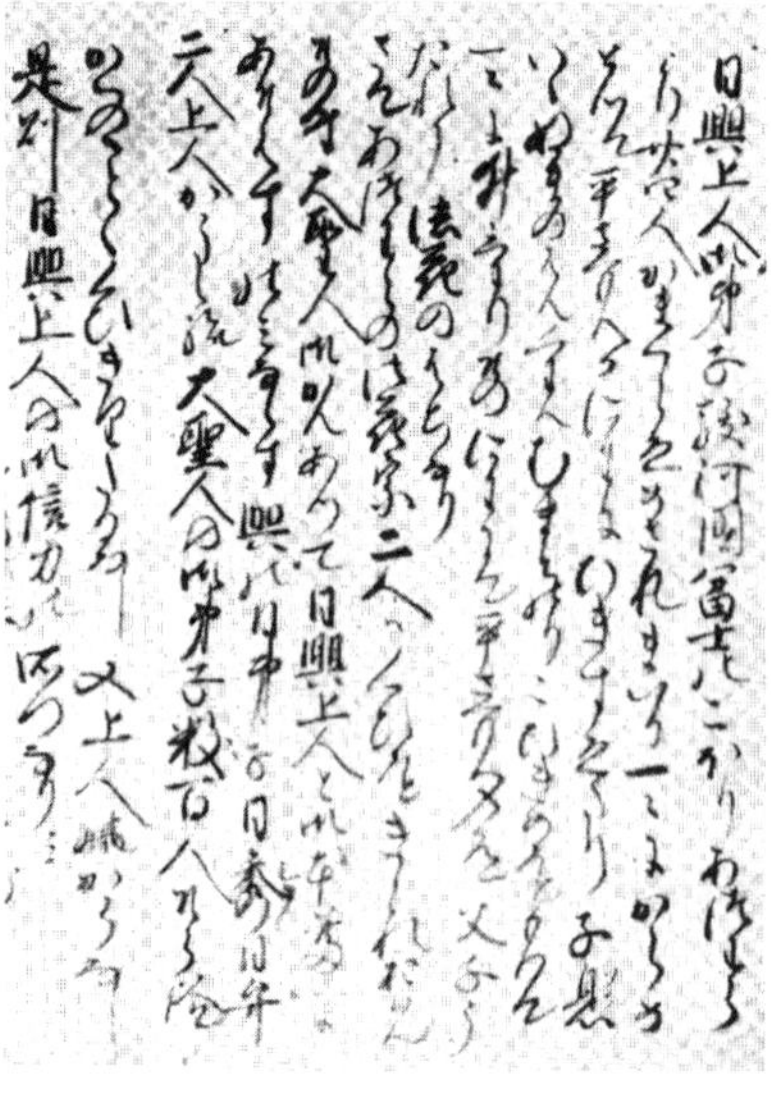

『御伝土代』熱原法難の文

対して、池田令道は本文の書風と日時の書風とを比較、両方とも日時であること、かつ日興遺告は日道の記事、それ以外の本文は日時であることを証明したのである。詳細は興風談所刊『興風』十六号を参照。

しかして、これによって、従来『御伝土代』日道作とするにしては、さまざまな不自然な記述の疑問が一気に氷解したのである。

先に紹介した戒壇本尊の根拠とされた熱原法難に関する記述にしても、この短い文章の中に歴史的事実誤認の記述が二箇所もある。『御伝土代』では捕縛されて鎌倉に護送された農民の人数を二十四人と記しているが、実際は二十人である。また、平の左衛門によって殺害された人数が二人と記しているが、実際は三人である。これらの誤記を果たして四世日道がするだろうかと長い間疑問であったが、六世日時ならば首肯できる。

日道は日興の直弟子である。熱原法難に関して重要な事柄を誤記するとは思えない。しかし、応永十年は熱原法難から百二十数年を経過している。『御伝土代』の作者は日時とすることの方が自然であるように思う。

『御伝土代』が日道ではなく、日時であるとすると、「その時、大聖人御感あって、日興上人と御本尊にあそばす」に記述についても、法難から百二十数年後の記述であることを考えると、確たる根拠を示していないので、この文を以って戒壇本尊の日蓮書写の証明とはならないのである。

〔こひき目〕蟇目の小さいもの。蟇目は神事の際に使用する矢で、射殺用ではなく、ここの場合は脅しに使用している。

戒壇本尊の真の意味

そこで戒壇本尊そのものについて考えてみたい。戒壇本尊は、『一期弘法抄』等によって、広宣流布の暁に建立される本門戒壇堂に安置される本尊という意味で、今日まで伝えられてきたものであるが、この戒壇本尊の名の由来は、本尊の脇書に「本門戒壇之、願主弥四郎国重、法華講衆等敬白、弘安二年十月十二日」の文があって、これによって、本門戒壇の本尊と称されるのである。しかし、この「本門戒壇」以下の文は明らかに宗祖の筆ではなく、他筆である。その証拠に、この部分は他の部分と異なり、金箔が施されていない。したがって、この本門戒壇の本尊の名は、宗祖ではなく、この脇書を書いた人物の命名ということになる。

今日私たちが本門戒壇本尊として、信仰の根本としている本尊が、宗祖の命名ではなく、後世の命名であるということは、何を意味するのか。宗祖に広宣流布の暁に本門戒壇堂に安置するべき本尊という考えがあるとして、大石寺所蔵の板曼荼羅が、果たしてそれに該当するかどうかという、重大な問題があるのである。

それと、願主弥四郎国重の問題である。今日この人物に関して、該当する人物が当時存在しないということから、一切衆生の象徴として架空の人物をもって、代表させているという苦しい釈明をしている。

更に、これが最も重大な問題と思うのだが、戒壇本尊は板本尊で、ということはその基になった紙幅の本尊の問題である。宗祖の真筆の本尊及び遺文、日興の本尊と遺文に関して、最も厳護してきた大石寺が、宗祖の戒壇本尊の真筆を散逸させるということなどありえないことである。

以上のことから、この本尊は宗祖の他の本尊を模刻し、その脇書に先の文を書き入れたと考えた方が自然であるように思う。では、この本尊は、いつ・誰が・いかなる目的のもとに作成したか。当然そういう疑問が起こるのである。

私は、この本尊は神四郎を筆頭とする彼の熱原法華講衆の、いかなる弾圧にも屈しなかった不動の信心を後世に残すために作られたと考えている。彼らの斬首や拷問の際の題目は、法華経の行者の魂の題目である。彼らの題目は、宗祖と何等変わらない題目と言ってよい。

宗祖は龍口の首の座において、成仏の題目を唱えている。その題目の表現が宗祖所顕の曼荼羅本尊である。一方、宗祖の題目に勝るとも劣らない題目が、この法華講衆の題目である。この本尊の作者は、日蓮の弟子の立場として、日蓮と同等の成仏の題目を唱えた熱原法華講衆の題目を、神四郎等に成り代わって曼荼羅本尊として、後世に残すことを目的としたのではなかろうかと考えている。

別な言葉で言えば、神四郎達の成仏の姿を本尊にした、そういうことだろうと思うのである。そういう意味からすると、この本尊は、宗祖真筆でないところに意味があると思うである。裏返せば、偽作であるというところにこの本尊の真意義があるということである。

では、いつ、だれが作ったか。こういうことができるのは、私は一人しかいないと思う。中興日有である。日有は富士門流に伝わる熱原法難における烈士達の命懸けの偉業を後世に残そうと考えたのではなかろうか。日有の時代からすると、熱原法難は約二百年もの時が過ぎている。日有の時代において、熱原法難が風化していたとしてもおかしくない状況である。

日有は熱原法難の特異性、すなわちこの法難の主役が一介の農民達であるということをよく理解していた。この農民達の唱えた命懸けの題目を本尊として、目に見える形として後世に残したのではないかと考えている。宗祖日蓮所顕の本尊は師としての成仏を顕した本尊、この戒壇本尊は、その日蓮の教えを信じた弟子の成仏を顕した本尊ということができる。

日有が戒壇本尊を建立する上で、先の『御伝土代』の「その時、大聖人御感あって、日興上人と御本尊にあそばす」の文がその根拠になった可能性もある。私は、日有を中興と称して賛嘆する本当の意味は、ここすなわち戒壇本尊の建立にあるのではないかと思っている。

北山本門寺第六代日浄の『重須日浄記』に、

「日有この頃未聞未見の板本尊を彫刻し、云々」

の記述がある。この書は日有に対して悪意に満ちた書であるが、その悪意に満ちた分だけ、この「未聞未見の板本尊を彫刻し」の文は、事実を伝えているように思われる。

以上のことから私は、戒壇板曼荼羅は、日有の時代もしくは日有の前後の時代に宗祖の本尊を模刻し、それに「本門戒壇」の脇書を入れたと考えている。この点に関して、私と阿部日顕とは、同じような考えである。ただし、その根底にあるものはまったく異なる。それは彼が、河辺メモが露見した際の狼狽ぶりに見て取れる。彼にとって、戒壇本尊が宗祖真筆でないということは、戒壇本尊そのものが無意味なものと考えているということを示している。私は、そうではない。宗祖所顕の本尊でないところに、この本尊の真の意味があるように思うのである。

今日戒壇本尊に関する議論というと、偽作か本物かという表面上のことしか議論されない。もっとも、それは大石寺が戒壇本尊をして、宗祖の本尊の中で、第一の絶対的な本尊であると主張することに起因しているのだが、偽作か本物か、ただそれだけの議論は、あまり意味のないことだと私は思う。

戒壇本尊は長い間、大石寺の御宝蔵に秘蔵されてきた。今日では、御開扉と称してほとんど公開と変わらない状態だが、本来の意味からして、戒壇本尊は秘蔵されるべき本尊だからである。通説として一般的に語られてきたのは、広宣流布の暁に本門戒壇堂に安置されるべき本尊だからという理由である。したがって、それまでの間、篤信の僧侶や信徒に対してのみ、非公開に拝することを許すという内拝形式の拝し方であった。

しかし、本当の意味はそうではないと思う。御宝蔵の中に厳護される戒壇本尊は、そのまま私たち衆生の己心中の本尊を意味していると思うのである。御宝蔵は、あたかも私たち自身であり、その中に厳護される本尊は、また私達の心中にある仏を表わしている。神四郎達によって、成し遂げられた衆生成仏の本尊即ち戒壇本尊は、その象徴なのである。神四郎達によって成し遂げられたということは、私たちにも成し遂げられることである。そして、別な言い方を以って言えば、成し遂げた時が私達の成仏である。こういうことを意味して、秘蔵されてきたと私は思う。

日蓮本仏論について

日寛はその著作の中で、随所に日蓮本仏論を展開している。今一端を紹介すれば、『末法相応抄』に、

「久遠元初自受用身とは、本因名字の報身にして色相荘厳の仏身にあらず。ただ名字凡身の当体なり。今日寿量の教主は応仏昇進の自受用身にして、久遠元初の自受用にあらず。すなわちこれ色相荘厳の仏身なり。」

「本地自行の自受用身は、すなわちこれ本因妙の教主釈尊なり。本因妙の教主釈尊はすなわちこれ末法出現の蓮祖聖人の御事なり。これすなわち行位まったく同じき故なり。」

とある通りで、ここ以外にも随所に散見されるが、どれも言わんとするところは同じなので、ここでは省略するとして、これが結論としての日蓮本仏論ということになる。ここで私が、結論としての日蓮本仏論と言ったのは、日寛の日蓮本仏論には、その見えないところで衆生本仏論があるからである。日寛はこの衆生本仏論を消して、日蓮本仏論だけを随所に展開したということである。その衆生本仏論を窺うことができるのが、『法華取要抄文段』である。すなわち、

「問う。台家の口伝に准ずるに、本地無作三身とは、即ちこれ一切衆生なり。…既に本地無作三身を以って真実の仏果となし、究竟の仏果ほかになく、ただこれ我等の当体という。あに本地無作三身、即ちこれ一切衆生にあらずや。」

と、本仏である本地無作三身は、一切衆生そのものであると、天台宗ではいうけれども、それはどうなの

かという問いに対して、

「答う。今この義において、両重の総別あり。一には、総じてこれを論ずれば、一切衆生なり。別してこれを言わば、蓮祖の末弟なり。二には、総じてこれを言わば、蓮祖の末弟、別してこれを論ずれば、ただこれ蓮祖大聖人、真実究竟の本地無作三身なり。」

と答えている。どういうことかというと、総別の二義の使い分けである。法華経に究極的に説くところの仏とは、総じて言えば、天台宗に説くところの一切衆生である。別して言えば、現実に法華経の信仰をしている日蓮の弟子及び信徒である。更にこれを厳密に言えば、総じては日蓮の弟子及び信徒、別して言えば、日蓮大聖人に限るというものである。

ここに見られるように、法華経が追求する仏とは、可能性としては天台宗に説くところの一切衆生に広げて言うこともできるが、現実には一切衆生にまで仏を広げていうことはできないので、法華経の信仰者に限られる。しかし、法華経の信仰者といっても、広げすぎているので、ただ日蓮一人に限られるというものである。

では、宗祖日蓮はどのように言っているか。まず『諸法実相抄』を見てみたい。

「凡夫は体の三身にして本仏なり。仏は用の三身にして迹仏なり。」

次に『観心本尊抄』には、

「人界所具の仏界は、水中の火、火中の水、最も甚だ信じがたい。けれども、竜火は水より出で、竜水は火より生ずるもの。考えられないかも知れないが、現証があればこれを用いるしかない。すでに人界の八界これを信ず。仏界なんぞこれを用いざらん。」

とあり、また『十字御書』には、

「そもそも地獄と仏とは、いずれの所にあるのかと考えたとき、ある経典には地の下と申す経もあり。あるいは、西方等と申す経も候。しかれども、委細に尋ねると、我等が五尺の身の内にみえて候。…仏と申すことも、我等の心の内におわします。我等凡夫は、まつげの近きと、虚空の遠きとは見ることなし。我等が心の内に、仏は存在するということを知らないのである。」

とあって、これらの遺文に明らかなように、法華経の信仰をする凡夫が本当の意味の仏、即ち本仏であるというものである。

したがって、これらのことからわかることは、宗祖の場合は、先の日寛の両重の総別で言うならば、最初の総別だけということになる。つまり、総じては一切衆生が本仏であり、別しては法華経を信ずる者が本仏であるというのが宗祖の考えである。してみると、日寛は、宗祖の総別に更に総別を上乗せしているということになる。

日寛がどうして、宗祖の衆生本仏の考え方に、更に上乗せして、日蓮本仏を唱えたのか。私は、三鳥日秀とその一派のことが、そうさせたのではなかろうかと考えている。三鳥派の主張するところは、衆生本仏の考えではなく、日秀本仏であり、自分自身が本仏であるというものである。本来の衆生本仏とは、仏は自分自身の中にあるというものだが、この場合、他の人もそうであって、すべての人に仏の性質というものがあるという考え方である。

がしかし、三鳥の自己本仏は、自分がすべての仏の根源としての本仏であるという独善的自己本仏である。本来の衆生本仏が、自己に即して仏を立てるのに対して、三鳥の場合は自己だけが本仏で自己以外の仏を認めない。そういう唯我独尊の本仏論である。そういう意味で、衆生本仏論は、厳密には衆生即仏論といった方がよい。衆生本仏論を衆生即仏ではなく、自己本仏と解釈してしまう人々を、日寛は眼前で見た。おそらく、日寛はこれを恐れたものと考えられる。こういう危惧から、日寛は宗祖の衆生即仏の考えに、更に屋上屋を重ねるように、日蓮本仏論を上乗せしたのではなかろうか。三鳥派の影響は、日寛の本仏論に深い影を残したということができる。

『本因妙抄』と『百六箇抄』の真偽

日寛は、日蓮本仏論を展開する上で、『本因妙抄』『百六箇抄』のいわゆる両巻血脈書を駆使し、その根拠にしている。そして、このことは今日においても変わらずに行なわれている。そこで、ここではこの両巻血脈書について考えてみたい。

『本因妙抄』は、正式には『法華本門宗血脈相承事』といい、『本因妙抄』は「本因妙の行者日蓮これを記す」に由来する通称である。「弘安五年十月十一日　日蓮花押」とあって、宗祖入滅二日前の著作ということになる。この書は、冒頭に、

「予が外用の師、伝教大師生年四十二歳の御時、仏立寺大和上に値い奉り、儀道を落居し、生死一大事の秘法を決したもう。大唐貞元二十四太歳乙酉五月三日より、三大章疏を伝え、各七面七重の口決を治

定したもう。」

とあって、伝教大師最澄四十二歳の時、中国唐の年号・貞元二十四年に仏立寺行満より、法華玄義・法華文句・摩訶止観の三大章疏について、七面・七重の口決を受けたことを記している。

ところが、この短い文章の中に、二ヶ所も誤りがある。その一は、大唐貞元二十四年の記述で、唐の年号である貞元は二十一年で終りで、この年号は和暦の延暦二十四年の誤りである。唐の年号で言うならば、貞元二十一年となる。その二は、年齢の四十二歳である。この年、伝教大師は三十九歳である。

なぜ、こうなるのか。理由は簡単、ある書物を基本にして、この書を作ったからである。その書とは、伝教大師撰と伝えられている『三大章疏七面相承口決』である。伝えられているということは、真偽に問題を抱えているということである。この書の冒頭に、

「大唐貞元二十四年五月日、仏立寺において三大章疏の総意を伝う。各七重の総意を以って、文々句々に通ぜしめ、一部の難義を開くべし。」

とあって、『本因妙抄』と同様の誤りをしている。もちろん『三大章疏七面相承口決』が年代的に古い書であるので、『本因妙抄』の作者がこれをみて、大唐貞元二十四年と書いたのは間違いない。最初に『三大章疏七面相承口決』の作者が、中国の元号と和暦の元号を取り違え、「大唐貞元二十四年」と書いたということは、この作者が伝教大師最澄本人の作でないことを示している。そして、『本因妙抄』の作者は、その間違った年号を、そのまま鵜呑みにして書いたということである。

『本因妙抄』と『三大章疏七面相承口決』は、本文においても、同じような構成になっており、この書が、

伝教大師の中国での天台三大部に関する相伝を、宗祖日蓮が本門の立場から独自の法門的解釈を加えて、日興に相伝したということかも知れないが、本文中には、歴史的に日蓮滅後にしかあり得ない文言の存在などからして、日蓮撰とするには合理的な論拠がない。

そこで、堀日亨はこの貞元二十四年を二十一年に訂正している。ともう一つ、「後加と見える分には一線を引く」として、明らかに後世のものと考えられる所に、一線を引いて、残りを宗祖の真撰としている。しかし、この一線に根拠があるわけではない。明らかに宗祖の時代にあり得ない文言だから、一線を引いたわけで、最初に宗祖真撰ありきなのである。

この書の成立年時においても、疑問がある。それはこの書が宗祖入滅二日前ということである。この頃、宗祖は武蔵国池上邸において、病に臥せっていて、かかる書を撰する状態ではない。この書も、先に論じた二箇相承の一つである『池上相承書』と同様、宗祖の真撰とするには、無理があると考えるのである。

次に『百六箇抄』であるが、この書は元々無題で、本文冒頭に「具謄本種正法実義本迹勝劣正伝」とあって、今日これを題とするが、「種脱合して一百六箇これあり」とあることから、通称『百六箇抄』と称されてきた経緯があり、このことから、通称が一般的に使用されている。ただし、この百六箇の箇条が実際には百七箇あって、今日では、つじつま合せのため、種の本迹を論ずる箇所の第三と第四をあわせて第三とし、一箇を減らして百六箇にしている。

この書も本文中に、歴史的に日蓮滅後でなければあり得ない用語が散見され、堀日亨はここでも「義において支吾なき文には一線を引き、疑義ある文には二線を引いて、校定の意を表す」として、法門的に矛盾がなければ一線、矛盾があるものは二線を引いて、残りを宗祖の真撰としている。がしかし、この一線・二線の線引きも、根拠があるわけではなく、つじつま合せのためであるから、この書も『本因妙抄』同様日蓮撰とするのは無理があると言わざるをえない。

この両巻相承書は、今日では大石寺門流の重要相伝書の感があるが、大石寺門流として、この両巻相承書が重要視されるのは、十二世日鎮・十三世日院・十四世日主の時代であり、十七世日精からである。確かに六世日時の写本と称される古写本が大石寺に蔵されている。しかし、それは今日日時書写ではないという説が証明されており、またたとえ日時書写であるとしても、それだけで大石寺門流として重要視していたということにはならない。ただ写本があるということである。逆に言えば、日時がこの書を重要視していたなら、何らかの痕跡があるはずであるが、それは見当たらない。

更に、この両巻血脈書に説かれる久遠元初自受用身思想が、九世日有に見られないことから、日有がこの両巻相承書を重要視していたとは考えにくい。この書が、法門的に重要視されて、法門の根拠として登場するのは、前述したように、要法寺から大石寺に帰入した左京日教によってである。そして、十二世日鎮・十三世日院・十四世日主の時代に定着し、更に根本の書として重要視されるに至るのは日精の『大聖人年譜』及び『家中抄』において、宗祖より日興に血脈書として相伝されたという記述からである。そして、この両巻血脈書を根幹として、久遠元初自受用身即日蓮であるという法門を確立したのが、日寛ということになる。

この両巻血脈書は、『百六箇抄』に、

「日蓮、日興に授く」更に「日興これを日尊に示す」「日尊これを日大・日頼に示す」とあり、また『本因妙抄』を書写した日辰の奥書には、

「右、本因妙抄一巻、洛陽上行院日尊上人自筆の本を以って、これを写し畢んぬ。但し、彼の本においては、日尊書写の判形なし。しかるにまた、住本寺日住上人云わく、この本因妙抄はこれ日尊の筆跡なり。その証拠は、東山日尊石塔の七字、この抄中の七字と大同の故なり。」

とあって、古来要法寺日尊門下において、重要視されてきた書であって、この血脈相承に見られるように、日尊門流内の日大系すなわち住本寺系において、成立したと考えるのが妥当であると思う。

〔左京日教〕前述参照

宗祖日蓮と日有及び日寛の法門的変遷

これまで、中興日有以来、日寛を経て大石寺門流の歴史的沿革及び法門の変遷を述べてきた。最後に、宗祖日蓮と日有及び日寛の法門の変遷をわかりやすく述べてみたい。そこで、それぞれの法門の象徴的一文を挙げて、考えてみたいと思う。

宗祖の法門において象徴的な文は『観心本尊抄』の次の文である。

「釈尊の因行果徳の二法は妙法蓮華経の五字に具足す。我等この五字を受持すれば、自然に彼の因果の功徳を譲り与えたもう。」

ここで、宗祖は、釈尊の修行である因行と、その結果である果徳は、妙法蓮華経の五字に集約されるとして、この妙法蓮華経を受持することによって、私達は釈尊の修行と仏果のすべての功徳を与えられると説いている。次に、日有を見てみたい。『化儀抄』に、

「当宗には、断惑証理の在世正宗の機に対するところの、釈尊をば本尊には安置せざるなり。……釈迦の因行を本尊とするなり。その故は我等が高祖日蓮聖人にておわすなり。……滅後末法の今は、釈迦の因行を本尊とすべきなり。」

と、釈尊の修行時代、即ち菩薩道を修行していた頃の釈尊を本尊とするとし、その修行は上行菩薩に代表され、今日においては日蓮に受継がれている。この意味において、私達は日蓮を本尊として仰ぐとしている。妙法蓮華経ではなく、日蓮になっているところが宗祖との相違であるが、しかし釈尊の因行を本尊とするということは、裏返せば法勝人劣が根底になっているということなので、日有においては、いまだ法勝人劣の思想が濃厚ということになる。

次に日寛の場合は、『当流行事抄』に、

「久遠元初において、更に一句の余法もなく、ただ本地難思境智の妙法の五字のみあり。仏この妙法を以って一切衆生に下種す。故に種子の法体は妙法五字に限るなり。」

「釈尊、久遠元初に一迷先達して、余迷に教ゆる時、順逆二縁に始めて仏種を下し、爾来その種漸々に薫修すること五百塵点、復倍上数、塵々劫々、久々遠々なり。…故に久遠元初の本より本果第一番の迹を垂れ云々」

と、最初は妙法のみが存在し、その妙法を久遠元初自受用身が悟り、その悟りから始まって、釈迦如来がその久遠元初自受用身によって、久遠実成において仏になったとしている。そして、更に、

「久遠元初は人法ともに本なり。本果已後は人法ともに迹なり。」

と、久遠元初の自受用身は人法ともに本であり、久遠実成の釈迦如来はそこから迹を垂れた仏であるというのである。そして、

「末法の発迹顕本とは、蓮祖すなわち久遠元初自受用身とあらわる。これを末法の発迹顕本と名づくるなり。」

と末法においては、その久遠元初自受用身は、日蓮となって顕れ、私達はこの日蓮を本仏として信仰修行の対象として仰ぐのであるとしている。そして、久遠元初の本仏と、釈迦如来との相違については、『末法相応抄』に、

「久遠元初自受用身とは、本因名字の報身にして色相荘厳の仏身にあらず。ただ名字凡身の当体なり。今日寿量の教主は応仏昇進の自受用身にして、久遠元初の自受用にあらず。すなわちこれ色相荘厳の仏身なり。」

「本地自行の自受用身は、すなわちこれ本因妙の教主釈尊なり。本因妙の教主釈尊はすなわちこれ末法出現の蓮祖聖人の御事なり。これすなわち行位まったく同じき故なり。」

等と、久遠元初の自受用身と久遠実成の釈迦如来との相違は、久遠元初の自受用身は名字即成の凡身日蓮であるに対して、久遠実成の釈迦如来は色相荘厳の仏身であるとしている。

これをわかりやすく図にすると、

日蓮　釈尊の因行果徳の二法を具足する妙法が根本。完全な法勝人劣。

日有　釈尊の因行である菩薩即ち上行菩薩の修行をする日蓮が今日の導師である。法勝人劣が前提になっている点で、法勝人劣が濃厚。

日寛　久遠元初の自受用身が根本で、釈迦はその垂迹であり、久遠元初の自受用身は今日においては日蓮である。人法体一。

となると思う。法門の根本が妙法から上行菩薩即日蓮、更に元初自受用身即日蓮に変遷していったということがわかると思う。

十五、本尊書写に見る人法本尊観

人間というものは面白いもので、考えていることはやはり何らかの形で表に出るものである。歴代の中には、法門書の著作がない歴代もあるが、本尊書写のあり方にその考えは顕れると考えられる。ある意味では、本尊こそもっとも書写する人物の思想を顕わすものということもできる。そこで、日蓮正宗の歴代及び富士門各師の本尊書写における相貌の面から、特に人法問題について、考えてみることにする。

上代歴代本尊に見る人法本尊観

【宗祖日蓮本尊】

(1) 書写年月日　文永八（一二七一）年十月九日　年齢　五十歳
縦　五三・六センチ
幅　三三センチ
通称　楊子御本尊
所蔵　京都・立本寺

(2) 書写年月日　文永十一（一二七四）年七月二十五日　年齢　五十三歳
縦　一二七・三センチ
幅　五七センチ
所蔵　茂原・藻原寺

(3) 書写年月日　弘安元（一二七八）年十一月二十一日　年齢　五十七歳
縦　二四三・九センチ
幅　一二四・九センチ
所蔵　岡宮・光長寺

(4) 書写年月日　弘安三（一二八〇）年十一月　日　年齢　五十九歳
縦　一九七・六センチ

幅　一〇八・八センチ
所蔵　玉沢・妙法華寺

(5)　書写年月日　弘安五（一二八二）年四月　日　年齢　六十一歳
縦　九三センチ
幅　五〇・九センチ
所蔵　京都・本隆寺

(6)　書写年月日　弘安三（一二八〇）年四月　日　年齢　五十九歳
縦　六一・八センチ
幅　四〇・九センチ
所蔵　身延・久遠寺

(7)　本門戒壇本尊
弘安二（一二七九）年十月十二日　年齢　五十八歳
縦　一四三・九センチ
幅　六五・一センチ
所蔵　富士・大石寺

宗祖日蓮書写本尊は、現存しているものが、百二十数幅確認されているが、ここでは人法問題に関して論じるために、現存最初の書写の本尊である文永八年書写・通称楊子御本尊と称されている本尊を始め、宗祖の書写本尊中、わりと大きめの本尊を各年時から選んで、検討してみたい。わりと大き目の本尊を選んだ理由は、宗祖が本尊書写に関して、紙の広さや字の大きさをあまり気にせず、思うところを自由に表現できると考えるからである。

宗祖の本尊に関して、注目すべきは二点、第一点は、首題の南無妙法蓮華経と周囲の諸仏菩薩との字の大きさである。第二点が同じく主題と日蓮の字の大きさ及び署名位置である。要は、本尊相貌中において、最も目立つのは何かという点である。第一点の主題と釈迦如来・多宝如来他の諸菩薩との字の大きさをみれば、どちらが主で、どちらが従かは歴然としている。第二点も、題目が上部に書かれ、かつ題目と日蓮の字の大きさを見比べれば、題目が主、日蓮従がはっきりしている。曼荼羅に法勝人劣の思想が明らかなのである。

一方、宗祖日蓮書写本尊において、身延久遠寺所蔵の弘安三（一二八〇）年四月日の本尊（6）の本尊）に見られるように、小数ではあるが、題目より日蓮署名の方が字が大きいものもある。しかし、これらは割と小さめの本尊に多く、また日蓮の署名の位置が最も下部にあって、曼荼羅の主体が題目にあることは明らかである。

(1) 書写年月日　文永八（一二七一）年十月九日の本尊

(2)　書写年月日　文永十一（一二七四）年七月二十五日の本尊

(3) 書写年月日　弘安元（一二七八）年十一月二十一日の本尊

(4)

書写年月日　弘安三（一二八〇）年十一月　日の本尊

(5)

書写年月日　弘安五（一二八二）年四月　日の本尊

(6)

書写年月日　弘安三（一二八〇）年四月　日の本尊

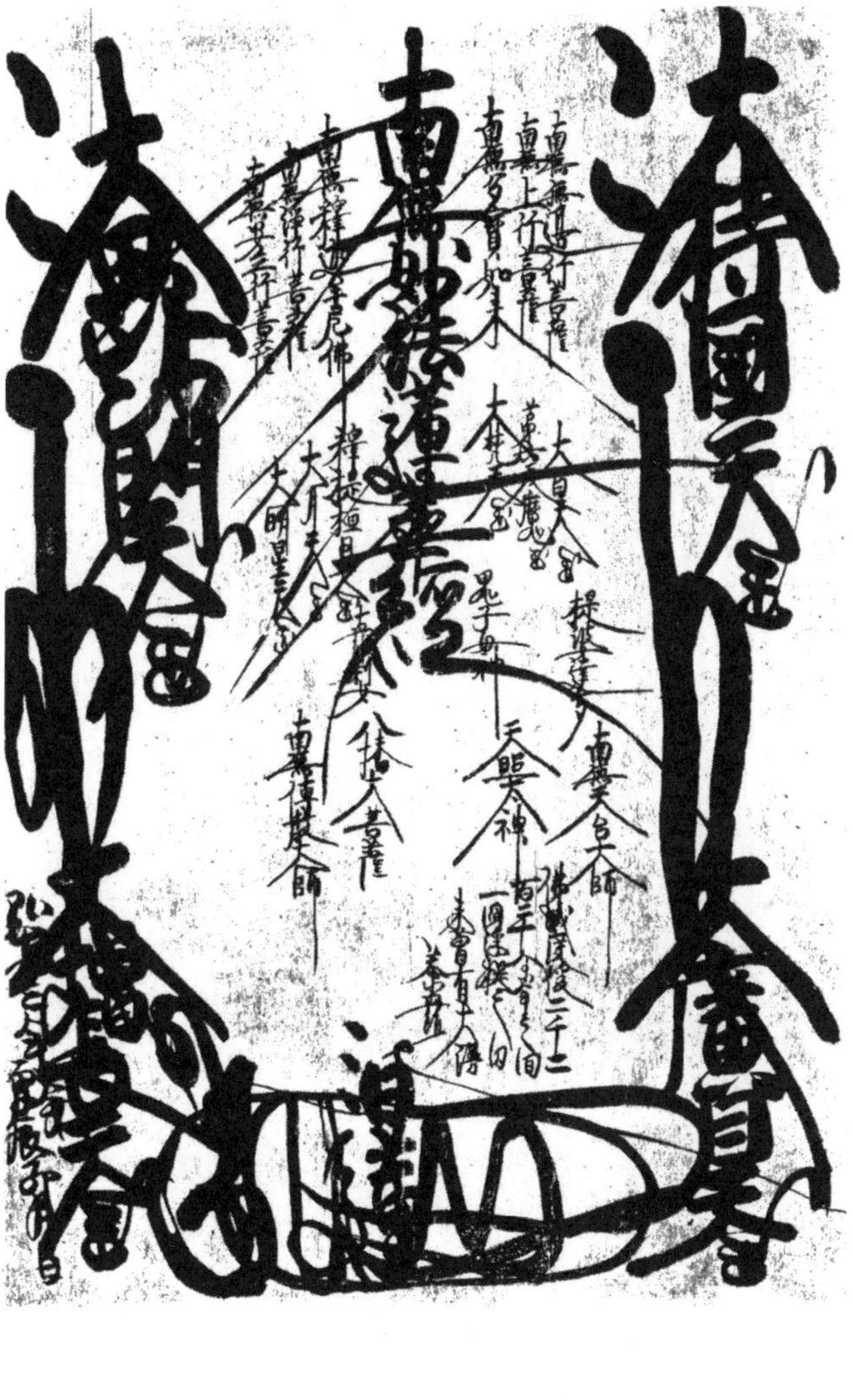

【本門戒壇本尊】
戒壇本尊もまた法勝人劣の思想が顕著である。

【二祖日興本尊】

(1)　書写年月日　正応四（一二九一）年十月十三日　年齢　四十六歳
縦　九〇・八センチ
幅　四九・五センチ
所蔵　宮城・上行寺

(2)　書写年月日　正安三（一三〇一）年十月十三日　年齢　五十六歳
縦　八九・五センチ
幅　四五・五センチ
所蔵　宮城・妙教寺

(3)　書写年月日　嘉元三（一三〇五）年十月十三日　年齢　六十歳
縦　一〇〇センチ
幅　五七センチ
所蔵　宮城・妙教寺

(4)　書写年月日　延慶四（一三一一）年四月八日　年齢　六十六歳
縦　九五センチ
幅　五一センチ
所蔵　宮城・妙教寺

(5) 書写年月日 正和五（一三一六）年七月二日　年齢 七十一歳
縦 六〇・五センチ
幅 四〇・五センチ
所蔵 宮城・妙教寺

(6) 書写年月日 元応三（一三二一）年二月十五日 年齢 七十六歳
縦 五九・二センチ
幅 四〇・六センチ
所蔵 仙台・日浄寺

(7) 書写年月日 正中二（一三二五）年九月二十三日　年齢 八十歳
縦 五二・一センチ
幅 三三・三センチ
所蔵 仙台・仏眼寺

(8) 書写年月日 嘉暦三（一三二八）年六月二十一日　年齢 八十三歳
縦 五一・五センチ
幅 三二・六センチ
所蔵 盛岡・感恩寺

(9) 書写年月日 元徳二（一三三〇）年十一月五日　年齢 八十五歳

縦　一六二センチ
幅　九七・五センチ
所蔵　宮城・妙円寺

⑽　書写年月日　元徳三（一三三一）年六月二十七日　年齢　八十六歳
縦　一〇〇センチ
幅　四九・七センチ
所蔵　佐渡・妙宣寺

日興の本尊は、今日二百八十数幅確認されているが、ここでは師四十六歳の正応四（一二九一）年十月十三日の本尊を始め、各年代から抽出して十幅を紹介した。日興の本尊書写に見られる特徴は、弘安十年・現存最古の本尊を含め、最晩年の正慶元年の本尊に至るまで、題目と日蓮の主従関係は明確で、法勝人劣の思想が明確に読み取れる。五十代まではそんなに目立たないが、六十代以降の本尊はより顕著である。特に、⑷の延慶四（一三一一）年四月八日書写の本尊、⑸の正和五（一三一六）年七月二日書写の本尊に至っては、本尊において何が中心であるか、だれが見ても明らかと思う。

また、ここでは紹介できなかったが、佐渡世尊寺所蔵の元応元年七月一日書写の本尊も、題目と日蓮とに明確な主従の関係が書写されているので、興風談所編『日興上人御本尊集』を参照されたい。

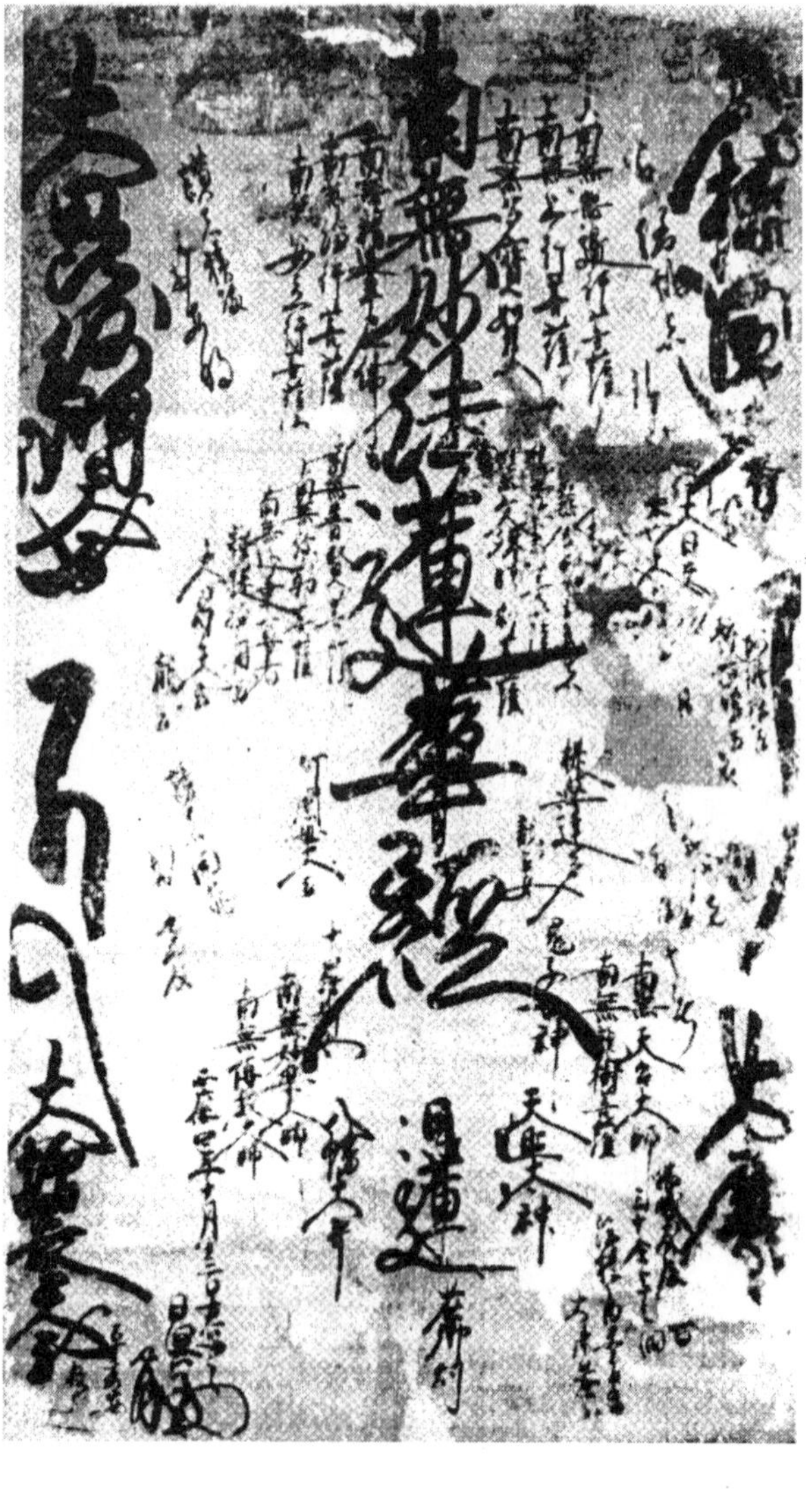

(1)　正応四（一二九一）年十月十三日　年齢　四十六歳の本尊

(2)

書写年月日　正安三（一三〇一）年十月十三日　年齢五十六歳の本尊

(3)　嘉元三（一三〇五）年十月十三日　年齢　六十歳の本尊

(4)

延慶四（一三一一）年四月八日　年齢　六十六歳の本尊

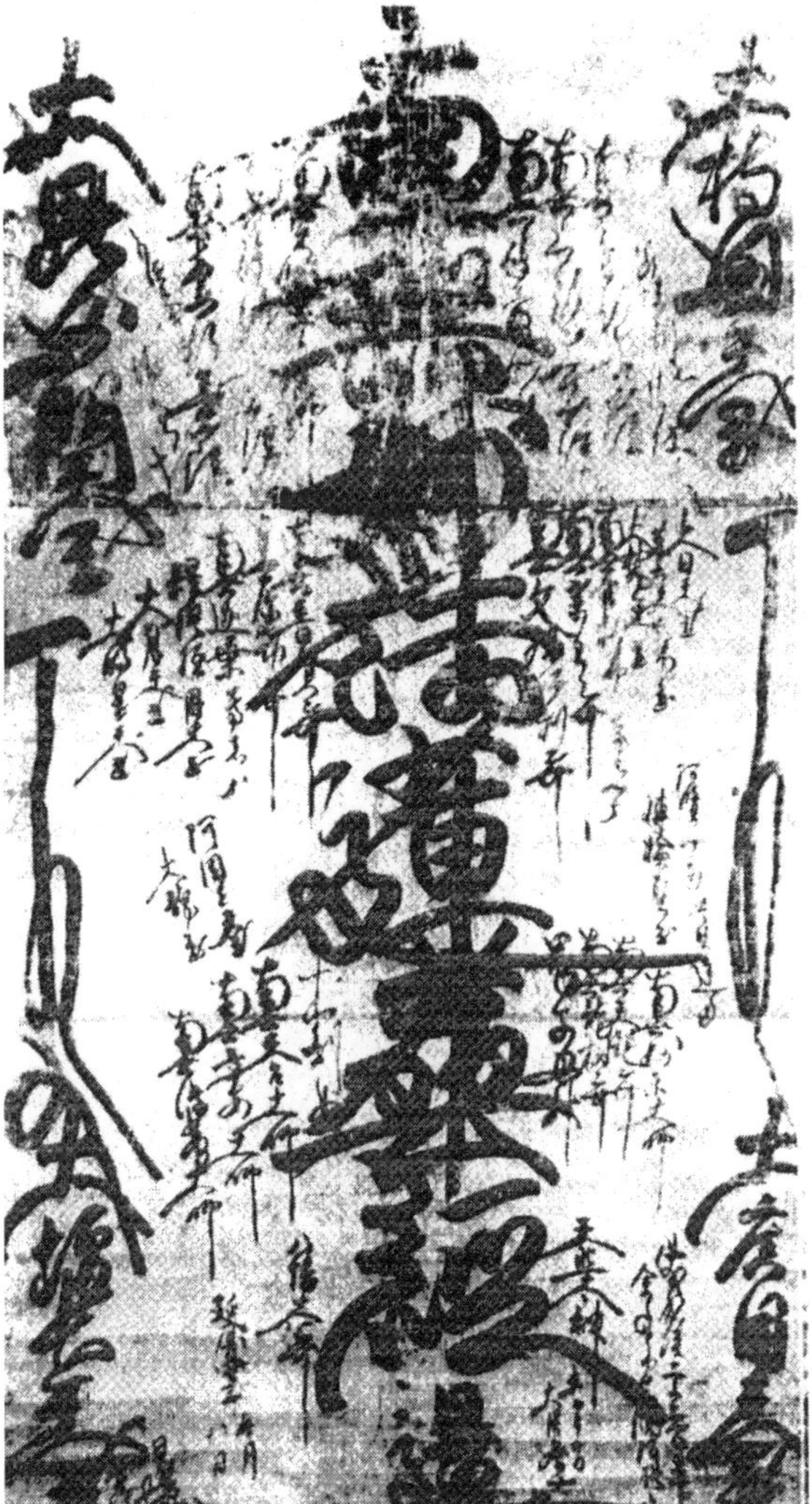

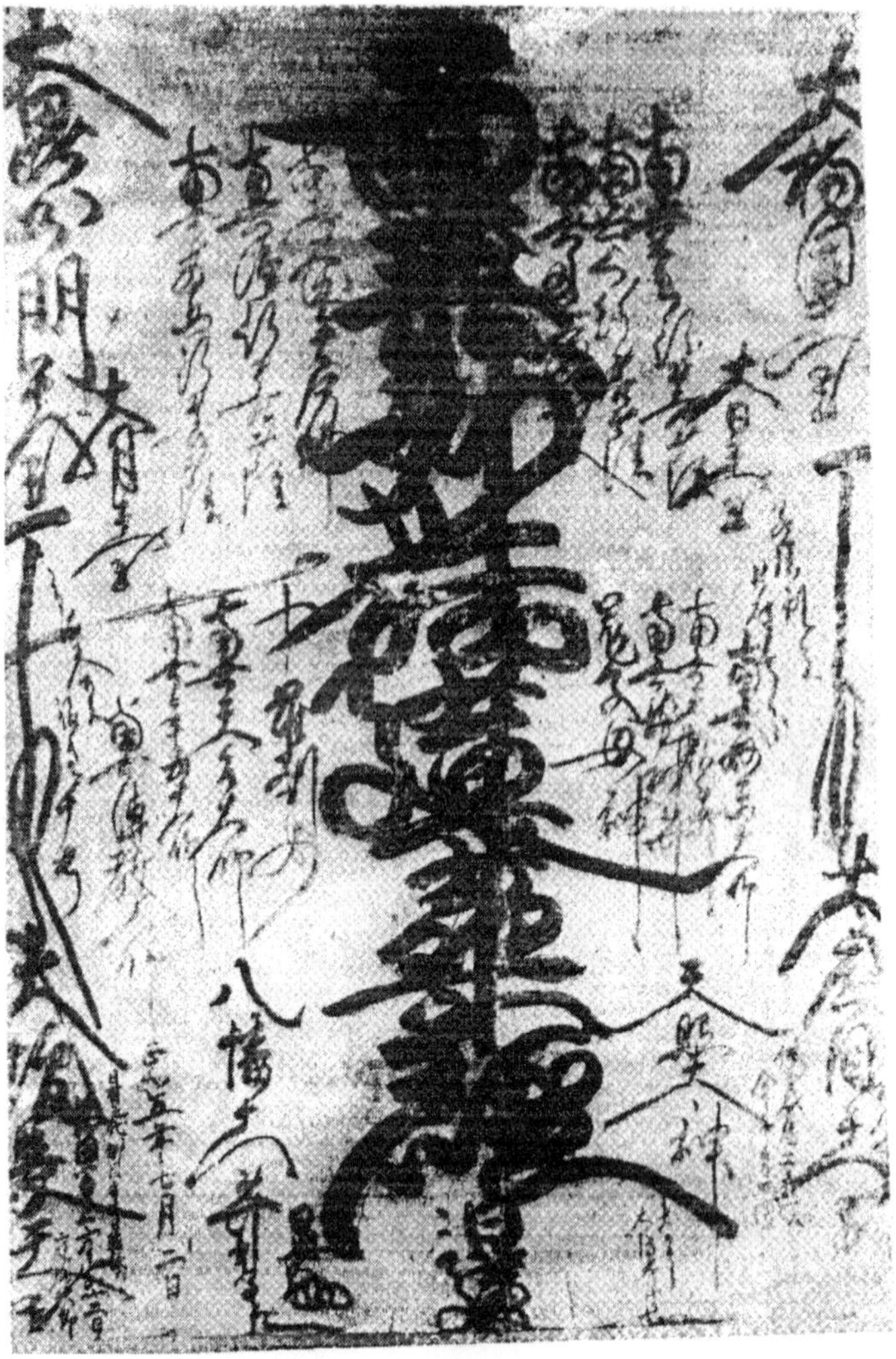

(5) 正和五（一三一六）年七月二日　年齢　七十一歳の本尊

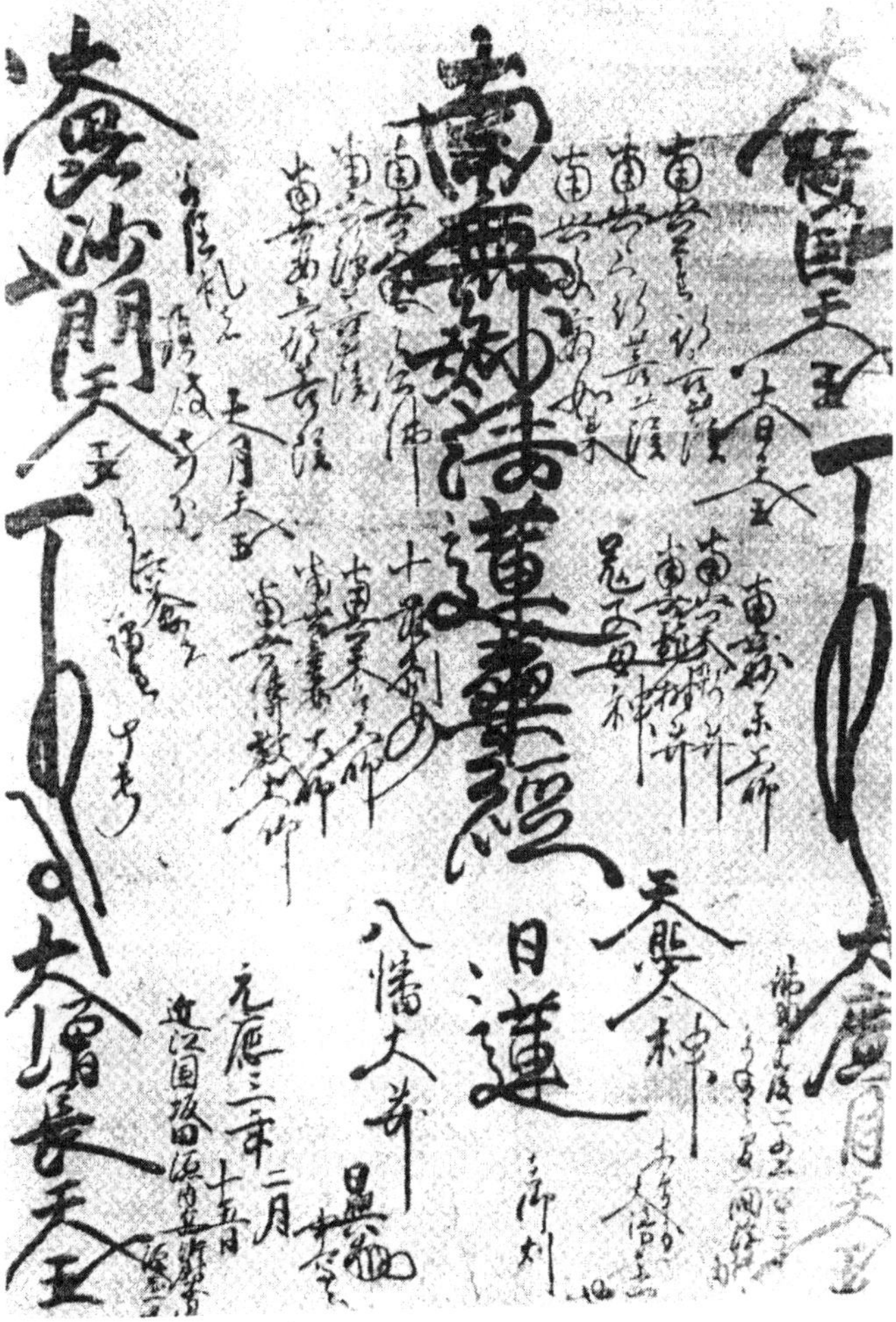

(6)　元応三（一三二一）年二月十五日　年齢　七十六歳の本尊

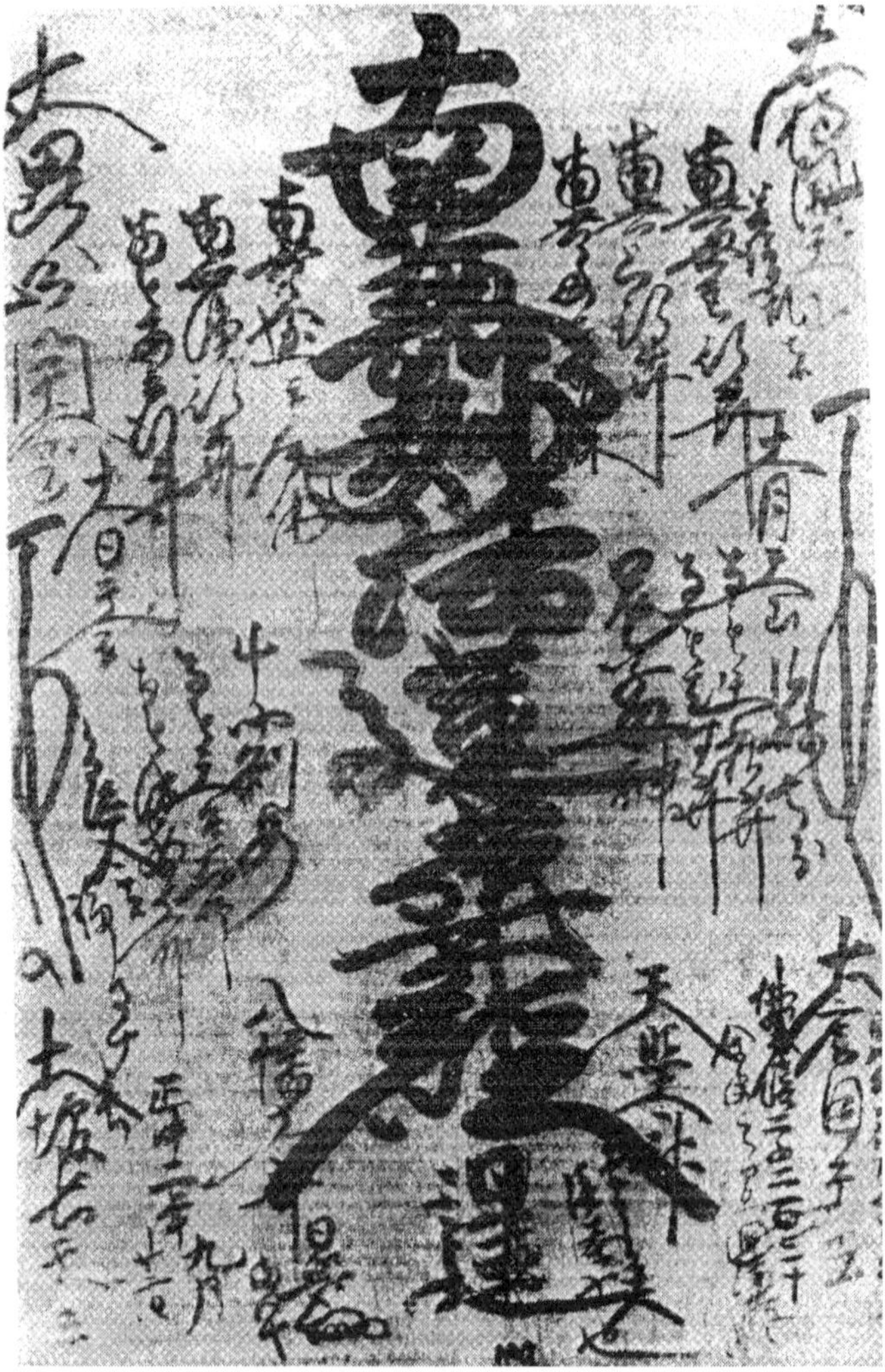

(7)
書写年月日　正中二（一三二五）年九月二十三日　年齢　八十歳の本尊

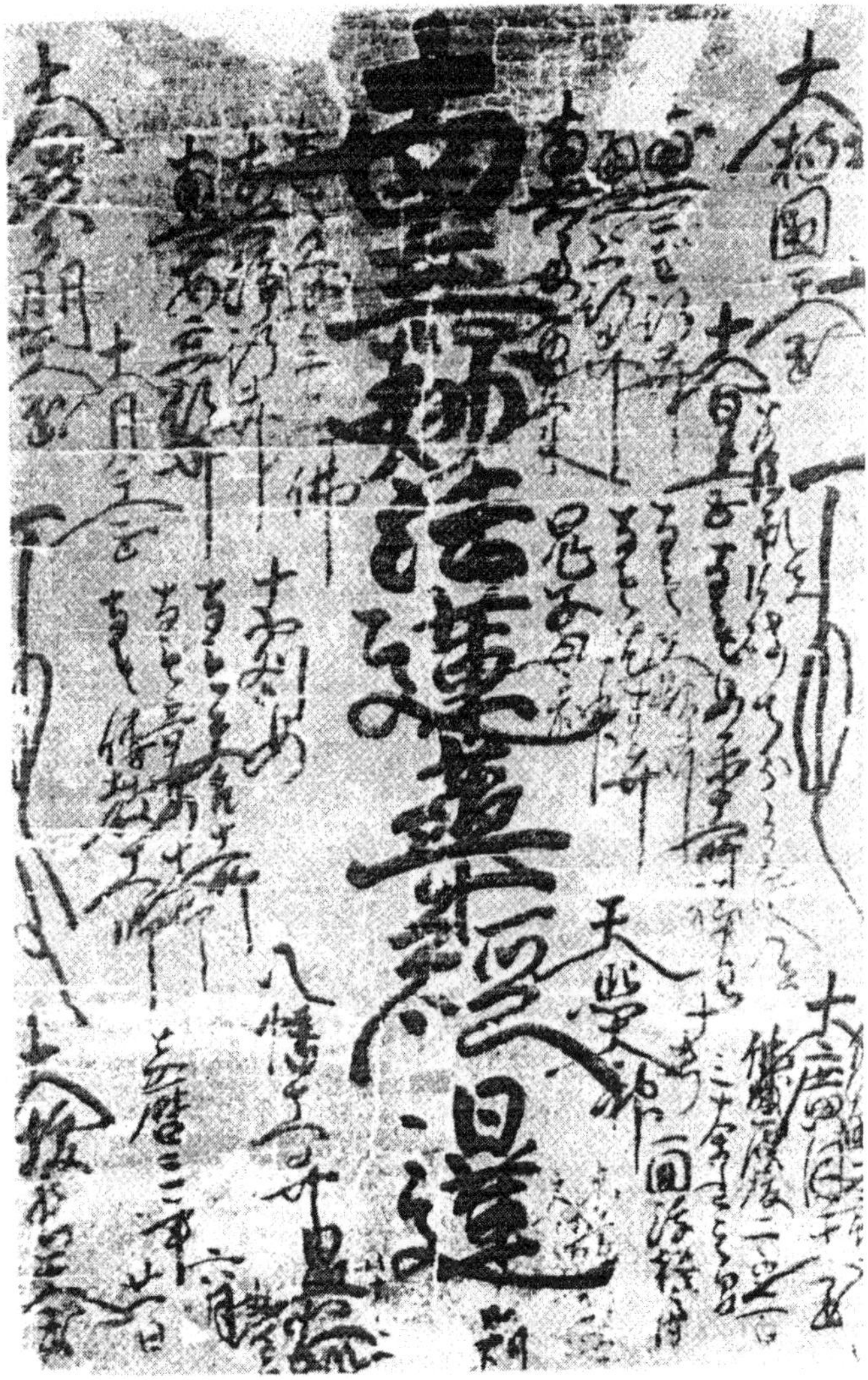

(8)　嘉暦三（一三二八）年六月二十一日　年齢　八十三歳の本尊

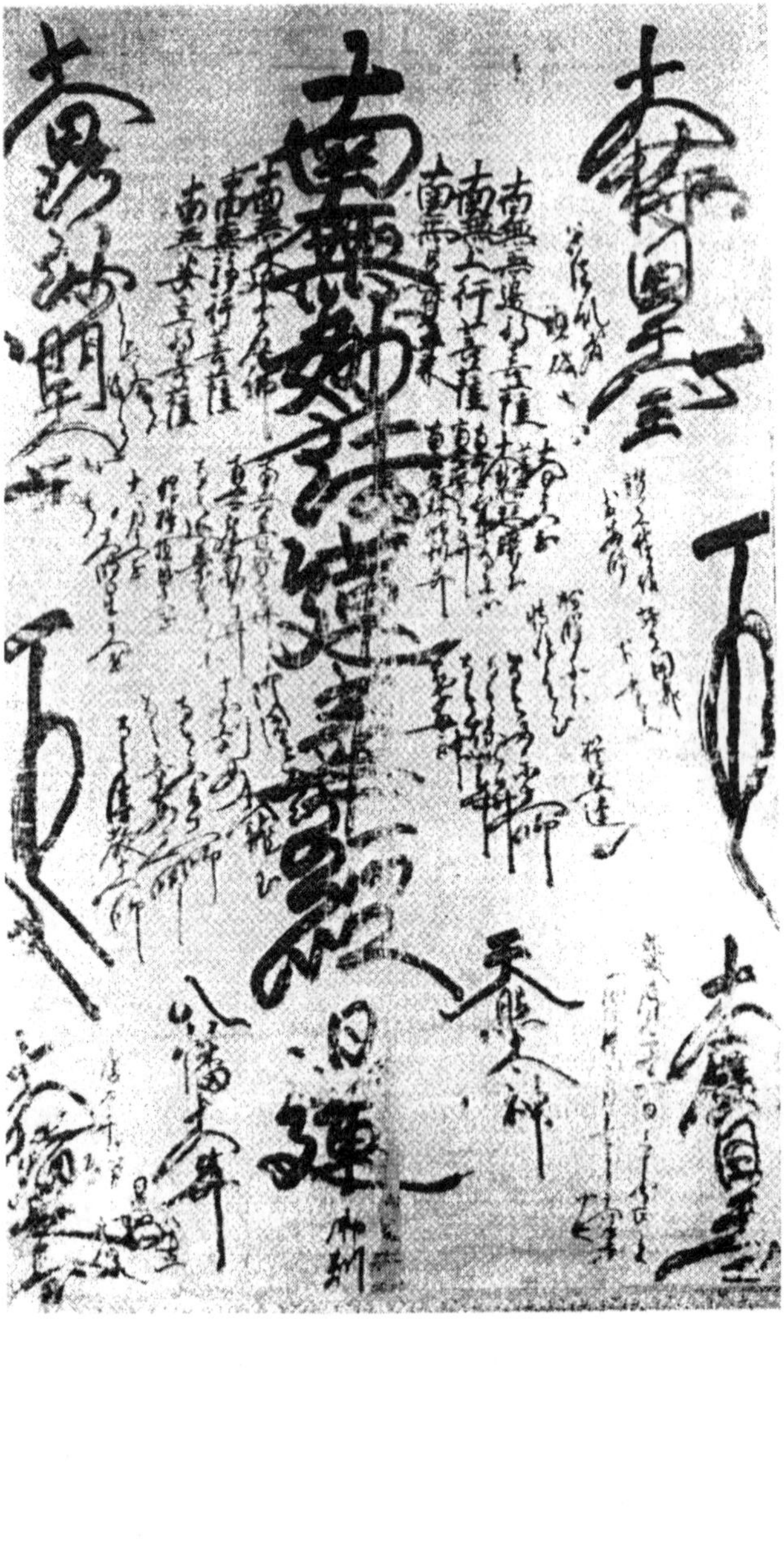

(9) 元徳二（一三三〇）年十一月五日　年齢　八十五歳の本尊

⑽
書写年月日　元徳三（一三三一）年六月二十七日　年齢　八十六歳の本尊

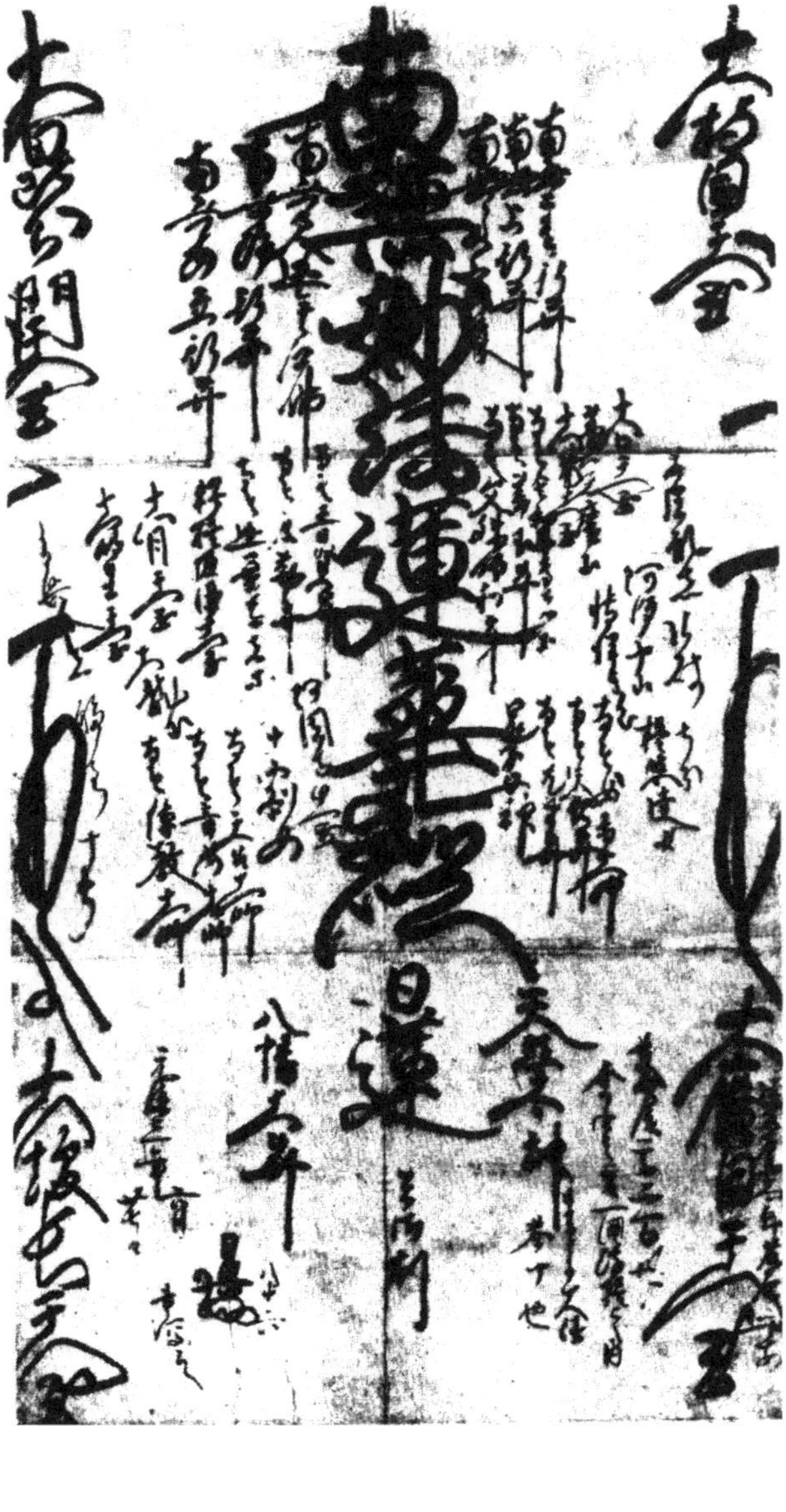

【三祖日目本尊】

(1)　書写年月日　正中三（一三二六）年四月　日　年齢　六十七歳

縦　五一・五センチ

幅　三二・七センチ

所蔵　小泉・久遠寺

(2)　書写年月日　正慶二（一三三三）年二月彼岸　年齢　七十四歳

縦　不詳

幅　不詳

所蔵　松江・妙興寺

(3)　書写年月日　元弘三（一三三三）年十月十三日　年齢　七十四歳

縦　五〇センチ

幅　三二・五センチ

所蔵　宮城・妙教寺

日目の本尊は現存するものが八幅確認されているが、ここに紹介したのは、その内の三幅である。日目の本尊も法勝人劣の思想が明確である。特に、正慶二（一三三三）年二月彼岸書写・松江妙興寺所蔵の本尊にはっきり現れている。

(1)

書写年月日　正中三（一三二六）年四月　日の本尊

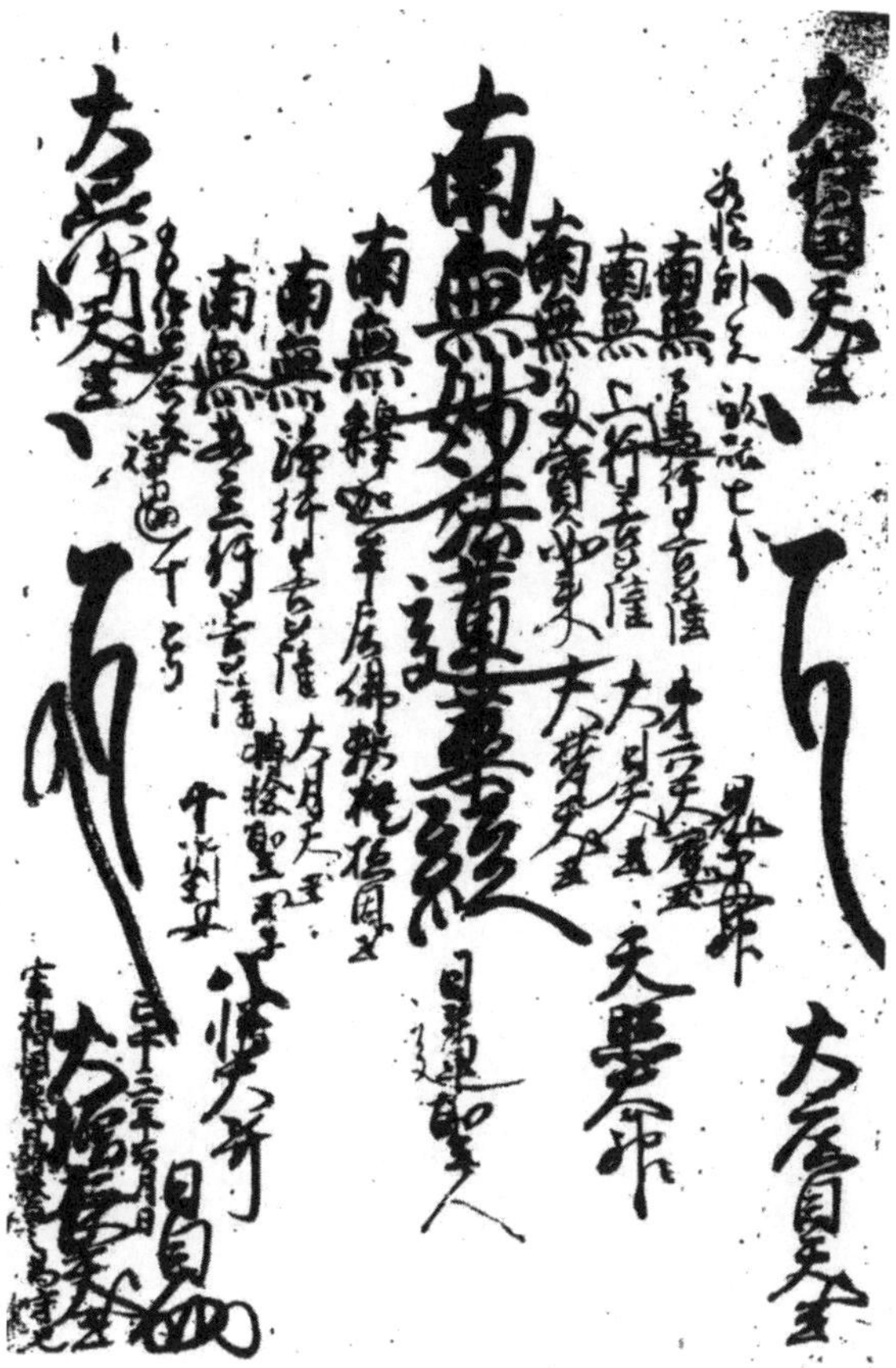

(2) 書写年月日　正慶二（一三三三）年二月彼岸の本尊

(3)

書写年月日　元弘三（一三三三）年十月十三日の本尊

【四世日道本尊】

(1) 書写年月日　暦応元（一三三八）年十月十三日　年齢　五十六歳
縦　五九センチ
幅　四二・五センチ
所蔵　宮城・妙円寺

(2) 書写年月日　暦応元（一三三八）年十月十三日　年齢　五十六歳
縦　九〇・五センチ
幅　四五・五センチ
所蔵　宮城・妙教寺

ここに紹介した日道の本尊は、二幅とも暦応元（一三三八）年十月十三日書写の本尊で、日付が同じということであるが、相貌も大きさも異なっているものの、題目と日蓮と比較すると、題目が主、日蓮が従であることが読み取れる。ただし、宗祖・日興・日目と比較すると、法勝人劣の思想が三師ほど明瞭には現れてはいないように思われるが、他の日道の本尊を拝見したいものである。どちらかというと、日興の初期の本尊書写に雰囲気が似ている。

(1)　書写年月日　暦応元（一三三八）年十月十三日の本尊

(2) 書写年月日　暦応元（一三三八）年十月十三日の本尊

【五世日行本尊】

(1)　書写年月日　文和二（一三五三）年三月十二日
　縦　九七・五センチ
　幅　五〇・五センチ
　所蔵　宮城・妙教寺

(2)　書写年月日　延文四（一三五九）年三月八日
　縦　九六・五センチ
　幅　四九センチ
　所蔵　宮城・妙教寺

(3)　書写年月日　貞治四（一三六五）年二月　日
　縦　九四・五センチ
　幅　四八センチ
　所蔵　宮城・妙円寺

ここに紹介した日行の三幅の本尊は、題目と日蓮と比較するまでもなく、題目が主、日蓮が従であることがはっきりしている。本尊を見る限り、日行までは本尊書写において、法勝人劣の思想が顕著であるということができる。

(1)

書写年月日　文和二（一三五三）年三月十二日の本尊

(2)

書写年月日　延文四（一三五九）年三月八日の本尊

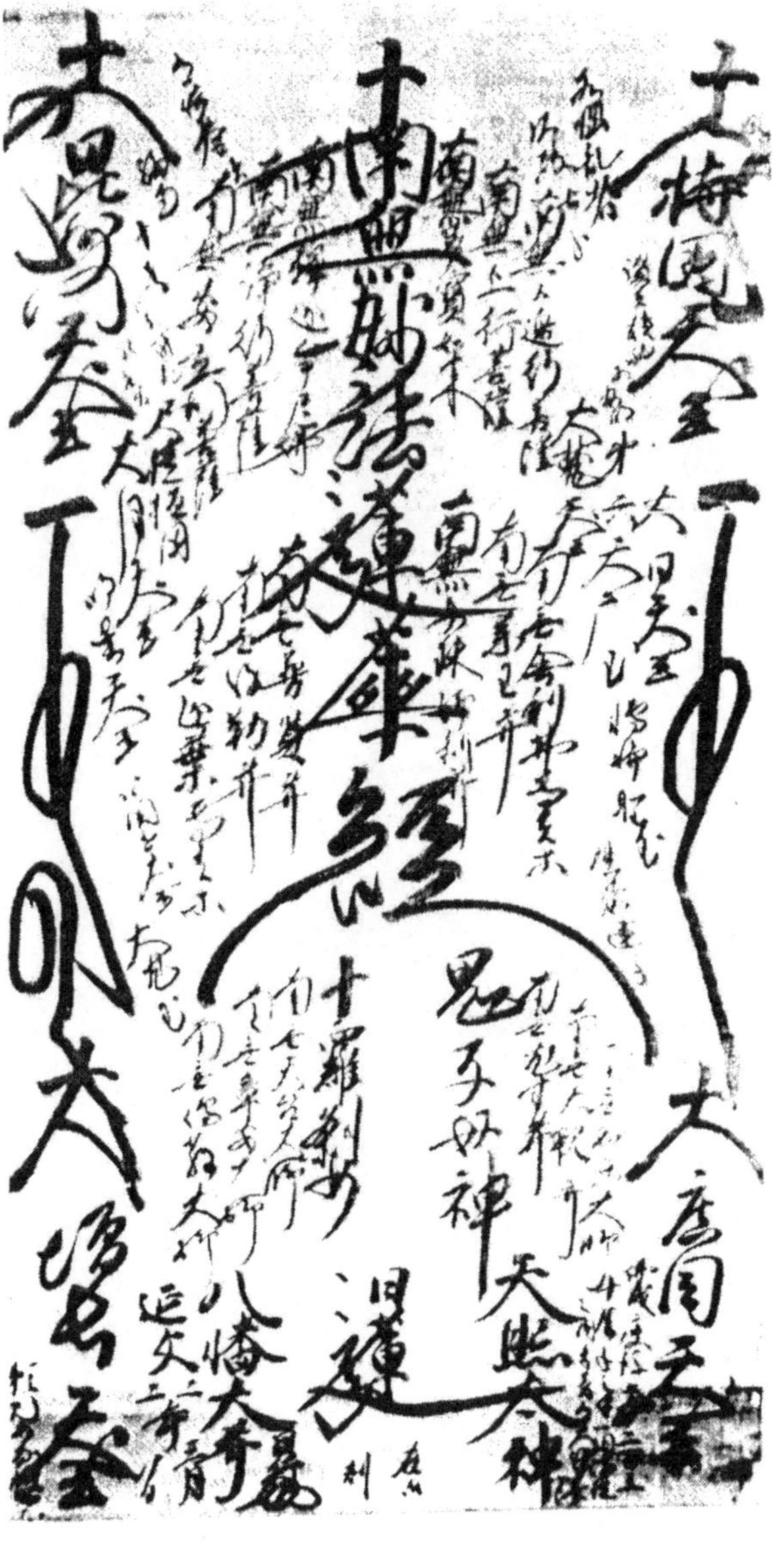

(3)　書写年月日　貞治四（一三六五）年二月　日の本尊

【六世日時本尊】

(1)　書写年月日　至徳四（一三八七）年七月　日
縦　四七センチ
幅　三五センチ
所蔵　宮城・妙円寺

(2)　書写年月日　明徳三（一三九二）年四月十三日
縦　四八センチ
幅　三六センチ
所蔵　宮城・妙円寺

(3)　書写年月日　応永九（一四〇二）年十月十三日
縦　一〇〇・五センチ
幅　五四・五センチ
所蔵　宮城・妙教寺

(4)　書写年月日　応永十（一四〇三）年四月八日
縦　六五・四センチ
幅　四八・五センチ
所蔵　宮城・妙教寺

(5)　書写年月日　応永十一（一四〇四）年六月　日
縦　六七センチ
幅　四九センチ
所蔵　宮城・妙教寺

日時の本尊は、ここでは五幅しか紹介できないが、他の本尊を拝してみないとなんともいえないが、この五幅を見る限り、(1)の至徳四（一三八七）年七月の本尊には、法勝人劣の思想を読み取ることはできない。題目と日蓮とを比較して、題目より日蓮の方が目立っているようである。

これに対して、(2)の明徳三（一三九二）年四月の本尊、(3)の応永九年十月十三日の本尊、(4)の応永十（一四〇三）年四月の本尊、(5)の応永十一（一四〇四）年六月の本尊には、法勝人劣の思想を読み取ることができる。日時の場合は、晩年になるほど法勝人劣の色合いが顕著になってきているということができる。

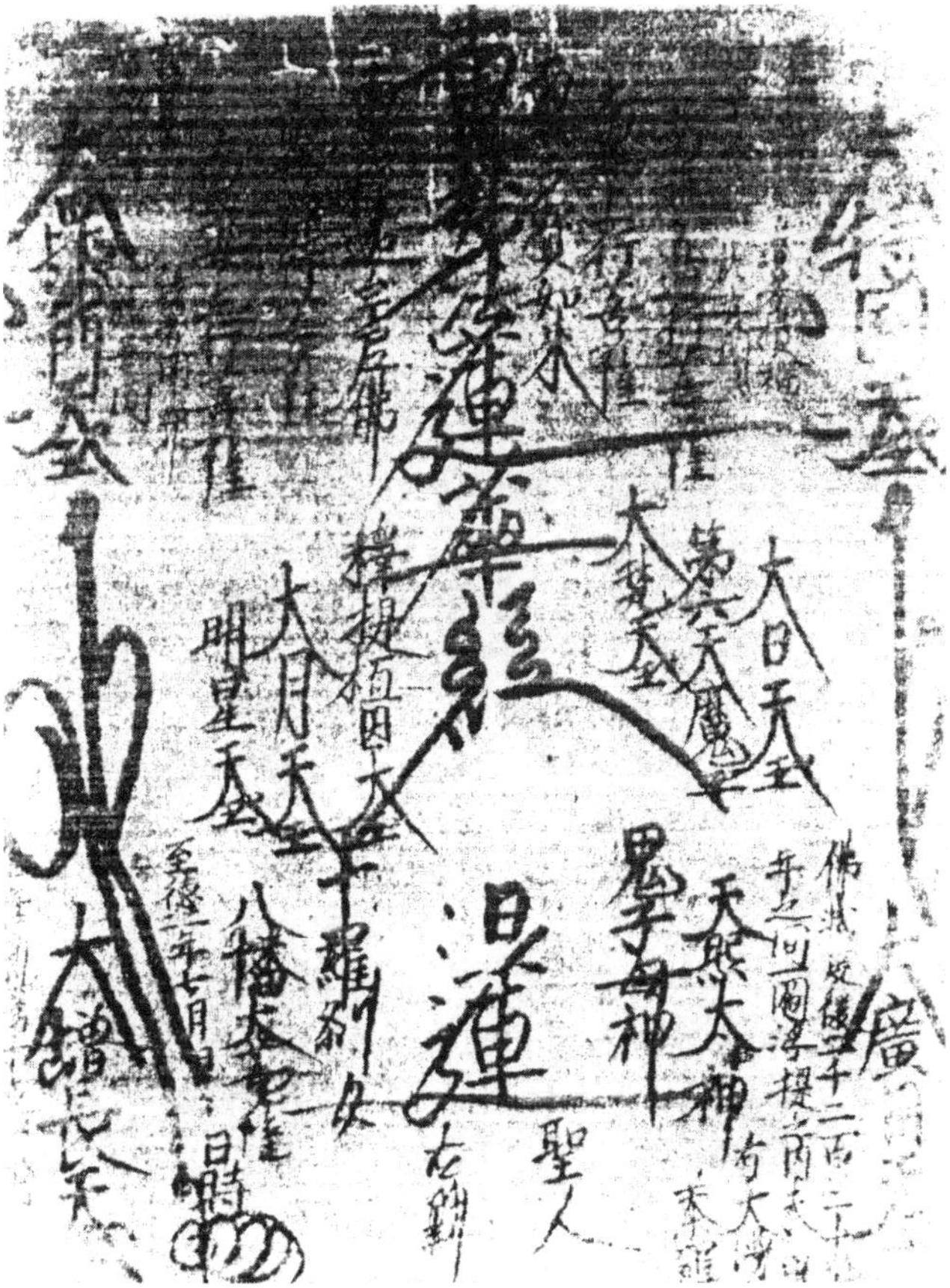

(1) 書写年月日　至徳四（一三八七）年七月　日の本尊

(2)　書写年月日　明徳三（一三九二）年四月十三日の本尊

(3)　書写年月日　応永九（一四〇二）年十月十三日の本尊

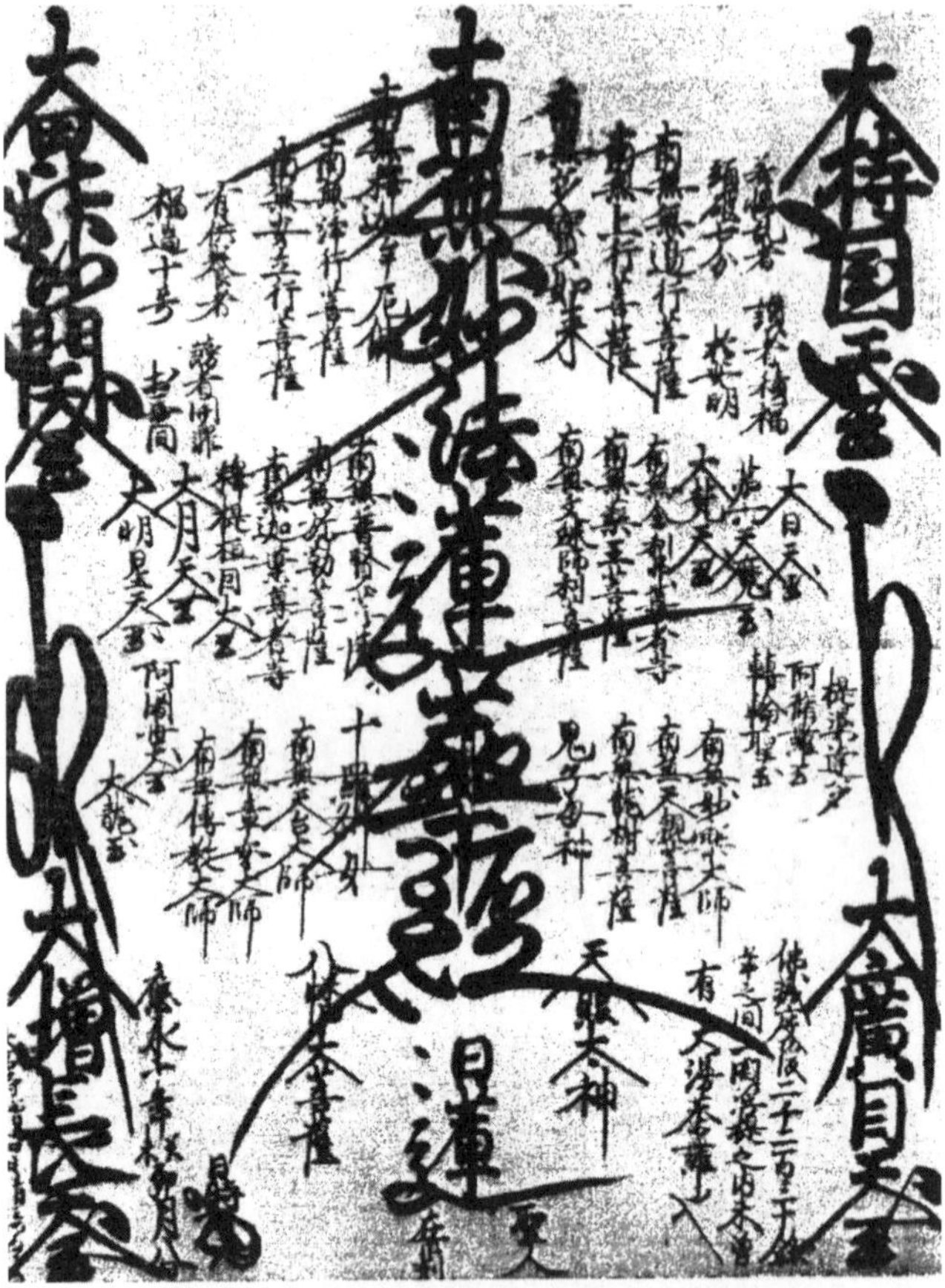

(4)
書写年月日　応永十（一四〇三）年四月八日の本尊

(5)
書写年月日　応永十一（一四〇四）年六月　日の本尊

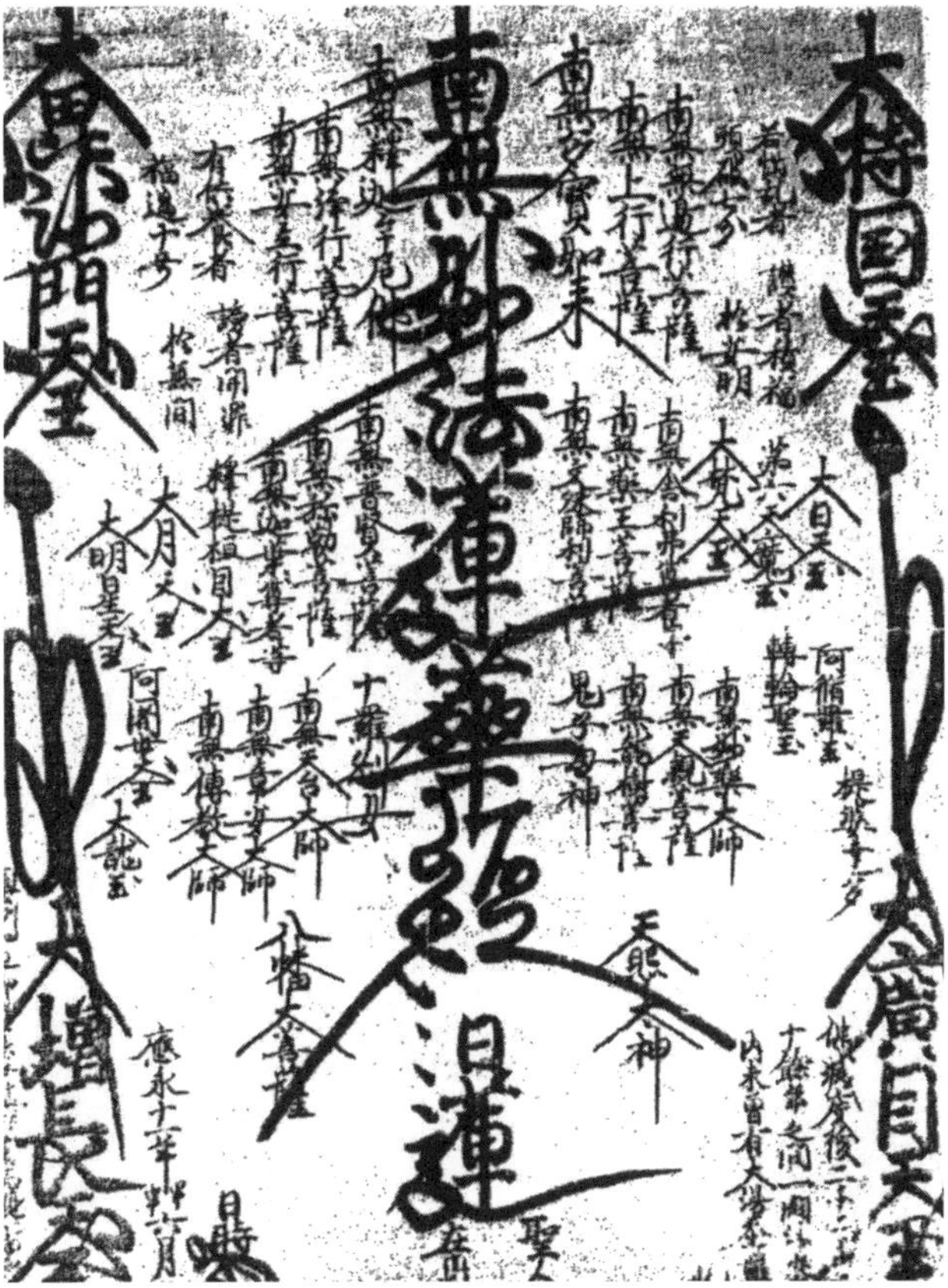

【八世日影本尊】

(1)　書写年月日　応永二十（一四一三）年八月時正

　年齢　六十二歳

縦　四二センチ

幅　二九・五センチ

所蔵　宮城・妙教寺

日影の本尊を他に見ることができないので、一概にはいえないが、少なくともこの本尊を見る限り、法勝人劣の思想が顕著に現れているとはいえないと思う。日影の他の本尊を見てみたいものである。

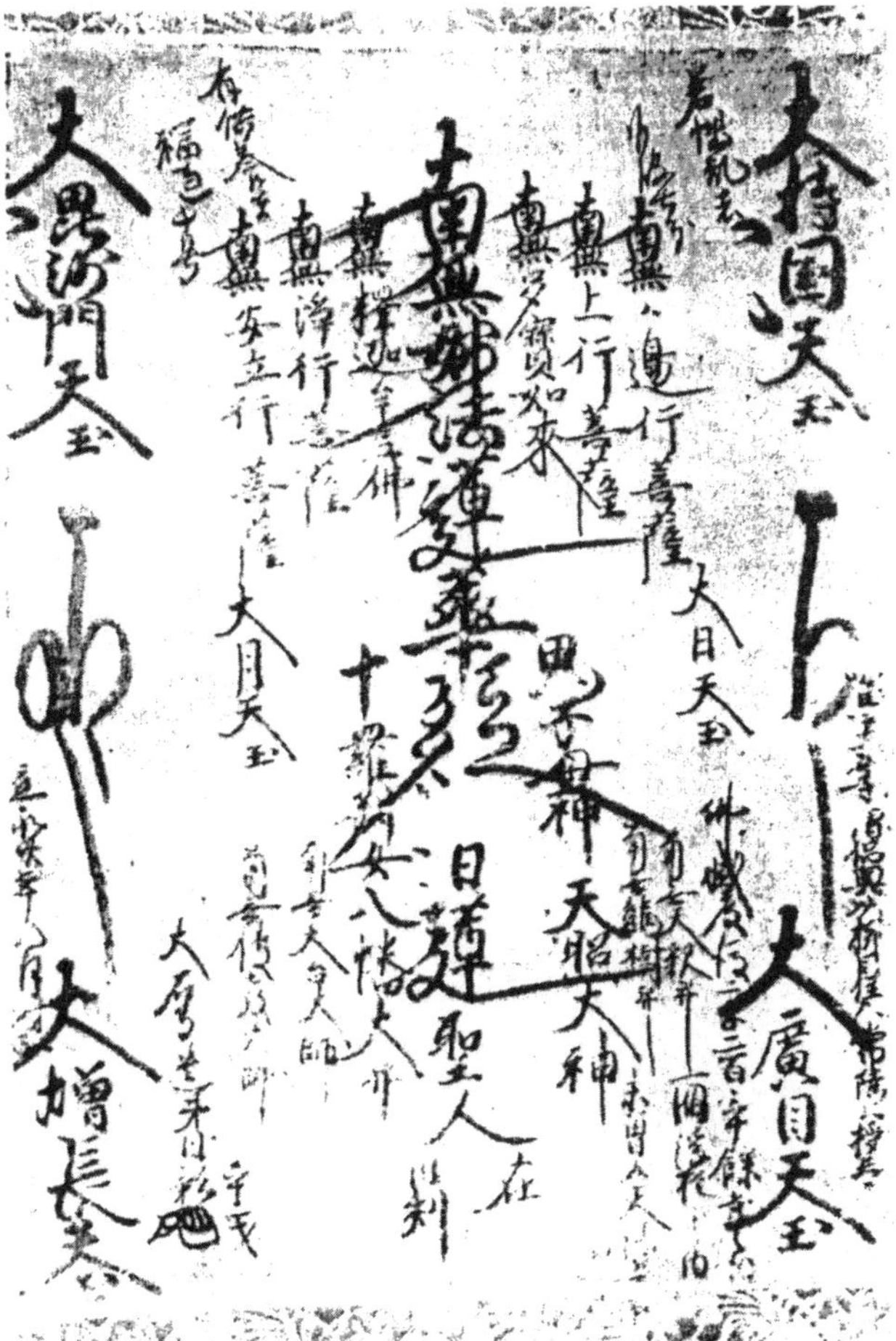
南無妙法蓮華経
日蓮
聖人
在判
大持国天王
大毘沙門天王
大広目天王
大増長天王
大日天王
大月天王
天照大神
南無釈迦牟尼仏
南無多宝如来
南無上行菩薩
南無無辺行菩薩
南無浄行菩薩
南無安立行菩薩

【九世日有本尊】

(1) 書写年月日　文安四（一四四七）年五月十九日
　年齢　四十六歳
　縦　三五センチ
　幅　二六・五センチ
　所蔵　仙台・村上家

(2) 書写年月日　宝徳四（一四五二）年四月十三日
　年齢　五十一歳
　縦　四一・一センチ
　幅　三三・二センチ
　所蔵　仙台・仏眼寺

(3) 書写年月日　長禄四（一四六〇）年七月十八日
　年齢　五十九歳
　縦　七五・五センチ
　幅　五二センチ
　所蔵　宮城・妙教寺

日有の本尊は、ここでは三幅しか紹介できないが、三幅を見る限り、法勝人劣の思想が顕著である。日時・日影の本尊と異なり、題目が主、日蓮が従という考えがはっきり現れているということができる。

(1)　書写年月日　文安四（一四四七）年五月十九日

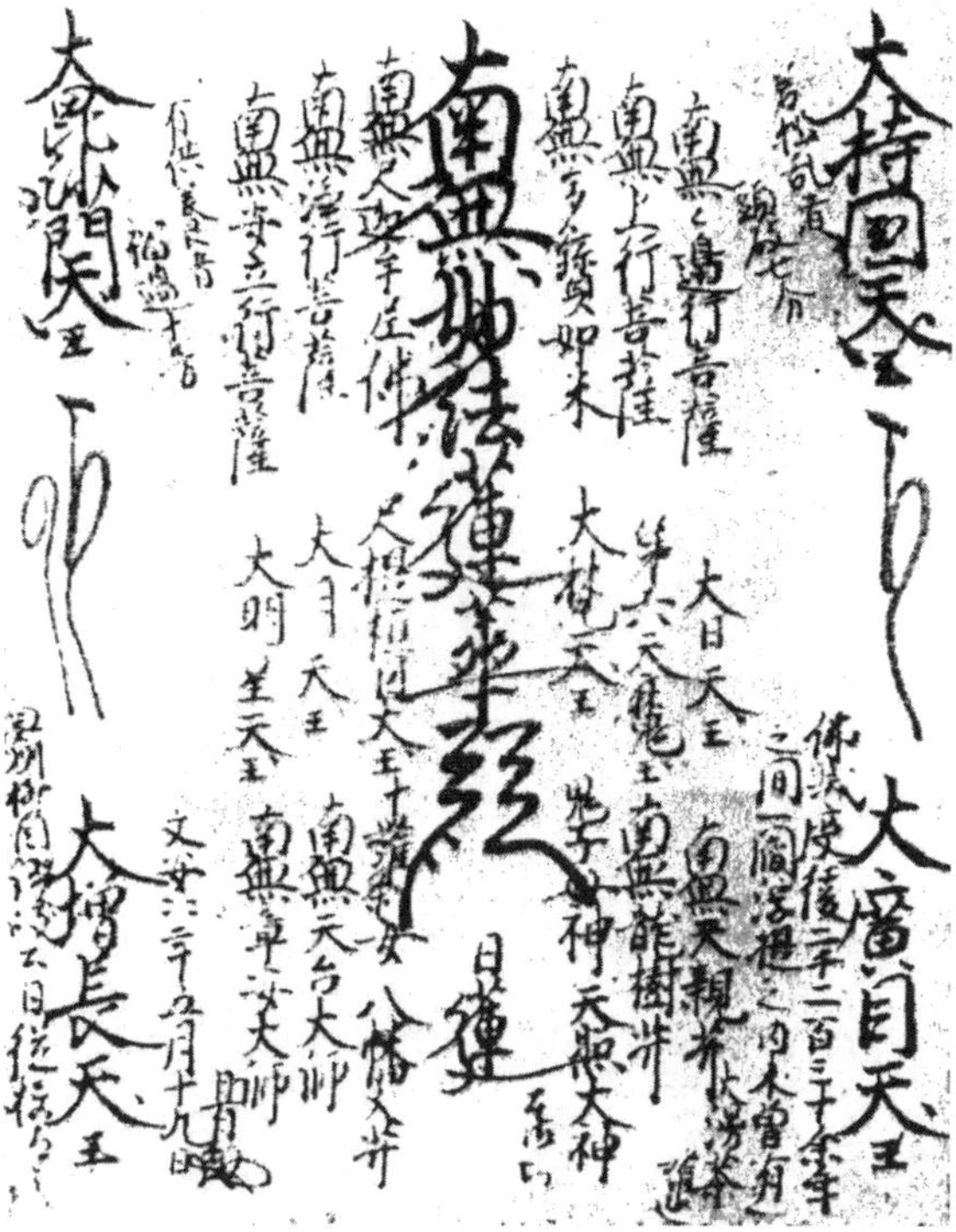

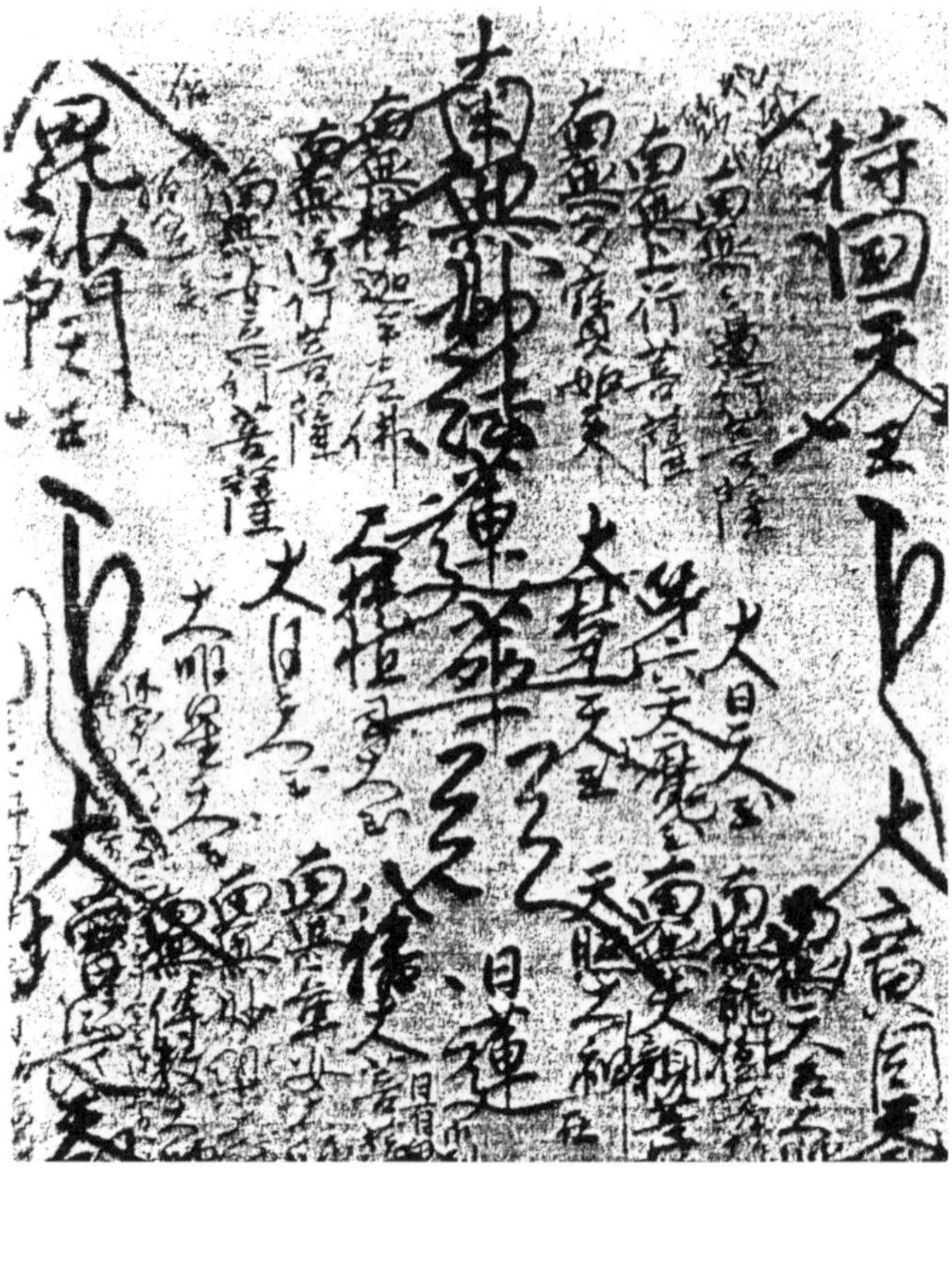

(2)　書写年月日　宝徳四（一四五二）年四月十三日

(3)　書写年月日　長禄四（一四六〇）年七月十八日

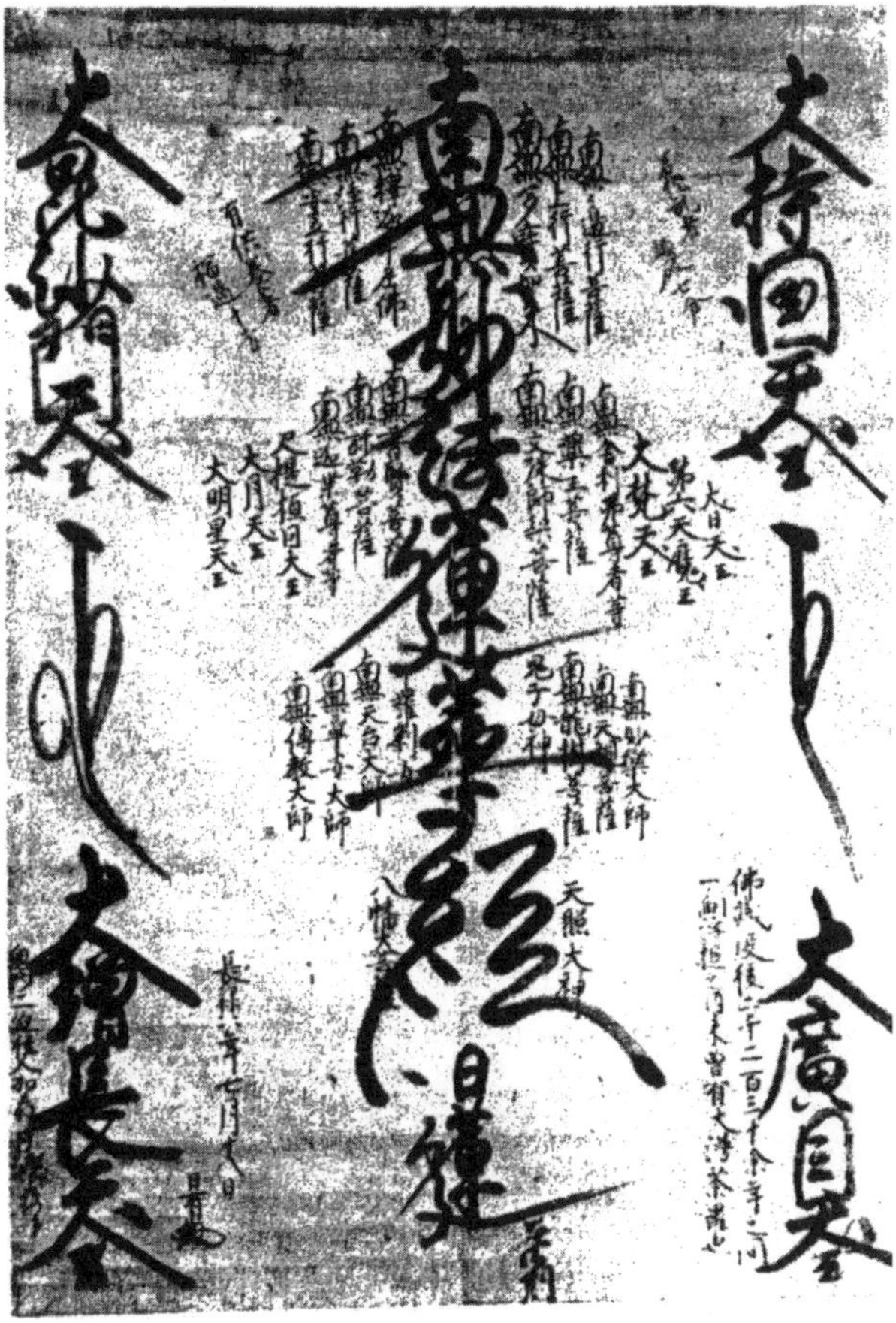

富士門上代各師本尊に見る人法本尊観

【日郷本尊】

(1) 書写年月日　不詳
　　年齢　不詳
縦　四二・四センチ
幅　二九・七センチ
所蔵　小泉久遠寺

日郷は、保田妙本寺開山。日目の弟子。宰相阿闍梨と称す。一二九三～一三五三年。越後蒲原郡大田氏の出身。初め天台宗出羽立石寺にて学び、伊賀公日世の門に入り、その後日目の弟子となる。房総及び佐渡にて布教、後日目の信頼厚く、蓮蔵坊にて随順、日目天奏に際して随行す。日目が垂井にて遷化すると、日尊とともに天奏を挙行。その後富士へ戻る。南条時光の四男時綱の支持により、大石寺東側の蓮蔵坊を本拠として活動するが、後安房保田に妙本寺を創建。日郷門徒の祖となる。

日郷の本尊は、師日目の本尊と雰囲気が似ているようである。ただし、師日目の本尊は、法勝人劣の思想が顕著であるが、この本尊を見る限り、法勝人劣の思想は顕著とはいえないようである。また、この本尊が確実に日郷自身の書写であるという検証も必要であるように思われる。

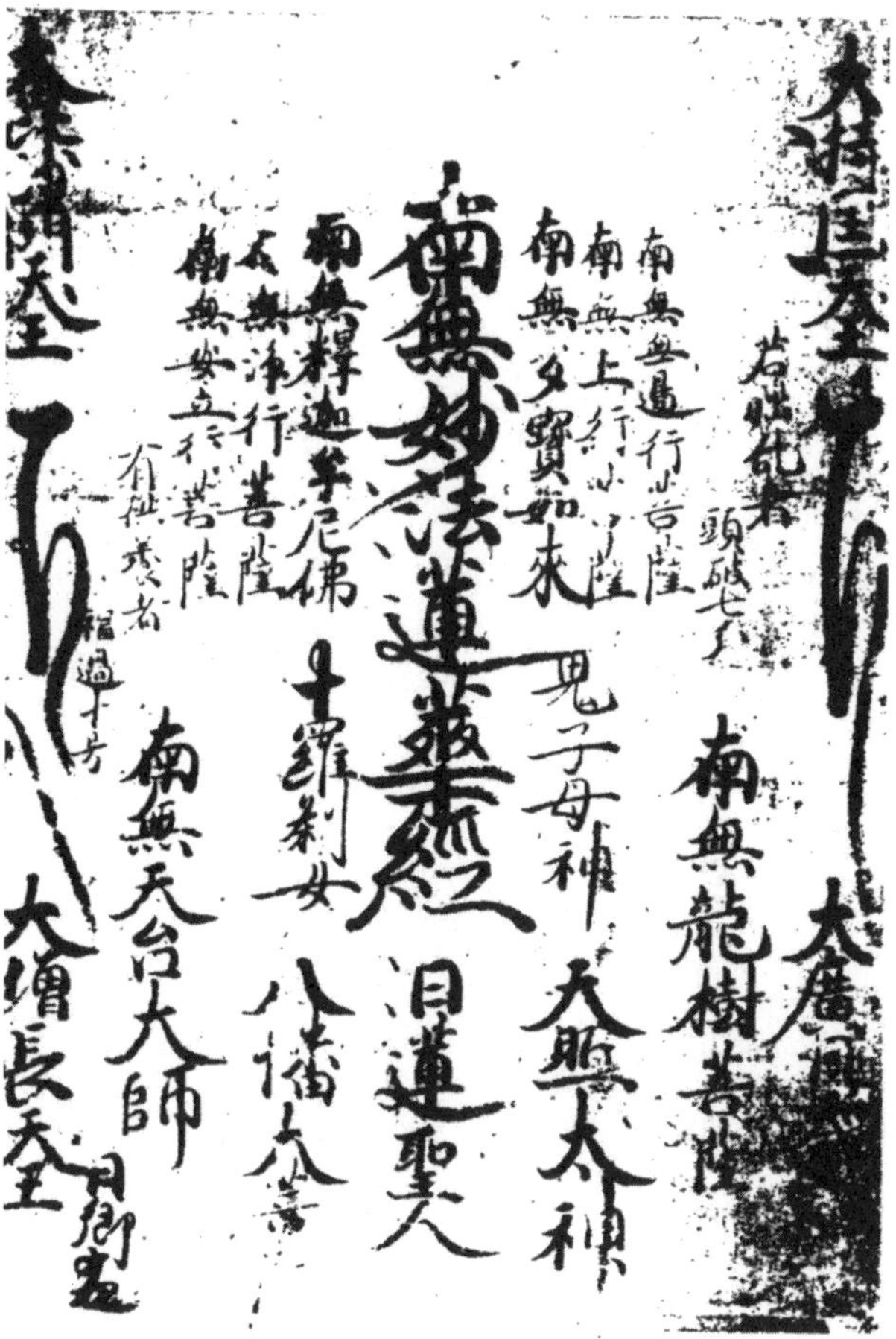
南無妙法蓮華経
日蓮聖人
南無無辺行菩薩
南無上行菩薩
南無多宝如来
南無釈迦牟尼仏
南無浄行菩薩
南無安立行菩薩
南無龍樹菩薩
南無天台大師
鬼子母神
十羅刹女
天照太神
八幡大菩薩
大増長天王
頭破七分
有供養者
福過十号

【日華本尊】

(1)　書写年月日　正中二（一三二五）六月三日

年齢　七十四歳

縦　一〇八・五センチ

幅　五二・七センチ

所蔵　下条妙蓮寺

日華は、富士下条妙蓮寺開山。日興本弟子六人の内の一人。一二五二年の生まれ、寂年は不明。寂日房と称す。建治年間に弟子日仙等とともに、日興に帰依。大石寺塔中寂日坊の開基でもある。

日華の本尊は、九幅現存するということであるが、大黒喜道著『日興門流上代事典』によれば、いずれも真蹟であるということが確認できないということである。したがって、ここでは伝日華筆本尊として紹介することにする。

日華の本尊と伝わるものをすべて、見ているわけではないので、断定はできないが、この本尊を見る限り、題目が主・日蓮が従となっており、法勝人劣の思想を読み取ることができる。

南無妙法蓮華経
日蓮

【日妙本尊】

(1)　書写年月日　康永三（一三四四）三月十三日

年齢　六十歳

縦　四八・三センチ

幅　三三・三センチ

所蔵　北山本門寺

日妙は、北山本門寺第二代。一二八五～一三六五.式部阿闍梨とも称す。弘安八年、甲斐国の生まれで、幼くして出家。寂日房日華について修行、その後日興に仕える。日興遷化一年後の建武元年正月の日代・日仙の方便品の読不読論争により、日代が北山本門寺より退出後、北山を継ぎ第二代となる。『日有御物語聴聞抄』には、重須において日興に狼藉を働こうとした出家を日妙が取り押さえたことを伝えている。

日妙の本尊は、題目と日蓮の字の大きさが、ほぼ同じ大きさで書写されているようにも見えるが、全体的に見て法勝人劣の思想が反映されているといってよいと思う。

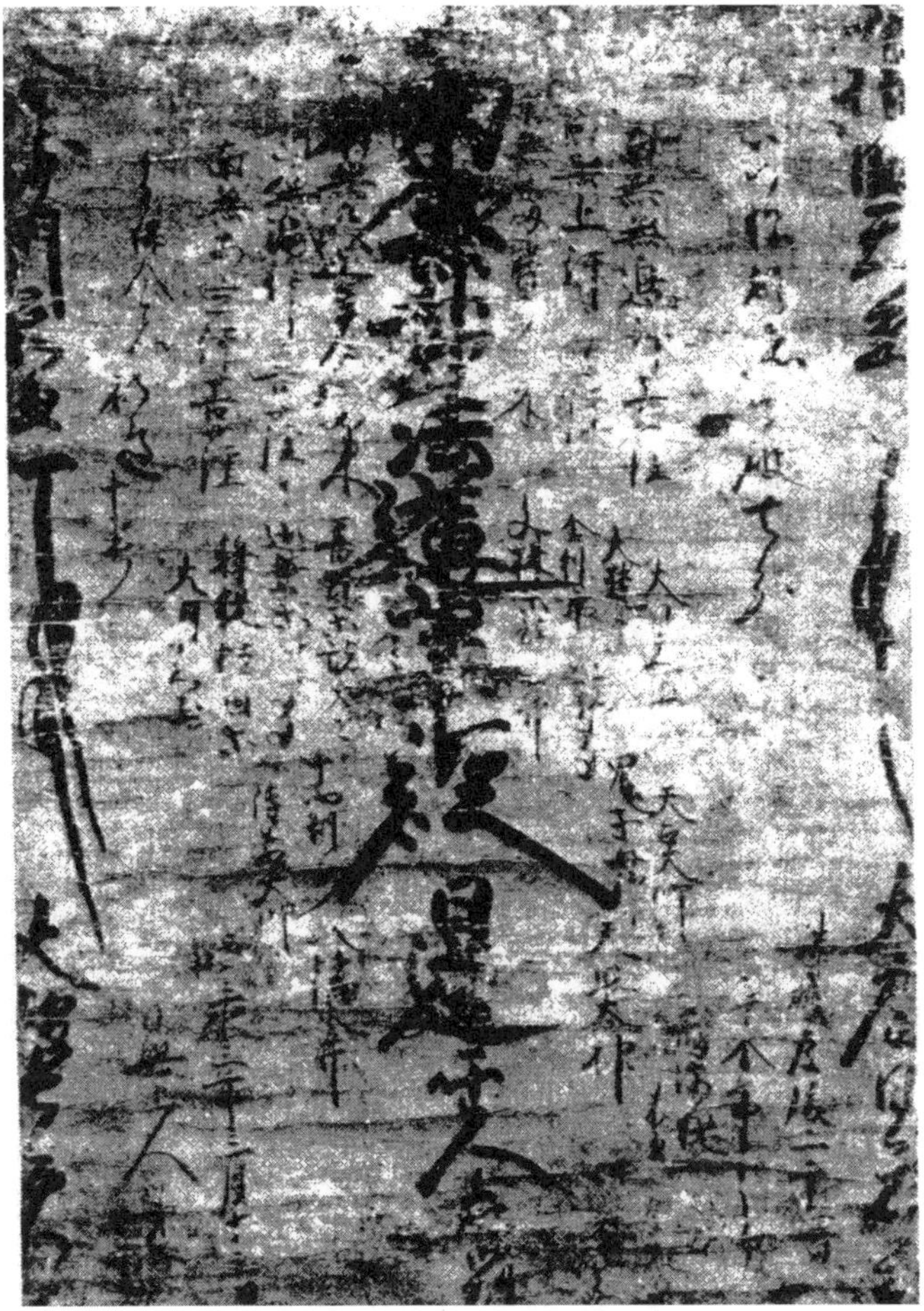

【日代本尊】

(1) 書写年月日　嘉慶二（一三八八）年八月　日
年齢　九十二歳
縦　一一一センチ
幅　六三・六センチ
所蔵　西山本門寺

(2) 書写年月日　康応二（一三九〇）年六月七日
年齢　九十四歳
縦　七五・二センチ
幅　三五・七センチ
所蔵　西山本門寺

日代は、西山本門寺開山。日興の弟子。伊予公・蔵人阿闍梨と称す。一二九七〜一三九四年。富士河合の由井家の生まれ、日興とは外戚の甥に当たる。日興に従って年少より出家。重須談所にて修学、日興によって北山本門寺の後継者として指名されるが、日興遷化一年後の建武元年正月の日仙（一二六二〜一三五七）との方便品の読不読論争により、北山本門寺より退出、西山に本門寺を創建し、日代門流の祖となる。日代の自筆本尊として、現存するものは九幅とされているが、この内の二幅である。この内、(2)の康応二（一三九〇）年六月七日、九十四歳時書写の本尊の年時について、康応二年は三月二十六日に明徳に改元されていて、康応二年六月七日は存在しない年月日である。すると、前年の康応元年の書写かとも考えられるが、本尊左脇に行年九十四書写の記述があって、年齢を基準にすると、康応二年ということになる。これらのことからして、この本尊については、成立に関して、再検討が必要である。

このことから、(1)の嘉慶二（一三八八）年八月書写の本尊についても、その成立には検討が必要であろうと思われる。

以上のことから、ここで紹介する日代書写本尊は、二幅のみであるが、その成立について問題を含んでいると考えられるものの、この二幅の本尊を見る限り、題目が主・日蓮が従の様式が顕著であり、他の日代書写本尊も見る必要はあるが、法勝人劣の思想がはっきり顕わされているといえる。

(1)

書写年月日　嘉慶二（一三八八）年八月　日

(2)
書写年月日　康応二（一三九〇）年六月七日

【日満本尊】

(1) 書写年月日　延文二（一三五七）年十二月九日
　年齢　五十歳
縦　九五・六センチ
幅　五一・六センチ
所蔵　佐渡妙宣寺

日満は、佐渡妙宣寺第二代、如寂房及び佐渡阿闍梨と称す。一三〇八〜一三六〇。延慶元年、佐渡の生まれ、阿仏房の曾孫に当たる。幼少より日興に師事、重須談所にて、日順・日代に学ぶ。日興遷化一年後の建武元年正月の日仙・日代の方便品の読不読論争により、日代が北山本門寺より退出すると、日代に組し北山と義絶、佐渡へ帰る。佐渡に妙宣寺・妙満寺を創建、開基となる。

日満の本尊は、現存するもの四幅が確認されているが、ここでは、入寂三年前の妙宣寺蔵・延文二（一三五七）年十二月九日の本尊によって、師の人法本尊観を考える。

他の本尊を見ていないので、この本尊だけで断定はできないが、少なくともこの本尊を見る限り、題目が圧倒的に大きく、日蓮はかなり小さく書写されており、題目主・日蓮従が明確であり、法勝人劣がはっきりしている。

日精・日寛両師本尊に見る人法本尊観

【日精本尊】

(1)　書写年月日　寛文二（一六六二）年九月吉祥日

年齢　六十三歳

縦　不詳

幅　不詳

日精の本尊は、今日多く残っていると思われるが、おそらく師の本尊はこの寛文二年の本尊同様の相貌となっていると思われる。その特徴を一言でいえば、題目と日蓮の字の大きさがほぼ同一ということである。まさに人法一箇あるいは人法一体の相貌と言ってよい。師の人法本尊観は、前述のように人法一箇もしくは人法一体論であるが、その思想が書写のありように如実に顕れている。

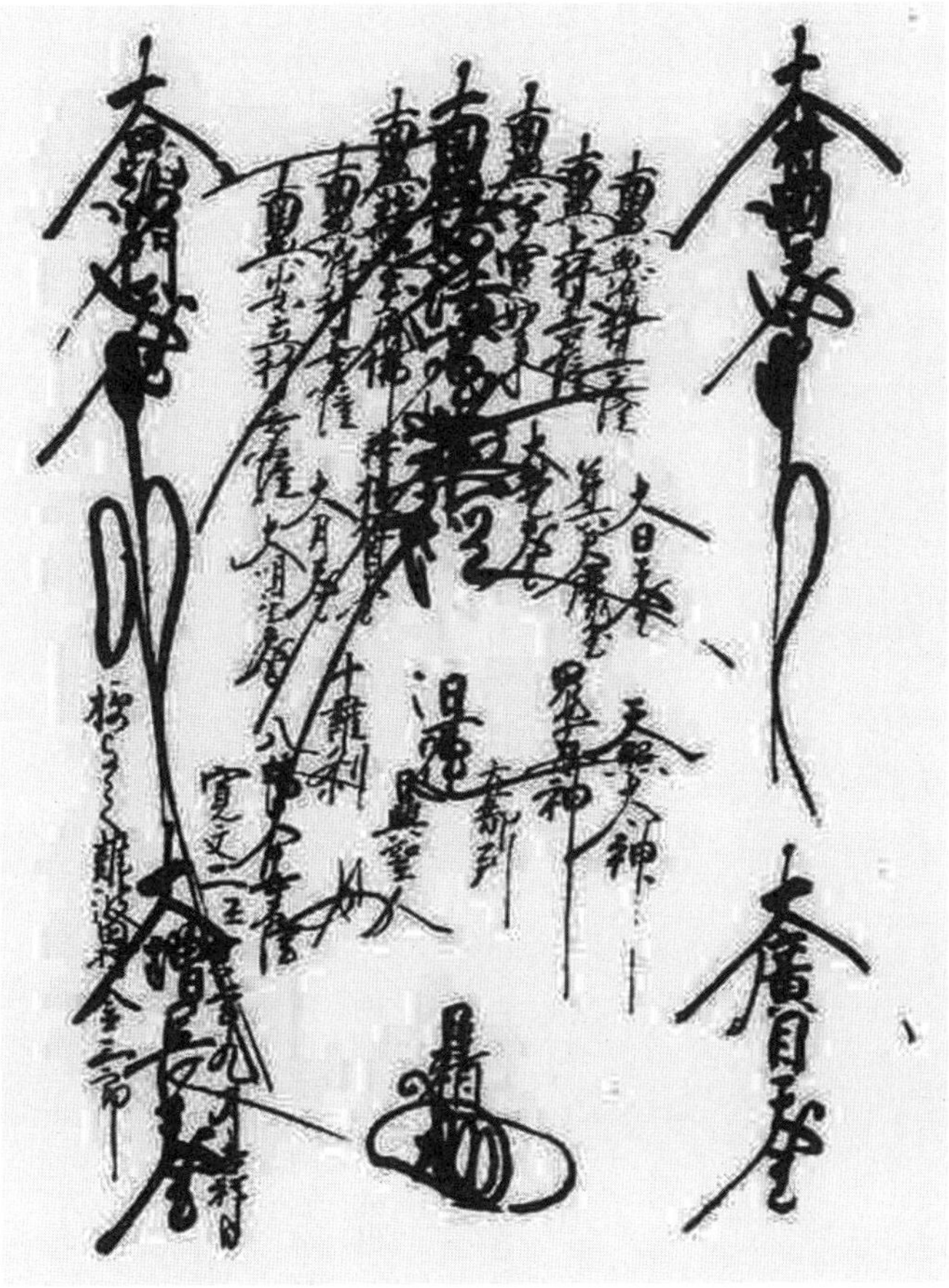

【日寛本尊】

(1)　書写年月日　享保三（一七一八）年月日
　　年齢　五十四歳

(2)　書写年月日　享保五（一七二〇）年六月十三日
　　年齢　五十六歳

(1)の享保三（一七一八）年書写の本尊は、昭和三十年代に日蓮正宗が創価学会員に対して下付した本尊であり、(2)の享保五（一七二〇）年六月十三日の本尊は、現在創価学会が独自に会員に下付している本尊である。

日寛の本尊は、ここに紹介する二幅ともに、日精同様題目と日蓮の字の大きさがほぼ同じである。このことからわかるように、師の人法体一論がそのまま反映されていて、人法体一もしくは人法一箇の本尊であることがはっきりしているということができる。

(1)　書写年月日　享保三（一七一八）年月日の本尊

(2)　書写年月日　享保五（一七二〇）年六月十三日の本尊

近代諸師本尊に見る人法本尊観

【日霑本尊】
(1)　書写年月日　明治十一（一八七八）年八月一日
歴世　五十二世

【日開本尊】
(1)　書写年月日　昭和三（一九二八）年十二月九日
歴世　六十世

【日昇本尊】
(1)　書写年月日　昭和三十一（一九五六）年五月十三日
歴世　六十四世

【日達本尊】
(1)　書写年月日　昭和四十一（一九六六）年一月一日
歴世　六十六世

【日顕本尊】
(1)　書写年月日　昭和五十五（一九八〇）年六月二十一日
歴世　六十七世

【日霑本尊】

【日開本尊】

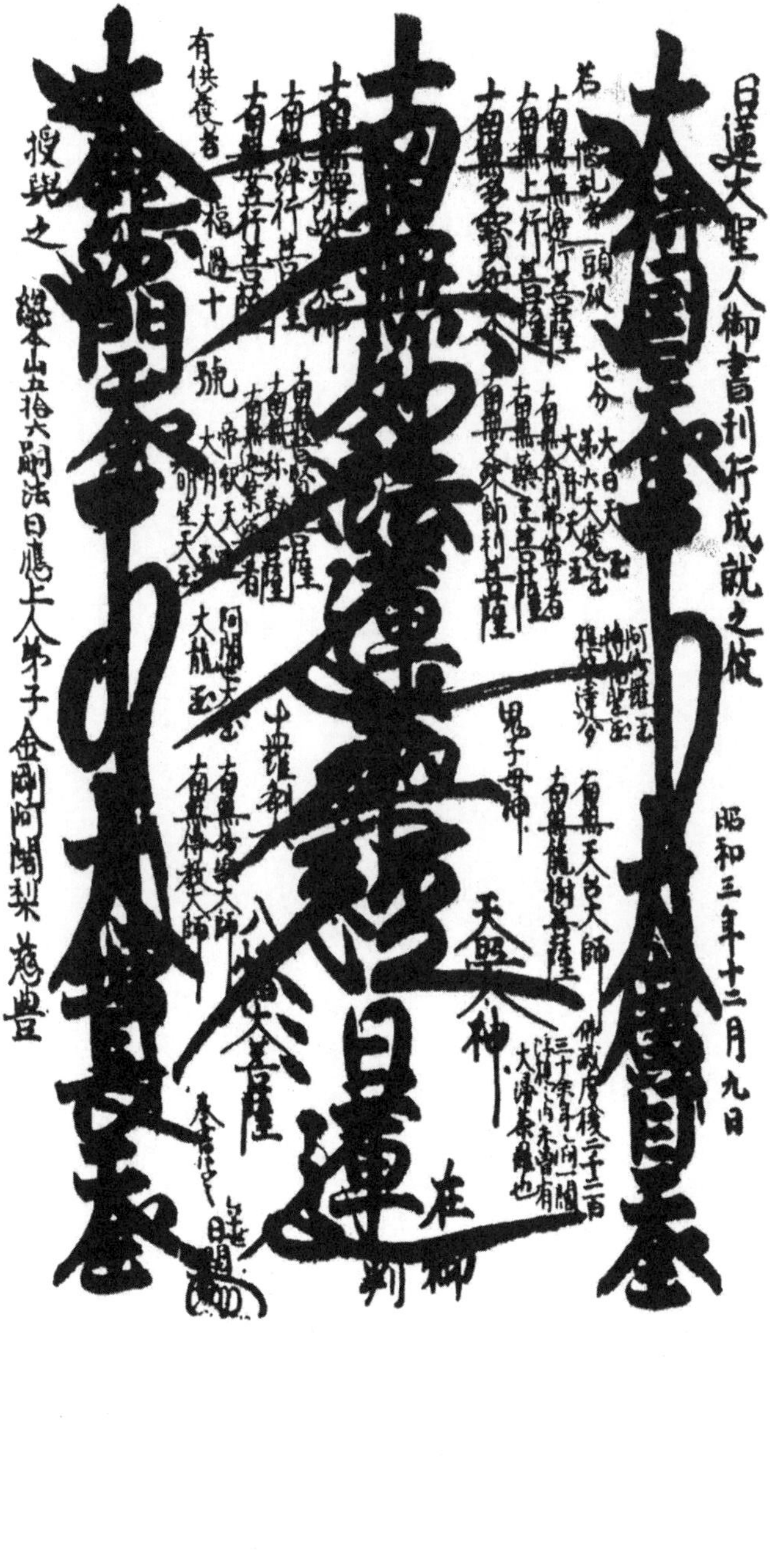

【日昇本尊】

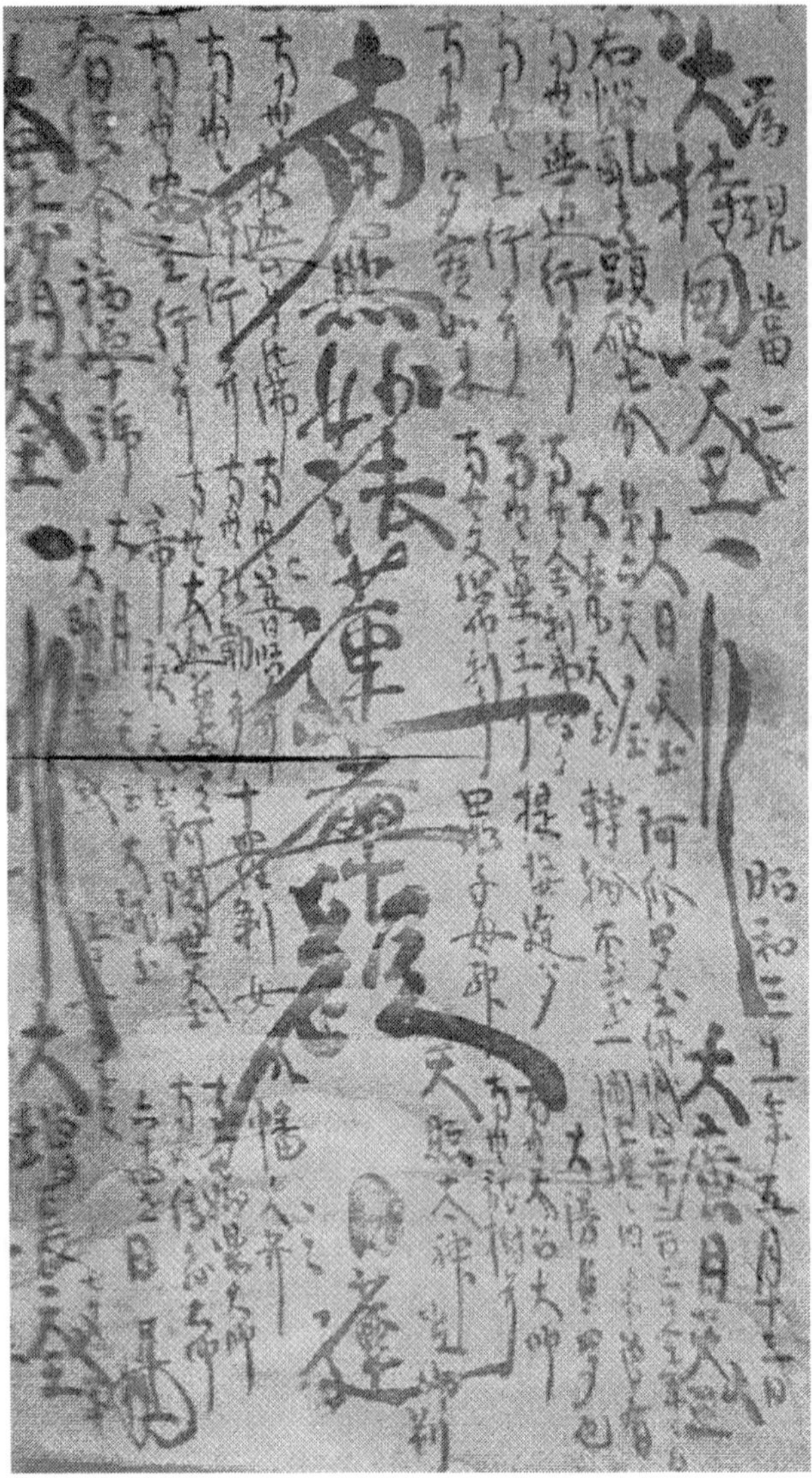

【日達本尊】

南無妙法蓮華経
日蓮 在御判
為現當二世
昭和五十五年六月二十一日
日顕

近代諸師の本尊の内、日昇の本尊は法勝人劣の意義を感じることができるが、日霑・日開・日達・日顕の各本尊は上代各師書写の本尊に比べて、日蓮が目立つようである。日蓮本仏論の影響が大きいということができる。

以上、宗祖日蓮・二祖日興から近代諸師に至るまで、歴代諸師及び富士門各師の本尊書写に関して、人法本尊観を見てきた。これらのことからわかることは、宗祖日蓮及び二祖日興においては、題目主・日蓮従の法勝人劣の本尊書写で一貫しているということができる。また三祖日目以下上代各師においても、おおむね題目主・日蓮従の法勝人劣の本尊書写であるということができる。

江戸期の日精・日寛の両師の本尊書写から伺えることとは、人法体一・一箇の本尊書写であるということができる。そして、近代各師の本尊から言えることは、人本尊重視の本尊書写であるということである。

こうしてみると、日興の本尊書写と近代各師の本尊書写には、根本的な差を感じる。そこに、今日の日蓮正宗の法門と富士日興の伝燈法門との乖離を見ることができるし、そしてここに今日の日蓮正宗の混乱の原因があるということである。

十六、大石寺門流への提言

大石寺門流への提言

今日の大石寺門流の法門は、宗祖日蓮の法門とは大きな相違がある。信仰の根幹が妙法から日蓮に変わっているということである。そこで私は以下のことを提言したい。

端的に言えば、要法寺日辰教学の象徴である人法体一論の排除と左京日教の象徴である久遠元初自受用身思想の排除であるが、具体的には以下の通りである。

一、戒壇本尊を絶対的な本尊とせず、本来の意味を復活すること。即ち、師ではなく、弟子が成仏した姿を本尊として顕したという本来の意味を復活させることである。
二、日辰によって始まった人法体一論をやめる。
三、日蓮本仏論をやめて、不造像義本来の意味である、衆生即仏論に戻す。
四、久遠元初自受用身の考え方をやめる
五、富士戒壇建立説をやめる。

以上が大きな項目である。続いて細かなことをいうと、
六、『身延相承書』『池上相承書』は偽撰であるので、これに固執しない。
七、『本因妙抄』『百六箇抄』『産湯相承書』は偽撰なので、これに固執しない。
八、『日興跡条々事』は偽撰なので、これに固執しない
九、三秘開合において、本門本尊を一秘とせず、本門戒壇の本尊の南無妙法蓮華経を一秘とすること。
十、本門題目を単に信と行という面においてのみ論ずるのではなく、諸仏の源であるという点を重要視すること

以上になろうかと思われる。更にいえば、きりがないのでこれ位で留めておきたい。じつはこれらは、

今日の日蓮正宗の法門においてもっとも強調されているところである。これを止めてしまえば、何が残るのだろうと思われるかもしれない。しかし、これらを除いてしまえば、日蓮正宗の法門は、すっきりした衆生主体・衆生本意の法門になると思う。そして、曼荼羅本尊と題目を信仰の根本とする宗祖日蓮・二祖日興以来の伝燈法門への回帰がなされると確信する。

即ち、三秘について言えば、本門の本尊とは曼荼羅である。日寛の六義で言えば、法の本尊ということになる。この場合、絶対的な曼荼羅というものはない。宗祖の曼荼羅・日興の曼荼羅・その他歴代諸師の曼荼羅に本質的な差というものはない。勿論、曼荼羅を書写した人物が曼荼羅の真意義と理解していることが前提だが。

確かに、心情的には、宗祖の曼荼羅と歴代諸師の曼荼羅とに差はあるだろうが、本質的な意義という点においては、何等差はないのである。日寛が『依義判文抄』において、「明者はその理を貴び、闇者はその文を守る」と述べたように、曼荼羅もその表面に現れた相貌より、その本質即ち曼荼羅に込められている法門が重要なのである。そして、人本尊については、あえて人本尊を立てる必要がないと思う。

次に、本門の戒壇とは、本門の本尊・本門の題目のあるところ、即ち常在戒壇である。日寛の六義で言えば、義理の戒壇に当たる。富士山に建立する事戒壇説は、今後必要ないと思うのである。宗祖は『報恩抄』において、三秘を示されているが、その際戒壇については、詳細な説明がない。本門戒壇が戒壇堂建立の意味ではないので、必要なかったのである。したがって、日興にも戒壇の説明がない。確かに『富士一跡門徒存知事』には、日興に富士山に本門寺建立説があって、戒壇建立の有力な根拠となっているが、この書は日興の真撰とするには問題の多い書であるから、この書を以って戒壇建立の根拠とすることはできないのである。

日興が宗祖より戒壇堂建立の遺命を受けているとすれば、『御伝土代』に日道記と記されている日興遺告に見えなければならないが、遺告には戒壇建立説はない。さらに、中興日有にも富士戒壇説はない。大石寺門流に、富士戒壇説が流入・定着するのは、左京日教によってである。ゆえに、大石寺伝燈法門として本来の戒壇観は、理戒壇である。

次に、本門の題目は、信の一字としての題目である。日寛の六義で言えば、信の題目ということになる。この信の題目には、信ずる対象としての題目、所謂法体としての妙法の意味も含まれると同時に、口唱の題目の意味も含まれる。その意味で、信の題目なのである。そして、私達が己心中において、この題目を「信の一字」を以って信じ切ったとき、それが三秘相即の本門戒壇本尊の南無妙法蓮華経、即ち一秘としての南無妙法蓮華経が成じたときである。

日寛は、三秘開合に関して、本門本尊を一大秘法とし、戒壇・題目が本尊から派生したようにしているが、これも改めた方が良いと思う。一大秘法は、戒壇本尊の南無妙法蓮華経即ち三秘相即の題目である。この題目から三秘が派生するのである。日寛は確かに三秘の開合において、本門本尊を中心にしているが、題目中心の三秘をも理解していたようである。六巻抄における『当流行事抄』における題目は、この一大秘法としての題目を示しているようである。表向き戒壇本尊を中心にしているように見えて、深いところでは題目中心の一大秘法を明らかにしているのである。ここが日寛教学の難しいところである。

一般に日寛教学の特徴はと言えば、久遠元初自受用身即日蓮本仏論・戒壇板曼荼羅絶対論・富士戒壇論と思われている。しかし、これは多分に十七世日精の、久遠元初自受用身即釈迦本仏論・戒壇板本尊絶対論・富士戒壇論などを意識したものである。そして、結果的には、左京日教の久遠元初自受用身即日蓮本仏論・富士戒壇論と日有以後に定着した戒壇本尊絶対論を体系化したものということができる。

日寛を縛ったものは、戒壇板本尊と日精の釈尊本仏論である。片やより肯定的に、片や否定的に確立するため、日寛の教学は立てられている。もうここらで、日寛から脱皮すべき時に来ていると私は思う。日寛教学から日蓮本仏論・板本尊絶対論・富士戒壇論を取り除けば、衆生主体・衆生即仏の本来の大石寺伝燈法門が姿を現すと思うのである。

本尊に関する研鑽のすすめ

大石寺門流への提言として、最後にもう一つ提言したい。それは本尊に関する研鑽と同時に本尊書写のすすめである。今日日蓮正宗では本尊書写は法主の専権事項ということになっているのだが、かつて日蓮正宗が小教団だったころはそれでよかったかも知れない。がしかし、今となっては百害あって一利ない制度になっている。私が前項で紹介した第六十世日開は、法主に就任後本尊を書写したが、本尊書写の仕方さえ知らなかった事実がある。大衆に批判され、誤書写した箇所を訂正するというなんともおそまつな大失態をさらしたのは、有名なできごとである。

本尊書写に関して日開が誤書写したのは、本人の資質によるところが大きい。がしかし、一方で本尊書写が法主の専権事項であるということで、本尊に関する自由で真剣な論議を憚られる状態になっているのは、本尊の本質を追求しなければいけないはずの僧侶にとって、仏道修行の道を閉ざすものといってよい。

中興日有は、『化儀抄』において、

「曼荼羅は末寺において弟子檀那を持つ人は、これを書くべし」

と法主以外の僧の本尊書写も認めている。本尊書写に関して日有の時代に戻したらどうかと思うのである。もちろん誰もがというわけにはいかないが、ある一定の僧侶には本尊書写の権限を付与すべきであると思うのである。そうすれば、多くの僧侶にとって、本尊書写する機会が与えられるかもしれないということで、本尊の本質に関する研鑽が進むと思うのである。

私が、宗祖日蓮・二祖日興をはじめとする上代諸師の本尊書写と、日精・日寛に見られる本尊書写、近代諸師の本尊書写の相違に気付いたのは私自身が本尊書写のありようを研究し、実際本尊を書写したことがきっかけだった。本尊書写をすることになるであろうということになれば、本尊とは何かということを真剣に考えざるを得なくなると思うのである。

以上のことから、これからの僧侶は本尊書写を目標として、本尊に関する研鑽のすすめを提言するものである。

大石寺歴代年表							
	歴代	生年		寂年	享年	誕生国	師匠
1	宗祖	貞応　元年	(1222～1282)	弘安　5年　10月	61	安房国	
2	日興	寛元　4年	(1246～1333)	正慶　2年　2月	88	甲斐国	日蓮
3	日目	文応　元年	(1260～1333)	正慶　2年　11月	74	駿河国	日興
4	日道	弘安　5年	(1282～1341)	暦応　4年　2月	59	駿河国	日興
5	日行		(　～1369)	応安　2年　8月		下野国	
6	日時		(　～1406)	応永　13年　6月			日行
7	日阿		(　～1407)	応永　14年　3月			
8	日影	文和　2年	(1353～1419)	応永　26年　8月	67	陸前国	日時
9	日有	応永　9年	(1402～1482)	文明　14年　9月	81		日影
10	日乗		(　～1472)	文明　4年　11月			
11	日底		(　～1473)	文明　4年　4月			
12	日鎮	文明　元年	(1469～1527)	大永　7年　6月	59	下野国	
13	日院	永正　15年	(1518～1589)	天正　17年　7月	72	土佐国	日鎮
14	日主	弘治　元年	(1555～1617)	元和　3年　8月	63	下野国	日院
15	日昌	永禄　5年	(1562～1622)	元和　8年　4月	61	山城国	要法寺
16	日就	永禄　10年	(1567～1632)	寛永　9年　2月	66		要法寺日賙
17	日精	慶長　5年	(1600～1683)	天和　3年　11月	84		要法寺日瑤
18	日盈	文禄　3年	(1594～1638)	寛永　15年　3月	45		要法寺
19	日舜	慶長　15年	(1610～1669)	寛文　9年　11月	60		要法寺
20	日典	慶長　16年	(1611～1686)	貞享　3年　9月	76		要法寺日恩
21	日忍	慶長　17年	(1612～1680)	延宝　8年　9月	69		要法寺
22	日俊	寛永　14年	(1637～1691)	元禄　4年　10月	56		要法寺日詮
23	日啓	正保　4年	(1647～1707)	宝永　4年　11月	61	京都	要法寺日祐
24	日永	慶安　3年	(1650～1715)	正徳　5年　2月	66	駿河国	日典
25	日宥	寛文　9年	(1669～1729)	享保　14年　12月	61		常泉寺日顕
26	日寛	寛文　5年	(1665～1726)	享保　11年　8月	62	上野国	日永

大石寺歴代年表							
	歴代	生年	西暦	寂年	享年	誕生国	師匠
26	日寛	寛文　5年	(1665～1726)	享保　11年　8月	62	上野国	日永
27	日養	寛文　10年	(1670～1723)	享保　8年　6月	54		日俊
28	日詳	天和　元年	(1681～1734)	享保　19年　8月	54	出雲国	
29	日東	元禄　2年	(1689～1737)	元文　2年　12月	49	阿波国	日永
30	日忠	貞享　4年	(1687～1743)	寛保　3年　10月	57	山城国	
31	日因	貞享　4年	(1687～1769)	明和　6年　6月	83	奥州	
32	日教	宝永　元年	(1704～1757)	宝暦　7年　8月	54	甲斐国	日養
33	日元	正徳　元年	(1711～1778)	安永　7年　2月	68	武蔵国	日寛
34	日真	正徳　4年	(1714～1765)	明和　2年　7月	52	武蔵国	日詳
35	日穏	享保　元年	(1716～1774)	安永　3年　7月	59		常在寺日和
36	日堅	享保　2年	(1717～1791)	寛政　3年　10月	75	駿河国	日寛
37	日琫	享保　16年	(1731～1803)	享和　3年　5月	73	加賀国	日忠
38	日泰	享保　16年	(1731～1785)	天明　5年　2月	55	駿河国	日東
39	日純	元文　元年	(1736～1801)	享和　元年　7月	66	武蔵国	日穏
40	日任	延享　4年	(1747～1795)	寛政　7年　8月	49	奥州	日真
41	日文	宝暦　元年	(1751～1796)	寛政　8年　8月	46	武蔵国	日因
42	日厳	寛延　元年	(1748～1797)	寛政　9年　7月	50	仙台	日真
43	日相	宝暦　9年	(1759～1805)	文化　2年　12月	47	仙台	日真
44	日宣	宝暦　10年	(1760～1822)	文政　5年　1月	63	武蔵国	日堅
45	日礼	宝暦　13年	(1763～1808)	文化　5年　5月	46	武蔵国	日穏
46	日調	明和　3年	(1766～1817)	文化　14年　1月	52	駿河国	
47	日珠	明和　6年	(1769～1816)	文化　13年　9月	48	加賀国	日琫
48	日量	明和　8年	(1771～1851)	嘉永　4年　5月	81	駿河国	日琫
49	日荘	安永　2年	(1773～1830)	文政　13年　5月	58	武蔵国	日泰
50	日誠	寛政　7年	(1795～1836)	天保　7年　5月	42	武蔵国	日相
51	日英	寛政　10年	(1798～1877)	明治　10年　7月	80		

要法寺歴代

宗祖　日蓮
二祖　日興
三祖　日目
四代　日尊

〔住本寺系〕	〔上行院系〕
6 日大⑤	日尹⑤ 5
8 日源⑥	日円⑥ 7
10 日元⑦	日従⑦ 9
12 日長⑧	日得⑧ 11
14 日禅⑨	日厳⑨ 13
16 日広⑩	日遵⑩ 15
17 日法⑪	
18 日在⑫	

19 日辰（住本寺 13 代）
20 日賙（日就の師）
21 日性
22 日恩（日典の師）
23 日堯
24 日陽
25 日成
26 日瑤（日精の師）
27 日体（日忍の師）
28 日祐（日啓の師）
29 日詮（日俊の師）
30 日饒
31 日舒（日俊法弟）
32 日眷（造像派）
33 日奠（不造像派）
34 日全（不造像派）
35 日慈（不造像派）
36 日良（不造像派）
37 日住（不造像派）
38 日立（不造像派）
39 日勝
40 日晭
41 日庸
42 日恵
43 日愿
44 日生（不造像派）
45 日進（不造像派）
46 日貫

【参考資料】

富士宗学要集　堀日亨編
富士年表
昭和新定日蓮大聖人御書
日蓮聖人真蹟集成本尊集
日興上人全集　興風談所編
御本尊集　奉蔵於奥法宝
富士学林研究教学書
日本仏教史　辻善之助著
本宗史綱　富谷日震著
富士学報
身延山旧記
柳営日次記
徳川禁令考後聚
法灯よみがえる　要法寺編
日蓮宗教学史　執行海秀著
日蓮教団全史　上　日蓮教学研究所編
日興・日目上人正伝　日蓮正宗大石寺
日目上人　継命新聞社
諸記録　能勢順道編
天台大師全集
日興門流上代事典　大黒喜道編著
四聖一士写真帖　堀日亨編
住本寺略史
昭和新修日蓮聖人遺文全集　浅井要麟編著
日蓮大聖人御書新集　佐藤慈豊編
平成版　日蓮大聖人御書
仏教大辞典　望月信亨編
国史大辞典　吉川弘文館刊
日蓮大聖人御書辞典
山居院　沼津市明治資料館編
日蓮宗宗学全書
日蓮正宗聖典
昭和定本日蓮聖人遺文
日蓮門下歴代大曼荼羅集成
日興上人御本尊集　興風談所編
日蓮正宗歴代法主全書
日蓮宗事典
日宗年表　富谷日震編
寛政法難の展開　本山要法寺刊
六巻抄　富士学林版
古事類苑
中村雑記
日本国語大辞典
日蓮宗学説史　望月歓厚著
興門教学の研究　執行海秀著
日蓮大聖人正伝　日蓮正宗大石寺
日興上人　継命新聞社
天台宗全書
興風十一・十六号　興風談所編
伝教大師全集
最澄事典
妙喜寺誌
隠れたる左京日教　堀日亨著
昭和定本日蓮聖人遺文
富士日興上人詳伝　堀日亨著
岩波仏教辞典
仏教大辞典　中村元編
日蓮大聖人の御遺命　小野寺直著
本門本尊論　山川智応著

付録

本尊に添えられた賛文の意味
――福過十号・頭破七分について――

倉光遵道

はじめに

創価学会の信仰の本質は、功徳と罰である。本尊を幸福を製造してくれる機器となぞらえ、ますます多大な幸福生産に向けて唱題の数を競う。生産された現実的な利得や生活向上を、本尊からの賜り物とする一方で、本尊や信仰に疑念を懐くことは、そのまま組織の創価学会への批判につながることとなり、本尊から罰を蒙ることになると説く。その「二大原則」の根拠となったのは、「若悩乱者頭破七分、有供養者福過十号」（『文句記』）とあった、当時、日蓮正宗寺院から授けられていた本尊に添えられていた賛文である。本論では、この賛文の意味について述べるのだが、その前に日蓮の本尊に採用されている諸の賛文の意味を、日蓮の御書を通して探ることとする。

日蓮の本尊には、「仏（大覚世尊）滅後二千二百・・・」という文の図顕の賛文と、法華経をはじめとする経典論釈を引用しての文の賛文があるが、取り上げるのは後者の方である。

また、賛とは、讃歎、即ち「ほめる」という意味もあるが、「たすける」という意味も持っている。賛を添えて、書かれてあるそのものの意味をたすけ、明確にするということである。

明治・大正の文人画家である富岡鉄斎の多くの絵には、賛が書かれている。鉄斎自身も、「わしの絵を見るなら、先ず賛を読んでくれ」というのが口癖だったという。鉄斎は、自分の画の意味を、もっと明確に、あるいはその主題を強調するために、たすけるという意味で賛を添え、鑑賞者には、まず読んでもらうことを望んでいたのである。立正安国会発行の『御本尊集目録』でも、「讃文」と「讃」字を用いているが、単なる讃歎ではないという意味で、「賛文」と「賛」を使用することにした。

一、日蓮本尊の賛文

まず日蓮の本尊の現存する数であるが、立正安国会発行の『御本尊集』には一二七幅が収められているのに対して、興風談所が公開している「御書システム」では、一七六幅となっている。その差である四九幅のうち、遠沾日亨の『御本尊鑑』が二五幅を占め、その他二四幅を挙げている。『御本尊鑑』は模写であり、その他の二四幅のうち『御本尊集　奉蔵奥法寶』以外は、御真筆を拝見できないため、ここでは省くことにする。しかし、それらを省くことは、本論ではさほど重要な意味を持つものではない。

その一二七幅のうち、賛文が添えられているのは、次の二〇幅である。

文永年間（二幅）　本尊集008　本尊集011

建治年間（六幅）　本尊集028　本尊集029　本尊集037　本尊集038　本尊集039　本尊集040

弘安年間（一二幅）　本尊集047　本尊集049　本尊集053　本尊集054　本尊集057　本尊集059
本尊集060　本尊集061　本尊集065　本尊集066　本尊集067　本尊集090

また、そこに採用されている賛文の出典となる経典論釈は、次のようになる。

『法華経』譬喩品三、法師品十、安楽行品十四、寿量品十六、薬王品二十三
『涅槃経』（南本）現病品十八、梵行品二十
『玄義釈籤』六　『文句記』四　『弘決』五
『依憑天台集』

当然のことながら、本尊に添えられるのであれば、それとまったく関係のない文が用いられるなどということは、まず考えられず、「はじめに」でも述べたように、中心である南無妙法蓮華経＝法に関連があり、その意味をたすけ、宣揚することで、結局は南無妙法蓮華経を讃ずるに至るものであるはずである。それを踏まえて選ばれる文とは、どのような意味を含んでいるのだろうか。書かれている文、そのままを読み解くことが、第一なのだが、日蓮が用いられた意味、日蓮がどのように考えていたのかが最も肝要であろう。短文で切り出されている文は、出典の前後の文意の集約でもある。また、集約された意味の新たな展開の意味を含んだ象徴的な文という扱いもある。御書を拝読していくと、経論の引用の後に、「文の心は」と続けられて、引用文の意味を説かれている箇所が見受けられる。そこには直訳的に述べられることもあり、また、御書の対告の当人に対しての意訳的な意義でも説かれている。日蓮が経釈からの引用文の意味をどのように考えていたのかは、「文の心」以下の部分を読み解くことで知ることができる。賛文に用いら

れた文は、信徒に対してどのように説かれていたのか。説かれた意味を吟味することで南無妙法蓮華経の意味が、自ずと明らかになっていくはずである。

さて、賛として引用される具体的な文を挙げてみると、次のようになる。

①『法華経』譬喩品第三
「今此三界。皆是我有。其中衆生。悉是吾子。而今此処。多諸患難。唯我一人。能為救護。」
本尊集011　本尊集028　本尊集029　本尊集066　本尊集090

②『法華経』法師品十
「我所説経典無量千万億。已説今説当説。而於其中。此法華経最為難信難解。」

本尊集011

③同
「而此経者。如来現在。猶多怨嫉。況滅度後。」

本尊集011

④同
「若於一劫中。常懐不善心。作色而罵仏。獲無量重罪。其有読誦持。是法華経者。須臾加悪言。其罪

復過彼。有人求仏道。而於一劫中。合掌在我前。以無数偈讃。由是讃仏故。得無量功徳。歎美持経者。其福復過彼。」

本尊集057　本尊集065

⑤『法華経』安楽行品十四

「一切世間多怨難信。前所未説而今説之。」

本尊集011

⑥『法華経』寿量品十六

「余失心者。見其父来。雖亦歓喜問訊求索治病。然与其薬。而不肯服。」

本尊集037

⑦同

「是好良薬今留在此。汝可取服勿憂不差。」

本尊集037

⑧『法華経』薬王品二十三

「此経則為閻浮提人病之良薬。若人有病。得聞是経。病即消滅。不老不死。」

本尊集037　本尊集047　本尊集049

「病即消滅。不老不死。」

本尊集038　本尊集039　本尊集040

⑨『涅槃経』（南本）現病品十八
「世有三人其病難治。一謗大乗。二五逆罪。三一闡提。如是三病世中極重。」
本尊集037

⑩『涅槃経』（南本）梵行品二十
「譬如一人而有七子。是七子中一子遇病父母之心非不平等。然於病子心則偏重。」
本尊集037

⑪『玄義釈籤』六
「已今当妙於茲固迷。舌爛不止。猶為花報。謗法之罪苦流長劫。」
本尊集011

⑫『文句記』四
「有供養者福過十号。若悩乱者頭破七分。」
本尊集053　本尊集054　本尊集057　本尊集059　本尊集060　本尊集061　本尊集065
本尊集067

⑬『弘決』五
「当知身土一念三千。故成道時称此本理。一身一念遍於法界。」
本尊集008

⑭『依憑天台集』

「謗者開罪於無間。讃者積福於安明。」

本尊集053　本尊集054　本尊集057　本尊集060　本尊集061　本尊集065　本尊集067

先に述べたように、ここに挙げた諸文は、安国会発行の『御本尊集』に添えられている賛文を列挙したものである。『御本尊集』以外の、省略した四九幅の本尊には、右に挙げられた文以外の文が添えられている本尊もある。それは『御本尊鑑』所収の建治二年九月、身延曾存の模写の一幅である。そこには、計五文が添えられているが、すべて、『御本尊集』に見られる文以外のものばかりである。

ア、以要言之。如来一切所有之法。如来一切自在神力。如来一切秘要之蔵。〔如來一切甚深之事。〕皆於此経宣示顕説。（神力品）
イ、妙法華経・・・皆是真実。（宝塔品）
ウ、四十余年未顕真実。（無量義経）
エ、世尊法久後。要当説真実。（方便品）
オ、諸仏所師所謂法也。是故如来恭敬供養。以法常故諸仏亦常。（涅槃経（南）・四相品）

それ以外の賛を有する本尊としては、薬王品の「不老不死」の文の本尊が二幅、記四「若悩乱者」の文の本尊が二幅、うち一幅は、「謗者開罪於無間」の『依憑天台集』（以下『依憑集』）の文も書き添えられている。

それでは次に、それぞれの賛文の意味を、御書を通して探ってみることとする。

1、法師品

法師品からの引用は、②③④の三文である。そのうち、②「我所説経典無量千万億。已説今説当説。而於其中。此法華経最為難信難解。」と、③「而此経者。如来現在。猶多怨嫉。況滅度後。」の二文は同じ本尊（本尊集011）に添えられている。本尊の写真を見ると、前文は上段、後文は下段に分かれて書き添えられているが、法師品中では、実質的には一つの段落の文である。

さて、その②の文であるが、「諸経と法華経と難易の事」には、冒頭の問答から

問うて云く、法華経の第四法師品に云く「難信難解」云云。いかなる事ぞや。

と「難信難解」の文を取り上げた問いを立て、その返答に竜樹の『大論』、智顗の「已今当の説最もこれ難信難解」（『玄義』）と、最澄の『法華秀句』を引用して、

法華経＝随自意＝難信難解……已今当の外である法華経

諸　経＝随他意＝易信易解……已今当の諸経

と配している。

また「秀句十章抄」は、最澄の『法華秀句』の一部を書写したものであるが、その中の「仏説諸経校量勝五」では、法師品中の「我所説諸経　而於此経中　法華最第一」の文を立て、同様に随自意・随他意から、難信難解・易信易解と配して、法華経の諸経に超えたることが記されている。そうしてみると、法師品からの引用の二文（②、③）は、法華経と、それ以外の経との勝劣を示す引用文といえる。

ただし、「新尼御前御返事」には、

此の法門弘通せんには「如来現在　猶多怨嫉　況滅度後」、「一切世間　多怨難信」と申して、第一のかたきは国主並びに郡郷等の地頭・領家・万民等なり。

と、末法の弘通には、怨嫉が多く、多くの怨を被るとされている。怨嫉と怨という共通の語が、両文を結びつけている。怨嫉、怨が生ずるのは、法華経であるがためであり、それは仏の随自意の経で、なかなか信解されがたい（難信難解）ということが因となっている。本尊集011には、「一切世間　多怨難信」の文も添えられているのは、こうした結びつきがあってのことであろうと考える。

さらに、同本尊にはもう一つ同種の文がある。⑪の「已今当妙於茲固迷。舌爛不止。猶為花報。謗法之罪苦流長劫。」である。この文の意は、「善無畏抄」に、

天台大師釈して云く「法華は衆経を総括す。乃至軽慢止まざれば舌、口中に爛る」等云云。妙楽大師云く「已今当の妙、此に於て固く迷へり。舌爛れて止まざるは猶華報と為す。謗法の罪苦長劫に流る」等云云。天台妙楽の心は、法華経に勝れたる経有りと云はむ人は無間地獄に堕つべしと書かれたり。

とあるように、法華経と他経の勝劣を意味する文である。この文の前後は、善無畏三蔵の理同事勝を破すところであって、直接的には法華経と大日経との勝劣を論じているのであるが、已今当の妙に迷うとあるところからすれば、法華経と、他経との勝劣という大枠の中での法華大日の勝劣を論じていることになる。

さて、法師品からは、もう一つ、④の文が引かれている。書き下しにしてみると、次のようになる。

若し一劫の中に於て　常に不善の心を懐いて　色を作して仏を罵らんは　無量の重罪を獲ん　其れ是の法華経を読誦し持つこと有らん者に　須臾も悪言を加えんは　其の罪復彼に過ぎん　人有って仏道を求めて　一劫の中に於て　合掌して我が前に在って　無数の偈を以て讃めん　是の讃仏に由るが故に　無量の功徳を得ん　持経者を歎美せんは　其の福復彼に過ぎん

一読してわかるように、仏と法華経の持経者の比較の文である。比較の方法には二つあって、それぞれ「其の罪復彼に過ぎん」の文で区切ることができる。前半は、「仏を罵る」ことと、「持経者に悪言を加える」ことの対比だが、単なる比較ではなく、「罵る」のは、まず「不全の心を懐き」、「色を作して」（顔色を変えて怒る）と、相当なる罵りようであるのに対して、後半は、「須臾も」といい、ほんのわずかの間でもという程度の違いを踏まえての比較である。この、

イ、仏に対して……大いに罵る（罪は軽い）

ロ、持経者に対して……わずかに悪口をなす（罪は重い）

という比較においては、ロの持経者に対する罪は、仏に対する罪を超える、重い罪であるということである。

後半も同様の意だが、罵るや、悪口をなすというものとは一転して賛美の比較となる。

イ、仏に対して……一劫の間、合唱しての讃仏

ロ、持経者に対して……歎美

ということになるのだが、ここではロの歎美することによっての福徳は、イに過ぐるという比較である。

前半、後半ともに、悪口をなすにしても、歎美するにしても持経者に対するほうが、仏に対するよりも、罪も福も大きいという比較である。それは、仏よりも持経者の価値が高いということになる。

2、寿量品

寿量品からは二文（⑥、⑦）が引かれているが、二文とも良医治子の譬の中の文であるので、両文の文中の薬は同じ薬を指し示す。

良医治子の譬とは、諸の病気を治す良医が、家を離れて他国に行っている間に子供たちが毒を飲んでしまう。父である良医は、急いで帰り、薬を処方して飲ませるのであるが、素直に服する子は治ったが、また毒薬なのではないかと疑う子は、飲まないまま、苦しみ続けてしまう。父は、毒が深く作用してしまったことを憐れみ、一計をめぐらせる。すなわち、再び他国へ行き、そこから使いを遣わせて父は死んでしまったと子供たちに伝える。子供たちは、助けてくれると望みを懸けていた父が死んでしまったことを悲しみ、薬を飲まなかった子供たちも、父の帰還をあきらめて、唯一の恃《たの》みである薬を飲み、ついに子供たちがみな治ったことを聞き、父は帰ってきたという話である。

この良薬とは、

平等大恵妙法蓮華経の第七に云く「此の経は則ちこれ閻浮提の人の病の良薬なり。若し人病有らんに是の経を聞くことを得ば、病即ち消滅して不老不死ならん」云云。・・・就中　法華誹謗の業病最第一なり。神農・黄帝・華陀・扁鵲も手を拱き、持水・流水・耆婆・維摩も口を閉づ。釈尊一仏の妙経の良薬に限って之を治す。

と、釈尊説示の法華経の薬と説かれている。この「太田入道殿御返事」は、太田乗明の病気の由を聞いて励ましつつ、さらに最も重い病気である法華経誹謗の病には「妙経の良薬」以外に効験はないと書き進められているところである。そして、この引用の後に已今当の三説に触れながら、法華経の最勝を説かれている。

妙法蓮華経の第七とは、薬王品の文（⑧）であって、一代の中で最勝の法華経の良薬の因があって、「病即消滅　不老不死」の果に至るという意味からすれば、寿量品の良薬の関連の文ということになる。

また、「法華取要抄」は、五大部に準ずる主要御書の扱いであるが、その内容は、已今当の三説を挙げつつ法華経の諸経に超えて優れていることを説き進め、次に逆次の読みから法華経は滅後の衆生に説き遺したものであるとするのであるが、三大秘法の名目を出して、法華経の詮要となる題目が末法の逆縁のための良薬であるとする。途中、

寿量品に云く「是の好き良薬を今留めて此に在く」等云云。文の心は上は過去の事を説くに似たる様なれども、此の文を以て之れを案ずるに滅後を以て本と為す。先づ先例を引くなり。分別功徳品に

云く「悪世末法の時」等云云。神力品に云く「仏の滅度の後に能く是の経を持たんを以ての故に、諸仏皆歓喜して無量の神力を現じ給ふ」等云云。薬王品に云く「我が滅度の後、後の五百歳の中に、閻浮提に広宣流布して、断絶せしむること無けん」等云云。又云く「此の経は則ちこれ閻浮提の人の病の良薬なり」等云云。涅槃経に云く「譬へば七子あり。父母平等ならざるに非ざれども、然も病者に於て心即ち偏に重きが如し」等云云。七子の中の第一第二は一闡提謗法の衆生なり。諸病の中には法華経を謗ずるが第一の重病なり。諸薬の中には南無妙法蓮華経は第一の良薬なり。

と、寿量品の「是好良薬　今留在此」の文を引き、法華経の一連の引用の最後に、涅槃経・梵行品、⑩の文を引いている。そこには、寿量品の「良薬」が、涅槃経の文の中の「病者」という末法の逆縁の衆生のためのものであるという両文の関連性がある。

この一連の引用は、「観心本尊抄」でも、

寿量品に云く「今留めて此に在く」。分別功徳品に云く「悪世末法の時」。薬王品に云く「後の五百歳閻浮提に於て広宣流布せん」。涅槃経に云く「譬へば七子あり。父母平等ならざるに非ざれども、然も病者に於て心則ち偏に重きが如し」等云云。已前の明鏡を以て仏意を推知するに、仏の出世は霊山八年の諸人の為に非ず、正像末の人の為なり。又正像二千年の人の為に非ず、末法の始め予が如き者の為なり。「然於病者」と云ふは、滅後法華経誹謗の者を指すなり。

と、見られるところである。

3、譬喩品

「頼基陳状」の

「今此の三界は皆是れ我が有なり。其の中の衆生は悉く是れ吾が子なり」文。文の如くば、教主釈尊は日本国の一切衆生の父母なり、師匠なり、主君なり。阿弥陀仏は此の三の義ましまさず。

の文は、この娑婆世界が釈尊の領土であって、西方にある他土の仏である阿弥陀は、この土とは無縁であるということを端的にいいあらわしている。すなわち、ここでは、娑婆が釈尊の縁深厚なる意味を表しているといえよう。

「善無畏三蔵抄」や、「善無畏抄」、「報恩抄」では、善無畏三蔵が死後、地獄の獄卒から鉄の縄で七重に巻かれて鉄杖で打ち叩かれ、責められたとき、法華経の題名を思い浮かべて、縄が少し緩み、次いで「今此三界」の文を高声に唱えて縄が切れ、「命尽きず」して、娑婆に帰されたという話が取り上げられる。そして、それは善無畏三蔵が理同事勝によって大日経が法華経より勝れているとしたゆえに、そのような責め苦に遭ったという因果を示し、法華経の大日経をはじめとする他経に勝れていることを述べられている。娑婆世界が釈尊の有縁の国土であること、また、法華経が他経に勝れていることを述べるに当たって、この譬喩品の「今此三界」が引かれているのであるが、それよりも大事なことは、それらが衆生にとって、どのような意味があるのかということである。

「一代聖教大意」は、立宗宣言の五年後、釈尊一代の経々の勝劣を述べた、まとまりのある初めての書である。その中の、

一切衆生開会の文は「今此の三界は皆是れ我が有なり。其の中の衆生は悉く是れ吾が子なり」。

の文は、今此三界の文は、衆生を救うことを意味しているといっている。開会とは、本来は法華経と他経を比べ、言い換えれば、嫌うべきところをすくい取るような意味である。衆生とは、迷のみの嫌われる存在だか、法華経によって救われるのであり、それを意味する文こそが、この今此三界である、ということである。「法蓮抄」では、

今法華経と申すは一切衆生を仏になす秘術まします御経なり。

と述べるに続けて、

仏は法華経をさとらせ給ひて、六道四生の父母孝養の功徳を身に備へ給へり。此の仏の御功徳をば法華経を信ずる人にゆづり給ふ。例せば悲母の食ふ物の乳となりて赤子を養ふが如し。「今此三界 皆是我有 其中衆生 悉是吾子」等云云。教主釈尊は此の功徳を法華経の文字となして一切衆生の口になめさせ給ふ。赤子の水火をわきまへず、毒薬を知らざれども、乳を含めば身命をつぐが如し。

と、譬喩品の文を引いて、釈尊の妙薬を含むによって仏の命を継ぐと述べられている。

さらに「日妙聖人御書」には、

(妙の一字として)末代悪世の我等衆生に、一善も修せざれども六度万行を満足する功徳をあたへ給ふ。「今此三界 皆是我有 其中衆生 悉是吾子」これなり。我等具縛の凡夫、忽ちに教主釈尊と功徳ひとし。彼の功徳を全体うけとる故なり。経に云く「如我等無異」等云云。法華経を心得る者は釈尊と斉等なりと申す文なり。

と、此土有縁の釈尊の妙法を受け取る故に、「釈尊と斉等なり」とあれば、娑婆世界の一切衆生は、他土の弥陀や大日等の諸仏ではなく、此土の釈尊の妙法によって仏となる、そうした一連の意味を含んでいるのが、譬喩品の「今此三界」の文である。

4、『文句記』、『依憑集』

宗祖は、本尊の賛文として、『文句記』の「有供養者福過十号、若悩乱者頭破七分」(⑫)の文の採用が最も多い(八幅)。また、特徴的なのは、

・「有供養者……」の文は、『依憑集』(⑭)の文と一緒に書き添えられている
・⑭の文とともに、すべて弘安年間の本尊に添えられている

ことである。本尊の数は少ないが、④の法師品の文も二幅ともに弘安年間である。この法師品の文にしても、⑫、⑭にしても、共通するのは、法華経の行者に関連しているということである。「四信五品抄」や、「富木殿御返事」等では、法華経の行者の位が法華経以外に説かれている菩薩や、諸宗の元祖に勝れていることが述べられているが、「国府尼御前御書」には、その法師品の文と『文句記』の両文が引用され、法華経の行者が仏より勝れていることを述べている。

法華経第四法師品に云く「人有りて仏道を求めて、一劫の中に於て、合掌して我が前に在りて無数の偈を以て讃めん。是の讃仏に由るが故に無量の功徳を得ん。持経者を歎美せんは其の福復彼れに過

ぎん」等云云。文の心は、釈尊ほどの仏を三業相応して一中劫が間ねんごろに供養し奉るよりも、末代悪世の世に法華経の行者を供養せん功徳はすぐれたりととかれて候。まことしからぬ事にては候へども、仏の金言にて候へば疑ふべきにあらず。其の上妙楽大師と申す人、此の経文を重ねてやわらげて云く「若し毀謗せん者は、頭七分に破れ、若し供養せん者は、福十号に過ぎん」等云云。釈の心は、末代の法華経の行者を供養するは、十号具足しまします如来を供養したてまつるにも其の功徳すぎたり。又濁世に法華経の行者のあらんを留難をなさん人々は頭七分にわるべしと云云。

福過十号とは、十号=仏に過ぐる福があるということになるが、ここでは、「釈尊ほどの仏」を「一中劫」という大変な長い期間にわたって供養し、大事にするよりも、末法にあっては「法華経の行者」を供養する功徳が勝れたりと、まず法師品の「文の心」を説き、次いで、妙楽の名を挙げ、「此の経文も重ねてやわらげて云く」として、『文句記』の文を引用する。引用の後に「釈の心は」と、『文句記』の文の、その意味はと続けて、「法華経の行者」への供養は、「如来」の供養よりも、その「功徳すぎたり」と、国府尼に向かって説明しているのである。「文の心」といい、「釈の心」というのは、それぞれの説明ではなく、最も大事なところということである。両文が何を言い表しているのかといえば、法華経の行者が、釈尊に勝れているということなのだ、と宗祖は説かれるのである。

『依憑集』の「讃むる者は福を安明に積み……」も、基本的には『文句記』と同様の意味を持つ。「撰時抄」に、法華経を経のごとくに持つ人は梵王にもすぐれ、帝釈にもこえたり。……伝教大師云く「讃むる者は福を安明に積み、謗る者は罪を無間に開く」等云云。

と説かれて、持経者の勝れていることの証文として『依憑集』を引かれている。

「富木殿御返事」では、

経に云く「法華最第一なり」（法師品）。又云く「能く是の経典を受持すること有らん者も亦復是の如し。一切衆生の中に於て亦これ第一なり」（薬王品）。又云く「其の福復彼れに過ぐ」（法師品）。妙楽云く「若し悩乱する者は頭七分に破れ、供養すること有らん者は福十号に過ぐ」（『文句記』）。伝教大師も「讃むる者は福を安明に積み、謗る者は罪を無間に開く」（『依憑集』）等云云。記の十に云く「方便の極位に居る菩薩、猶尚第五十の人に及ばず」等云云。

と、引用文を並べ挙げられているが、これらはすべて法華経の行者に関する文である。そうしてみれば、やはり『文句記』と『依憑集』は、法華経の行者についての同類の文であって、そのため、本尊の賛文もセットとして書き添えられたと考えられる。

こうした、仏と法華経の行者の比較、つまり功徳が勝れ、罰も大きいという表現による比較は、行者の

持つ法華経の力があるが故にできることである。「聖人知三世事」の、

此れ偏に日蓮が貴尊なるに非ず、法華経の御力の殊勝なるに依るなり。

とあるように、日蓮が法華経の力によって仏に超過することを認めている。また、「法蓮抄」の冒頭でも、

夫れ以みれば法華経第四の法師品に云く「若し悪人有りて不善の心を以て、一劫の中に於て現に仏前に於て常に仏を毀罵せん、其の罪尚軽し。若し人一つの悪言を以て在家出家の法華経を読誦する者を毀呰せん、其の罪甚だ重し」等云云。妙楽大師云く「然も此の経の功高く理絶えたるに約して此の説を作すことを得る。余経は然らず」等云云。

と、経論の文を引用し、続けて仏供養よりも、末代の法華経の行者の供養が勝れることを説かれている。すなわち、法華経の行者は釈尊より勝れ、その源は、法華経の力に依る。それは、法華経が釈尊に勝れるということである。

二、日蓮門下本尊の賛文

1、日興本尊の賛文

日興の本尊書写数は、『日興上人御本尊集』（興風談所発行）によれば、二九九幅を数える。他の五老僧に比べれば、相当多いようである。『日興上人御本尊集』には、できうる限りの日興本尊を集めているが、所蔵される寺院等が判明しても、写真や相貌図として掲載されていないものもある。写真の許可を得られなかったり、拝見できなかったものと想像されるが、そうした「図版なし」が一三八幅にのぼる。残り一六一幅が、写真、または相貌の図版で見ることができる。今回、賛文に注目して分類したのが、「日興本尊賛文」の表である。

一見してわかるように、賛文は『文句記』の「若悩乱者　頭破七分　有供養者　福過十号」と、『依憑集』

日興本尊賛文（『日興上人御本尊集』）

賛文	数
若悩乱者頭破七分　有供養者福過十号	125
若悩乱者頭破七分　有供養者福過十号 ＋ 讃者積福於安明　謗者開罪於無間	27
讃者積福於安明　謗者開罪於無間	1
なし	5
不明	3
（図版なし）	138
計	299

の「謗者開罪於無間　讃者積福於安明」の二文のみを採用している。賛文の添えられていないものもあるのだが、その数はわずか五幅。破損や、写真の不鮮明からくる不明分の三幅と合わせても八幅である。実に一五三幅の本尊に、その両文が添えられ、しかも、一五二幅は『文句記』の文である。書写の前から、賛文はまず「若悩乱者……」と決めておられたかのようである。そして、ときには「謗者開罪於無間……」を添えられたのではないかと思われるのである。

弘安五年十月、池上において日興に授与したとされる「御本尊七箇相承」は、日興門流の中で大事にされている書であるが、真蹟不明であるため、文献上、疑わしい書である。内容に関する疑義は、その関係の論文を参照してもらえばいいのだが、この書の中に、

「若悩乱者頭破七分　有供養者福過十号」と之れを書くべし。経の中の明文等心に任すべきか。

の一文がある。日興書写本尊と、軌を一にしているといっても、「御本尊七箇相承」への疑義が晴れるわけではないが、少なくとも、日興門流に関連した書といえよう。

大石寺日有の言をまとめた「連陽房雑々聞書」にも、

一、仰せに云く、御本尊の事。諸家には本尊等の諸讃を書くに自己の智恵を以てす。当宗には然らず。御本尊の讃に妙楽大師の御釈を上代より遊ばしたる也。其れとは若悩乱者頭破七分・有供養者福過十

号・讃者積福安明・謗者開罪無間の釈也。

と、大石寺は『文句記』の文を上代から採用していることを伝えている。大石寺での本尊書写の決まりとなっていたようである。

2、日蓮門下・諸門流の本尊の賛文

日蓮滅後の教団は、日昭、日朗、日興、日向、富木日常の各門流ごとの流れが形成されているが、これに中老日法等の門流を加えて、諸門流の本尊の賛文を比較してみると、明らかな相違が見られる。それは、

①日興門流は賛文を書き添え、他門流は概ねなし（但し、個別の例外あり。日法の元徳三年の一幅、また、中山門流三世日祐は、日興門流同様、『文句記』と『依憑集』の両文を添えている。また同門の日親は、「我不愛身命　但惜無上道」のみ添えた一幅あり）

②日興門流の賛文は、『文句記』と『依憑集』の文に限定される

ことである。

「日蓮門下・諸門流本尊賛文」の表は、日興門流を、①大石寺と、②大石寺以外の富士門流に分け、更

日蓮門下・諸門流本尊賛文

①大石寺

書写	系譜	書写年月日	和暦	文句	依憑集
日目	3	1326/04/○	正中 3	○	
		1333/02/ 彼岸	正慶 2	○	
		1333/10/13	元亨 3	○	
日道	4	1338/10/13	暦応 1	○	
		1338/10/13	暦応 1	○	
日行	5	1353/03/12	文和 2	○	
		1359/03/08	延文 4	○	○
		1365/12/○	貞治 4	○	
日時	6	1387/07/○	至徳 4	○	○
		1392/02/13	明徳 3	○	○
		1402/10/13	応永 9	○	○
		1402/10/13	応永 9	○	○
		1402/10/13	応永 9	○	○
		1403/04/08	応永 10	○	○
		1403/04/08	応永 10	○	○
		1403/04/08	応永 10	○	○
		1404/05/01	応永 11	○	○
		1404/04/12	応永 11	○	○
		1404/04/○	応永 11	○	○
		1404/06/○	応永 11	○	○
		1404/06/○	応永 11	○	○
		1404/07/01	応永 11	○	○
		1404/07/11	応永 11	○	○
		1413/08/○	応永 20	○	
日有	9	1447/05/19	文安 4	○	
		1452/04/13	宝徳 4	○	
		1460/07/18	長禄 4	○	

②富士門流

書写	系譜	書写年月日	和暦	文句	依憑集
日郷	妙本寺 1	不明	不明	○	
日華	妙蓮寺 1	1325/06/03	正中 2		
日妙	北山本門寺 2	1344/03/13	康永 3	○	
日代	西山本門寺 1	1388/08/○	嘉慶 2	○	○
		139?/06/07	康応 2?	○	
		1390/06/08	康応 2	○	
日任	西山本門寺 4	1412/06/17	応永 19	○	
日心	西山本門寺 11	1548/12/19	天文 17	○	
日満	佐渡妙宣寺 2	1357/12/09	延文 2	○	○

③日昭門流

書写	系譜	書写年月日	和暦	文句	依憑集
日昭		129?/??/??	永仁	賛文なし	

④日朗門流

書写	系譜	書写年月日	和暦	文句	依憑集
日朗	池上 2	????/??/??		賛文なし	
		1287/04/08	弘安 10	賛文なし	
		1308/07/13	徳治 3	賛文なし	
		1308/07/15	徳治 3	賛文なし	
		1313/01/15	正和 2	賛文なし	
		1318/07/03	文保 2	賛文なし	
日像	妙顕寺 1	1312/03/03	応長 2	賛文なし	
		1312/03/16	嘉暦 4	賛文なし	
		1336/11/13	建武 3	賛文なし	
		1340/09/??	暦応 3	賛文なし	

⑤日向門流

書写	系譜	書写年月日	和暦	文句	依憑集
日向	身延 2	????/??/??		賛文なし	
		1296/06/02	永仁 4	賛文なし	
日善	身延 4	1336/02/07	建武 3	賛文なし	
日台	身延 5	????/??/??		賛文なし	
日院	身延 6	1367/02/??	貞治 6	賛文なし	
日叡	身延 7	1394/05/21	明徳 5	賛文なし	
日朝	身延 11	1495/01/??	明応 4	賛文なし	
日意	身延 12	1516/10/??	永承 13	賛文なし	
日伝	身延 13	????/??/??		賛文なし	

⑥中山門流

書写	系譜	書写年月日	和暦	文句	依憑集
日常	中山 1	1295/12/27	永仁 3	賛文なし	
		1297/06/14	永仁 5	賛文なし	
日高	中山 2	1301/05/13	正安 3	賛文なし	
		1303/03/13	乾元 2	賛文なし	
		1306/08/13	嘉元 4	賛文なし	
		1313/09/04	正和 2	賛文なし	
日祐	中山 3	1342/01/??	歴応 5	○	○
		1358/05/??	延文 3	賛文なし	
		1361/06/29	康安 1	○	○
		1368/04/18	応安 1	○	○
		1374/03/08	応安 7	賛文なし	
日尊	中山 4	1375/07/08	永和 1	賛文なし	
		1384/??/25	至徳 1	賛文なし	
		1397/05/18	応永 4	賛文なし	
日親	本法寺 1	1487/03/08	文明 19	賛文なし	
		????/??/??		我不愛身命 但惜無上道	

⑦他門流

書写	系譜	書写年月日	和暦	文句	依憑集
日法	光長寺 1	1331/04/18	元徳 3	文句、依憑集の他にもあり	
		1333/02/??	正慶 2	賛文なし	

に諸門流の本尊の賛文の有無をまとめた一覧である。日興書写本尊は、数が多いため、すでに表にまとめ、説明した通りである。

諸門流の本尊については、私の手元に直弟諸師が書写された本尊すべてが揃っているわけではない。『日蓮聖人門下歴代　大曼荼羅本尊集成』、『御本尊鑑』、『本尊論資料』、『御本尊集　奉蔵於奥法宝』、『西山本門寺本尊の考察』と、それ以外に若干の資料。そうしたことからすると、本尊を網羅しているわけではないので、不完全なのかもしれないが、それでも、門流ごとの比較で、その全体的な傾向が掴めるのではないかと思っている。

その結果、まず五老僧の本尊に賛文がない。中山三世日祐には、『文句記』と『依憑集』の両文のみの採用の本尊もある。日祐は相当数の本尊を書写したとあるが、相貌はどのようなものであったのだろうか。同門の日親の本尊は、賛文があるにしても日蓮の用いた文と異なる。日親の行跡と併せ考えてみると、「我不愛身命」の文は、本尊の意味を表するというより、自己の確信や覚悟を表明し、誓約したというような意味合いがあるのではないかと思える。日法は、他の文も多く添えられているので、さほど『文句記』と『依憑集』の文に拘泥しているようには思えない。日興門流のように、それのみを添えるというより、いくつかの賛文の一つとして、両文があるというような印象なのだが、本尊数が少ないため、結論はつけがたい。

日蓮門下門流の派祖から現代まで、七百数十年間のすべての曼荼羅本尊を集めて、比較してみても、あまり意味があるとは思えない。それよりも門流の起点となる、それぞれの派祖の本尊を比べることで、お

	宗祖位置	出典	
	列衆	資料・遺文辞典 875p	
	列衆	資料	
	列衆	曼荼羅集成 23	
	列衆	曼荼羅集成 24	
	列衆	曼荼羅集成 25	
	列衆	曼荼羅集成 26	
	列衆	曼荼羅集成 27	
		曼荼羅集成 37	朗門九鳳の一人。京四条門流開祖
	列衆	曼荼羅集成 38	
	列衆	曼荼羅集成 39	
	列衆	曼荼羅集成 40	
	題目下	曼荼羅集成 62	
	題目下	曼荼羅集成 63	
	題目下	曼荼羅集成 49	
	題目下	曼荼羅集成 43	佐渡・妙宣寺 2 世
	列衆	本尊論資料	
	題目下	曼荼羅集成 22	身延久遠寺 2 世
	列衆（題目下にあるも在御判なく左脇に日善判）	曼荼羅集成 29	
	列衆	曼荼羅集成 50	
	列衆	曼荼羅集成 52	身延久遠寺 6 世
	列衆（題目下にあるも在御判なく直下に日叡判）	曼荼羅集成 68	身延久遠寺 7 世
	列衆（題目下にあるも判なく直下に日朝判）	本尊論資料	
	列衆（題目下にあるも在御判なく左脇に日意判）	本尊論資料	
	列衆（題目下にあるも判なく直下に日伝判）	本尊論資料	
	列衆	曼荼羅集成 16・資料	
	列衆	曼荼羅集成 17	
	列衆	曼荼羅集成 18	帥公、中山法華経寺 2 世
	列衆	曼荼羅集成 19	帥公、中山法華経寺 2 世
	列衆	曼荼羅集成 20	帥公、中山法華経寺 2 世
	列衆	曼荼羅集成 21	帥公、中山法華経寺 2 世
	列衆	曼荼羅集成 53	中山法華経寺 3 世
	列衆	曼荼羅集成 54	中山法華経寺 3 世
	列衆	曼荼羅集成 55	中山法華経寺 3 世
	列衆	曼荼羅集成 56	中山法華経寺 3 世
	列衆	曼荼羅集成 57	中山法華経寺 3 世
	列衆	曼荼羅集成 64	中山法華経寺 4 世
	列衆	曼荼羅集成 65	中山法華経寺 4 世
祐上人	列衆	曼荼羅集成 66	中山法華経寺 4 世
	列衆	曼荼羅集成 03	京都・本法寺開山
薩聖人	列衆	資料 38	京都・本法寺開山。我不愛身命　但惜無上道
	列衆	曼荼羅集成 35	宗祖直弟子中老。岡宮光長寺開祖。諸賛文有
	列衆	曼荼羅集成 36	

日蓮門下曼荼羅本尊書写形式

分類	系譜	書写	書写年月日	和暦	所蔵	宗祖呼称	他
A- 昭門		日昭	129?/??/??	永仁	不明	南無法主聖人	
B- 朗門	池上 02	日朗	????/??/??		不明	南無日蓮聖人	
	池上 02	日朗	1287/04/08	弘安 10	京都・本能寺	南無日蓮聖人	
	池上 02	日朗	1308/07/13	徳治 3	京都・本能寺	南無日蓮聖人	
	池上 02	日朗	1308/07/15	徳治 3	京都・本能寺	南無日蓮聖人	
	池上 02	日朗	1313/01/15	正和 2	京都・本能寺	南無日蓮聖人	
	池上 02	日朗	1318/07/03	文保 2	京都・本能寺	南無日蓮聖人	
	妙顕寺 1	日像	1312/03/03	応長 2	京都・妙顕寺	（記載なし）	
	妙顕寺 1	日像	1329/03/16	嘉暦 4	京都・妙顕寺	日蓮聖人	日朗聖人
	妙顕寺 1	日像	1336/11/13	建武 3	京都・本隆寺	日蓮聖人	日朗聖人
	妙顕寺 1	日像	1340/09/??	暦応 3	京都・立本寺	日蓮聖人	日朗聖人
C- 興門	西山 01	日代	1388/08/??	嘉慶 2	西山本門寺	日蓮（在御判）	
	西山 01	日代	13??/06/07	康応？	西山本門寺	日蓮（在御判）	
	北山 02	日妙	1344/03/13	康永 3	北山本門寺	日蓮聖人（在御判）	
	妙宣寺 2	日満	1357/12/09	延文 2	新潟・妙宣寺	日蓮（在御判）	
D- 向門	身延 02	日向	????/??/??		静岡・感応寺	吾師日蓮大聖人	
	身延 02	日向	1296/06/02	永仁 4	京都・妙伝寺	日蓮聖人（在御判）	
	身延 04	日善	1336/02/07	建武 3	山梨・身延久遠寺	南無本門大士日蓮聖人	
	身延 05	日台	????/??/??		山梨・身延久遠寺	日蓮大聖人	
	身延 06	日院	1367/02/??	貞治 6	山梨・身延久遠寺	法主日蓮大聖人	
	身延 07	日叡	1394/05/21	明徳 5	山梨・身延久遠寺	南無日蓮大聖人	
	身延 11	日朝	1495/01/??	明応 4	山梨・身延久遠寺	南無日蓮大聖人	
	身延 12	日意	1516/10/??	永承 13	山梨・身延久遠寺	南無日蓮大聖人	
	身延 13	日伝	????/??/??		山梨・身延久遠寺	南無日蓮大聖人	
E- 中山	中山 01	日常	1295/12/27	永仁 3	京都・本法寺	南無法主大師	
	中山 01	日常	1297/06/14	永仁 5	中山法華経寺	南無法主聖人	
	中山 02	日高	1301/05/13	正安 3	中山法華経寺	南無法主聖人	
	中山 02	日高	1303/03/13	乾元 2	中山浄光院	南無法主聖人	
	中山 02	日高	1306/08/13	嘉元 4	京都・本法寺	南無法主聖人	
	中山 02	日高	1313/09/04	正和 2	佐賀・勝妙寺	南無法主聖人	
	中山 03	日祐	1342/01/??	歴応 5	京都・本法寺	南無法主聖人	南無日高上人
	中山 03	日祐	1358/05/??	延文 3	佐賀・光勝寺	南無法主大聖人	南無日高上人
	中山 03	日祐	1361/06/29	康安 1	中山法華経寺	南無法主大聖人	
	中山 03	日祐	1368/04/18	応安 1	鎌倉・妙隆寺	南無法主大聖人	
	中山 03	日祐	1374/03/08	応安 7	中山浄光院	南無法主大聖人	
	中山 04	日尊	1375/07/08	永和 1	佐賀・勝妙寺	南無法主大聖人	
	中山 04	日尊	1384/??/25	至徳 1	中山浄光院	南無法主聖人	
	中山 04	日尊	1397/05/18	応永 4	京都・本法寺	南無法主大聖人	南無日常上人、南無日高上
	本法寺 01	日親	1487/03/08	文明 19	京都・本法寺	南無法主大聖人	南無日常聖人
	本法寺 01	日親				南無法主大聖人	南無日常聖人、南無日高聖 南無日祐聖人、南無日暹聖
F- 他	光長寺 01	日法	1331/04/18	元徳 3	静岡・岡宮光長寺	南無日蓮大聖人	
	光長寺 01	日法	1333/02/??	正慶 2	静岡・岡宮光長寺	南無日蓮大聖人	

およその検討がつくのではないかと思える。派祖の本尊の書写の仕方を、歴代は踏襲するものであるし、もしも、派祖の書写の意味を大きく違えるような解釈のもとで書写をすることになるのであれば、本尊の意味や解釈が異なるということになる。やはり注目すべきは、派祖の本尊である。派祖の曼荼羅本尊のあり方が、その後の門流の基本線である。日興の圧倒的な『文句記』の採用は、日興の本尊の意味合いに対する強い意志のもとでなされると思うのだが、しかし、その理由が残されていない。残っていないのか、あるいは、あえてその説明を残さなかったのか。日蓮の御書を読めということなのか、あるいは、意味を追究することを、門流の弟子に課しているのであろうか。

さて、日興と五老方の本尊を比較して、、賛文の用非が、このような傾向になるのはなぜなのだろうか。この賛文を中心にして考えていく途中、日興門流と他門流の本尊比較の上で、気がついたことがある。それをまとめたのが、「日蓮門下曼荼羅本尊書写形式」の表である。

この表は、日蓮の呼称と、日蓮という名称の位置、つまり本尊のどの部分に書かれているのかという点に注目して作成したものである。その位置は、結局二つしかない。題目の下か、十界の列衆に連ねられているかである。その表からすると、日向の一幅は日興門流と同じ書写式である。また、身延日叡、日朝、日意、日伝は、日興門流の題目下と、列衆の折衷案のような形式である。但し、南無日蓮大聖人と、南無を冠しているため、日興門流のような明確な形ではないということで列衆に分別した。全体的に、日興門流の題目下と、他門流の列衆の二つに大別される。日朗門流では、日像が日朗の名を列衆に加えている。中山門流では厳密ではなく、富木日常、日尊の省略はあるが、だいたい歴代は列衆に連ねていくようである。本尊は、霊山虚空会の儀式の相貌を表したこと、また死後に赴くところという考え方からすれば、示寂後の日蓮は霊山虚空会に連なることになり、その姿をそのまま表したとのが本尊ということになる。日蓮に続き、歴代も同様、虚空会に参列するということであろう。

賛文と本尊中の宗祖の位置という二点で、諸門流の傾向をまとめると、

	賛文	日蓮位置
日興門流	『文句記』、『依憑集』	題目下
他門流	なし、または個別の追加	総じて列衆

と、本尊の相貌に五一相対を見るようである。

三、「若悩乱者　頭破七分」の賛文の意味

一では、本尊に添えられた賛文の意味を御書から探り、二では、門下の曼荼羅本尊を比較して、門流の特徴を探ってみた。その結果、日蓮の弘安期以降の本尊には『文句記』と『依憑集』の両文の採用が多いという大雑把な特徴が見られた。また、直弟子の中では、日興以外の老僧方は本尊の賛文にはさほど注意を払っていないようであるのに対して、日興は、『文句記』と『依憑集』の文のみを採用しているという大きな違いが見られた。この違いは、どういうことなのであろうか。日興が、その文のみを用いるのは、そ

出典		賛文	採用本尊数	意味
⑭	『依憑天台集』	謗者開罪於無間。讃者積福於安明。	七幅	法華経行者勝
⑬	『弘決』五	当知身土一念三千。故 成道時称此本理。一身一念遍於法界。	一幅	
⑫	『文句記』四	有供養者福過十号。若悩乱者頭破七分。	八幅	法華経行者勝
⑪	『玄義釈籤』六	已今当妙於茲固迷。舌爛不止。猶為花報。謗法之罪苦流長劫。	一幅	法華経勝
⑩	『涅槃経』梵行品二十	譬如一人而有七子。是七子中一子遇病父母之心非不平等。然於病子心則偏重。	一幅	
⑨	『涅槃経』現病品十八	世有三人其病難治。一謗大乗。二五逆罪。三一闡提。如是三病世中極重。	一幅	
⑧	『法華経』薬王品二十三	此経則為閻浮提人病之良薬。若人有病。得聞是経。病即消滅。不老不死。	六幅	法華経勝
⑦	『法華経』寿量品十六	是好良薬今留在此。汝可取服勿憂不差。	一幅	法華経勝
⑥	『法華経』寿量品十六	余失心者。見其父来。雖亦歓喜問訊求索治病。然与其薬。而不肯服。	一幅	法華経勝
⑤	『法華経』安楽行品十四	一切世間多怨難信。前所未説而今説之。	一幅	法華経勝
④	『法華経』法師品十	若於一劫中。常懐不善心。作色而罵仏。獲無量重罪。其有読誦持。是法華経者。須臾加悪言。其罪復過彼。有人求仏道。而於一劫中。合掌在我前。以無数偈讃。由是讃仏故。得無量功徳。歎美持経者。其福復過彼。	二幅	法華経行者勝
③	『法華経』法師品十	而此経者。如来現在。猶多怨嫉。況滅度後。	一幅	法華経勝
②	『法華経』法師品十	我所説経典無量千万億。已説今説当説。而於其中。此法華経最為難信難解。	一幅	法華経勝
①	『法華経』譬喩品第三	今此三界。皆是我有。其中衆生。悉是吾子。而今此処。多諸患難。唯我一人。能為救護。	五幅	衆生開会

の文でなくてはならないという理由があるからであるが、その理由とはやはりその文の持つ意味合いが、本尊にとって必要だとしか思えない。

一で探ってみた文の意味をまとめてみると右表のようになる。

最下段は賛文の意味を端的に言い表したのであるが、全体的にみると法華経の諸経に勝れることを言い表す文と、衆生、または法華経の行者を歎美する文の二種に分けられる。添えられている本尊の数は、後者の方がやや多い。その中でも、弘安年間の本尊に多く添えられ、最も多く用いられた『文句記』の文を日興は用いているのである。

この『文句記』の文は、一でも触れたように、

釈（文句記）の心は、末代の法華経の行者を供養するは、十号具足しまします如来を供養したてまつるにも其の功徳すぎたり。

と、法華経の行者と如来とを比較し、法華経の行者の価値が勝れることを「釈の心」と指摘している文である。それは、『依憑集』も同様であった。

日興が用いる理由は、その点にあった。凡俗の衆生が、如来を超える行者となるのは、南無妙法蓮華経の力である。妙法受持の功力とは、こういうことだと明確にして、南無妙法蓮華経の本尊の意味をたすけるために、一番ふさわしいという文を選んだのである。もちろん、それは日蓮の晩年となる弘安期の本尊

を手本とし、信徒への消息にも述べられている法門を、日蓮から聞き得ていたからにほかならない。

おわりに

平成三年の幹部会の席上、池田大作名誉会長は、次のような発言をしている。

戦前の学会では、牧口初代会長が、罰論を表に折伏を開始された。それに対して、僧侶の中から批判の声が上がった。

こうした事態に対して、牧口先生は、「御本尊のなかに、若し悩乱する者は頭七分に破る、と罰論がおしたためになっているではないか」と、愚かな批判を一笑に付された。

また、戦後、学会再建に一人立たれた戸田先生は、大苦悩に沈む人々を救うために、御本尊の大功徳を訴えて大折伏を展開された。それに対しても、僧侶の一部に批判する者がいたのである。

（『創価のルネサンス1 ［池田名誉会長のスピーチから］』平成三年九月九日　島根・安来会館）

と、池田名誉会長は、牧口、戸田の両会長を回顧する。牧口会長は罰論を翳して創価学会の折伏を始め、戸田会長は功徳論を訴えて同会の拡大を進めたという。その路線は今に続く。創価学会は、終始功徳と罰の宗教である。

創価学会の功徳と罰論に対して、宗門側は懸念を持ったのだが、それを押し切るかたちで持ち出したのが、本尊に添えられた賛文「若悩乱者頭破七分」の文である。本尊が功徳を授け、罰を下す力を持っているという証文としたのである。幸福製造機とする由縁が、この文であったと池田名誉会長も認める発言である。

僧侶側は、罰と利得に満ちたその論に、宗教とはそのようなものではあるまいと考えていたようであったが、牧口会長のその発言に、返す言葉がなかったのである。牧口会長から始まった創価学会が、曼荼羅の賛文を見て、功徳と罰の証文とするのは無理からぬことかもしれない。対する日興門流の僧侶が、日蓮日興の信仰を、功徳と罰の信仰とさせてしまったことのほうが罪は大きい。日興がここまで用いた賛文の本来の意味を、明らかにできなかった宗門僧侶のあり方が問題であった。もしもこのとき、「頭破七分」の本来の意味を説いていたなら、その後の展開も変わっていたことであろう。

あるご婦人の信徒は、頭破七分の語に、本尊への恐怖を感じたいう話を聞いたことがある。また、他の信徒からは、人を呪うような文を本尊に書き添えるのは、合掌し、仰ぐ本尊の文としてそぐわないのではないのかと語ったことがあった。賛文が、即功徳と罰という解釈に結びつけられていたためであり、法華経の行者が仏に勝れるという本来の意味を知らなかったがゆえの感想であった。おそらく、ほとんどの会員が同じ思いを抱いていたことであろう。それほどに「頭破七分」の文の、創価学会流の解釈の影響は大きかった。

参考論文

「日本聖人曼荼羅図集」山中喜八　『大崎学報』第一〇二号所収
「大曼荼羅と法華堂」渡辺宝陽　『研究年報　日蓮とその教団』第1集所収
「日興上人本尊の拝考と『日興上人御本尊集』補足」菅原関道　『興風』第11号所収

あとがき

昭和六十二年十月、私は山口県下関の地に法華堂を開設した。それから二十年後の平成十九年、法華堂開設二十年を記念して、今日までに書いた諸論文を編集・加筆して出版を企画、その後二年を経過し『伝燈への回帰』と題して、ようやく刊行の運びとなった。この記念出版に対し、編集・出版作業に関わった関係各位に心より感謝の意を表するものである。

第一章の「日蓮正宗教学の矛盾と再生」は平成四年に発表したものに加筆訂正を加えたもので、宗祖日蓮の教学と二十六世日寛の教学の相違を論じたもので、宗祖の本尊観を中心に論じ、日蓮本仏論の欠陥を論じたものである。

第二章の「人法本尊問題」は昭和六十三年に書いた論文で、これに加筆・訂正を加えたものである。今日、日蓮正宗では人法本尊は人法一箇・人法体一の言葉に象徴されるように、法門の根幹になっているものであるが、この人法一箇・人法体一の考え方が決して宗祖の思想ではなく、正しくは法勝人劣・依法不依人の考え方が宗祖の法門であることを論じたものである。

第三章の「日蓮教学における法について」は、平成五年に書いた論文である。宗祖日蓮の正しい本尊観が法勝人劣であるとすると、その宗祖における法とはいかなる意味と意義を有するのかについて、論じたもので、曼荼羅本尊の意味するところを論じたものである。

第四章の「大石寺教学の成立過程と展開」は昭和五十九年に発表した論文が基本になっている。その時は、十七世日精の造像問題と敬台院との関係、及び大石寺法主無住の問題を論じ、日蓮正宗宗門当局が絶対化している血脈観に批判を加え、過去の歴史観に一石を投じたものである。

今日、日蓮正宗の歴史は、一般的に宗祖日蓮及び二祖日興に関してはよく知られているところであるが、その後三祖日目以下の歴史に関しては、あまり論じられてこなかった。今回は、日蓮正宗の歴史と法門の変遷、更に他門に与えた影響など、室町時代から江戸時代後期にわたって、わかりやすく論じたつもりである。

最後の章、「本尊に添えられた賛文の意味」は倉光遵道の論文である。本尊賛文の問題は、論文の中で論じられているように、日蓮正宗と創価学会の問題を考える中で、とても重要な部分である。創価学会はその発足以来常に本尊の「功徳と罰」をもって布教の生命としてきたが、その根拠は本尊に書されている賛文、すなわち「福過十号・頭破七分」に依るのである。がしかし、この文は創価学会が主張するように功徳と罰を意味するものでは本来なかったのである。つまりこの文の意味するところを誤解して創価学会の主張は成り立っていたのである。この論文はそこのところを論じた好論文であると私は考えている。

以上、この書の簡単な解説であるが、今日の日蓮正宗の抱える諸問題は非常に根が深い。しかし、いかなる根の深い問題も一つ一つの問題を丹念に解きほぐしていけば、解決は可能であると私は思う。その鍵を握るのはたった一つ、宗祖日蓮・二祖日興の伝燈法門の再興である。宗祖日蓮・二祖日興に始まる富士の伝燈法門は決して難解な法門ではない。簡単でわかりやすく、だれでも理解できるものである。そうでなければ、熱原の法華信徒達に容易に理解できるものではなかったはずである。

その教えとは、この書の中で一貫して論じてきた仏を外に求めず、自己の中に求めるすなわち自己即仏の思想である。日蓮の言葉でいうならば、

「仏と申すことも、我等の心の内におわします。我等凡夫は、まつげの近きと、虚空の遠きとは見ることなし。我等が心の内に、仏はおわしましけるを知り候はざりけるぞ。」（十字御書）

である。この書状をいただいた人物は重須殿女房と称される方で、ごく普通の婦人である。この書を読んだ重須殿女房は、この文の意味が、仏を外に観るのではなく、自己の中に観るのであると即座に理解できたはずである。

また熱原三烈士の命を懸けた行動も、私には彼らが自己以外の何かのために命を懸けたのではなく、偏に自己のためであるがゆえの行動であるように思う。

翻って、今日の日蓮正宗の信仰は、偏に本仏日蓮への信仰である。わたしはここに今日の日蓮正宗の誤りの根源があると、この二十数年説き続けてきた。私は、この書が今日の日蓮正宗のみならず、全日蓮門下の誤れる信仰観に対して、宗祖日蓮の伝燈法門への回帰に向けての道標になることができると確信するものである。

最後に、この出版に際して本門法華堂の信徒の方々には、温かい支援と心強い協力をいただいた。ここに心より感謝の意を表したい。

●執筆者略歴●

関　慈謙　昭和27年、鹿児島県に生まれる。昭和40年、日蓮正宗に得度。昭和57年、創価学会・池田大作を批判して宗門より擯斥。昭和62年、下関市に日蓮正宗法華堂設立、現在に至る。著者『自立』『法華思想の再生にむけて』『わたしの中の仏』『発想の転換』等。早稲田大学・大正大学院修卒。

倉光遵道　昭和28年、秋田県に生まれる。昭和44年、日蓮正宗に得度。昭和57年、創価学会・池田大作を批判して宗門より擯斥。昭和63年、越谷市に法華堂設立、現在に至る。著作『法体の広宣流布と化儀の広宣流布』『信ずるということ』『自立』等。創価大学中退。

大橋敏雄　大正14年、福岡県に生まれる。昭和27年、日蓮正宗に入信、翌年創価学会に入会。昭和38年、公明党より福岡県議に当選。昭和42年、衆議院に当選、以後8期連続当然。公明党国対副委員長、党福岡県本部長、社労委員長、科学技術特別委員長を歴任。昭和63年、池田大作を批判して党より除名。

伝燈への回帰－大石寺教学の改革－

2010年8月1日　初版第1刷発行

■著　　者　関　慈謙
■発 行 所　本門法華堂
山口県下関市清末五毛1-5-24 〒750-1151
電話083(282)8213 FAX083(282)8290

■制作／発売　株式会社 鹿砦社（ろくさいしゃ）
[東京編集室] 東京都千代田区三崎町3-3-3-701 〒101-0061
電話03(3238)7530　FAX03(6231)5566
[関西編集室] 兵庫県西宮市鳴尾町1-10-12-201 〒663-8184
電話0798(49)5302　FAX0798(49)5309

■装　　丁　西村吉彦
■印 刷 所　吉原印刷株式会社
■製 本 所　株式会社 難波製本

ISBN978-4-8463-0748-6　C0014